T0137541

Printed in the United States
By Bookmasters

الأساليب الإحصائيــــــــة
في اتخاذ القـــــــــرار

تطبيقات في منظمات أعمال إنتاجية وخدمية

تأليف

د. حامد الشمـرتي
جامعة حضرموت - اليمن
أستاذ الإحصاء الرياضي

د. مؤيد الفضـــــل
جامعة الإسراء - الأردن
أستاذ إدارة الأعمال المشارك

الطبعة الأولى

1426هـ / 2005م

رقم الإيداع: 2005/6/1507

رقم الإجازة: 2005/6/1373

ردمك: 6 – 196 – 02 – ISBN 9957

Dar Majdalawi Pub.& Dis.
Telefax: 5349497 - 5349499
P.O.Box: 1758 Aljubaiha
11941 Amman- Jordan
www.majdalawibooks.com
E -mail: customer@majdalawibooks.com

دار مجدلاوي للنشر والتوزيع

تليفاكس : ٥٣٤٩٤٩٧ – ٥٣٤٩٤٩٩
ص . ب ١٧٥٨ الجبيهة ١١٩٤١
عمان – الاردن

◄ الآراء الواردة في هذا الكتاب لا تعبر بالضرورة عن وجهة نظر الدار الناشره.

بسم الله الرحمن الرحيم

" وإن تعدوا نعمة الله لا تحصوها"

صــدق الله العظيم

[سورة إبراهيم:الآية34]

المحتويات

الفصل الثالث
مقاييس النزعة المركزية

الفصل الرابع
مقاييس التشتت

الفصل الخامس

أساليب التوقع (Forecasting Models)

9

10

مقدمة

تواصلاً مع طروحات وتوجهات المنهج الكمي في إدارة الأعمال التي يتم فيها تسخير الأساليب الكمية المختلفة لخدمة متخذ القرار في منظمات الأعمال الإنتاجية والخدمية، يأتي هذا المؤلف ليعرض للقارئ الكريم حزمة من الأساليب الإحصائية التي يستفاد منها في دعم عملية صناعة القرار تمهيداً لبلوغ المرحلة الأخيرة وهي اتخاذ القرار بصدد معالجة مشكلة أو ظاهرة معينة. إن واقع الحال لهذه المنظمات في العصر الحالي، الذي يعرف باسم عصر- المعلوماتية، يتطلب توفير كميات ونوعيات مختلفة من البيانات التي يتم التعامل معها باستخدام أساليب إحصائية مختلفة من أجل عرض أنشطة هذه المنظمات واستخلاص المؤشرات الكمية منها تمهيداً لاتخاذ القرار المناسب، وقد حرصنا كمؤلفين لهذا الجهد العلمي أن تكون المادة العلمية لمؤلفنا هذا موجهة إلى متخذي القرار في المنظمات المختلفة وكذلك إلى الطالب في كليات العلوم الإدارية والاقتصادية، وقد تم عرض المادة العلمية في هذا الكتاب من خلال اثنا عشر فصلاً، جاء فيها كل المتطلبات المنهجية لما يسمى بأساسيات أو مبادئ الإحصاء التي تعتمدها الجامعات المرموقة في مختلف الأقسام العلمية.

في الوقت الذي نضع فيه كتابنا هذا بين يدي القارئ الكريم، نأمل أن يساهم برفد المكتبة العربية بما يدعم المنهج الكمي في إدارة الأعمال باعتبار أن الأساليب

الإحصائية هي جزء من حلقات أوسع تضم الأساليب الرياضية وأساليب بحوث العمليات وغير ذلك. ونرجوا من القارئ الكريم المتخصص في هكذا مجال أن لا يبخل علينا بأية ملاحظات أو أفكار علمية من شأنها أن تدعم وتساهم في ترصين هذا الجهد العلمي لما فيه الخير للجميع.

ومن الله التوفيق

المؤلفان
د. حامد الشمرتي
د. مؤيــد الفضل

1

الفصل الأول

مفاهيم عامة في الإحصاء واتخاذ القرار

1.1 أهمية الأساليب الإحصائية لاتخاذ القرار

1.1.1 مفهوم الإحصاء

2.1.1 مفهوم وأهمية الأساليب الإحصائية

3.1.1 مفهوم القرار وعملية اتخاذ القرار

2.1 مفهوم وأهمية وأنواع البيانات الاحصائية

1.2.1 البيانات الإحصائية

2.2.1 مصادر جمع البيانات الإحصائية

3.2.1 طرق جمع البيانات الإحصائية اللازمة لاتخاذ القرار

3.1 المجتمع والعينة

1.3.1 مفهوم العينة Sampling

2.3.1 الأسباب الواجبة للاعتماد على العينات

4.1 المعلمه والإحصاءة

5.1 المتغيرات والثوابت

6.1 المتغيرات المنفصلة والمتصلة

7.1 أساليب رياضة مختلفة (مساندة)

- **أسئلة وتمارين الفصل الأول**

الفصل الأول
مفاهيم عامة في الإحصاء واتخاذ القرار

1.1 أهمية الأساليب الإحصائية لاتخاذ القرار

1.1.1 مفهوم الإحصاء Statistic

الإحصاء باعتباره أسلوب أو أداة كمية تمت الإشارة إليه في عدة مواقع من القرآن الكريم، ومنها الآية (28) من سورة الجن حيث قال تعالى "**ليعلم أن قد أبلغوا رسالات ربهم وأحاط بما لديهم وأحصى كل شيء عدداً** "صدق الله العظيم"، أي عد كل الأشياء بأسلوب العد الشامل لكل عنصر في هذه الحياة.

كذلك تم ذكر الإحصاء في الآية (34) من سورة إبراهيم فنقرأ "**وأتاكم من كل ما سألتموهُ وإن تُعدوا نعمت الله لا تحصوها إن الإنسان لظلوم كفّار** "صدق الله العظيم"، ومعنى لا تحصوها: لا تطيقوها عداً ولا يستطيعون عدها لكثرتها، وتبين الآية بالوجه الآخر عن مفهوم الإحصاء وهو أن الإنسان عاجز عن إجراء المسح الشامل لمجتمع نعم الله وكذلك فلا بدّ من اللجوء إلى دراسة العينة في هذا المجتمع، لكي يتمكن من التعرف على تفاصيلها أو دقائقها.

وكذلك تم ذكر الإحصاء في الآية (94) في سورة مريم حيث قال تعالى "**لقد أحصاهم وعدّهم عدّا** "صدق الله العظيم" أي علم عددهم عن طريق أسلوب الإحصاء.

في موقع آخر من آيات الذكر الحكيم يوضح سبحانه وتعالى في خلقه للكون بسماواته السبع، إذا استطعتم أن تنفذوا إلى هذا الكون ما تنفذوا إلا بسلطان ويقصد هنا عز وجل بكلمة السلطان هو المقدرة والاستطاعة (سورة الرحمن الآية33) ويرجح

علماء اللغة تفسير معنى المقدرة والاستطاعة هنا هي باتباع الأساليب العلمية والأساليب الكمية ولا يشك في أن إحداها هو الحصر أو الإحصاء وذلك لتكراره سبحانه وتعالى هذه المرادفات في أكثر من موقع في كتابه الحكيم.

تأسيساً على ما تقدم يتبين لنا أن للإحصاء علاقة وثيقة بكل قطاعات الحياة ويدخل بأدق تفاصيلها ولا يخفى على أحد أن القطاعات الاقتصادية هي التي تجري فيها النشاطات المختلفة للمجتمع ولذلك يقوم الإحصاء بدراسة كافة نشاطات المجتمع وبمختلف الميادين العلمية والاقتصادية والاجتماعية والإنسانية إلى الحد الذي لا يمكن الاستغناء عن استخدام الأساليب الإحصائية لما لها من نتائج إيجابية في تفسير حركة المجتمع التي غالباً ما تكون ديناميكية في كل من القطاعات الاقتصادية والتي من شأنها إدامة الحياة في المجتمع وإعطاء التفسير لكل حركة يراد معرفة اتجاهها وما هو تأثيرها. وتجدر الإشارة هنا إلى إنه ليس المقصود بالمجتمع هنا المجتمع الإنساني فحسب ولكن المقصود هو أي مجموعة من مفرداته أو عناصره يراد دراستها أو إخضاعها للدراسة وهنا يستلزم علينا إعطاء ما هو معنى الإحصاء لهذه العملية.

إن الإحصاء بمعنى العد والحصر والتعرف على العناصر المختلفة للمجتمع المدروس بعدها واحدة واحدة هي فكرة قديمة وربما استخدمها قدماء المصريين وقاموا بتطبيقها واستخدامها حيث قام بناة الأهرام بتعداد لسكان مصر وثروتها واستخدموا النتائج في تنظيم مشروع البناء. في عصر الدولة الإسلامية استخدم الخليفة المأمون فكرة الحصر والتعداد لمعرفة عدد السكان وذلك لغرض معرفة مقدار الزكاة المطلوبة. عند بداية التعرف على الإحصاء كان استخدامه مقصوراً على الأعمال الخاصة بشؤون الدولة كما يدلل على ذلك الأصل اللغوي في اسم هذا العلم وهو بالإنجليزية (Statistics) وهو مشتق من كلمة (State) أي الدولة ويعطي المعنى أنه "مجموعة الحقائق الخاصة بشؤون الدولة"، وعند نمو المجتمعات وحدوث التطورات السريعة في كافة القطاعات تطور مفهوم الإحصاء واعتمد على أساليب وصيغ رياضية متقدمة، وبشكل عام وتأسيساً على ما تقدم يمكن تقديم مفهوم علمي للإحصاء، حيث يشار إلى أنه (مجموعة الأساليب والصيغ والطرق العلمية القياسية والتي يمكن من خلالها

جمع البيانات والمعلومات عـن الظـواهر (المتغـيرات العشـوائية) ومن ثم تنقيتها وتبويبها وعرضها وتلخيصها وتقييم نتائجها وإعطاء الاستنتاجات حول المجتمع الذي تمت دراسته من خلال اعتماد جزء صغير من هذا المجتمع في صيغة العينـة، وبهـذا فالإحصـاء كمفهوم ينقسم إلى نوعين وهي كما يلي:

1- الإحصاء الوصفي Descriptive Statistics

وهو كل ما يقصد به من أساليب وطرق لجمع البيانات الإحصائية والتعامل معهـا لتوضيحها إلى كل مـن يعنيـه الأمـر ولكـل المسـتويات الثقافيـة والاجتماعيـة أي تحليلهـا وعرضها ومن ثم وصفها لتكون بصورة مفهومة لدى الجميع، وبكلام أكثر دقة هو التعامل مع البيانات الإحصائية مـن دون إعطاءهـا الصيغة العامة (التعميم)، أي عنـدما يقـوم أحدهم بعملية الإحصاء في أحد المصانع بتسجيل عدد الموظفين في المصنع حسب العمر أو حسب الدرجة الوظيفية أو حسب الراتب ومـن ثـم عـرض هـذه النتائج علـى شكل مستطيلات أو أعمدة بيانية فكل من ينظر إلى هذه الأشكال البيانية تتولد عنده فكرة غير بسيطة عـن العـاملين في هـذا المصنع فهنا يـدعى بالإحصـاء الوصفي وإذا أرادت وزارة التجارة تصنيف صادراتها أو وارداتها حسب الجهة المصدرة لها أو المستورد منها أو حسب تصنيف السلع أو حسب القيمة المالية المصدرة أو المستوردة مـن البلـدان وهـذا ممكن تلخيصه على شكل دائرة بيانية أو جداول ويبين بشكل جلي من هي البلدان التي تصدر لها ومن أي البلدان تـرد بضائعها وبأي قيمة فهـذا هـو الإحصاء الوصفي أي وصـف البيانات وعرضها لكي تصل بمفهومها إلى كل الشرائح الاجتماعية المعنية بالأمر.

2- الإحصاء الاستدلالي Inferential Statistics

المقصود به هو كل الأساليب والصيغ والطرق الرياضية العلمية والخاصة بمعالجـة وتحليل وتفسير البيانات ومن ثم التقدير (Estimation) ومن ثم إظهار النتـائج وتعمـيم الاستنتاجات وذلك مـن أخـذ جـزء مـن المجتمـع الإحصائي والمقصود بهـا هنـا العينـة (Sampling) وذلك للوصول إلى قـرارات تخص مجمـوع المجتمـع الإحصائي ومـن هنـا نتوصل لمفهوم الإحصاء الاستدلالي وهو الذي يتعامل مع التعميم والتنبؤ والتقدير

17

لقيم الظواهر المدروسة (المتغيرات العشوائية)، هذا ويلزمنا أن نبصّر طلابنا الأعـزاء أن الاستنتاجات في بعض الأحيان تتصف بظـاهرة عـدم التأكـد لـذلك هنـا يتوجـب علينـا المعالجة والقياس باستخدام أحد فروع الإحصـاء وهـي نظريـة الاحـتمالات Probability theory. التي سوف يرد توضيحها في فصل لاحق.

2.1.1 مفهوم وأهمية الأساليب الإحصائية

الأساليب الإحصـائية تعتـبر جـزء مـن الأسـاليب الكميـة Quantitative Methods، حيث في الواقع العملي يمكن أن نلاحظ الكثير من الطروحات الفكرية التـي تناولـت هـذا الموضوع في عدة أوجه، وبشكل عـام يتفـق الجميـع عـلى تعريفهـا بأنهـا حزمـة متعـددة الأنواع والأغراض قائمة على أساس علم الرياضيات، وتستخدم في مجالات الحياة المختلفـة، وتقسم الأساليب الكمية إلى ثلاثة أنواع رئيسية والتي بضمنها الأساليب الإحصائية كما هو واضح من الشكل رقم (1-1):

أولاً: الأساليب الإحصائية، ويتفرع منها ما يلي:

1. أساليب الإحصاء الوصفي.
2. أساليب الإحصاء الاستدلالي.

ثانياً: أساليب بحوث العمليات، وهي كثيرة ومتنوعة نذكر منها ما يلي:

1. البرمجة الخطية Linear Programming
2. البرمجة الديناميكية Dynamic Programming
3. شبكات العمل Net work
4. خطوط الانتظار وغيرها Queuing Theory

ثالثاً: أساليب رياضية مختلفة (مساندة): Pure Mathematical Methods

ويرد في هذا الخصوص ما يلي:

1. التفاضل.
2. التكامل Integration
3. الوغاريتمات وغيرها Logarithms

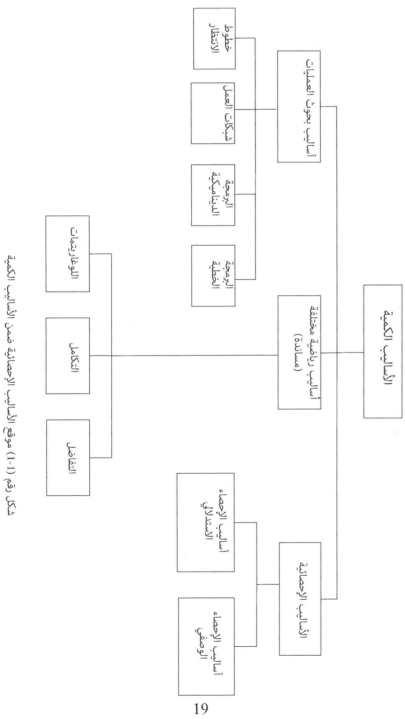

شكل رقم (1-1) موقع الأساليب الإحصائية ضمن الأساليب الكمية

في كتابنا الحالي يتم التركيز على مفهوم وأهمية الأساليب الإحصائية (بنوعيها الوصفي والاستدلالي) في اتخاذ القرار مع التركيز على منظمات الأعمال الإنتاجية والخدمية[1]. حيث في الواقع العملي لهذه المنظمات تظهر الكثير من المواقف والحالات والمشكلات تتطلب تطبيق هذه الاساليب، حيث يمكن توضيح ذلك على النحو التالي:

أولاً: في منظمات الأعمال الإنتاجية، حيث تظهر الحاجة إلى الأساليب الإحصائية فيها في الحالات التالية:

1- إعداد وتحليل الكشوفات المتعلقة بالمواد الأولية وتقدير الكميات المطلوبة في ضوء حركة الصرف لهذه المواد في الفترات السابقة.

2- تقدير كمية الإنتاج وكمية المبيعات للفترات القادمة في ضوء ما هو متوفر من سلاسل زمنية لهذه الظواهر.

3- إعداد الدراسات والبحوث الخاصة بالإنتاج والعاملين من حيث معالجة درجة الارتباط والانحدار بين الروح المعنوية وكمية الإنتاج أو مقدار الحوافز المادية والمعنوية الممنوحة وكميات الإنتاج أو الأرباح الكلية المتحققة.

4- السيطرة على كمية ونوعية الإنتاج وتحديد نسب التالف والمرفوض الداخلي على أساس حجم العينة المسحوب من حجم الإنتاج أو مجتمع الدراسة.

5- توفير المؤشرات الإحصائية المتعلقة بالربحية والسيولة والإنتاجية ودوران القوى العاملة وارتفاع وانخفاض أسعار الأسهم والسندات في السوق.

ثانياً: منظمات الأعمال الخدمية، وذلك مثل البنوك وشركات التأمين وشركات الطيران والاتصالات والمستشفيات والفنادق ومؤسسات التعليم وغيرها، حيث تظهر الحاجة إلى الأساليب الإحصائية في مجالات مختلفة وأهمها ما يلي:

---

(1) لبيان دور وأهمية الأساليب الكمية الأخرى في اتخاذ القرار ننصح القارئ الكريم بمراجعة المؤلفات التالية للدكتور مؤيد الفضل:
- الأساليب الكمية في الإدارة، إصدار مؤسسة اليازوري للنشر، عمان، 2003.
- الأساليب الكمية في تخطيط الإنتاج، إصدار مؤسسة مجدلاوي للنشر، عمان، 2004.
- نظريات اتخاذ القرار، إصدار دار المناهج للنشر، عمان، 2004.

1- تقديم صورة شكلية (بيانية) ورقمية عن نشاطات المنظمة السابقة والحالية والمستقبلية في مختلف الاتجاهات، مع بيان نوع وطبيعة النشاط أو الخدمة المقدمة.
2- عرض مستمر لردود أفعال المستهلكين للخدمة التي يحصلون عليها وتحليل المؤشرات المستنبطة منها تمهيداً لاتخاذ القرار بشأنها.
3- إعداد التحليلات الإحصائية المتعلقة بأسعار الأسهم والسندات وأسعار العملات والموجودات الرأسمالية المختلفة.
4- تحليل الظواهر الاقتصادية والاجتماعية في ضوء المؤشرات البيئية الخارجية والداخلية واستنباط المؤشرات الإحصائية اللازمة من أجل صياغة واتخاذ القرارات اللازمة لمواجهة الحالات المختلفة.

وبشكل عام يرد في هذا الخصوص أيضاً أهمية الأساليب الإحصائية في تهيئة البيانات اللازمة للإحصاءات السنوية الاقتصادية والسكانية للإفادة منها في عملية اتخاذ القرارات المختلفة وخاصة ما يتعلق منها بإعداد خطط التنمية على المستوى القطاعي والقومي.

3.1.1 مفهوم القرار وعملية اتخاذ القرار

القرار في المفاهيم الدارجة ضمن الأوساط العامة لمنظمات الأعمال الإنتاجية والخدمية هو تعبير عن إرادة ورغبة معينة لدى الجهة المسؤولة عن اتخاذ القرار، ويتم ذلك بشكل شفهي ومكتوب من أجل بلوغ هدف معين، ويفترض في هذه الحالة توفر البدائل والخيارات مع كافة البيانات الإحصائية اللازمة لذلك. إن القرار بشكل عام يصدر من شخص مادي أو معني[1]، أما على أساس تداخل التمعن والحساب

(1) يقصد بالشخص المادي الإنسان الاعتيادي كامل الأهلية القانونية، في حين أن الشخص المعنوي، هو أية شركة أو مؤسسة مسجلة لدى دائرة رسمية معينة لها حق التصرف والعمل تحت اسم أو علامة يكفلها القانون. لمزيد من التفاصيل راجع: د. علي العبيدي "القانون التجاري-المبادئ والأصول" بغداد 1980.

والتفكير والإدراك الواعي، أو كونه قائم على أساس لا شعوري وتلقائي أو عفوي. وتبرز هنا أهمية المقارنة بين هاتين الحالتين بشكل واضح عندما يكون هناك مجموعة من البدائل والخيارات المستندة إلى التحليلات والكشوفات الإحصائية المحكمة تدعم الحالة الأولى، حيث أن المنطق والعلم يرجح كفة هذه الحالة بشكل واضح أكثر من كونها تلقائية أو عفوية، بعبارة أخرى أن القرار ليس هو الاستجابة التلقائية ورد الفعل المباشر اللاشعوري، وإنما هو اختيار واعي قائم على أساس التدبر والحساب في تفاصيل الهدف المطلوب تحقيقه والوسيلة التي ينبغي استخدامها، علماً بأن الهدف والوسيلة في هذه الحالة يرتبطان بشكل دقيق بما يسمى بمحل القرار أو الإطار الموضوعي [1]. بعبارة أخرى عندما يكون هنالك محل للقرار، فإنه من الممكن أن يكون هنالك هدف أو نتيجة مطلوب بلوغها ووسائل أو أساليب إحصائية وكمية تساعد على الوصول إلى هذه النتيجة.

لقد وردت تعريفات مختلفة للقرار من قبل باحثين في مختلف الاتجاهات والعلوم الإدارية ونختار منها ما جاء في طروحات سايمون (simon) بأن القرار هو اختيار بديل من البدائل لإيجاد الحل المناسب لمشكلة جدية ناتجة عن عالم متغير، وتمثل جوهر النشاط التنفيذي في الأعمال. وفي هذا الصدد لا بد من التمييز بين مفهوم صنع القرار Decision Making واتخاذ القرار Decision Taking، حيث يذهب البعض من المهتمين بالفكر الإداري إلى اعتماد التفسير القائل بأن صناعة القرار تتضمن كافة المراحل التي من شأنها أن تقود إلى عملية اتخاذ القرار، في حين أن مصطلح اتخاذ القرار يشير إلى أنه المرحلة الأخيرة فيه مع الأخذ بنظر الاعتبار المتابعة المنظمة للنتائج التي تتمخض عن عملية اتخاذ القرار كما هو واضح في الشكل (1-2) الذي يوضح المراحل المختلفة لعملية اتخاذ القرار.

---

(1) يرد مصطلح محل القرار في أدبيات الإدارة مرادفاً لمفهوم المشكلة المطروحة أو تحدي معين ذات طبيعة إنتاجية أو خدمية.

شكل رقم (1-2) المخطط الانسيابي لمراحل عملية اتخاذ القرار
وحل المشكلات[1]

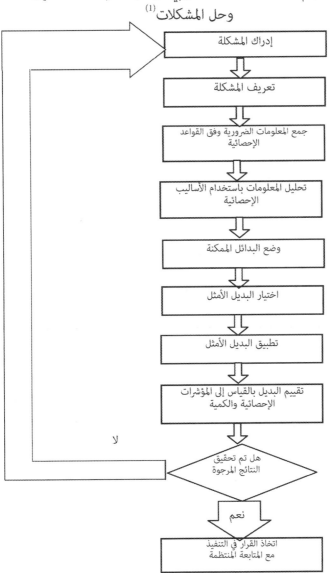

إدراك المشكلة

تعريف المشكلة

جمع المعلومات الضرورية وفق القواعد الإحصائية

تحليل المعلومات باستخدام الأساليب الإحصائية

وضع البدائل الممكنة

اختيار البديل الأمثل

تطبيق البديل الأمثل

تقييم البديل بالقياس إلى المؤشرات الإحصائية والكمية

هل تم تحقيق النتائج المرجوة

لا

نعم

اتخاذ القرار في التنفيذ مع المتابعة المنتظمة

---

(1) ليس بالضرورة في تحديد مفهوم المشكلة هي حالة سلبية تعبر عن حالة تدهور أو تدني في مستويات الإنتاج أو البيع أو الجودة، بل قد تكون مهمة أو مشروع أو تحديات تؤدي إلى التطوير أو التنمية لواقع الحال، ويعني ذلك: نشاط إيجابي، لذلك يرد هنا مصطلح المشكلة Problem وهو ذات تعبير مجازي. لمزيد من التفاصيل، راجع: الفضل، مؤيد عبدالحسين، وآخرون "ترشيد القرارات الإدارية-أسلوب التحليل الكمي" دار زهران للنشر-الأردن، عمان 2002، ص120.

حيث يتضح من هذه المراحل دور وأهمية الإحصاء والأساليب الإحصائية في المراحل التالية:

1- مرحلة جمع المعلومات الضرورية وفق القواعد الإحصائية.
2- مرحلة تحليل المعلومات باستخدام الأساليب الإحصائية.
3- مرحلة تقييم البديل بالقياس إلى المؤشرات الإحصائية والكمية.

إن متخذ القرار ومن في موقعه من حيث المسميات الإدارية المختلفة:

1- مدير إنتاج.
2- مدير تسويق.
3- مدير الأفراد والموارد البشرية.
4- مدير الحسابات والمالية وغير ذلك.

يرتبط بمحددات كثيرة في كافة مراحل عملية اتخاذ القرار السابقة، وهذه المحددات مستمدة من بيئة القرار، حيث أن الكثير منها هو بمثابة تغيرات (Changing) بيئية الكثير منها ذات طبيعة معقدة (Complex) كما هو واضح في الشكل رقم (1-3) لذلك ينبغي أن تؤخذ بنظر الاعتبار عند اختيار الأساليب الإحصائية اللازمة واعتماد المؤشرات الكمية التي تتفق وطبيعة بيئة اتخاذ القرار.

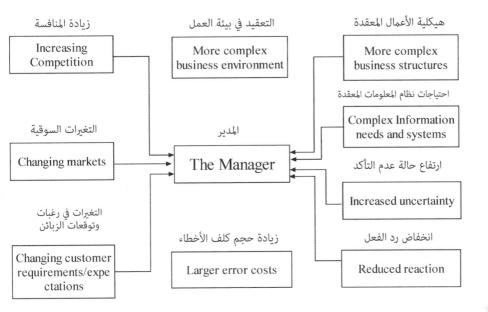

شكل رقم (1-3) التحديات والتغيرات التي تواجه المدير في بيئة اتخاذ القرار

2.1 مفهوم وأهمية وأنواع البيانات الإحصائية

إن عملية اتخاذ القرار تحتاج إلى البيانات المختلفة التي تعبر عـن نشـاط منظمـة الأعمال الإنتاجية والخدمية في المراحل الزمنية السابقة والتي ارتبطت بنفس بيئة المنظمة من حيث المؤثرات الخارجية والداخلية، حيث أن مصداقية القرار ونجاح عمليـة تنفيـذه في الواقع العملي يعتمد على مصداقية هذه البيانات وهدفها ومـدى تعبيرهـا عـن واقـع حال المنظمة والعكس هو الصحيح، ويرد في هذا الخصوص مصـطلح البيانـات الإحصـائية كتعبير عام عن كافة نشاطات المنظمة الإنتاجية والخدمة.

1.2.1 البيانات الإحصائية Statistical Data

ويقصد بها كل شيء يفصح ويدل على أبعاد المجتمع الإحصائي المـراد دراسـته فمثلا عندما يراد قياس أطوال الطلاب وأوزانهم فهذه البيانات والمعلومات هي التي

تحدد لنا مجتمعنا الإحصائي، وإذا ما أريد دراسة أثر أحد الظواهر الاقتصادية أو الإدارية على كيفية إنتاج أحد المنتجات فهنا يتم التحرك على معرفة ما هي المكونات الأساسية لهذا المنتج وما هي المصادر الأساسية التي تكون أساساً لصناعته وكم هي كمياتها وكيف لذلك يجري توريدها أو تجهيزها فهنا المجتمع الإحصائي هو ذلك المنتج ومكوناته ومصادر إنتاجه فيتم التحرك على قياس وتحديد مقدار الأموال اللازمة لشراءها وحساب كلفة الساعات التشغيلية اللازمة للإنتاج وحساب كلفة العمالة وعليه يتطلب الأمر هنا توفر البيانات اللازمة لذلك، ويقصد بالبيانات هو كل المعلومات والبيانات الإحصائية المتعلقة بالمشكلة قيد الدرس وبشكل عام فهي ترتبط بالظواهر (المتغيرات العشوائية) الاجتماعية والاقتصادية والثقافية والصحية والتربوية والمالية والسكانية، وكل ما يتعلق بأحوال المجتمع ونشاطاته، وتختلف البيانات الإحصائية من حيث نوعها وطبيعتها باختلاف الظاهرة المطلوب قياسها ودراستها وأيضاً يتبع ذلك منهجية البحث والأدوات الإحصائية المزمع استخدامها، ولذلك يتطلب بعض الأحيان تحويل البيانات الوصفية إلى بيانات كمية من خلال استخدام بعض الصيغ الرياضية وطرق إحصائية خاصة بذلك، وأخيراً فهناك اتفاق على تصنيف البيانات إلى نوعين هما:

أ- البيانات الكمية Quantitative Or Numerical Data

وهي عندما تكون الظاهرة المزمع دراستها قابلة للقياس وفقاً لأحد المقاييس العددية فالبيانات التي من الممكن الحصول عليها تتألف من مجموعة من الأعداد ويطلق عليها بيانات كمية أي لها قيمة واتجاه مثل درجات الحرارة، الطلب على المنتجات، مقدار الكميات من الإنتاج المراد تحويلها من مدينة إلى أخرى، مقدار التخصيص المالي أو النقدي لكل مديرية أو دائرة مطلوب تحويلها من ميزانية إلى أخرى.

ب- البيانات النوعية Qualitative or Categorical Data

وهي البيانات التي تعطي انطباع عن الظاهرة المراد دراستها بشكل وصفي أو نوعي (أي غير رقمي) مثل تصنيف الأفراد حسب الجنس أو تحصيله الدراسي

(بكالوريا، بكاوريوس، ماجستير، دكتوراه) أو تصنيف المنتجات (ولادي، نباتي، نسائي، رجالي) أو تصنيف المواد الأولية حسب جهة الاستيراد أو يكون تصنيف بعض الظواهر حسب لون المنتج والمثال الأكثر وروداً هو تصنيف الدم حسب مجموعاته هي (A ، B ، AB ، 0 ، ...) كما يمكن تنظيم وحدات الظاهرة حسب اشتراكها في الصفة مثل ممتاز، جيد جداً، جيد، رديء.. إلى غير ذلك من الظواهر، وقد يأتي بعض أنواع هذه الظواهر باعتبارها عوامل يمتلكها الشخص مثل العوامل الاقتصادية والاجتماعية والثقافية فيكون قيمة التباين المعطى من قبله معبراً عن شعوره ورغبته وقناعته، وأخيراً لا بد وأن نشير هنا بأن البيانات النوعية تساهم في حل معظم المعضلات الاقتصادية والاجتماعية وعلى ضوئها يتم اتخاذ القرارات الهامة.

2.2.1 مصادر جمع البيانات الإحصائية Statistical Data Sources

1- المصادر التاريخية أو الوثائقية Historical Sources

قبل جمع البيانات عن أي مشكلة لا بد وأن يسبقه دراسة وافية للمصادر التاريخية للموضوع محل الدراسة (وثائق، ميزانيات مالية أو أي نشاطات أخرى)، إذ من المحتمل أن تتوافر البيانات التي يتطلب الأمر جمعها-كلها أو بعضها- في الإحصاءات التي تنشرها الأجهزة الإحصائية أو الهيئات المتخصصة في الدولة، ففي بعض الأحيان توفر علينا البيانات التي نحصل عليها من هذه المصادر مشقة جمعها من الميدان مرة أخرى وما يترتب عليه من جهد بشري وتكاليف مادية، وهذه المصادر تكون على نوعين:

أولاً: مصادر أصلية Original: ويعني أن الدوائر تقوم بذاتها بالتقصي عن الظاهرة وتجمع البيانات عنها وتهيئتها ونشرها، كما هو معمول به في دوائر الإحصاء ومؤسسات المعلومات المركزية وبعض الدوائر الحكومية.

ثانياً: مصادر ثانوية Alternative: ويقصد بذلك أن الدوائر أو الجهات المكلفة بدراسة الظواهر والمشاكل المختلفة تزود من جهات أخرى بالبيانات عن بعض الظواهر المراد دراستها أي يتم استلامها جاهزة وهي التي تكون مسؤولة عن تنقيتها

وتبوبيها ونشرها بعد استلامها من المصادر الرئيسية (الأصلية)، كما هـو الحـال مـع المنظمات الدولية والإقليمية التي تقوم بنشر المطبوعـات الإحصـائية التـي تسـتلمها مـن الدول الأعضاء.

2- المصادر الميدانية Field Sources

وهنا يقوم الباحث بجمع البيانات عن طريق الاتصال بمفردات المجتمع المبحوث مباشرة وذلك عن طريق توجيه الأسئلة أو عن طريق المشاهدة المباشرة، ويقوم الباحث بجمع بياناته في استمارة إحصائية تعد لهذا الغرض، ويختلف تصميم الاستمارة عادة حسب نوع البيانات المطلوبة والمستوى العلمي والاجتماعي للجهات (دوائر، أفراد) الذين تجمع منهم البيانات وهناك أسلوبان لجمع هذه البيانات، وذلك كما يلي:

أولاً: أسلوب المسوحات الشاملة أو التعداد الشامل

وهو جمع البيانات من جميع مفردات المجتمع المبحوث، ويقصد هنا بالمجتمع هنا جميع المفردات الداخلة في نطاق البحث ويستخدم هذا الأسلوب في التعدادات العامة مثل تعداد السكان والتعداد الزراعي والتعداد الصناعي...الخ، ومن الواضح أن هذا قد يكلف الكثير من النفقات والوقت نظراً لكبر عدد المفردات ولضخامة المجهود اللازم لذلك ولهذا يلجأ الكثير من الباحثين لاستخدام العينات.

ثانياً: أسلوب مسوحات العينة

العينة هي جزء من المجتمع وتقوم بدراستها للتعرف عـلى خصـائص المجتمـع التـي سحبت منه هذه العينة، ولكي تصلح النتائج التي تحصل عليها للتعبير عن المجتمـع لا بـد وأن تكـون العينـة ممثلـة للمجتمـع (أي جميـع المفـردات المـراد بحثهـا) تمثـيلاً صـحيحاً. واسـتخدام العينـات معـروف منـذ القـدم ولـه أمثلـة عديـدة في الحيـاة العمليـة فقسـم السيطرة النوعية والذي يقوم بفحص البضاعة ومدى مطابقتها لمواصـفات الإنتـاج يعتمـد على أخذ عينات من الإنتاج وغالباً ما تكـون عشـوائية، ولا يمكـن سـحب كـل دم المـريض للتعرف على صنفه أو القيام بالتحليل السطحي وإنما يكتفي الباحث بأخذ قطـرة واحـدة (عينة) من دمه.

3.2.1 طرق جمع البيانات الإحصائية اللازمة لاتخاذ القرار
Methods of Data Collection

يتم جمع البيانات ميدانياً بعدة طرق وذلك نظراً لطبيعة كل مجتمع واختلاف البيانات بطبيعتها وأيضاً تتحكم بذلك الإمكانات المالية المخصصة لذلك ومن هذه الطرق هو ما يلي:

1- طريقة المشاهدة Observation Method

وفقاً لهذه الطريقة يقوم الباحث بمقابلة كل فردمن أفراد البحث وتوجيه الأسئلة الموجودة في الاستمارة الإحصائية إليه وتدوين الإجابة في المكان المخصص أمام كل سؤال. وتمتاز هذه الطريقة بأنها أصلح طريقة لجمع البيانات في حالة انخفاض المستوى التعليمي والثقافي بين أفراد مجتمع البحث، كما يتمكن جامع البيانات من التأكد من صحة الإجابات التي يحصل عليها عن طريق مقارنتها ببعضها.

2- طريقة التسجيل الذاتي Self- recording Method

وتعني هذه الطريقة بتوزيع استمارة المعلومات على أفراد المجتمع وقيامهم بتدوين الإجابات ذاتياً على الأسئلة الواردة في الاستمارة، وتعتبر هذه الطريقة فعالة إذا كان المستوى الثقافي والاجتماعي للمجتمع المبحوث راقي جداً وإذا كانت الاستمارة تحتوي على أسئلة من شأنها الاهتمام بوحدات المجتمع المبحوث مباشرة كالاستفسار عن طبيعة السكن الذي يرغبون فيه أو لغرض شمولهم بإعفاءات ضريبية ولتقديم خدمات مالية لهم عدا ذلك سيكون الإجابة على الأسئلة غير واضحة ولا يمكن الأخذ بهذا النوع من طرق جمع البيانات لأغراض اتخاذ القرارات.

3- طريقة المراسلة (البريد أو الهاتف)

في هذه الطريقة يقوم الباحث بإرسال استمارات جمع البيانات بالبريد إلى أفراد البحث مرفقاً بها الإرشادات الخاصة باستيفاء الإجابات الواردة في الاستمارة موضحاً بها أهداف البحث وأهميته وعادة ما يرفق مع الاستمارة مظروف عليه عنوان الجهة

المشرفة على البحث (عنوان البحث) وعليه طابع بريدي لضمان إعادة الاستمارة إلى الباحث، أو يستعاض من ذلك بواسطة الهاتف أو يقوم الباحث بالاتصال بأفراد المجتمع المبحوث وطرح عليهم الأسئلة وتدوين الإجابات. وتصلح هذه الطريقة في حالة المجتمعات التي تقل فيها نسبة المتعلمين كما أنها تعطي فرصة كافية لدراسة الأسئلة وتفهمها قبل الرد عليها علاوة على قلة التكاليف اللازمة لجمع البيانات بموجب هذه الطريقة.

3.1 المجتمع والعينة Population and Sample

إن من الواجب في مراحل البحث العلمي هو تحديد أبعاد المشكلة المطروحة للبحث وأهدافها وتصميم الإطار العام للبحث وهو حصرـ شامل لجميع مفردات المجتمع المراد بحثه فقد يكون الإطار العام للبحث عبارة عن قائمة بالمفردات أو مجموعة من البطاقات أو الخرائط، والسؤال الأكثر وروداً، هو مم يتكون المجتمع الإحصائي؟

الجواب أنه يتكون من جميع المفردات الداخلة في نطاق البحث، ومن خلال تعريف المجتمع الإحصائي يجب تحديد الحدود الصريحة لعملية جمع البيانات ولعملية الاستقراء والاستنتاجات التي يمكن الحصول عليها من الدراسة. ومن الممكن أن تكون مفردات المجتمع الإحصائي أفراداً أو عوائل أو موظفين أو مدارس أو وحدات سكنية كاملة. ويجب أن يميز الباحث بين المفردات التي تنتمي إلى المجتمع والتي لا تنتمي إلى المجتمع، وهذا ما يتم العمل به من خلال تحديد الإطار العام للبحث كما أسلفنا، وتسمى كشوف أعمال المسح التي تسجل فيها جميع عناصر المجتمع.

1.3.1 مفهوم العينة Sample

يفهم من العينة بأنها مجموعة جزئية من المجتمع يتم اختيارها عشوائياً أو بصورة غير عشوائية حسب الطرق المتعارف عليها كأن تكون (أسلوبية أو طبقية أو نسبة معينة وأيضاً يكون للعشوائية حصة في هكذا طرق لسحب العينة) وعلى أساس نسب تمثيلها لخصائص المجتمع كافة المسحوبة منه العينة.

2.3.1 الأسباب الواجبة للاعتماد على العينات

يمكن إجمال هذه الأسباب كما يلي:

1- توفير الوقت والجهد والنفقات.

2- عندما يكون المجتمع غير محدود، فمن الصعوبة مراقبة كل مفردات المجتمع، كما هو الحال في مراقبة كل الأسماك الموجودة في البحر والنهر.

3- عندما يؤدي الفحص إلى تلف الوحدات المفحوصة، فمن الصعوبةاستخراج كل مفردات المجتمع كما هو الحال في استخراج كمية كبير من دم المـريض لغـرض الفحص.

4.1 المعلمَة والإحصاءة Parameter and Statistics

المعلَمَة Parameter: هي قيمة رقمية تصف خاصية معينة للمجتمع الإحصائي وعادة ما يعبر عنها بحرف لاتيني فمثلاً معمله الوسط الحسابي للمجتمع يعبر عنه بالحرف μ ويقرأ (ميو) والانحراف المعياري للمجتمع يعبر عنه بـ σ ويقرأ (سكما)وهكذا.

أما **الإحصاءة Statistics:** فهي قيمة رقمية تصف خاصية معينة تعود للعينة ويعبر عنها بحروف إنجليزية، فإذا كنا بصدد الوسط الحسابي للعينة نرمز له بـ $\overline{X}$ وللانحراف المعياري نرمز له بـ δ.

5.1 المتغيرات والثوابت Variables and Constants

المتغير Variable: هو تلك السمة أو الصفة أو الكمية، التي تتغير قيمتها من عنصر إلى آخر، أو مشاهدة إلى أخرى. فلو أردت قياس أطوال العمال لأحد المعامل لحصلت على عدد من القياسات يمثل كل منها طول أحد العمال (أي أن الطول متغير) ولو تم التحري عن نسبة المعيب من الإنتاج لبعض المنتجات لرأيت أنها تختلف من منتج إلى آخر ولو قارنتها بين عدة معامل لرأيناها تختلف من معمل إلى آخر أي تحصل على عدة قيم مختلفة. والأمثلة على المتغيرات كثيرة جداً ولا حصر لها ومنها كمية المنتج الصالح للتسويق وكمية الصادرات والواردات في قطر ما على مدى أشهر السنة.

أما **الثابت Constant:** فهي السمة والخاصية التي لا تتغير وهي التي تصف طبيعة المواد في ظروف معينة مثل الكثافة النوعية لعنصر ما بنسبة مساهمة المواد الأولية في إنتاج منتج معين فهي ثابتة ومعظم الخواص الفيزياوية والكيماوية للمواد فهي ثوابت كالعدد الذري والكثافة النوعية، وتوجد أمثلة أخرى مثل معدل عمر البطارية الكهربائية ومعدل دخل الفرد السنوي في بلد معين لسنة معينة.

6.1 المتغيرات المنفصلة والمتصلة Discrete and Continuous

لقد تناولنا أعلاه ماذا يعني مفهوم المتغير وكانت المحصلة أنه يأخذ قيماً مختلفة تتغير من عنصر إلى آخر وتسمى مجموعة القيم التي من الممكن المرور بها من قبل متغير ما "بمجال التغير" فمثلاً: يمكن أن تؤخذ نسبة المعيب من الإنتاج أي قيمة مقربة إلى أي خانة عشرية وواقعة بين أي رقمين صحيحين فمثلاً تكون نسبة المعيب {6.77 , 3.1 , 4.05 ,2.3 , 5.25} ومن الممكن أن تزيد نسب المعيب أو تقل عن هذه القيم ولكن تم استعراض هذه الأرقام وبيان إمكانية أن تتعدى قيمتها بعد العدد الصحيح إلى أي رتبة عشرية.

بينما لا يمكن مشاهدة هذه الأرقام العشرية بعد العدد الصحيح وهذا الأمر له أمثلة أخرى مثلاً معدل عدد الوحدات المنتجة، معدل عدد العمال معدل عدد الكراسي المخصصة لاستراحة العمال، معدل عدد الناقلات للمنتجات أو للمواد الأولية وعليه يمكن أن نخلص مما تقدم من الأفكار بما يلي:

- **المتغير المنفصل Discrete Variable**

هو ذلك المتغير الذي يؤخذ قيماً صحيحة غير قابلة للعبور إلى المراتب العشرية أي يأخذ قيما قابلة للعد أي أنها تكون محدودة وعلى الدوام تمثل قيم هذا المتغير عدد الوحدات لكل عنصر أو مشاهدة، ومثال لذلك عدد العمال، عدد المنتجات، عدد المعامل، عدد المواد المخزونة، عدد القاعات المعدة للخزن عدد الشوارع... الخ، وكل هذه الأمثلة الواردة يمكن أن تأخذ القيم العددية هي، 0، 1، 2، 3، 4، ... وهكذا، وعكس هذا لا يمكن أن تصبح قيمة المتغير المنفصل أي لا يمكن القول هناك عدد عشري (أي بعد الفارزة) من عدد العمال أو عدد المنتجات أو عدد المعامل.

• المتغير المتصل Continuous Variable

هو ذلك المتغير الذي من الممكن أن تتعدى قيمه إلى المراتب العشرية أي (2.4 ، 5.6 ، 100.08 ، 60.25، ...) ولكن بشرط أن لا تكون الفترات أو القفزات بين قيمـة وأخرى قفزات متساوية والأمثلة على المتغير المتصل كثيرة منها درجة الحرارة والـوزن والطول، فغالباً ما نلاحظ عندما ترتفع درجة الحرارة من 40 إلى 45، فمن غير المعقول أن ارتفاعها فجائي وإنما تؤخذ درجات الحرارة بالارتفاع التـدريجي أي مـن 40، 40.1، 40.2، 40.3...، 45 إلى أن تصل إلى 45 وهكذا.

7.1 أساليب رياضية مختلفة (مساندة)

بقدر تعلق الأمر بالأساليب الإحصائية فإن متخذ القرار أو المحلـل الإحصائي في منظمة الأعمال، يمكن أن يحتاج إلى ما يلي:

1.7.1 علامة الجمع والرموز Notation of Summation

طبيعة العمل الإحصائي هـو تكرار المشاهدات أو إعادة المحاولات لعـدة قيم أو عندما نذهب لإجراء أي تجربة إحصائية (عشوائية) يجب أن يتم اختبار أكثر مـن قيمة واحدة، ومعنى هذا أننا سوف نتعامل مـع مجاميع مـن القيم الرقمية (بعض الأحيـان يكون تعدادها كبير) وبصورة متكررة فعنـد قياس معدل إنتاج خمسة معامـل لمنتج متماثل لمقابلة الطلب الحاصل لـذلك المنتج وكان المصـنع الأول قـد أنتج 1500 وحدة ومعدل إنتاج المصنع الثاني 2200 وحدة والثالـث 3720 وحـدة والرابـع 880 والخـامس 1122 وحدة يتم تدوين ذلك كما يلي:

$$X_1 = 1500 \ ، \ X_2 = 2200 \ ، \ X_3 = 3720 \ ، \ X_4 = 880 \ ، \ X_5 = 1122$$

وعنـد الإشارة إلى مجموعـة هـذه القيم تستخدم الحـرف اللاتينـي $\sum$ (سيكما، Sigma) حيث يرمز لذلك $\sum x_i$ وتقرأ بمجموع x_i (حيث أن i هي من 1 على 5) فالرقم $i=1$ يمثل الحد الأدنى والرقم $i=5$ يمثل الحد الأعلى وعند ذلك يكون لدينا:

$$\sum_{i=1}^{5} xi = x_1 + x_2 + x_3 + x_4 + x_5$$

مجموع ما تنتجه المعامل الخمسة من المنتج المعين

$$= 1500 + 2200 + 3720 + 880 + 1122 = 9422$$

وإذا كنا بصدد جمع ثلاث معدلات إنتاج لثلاثة معامل ولتكن الثلاثة الأخيرة فيكون:

مجموع ما تنتجه المعامل الثلاث من ذلك المنتج

$$\sum_{i=3}^{5} xi = x_3 + x_4 + x_5 = 3720 + 880 + 1122 = 5722$$

ولنفرض توجد متغيرات أخرى تمتلك القيم التالية:

$$X_1 = 4 \qquad X_2 = 2.1 \qquad X_3 = 1 \qquad X_4 = 6.5$$

والمطلوب هو حساب مجموع مربعات هذه المتغيرات فيكون ذلك كما يلي:

$$\sum_{i=1}^{4} x_i^2 = x_1^2 + x_2^2 + x_3^2 + x_4^2$$

$$= (4)^2 + (2.1)^2 + (11)^2 + (6.5)^2 = 183.66$$

ومن ذلك نستدل بأنه عندما نكتب المتغير (xi) تعني أن المتغير (x) سيأخذ القيم (1، 2، 3، 4، .... k) وبدلاً من تدوين هذه المجموعة (غالباً ما تكون كبيرة) من قيم البيانات، فيتم استخدام ($\sum$) ويعبر عن ذلك بـ $\left(\sum_{i=1}^{k} xi\right)$ وتقرأ بـ مجموع x من 1 إلى k (مثلاً k تأخذ أي قيمة صحيحة).

فمثلاً

$$\sum_{i=1}^{10} x_i^2 = x_1^2 + x_2^2 + x_3^2 + x_4^2 + x_5^2 + x_6^2 + x_7^2 + x_8^2 + x_9^2 + x_{10}^2 =$$

فهنا k=10

$$\sum_{i=1}^{4} r_i d_i = r_i d_1 + r_i d_2 + r_i d_3 + r_i d_4$$

حيث أن: k=4 وهو يعني المجموع لحاصل ضرب متغيرين

أو

$$\sum_{i=8}^{11} Di = D8 + D_9 + D_{10} + D_{11}$$

ولعملية المجموع هذه قواعد أساسية منها:

القاعدة (1)

$$\sum_{i=1}^{K} (xi + yi + zi) = \sum_{i=1}^{k} xi + \sum_{i=1}^{k} yi + \sum_{i=1}^{k} zi$$

هو توزيع المجموع على كل المتغيرات التي عدد حدودها (k)

القاعدة (2)

$$\sum_{i=1}^{k} axi = a\sum_{i=1}^{k} xi$$

على افتراض أن (a) ثابت، ففي هذه الحالة يخرج خارج المجموع، ويكون المجموع فقط للمتغير الذي عدد حدوده أيضاً (k) ، ويكون

$$\sum_{i=1}^{k} axi = ax_1 + ax_2 + ax_3 + ... + ax_k$$

$$= a(x_1 + x_2 + x_3 + ...x_k)$$

$$= a\sum_{i=1}^{k} xi$$

القاعدة (3)

$$\sum_{i=1}^{k} a = ka$$

عدد الحدود

$$\sum_{i=1}^{k} a = a + a + a + a + ... + a = ka$$

أمثلة:

(1) أعد كتابة المجاميع الآتية بالاستعانة بعلامة المجموع

أ- $x_1 + x_2 + x_3 + x_4 + x_5 + x_6 + x_7 + x_8 + x_9 + x_{10}$

ب- $y_1z_1 + y_2 z_2 + y_3z_3 + y_4 z_4 + y_5z_5$

جـ- $k_5^2 + k_6^2 + k_7^2 + k_8^2 + k_9^2 + k_{10}^2 + k_{11}^2 + k_{12}^2$

الحل:

أ- $\sum_{i=1}^{10} xi$

ب- $\sum_{i=1}^{5} yizi$

جـ- $\sum_{i=5}^{12} k_i^2$

(2) افتح المجاميع الآتية

أ- $\sum_{i=2}^{10} cyi =$ ب- $\sum_{i=4}^{10} Qihi$ جـ- $\sum_{i=1}^{6} X_I^2$

الحل:

أ-

$$\sum cyi = cy_1 + cy_2 + cy_3 + cy_4 + cy_5 + cy_6 + cy_7 + cy_8 + cy_9 + cy_{10}$$
$$= C(y_1 + y_2 + y_3 + y_4 + y_5 + y_6 + y_7 + y_8 + y_9 + y_{10})$$

ب- $$\sum_{i=4}^{10} Qihi = Q_4h_4 + Q_5h_5 + Q_6h_6 + Q_7h_7 + Q_8h_8 + Q_9h_9 + Q_{10}h_{10}$$

جـ- $$\sum_{i=1}^{6} x_i^2 = x_1^2 + x_2^2 + x_3^2 + x_4^2 + x_5^2 + x_6^2$$

أسئلة وتمارين الفصل الأول

س1: ما هي أهمية الأساليب الإحصائية لاتخاذ القرار؟

س2: هل أن الأساليب الإحصائية هدف أم وسيلة؟

س3: ما هي علاقة الأساليب الإحصائية بأساليب المنهج الكمي بشكل عام.

س4: ما هو مفهوم الإحصاء، وضح علاقته ببقية العلوم، واذكر الآيات الكريمة التي جاء فيها ذكر الإحصاء.

س5: ما هو مفهوم الأساليب الإحصائية.

س6: ما هو مفهوم القرار وما هي مراحل اتخاذ القرار.

س7: ما هو مفهوم وأهمية وأنواع البيانات.

س8: ما المقصود بالبيانات الإحصائية وما أهميتها لمتخذ القرار.

س9: ما هي مصادر جمع البيانات وما هي طرق جمع البيانات؟

س10: ما هو مفهوم العينة وما هو المجتمع.

س11: ما هي الأسباب الواجبة لاعتماد العينة.

س12: ما هو المقصود بالمعلمة والإحصائة؟

س13: وضح ما المقصود بالمتغيرات والثوابت؟

س14: ما هي المتغيرات المنفصلة والمتصلة؟

س15: افتح المقدار التالي:

$$\sum_{i=1}^{8} xi \quad ، \quad \sum_{i=3}^{10} xi$$

الفصل الثاني

2

تبويب وعرض وتمثيل البيانات الإحصائية

1.2 مراجعة البيانات

9.2 العرض البياني للبيانات

- أسئلة وتمارين الفصل الثاني

الفصل الثاني

تبويب وعرض وتمثيل البيانات الإحصائية

لاحظنا في الفصل السابق دور وأهمية البيانات لأغراض اتخاذ القرار، غير أن هذه البيانات لا بد من مراجعتها وتمحيصها، قبل أن تعتمد بشكل نهائي لعملية اتخاذ القرار كما سنرى ذلك أدناه.

1.2 مراجعة البيانات

بعد أن جمع البيانات في الاستمارات الإحصائية الخاصة بكل نوع من الأنشطة، لا بد من تدقيقها ومراجعتها، حيث أن عملية تدقيق البيانات ومراجعتها مكتبياً وتلخيصها توفر لمتخذ القرار مجموعة كبيرة من الحقائق غير الواردة أصلاً في الاستمارات الإحصائية، والتي يتعذر عليه استيعابها أو استخلاص أية نتائج منها وهي على هذه الصورة. لذلك يجب تنظيم هذه البيانات، بطريقة تسهل دراستها والاستفادة منها، وذلك باكتشاف الاستمارات التي بها بيانات ناقصة أو نقص في الإجابة...الخ، وهذه الأمر يتطلب إعادتها إلى الميدان لاستيفائها أو إلغائها في حالة عدم إمكانية تصحيحها.

ومن الأمثلة على هذه المراجعة هو مقارنة اسم الشخص وديانته، المهنة والمؤهل الدراسي الحاصل عليه، سن الشخص وسن والدته...الخ، فليس من المحتمل أن يكون الشخص مسيحي مثلاً واسمه محمد، أو أن يكون طبياً أو مهندساً والمؤهل الدراسي الحاصل عليه (أقل من الثانوي) أو إن يكون الفرق بين سنه وسن والدته سبع سنوات مثلاً...الخ، كذلك يجب مراعاة التجانس في الوحدات المستخدمة. فإذا كان البيان المطلوب هو عن أجور بعض العمال الصناعيين فيجب أن يكون الأساس الأجر موحداً حيث أن بعض المصانع تعطي أجراً يومياً والأخرى أسبوعياً أو شهرياً فيجب إرجاع جميع الأجور إلى أساس موحد (أسبوعي مثلاً) حتى تكون جميع الوحدات المستخدمة في البحث متجانسة.

41

2.2 تصميم الجداول الإحصائية اللازمة لاتخاذ القرار

ويتوقف هذا التصميم على طبيعة البيانات وعلى الغرض والهدف الذي يسعى إليه متخذ القرار من عمل البحث، إذ لا توجد طريقة موحدة لعمل هذه الجداول إلا أن هناك قواعد عامة يجب الالتزام عند تصميم الجداول الإحصائية وهي:

1- أن يكون هناك وضوح كامل في عنوان الجدول ويميل إلى الاختصار.
2- أن تكون عناوين الأعمدة والصفوف غير غامضة ومختصرة.
3- أن ترتب البيانات بالجدول حسب تسلسلها الزمني أو حسب نوعيتها وأهميتها وتوجد بيانات غير زمنية كأن تكون جغرافية مثلاً تدوين أسماء مدن أو أقاليم أو دول بدلاً من التسلسل الزمني، أو أن تكون خاصية من خواص المجتمع مثل الحالة الزوجية أو الحالة التعليمية أو صنف البضاعة أو مستوى النجاح أو نوع السياسة المتبعة وما شابه ذلك.
4- أن يحسن ترقيم الأعمدة أو الصفوف لتسهيل الإشارة إليها عند الجداول.
5- أن توضح وحدات القياس المستخدمة بدقة وكذلك المصدر للبيانات

1.2.2 أشكال وصيغ الجداول الإحصائية

يقصد بذلك وضع البيانات الإحصائية المتعلقة بنشاط المنظمة في شكل جداول تقسم إلى أعمدة وحقول تتمكن من عرض البيانات بصورة تساعد على استخلاص النتائج منها تمهيداً لاعتمادها في اتخاذ القرار. وهنا يتم وضع البيانات في جداول على أساس تقويم زمني أو جغرافي أو كمي...الخ. (كما تم ذكره سابقاً) ونعرض في الجدول رقم (2-1) قيم استيرادات من مواد معينة لأحد منظمات الأعمال الإنتاجية (بملايين الدنانير) وللفترة 1993-2001.

جدول رقم (2-1)

السنة	قيمة الاستيرادات (بملايين الدنانير)
1993	270
1994	773
1995	1427
1996	1151
1997	1323
1998	1474
1999	1739
2000	2208
2001	2334

أما الجدول رقم(2-3) فيعرض دراسة الظاهرة حسب التوزيع الجغرافي وذلك كما يلي:

جدول رقم (2-3) يوضح مساحة القارات بالمليون كيلومتر مربع

القـــــارة	المساحة بالمليون كيلومتر مربع
أفريقيا	30
آسيا	50
أوروبا	5
الأمريكيتين	47
أستراليا	8
المجموع	140

أما قيمة الظاهرة المدروسة حسب القطاعات الصناعية فهو موضع بالجدول رقم (2-4) وذلك كما يلي:

جدول رقم (2-4) يبين قيمة المنتجات الصناعية لمجموعة من المنظمات الإنتاجية في ثلاث قطاعات موزعة حسب الصناعة

الصنـــــاعة	قيمة المنتجات (بالألف الجنيهات)
الاستخراجية	1185
التحويلية	636287
الكهرباء والغاز	320
إجمالي الصناعات	**647992**

إن تصميم الجدول الإحصائي يمكن أن يكون قائم على أكثر من واحد من هذه الأسس فقد يكون التبويب زمنياً وجغرافياً في آن واحد، وقد يكون التبويب نوعياً وجغرافياً في نفس الوقت وقد يكون التبويب نوعياً وكمياً إذا تم تصنيف المنتجات حسب حجم منظمة الأعمال المنتجة لها وذلك بالنسبة لكل نوع من أنواع الصناعة، كما هو واضح في الجدول أدناه:

جدول رقم (2-5)

يبين قيمة المنتجات الصناعية في أحد الدول موزعة حسب حجم منظمة الأعمال

حجم المنظمة الإنتاجية	قيمة المنتجات (بالألف الجنيهات)
10 - 49	84283
50 - 99	40228
100 - 499	100692
500 - فأكثر	422689
إجمالي قيمة المنتجات	647992

3-2 التوزيع التكراري البسيط Simple Frequency Distribution

تمر العملية الإحصائية بمراحل متعددة تبدأ بمرحلة التصميم ثم تليها مرحلة جمع البيانات ومراجعتها ميدانياً، وأخيراً مرحلة التجهيز بما تشمله من مراجعة مكتبية وتبويب البيانات ثم إعدادها للنشر في جداول تكشف عن الخصائص الرئيسية للمجتمع موضوع الدراسة لحين وضعها تحت تصرف متخذ القرار في صيغة تحليلات أو مؤشرات كمية، فمثلاً إذا كان مجتمع البحث يتكون من 800 منظمة أعمال وكان تصميم البحث هو دراسة حالة المشتغلين في كل من هذه المنظمات فإنه يتعذر الإلمام ببيانات هذا المجتمع، فقد تكون مدونة في العشرات أو في المئات من القوائم والسجلات الأمر الذي يتطلب بناء أو تكوين جداول تكرارية لتبويبها بصورة هادفة يمكن معها إخضاع البيانات للتحليل أو إعطاء فكرة لمتخذ القرار عن مكوناتها واتجاهاتها وإلى غير ذلك.

فالتوزيع التكراري البسيط يعني إجراءات تبويب عدد كبير من البيانات على شكل فئات تسمى بالفئات التكرارية ثم تحديد عدد المشاهدات (الوحدات) التي تقع ضمن كل من هذه الفئات ويطلق عليها بالتكرارات.

1.3.2 خطوات بناء جدول التوزيع التكراري

لغرض بناء جدول تكراري نتابع الخطوات المطلوبة للبيانات الواردة في الجدول الآتي والتي تمثل عينة من الإنتاج لأحد منتجات مصنع معين بهدف التأكد من تحقيق الوزن المقرر والبالغ (50) غم وكان حجم العينة (40) علبة وبعد إجراء الوزن كانت النتائج كما مبين في الجدول الآتي:

جدول (2-6) بيانات الظاهرة المدروسة

36	37	38	38	36	39	36	40	40	41
36	40	40	41	45	41	41	42	50	53
42	42	42	42	42	42	43	43	43	51
49	48	46	50	52	52	53	53	47	46

الخطوة الأولى: تحديد عدد الفئات التكرارية

فأول خطوة يتم القيام بها هو أن نقرر عدد الفئات التكرارية التي توزع عليها البيانات. إن إنجاز هذه الخطوة غالباً ما يكون اعتباطياً رغم مراعاة بعض المحددات بحيث لا تكون قليلة جداً عندئذ يؤدي الأمر إلى فقدان عدد كبير من البيانات، وأن لا نختار عدد كبير من الفئات بحيث تزداد التفاصيل التي قد تكون غير مستهدفة وبالتالي خلق فئات خالية من التكرارات لذا يتم عادة مراعاة حجم البيانات وطبيعتها ومقدار الاختلاف بين وحداتها فتلك التي عددها محدد يكون من المناسب تبويبها على عدد قليل من الفئات وربما نحتاج إلى عدد أكبر من الفئات في حالة كون عدد البيانات كبير والحالة الغالبة هو أن نختار (5) فئات كحد أدنى و (15) فئة كحد أعلى، كما يمكن الاستدلال بالصيغة المقترحة من قبل (Struges) لهذا الغرض وهي كما يلي

$$K = 1 + 3.22\ (\log_{10} n) \quad \ldots\ldots\ldots\ldots\ldots\ldots (1)$$

حيث أن K= عدد الفئات، n = عدد قيم البيانات.

فمثلاً بالنسبة لبيانات الجدول (2-6) البالغ عددها (40)، فيكون تطبيق الصيغة رقم (1) كما يلي:

$$K = 1+3.22\,(\log_{10}40) \Longrightarrow \log_{10}40 = (1.602)$$
$$= 1 + 3.22\,(1.602) = 1+5.1584 = 6.156 \approx 6$$

أي دائماً يصار إلى تقريب النتيجة حسب ما هو متفق عليه ويعتبر هذا العدد من الفئات مناسب لحجم البيانات الواردة في الجدول السابق.

الخطوة الثانية: إيجاد طول الفئة التكرارية

وتحدد طول الفئة (والذي يسمى أحياناً بمدى الفئة أيضاً)، بإيجاد الفرق بين أكبر قيمة وأصغر قيمة بين البيانات مضافاً إليها واحد ومن ثم قسمتها على عدد الفئات المقترحة في الخطوة الأولى (الناتجة من الخطوة الأولى) مع محاولة تقريب النتيجة إلى عدد صحيح في حالة الحصول على الكسر. ولو رمزنا لطول الفئة بـ (L) فإن التعبير عن ذلك يكون كما يلي:

$$\text{(طول الفئة) } L = \frac{\text{أكبر قيمة – أصغر قيمة + 1}}{\text{عدد الفئات}} \quad \ldots\ldots\ldots\ldots(2)$$

مع التنويه إلى أن إضافة القيمة (1) على بسط العلاقة رقم (2) بالإمكان تجاهلها في الحالات التي تؤدي فيها النتيجة إلى التوسع في طول الفئة، وبالتالي إلى تقليص عدد الفئات المقترحة وغالباً ما يحصل ذلك عندما يكون المدى صغير نسبياً وبتعبير آخر أي عندما يكون الفرق بين أكبر قيمة وأصغر قيمة صفر، وبتطبيق الصيغة (2) والخاصة بطول الفئة على قيم الجدول(6) والذي تكون فيه أكبر قيمة (53) وأصغر قيمة (36) نحصل على مقدار طول الفئة كما هو واضح أدناه:

$$L = \frac{53 - 36 + 1}{6} = 3$$

الخطوة الثالثة: تحديد حدود الفئات

في هذه الحالة تحدد أولاً أصغر وأكبر قيمة تمثلان مدى الفئة الأولى ليتسنى بعدها بناء باقي الفئات. فالحد الأدنى للفئة الأولى يتمثل بأصغر قيمة للبيانات المتوفرة في

جدول (2-6) وهي (36) أما الحد الأعلى للفئة فيتم الحصول عليه بإضافة طول الفئة المستخرج في الخطوة الثانية مطروحاً منه (1) واحد إلى قيمة الحد الأدنى، وبذلك تكون قيمة الحد الأعلى للفئة الأولى 36+2=38، وعليه فإن مدى الفئة الأولى يكون (36-38) أما بالنسبة للفئة الثانية، فإن حدها الأدنى هو عبارة عن القيمة اللاحقة للحد الأعلى من الفئة الأولى وهو (39) أما حدها الأعلى (للفئة الثانية) فيتمثل بإضافة قيمة مقدارها (L-1) إلى حدها الأدنى وبذلك يكون مقداره [(39+2)=41]، أي أن الفئة الثانية تكون (39-41) وهكذا في إيجاد باقي الفئات فيكون لدينا الفئات الآتية:

38 – 36
41 – 39
44 – 42
47 – 45
50 – 48
53 – 51

الفئة الأخيرة يجب أن يكون حدها الأعلى (53)، وهو يتفق مع أعلى قيمة في جدول (2-6) وهي القيمة 53.

الخطوة الرابعة: توزيع التكرارات على الفئات

إن الخطوة اللاحقة لتعيين حدود الفئات هي تفريغ البيانات في الفئات الخاصة بها، ويتم ذلك بالمرور على كل قيمة من قيم الجدول (2-6)، ووضع إشارة أمام الفئة المناسبة لها ولغاية إكمال كافة القيم، يلي ذلك احتساب عدد الإشارات بكل فئة ووضع عدد التكرار المقابل لها فنحصل على صيغة الجدول (2-7) الآتي، مع مراعاة ضرورة مطابقة مجموع التكرارات لمجموع البيانات.

جدول (2-7)

الفئات	الإشارات	التكرار
38– 36	~~1111~~ . 11	7
41– 39	~~1111~~ . 1111	9
44– 42	~~1111~~ . ~~1111~~	10
47– 45	1111	4
50– 48	1111	4
53– 51	~~1111~~ .1	6
المجموع		**40**

4.2 الفئات المفتوحة والفئات غير المتساوية الأطوال

في حالات معينة يصادف أن تضم مجموعة البيانات بعض القيم المتطرفة (التي هي أكبر بكثير من باقي القيم، أو أصغر بكثير من باقي القيم). فإذا كانت متطرفة في الصغر فسيتعلق الأمر بالفئة الأولى، وعندما يكون التطرف في الكبر فسيتعلق الأمر بآخر فئة، الأمر الذي يستوجب جعل الفئات غير متساوية الطول، وذلك عند جعل كافة الفئات متساوية في مثل هذه الحالات سيؤدي إلى أن تكون بعض الفئات خالية من التكرارات، فلو فرضنا أن أحد الأوزان في جدول رقم (2-6) كان بوزن (62) هنا يصبح من المتعذر استخدام الفئات الحالية التي مدى كل مهما (3) بسبب هذه القيمة المتطرفة، ولتلافي مثل هذه الحالة يمكن اللجوء إلى استخدام الفئات المفتوحة، فهي تكون مفتوحة من الأعلى(من آخر فئة) أي ترك الحد الأعلى لآخر فئة مفتوحة، ونعود لنقيس القيمة (62) فتصبح الفئة الأخيرة (51 فأكثر) وبعكسه سنضطر إلى إضافة ثلاث فئات من أجل شمول القيمة (62)، وهذه الفئات هي:

56 - 54

59 - 57

62 - 60

مما يجعل أول الفئتين المضافتين خالية من التكرارات أو يجعل الفئة السادسة بطول (12) لتصبح (51-62)، مما يخلق صعوبة لإعطاء صورة واضحة عن شكل التوزيع عند إجراء المقارنة الفئوية، ولذلك تجاوز هذه الصعوبات فمن الأفضل ترك الحد الأعلى للفئة الأخيرة مفتوح كي تضم القيم المتطرفة في الكبر. أما في حالة كون التطرف نحو الصغر فيتم رفع الحد الأدنى من الفئة الأولى، أي تكون الفئة الأولى مفتوحة من الأسفل والجدول رقم (2-8) يصور نموذج للفئات المفتوحة من الأعلى ومن الأسفل.

جدول رقم (2-8) يبين توزيع الأجر التي حصل عليها 100 عامل في أحد المصانع

فئات الأجر بالدينار	عدد العمال (التكرار)
أقل من 60	5
79 - 70	15
89 - 80	20
99 - 90	30
109 - 100	15
119 - 110	10
120 - فأكثر	5

أما عندما يكون التوزيع التكراري ذو فئات غير متساوية الأطوال، فإنه يتعين علينا تعريف التكرارات قبل البدء بحساب المقياس ويتم ذلك باستخدام طريقة شيرد Sheppard's Correction of Grouping لتعديل التكرارات وذلك بقسمة التكرار الخاص بكل فئة على طول الفئة، فمثلاً لو كان لدينا عينة مؤلفة من (200م) مصنعاً تم سحبها حسب عدد العمال في كل مصنع كما هو واضح في الجدول أدناه:

فئات العمال	2-1	4-3	9-5	19-10	49-20	50 وأقل من 100	المجموع
عدد المصانع	8	22	80	48	27	15	200

ويلاحظ في هذا التوزيع التكراري عدم تساوي أطوال الفئات ولذلك يلزم تعديل التكرارات قبل البدء برسم أو باستخراج أي من المقاييس الإحصائية كما في الجدول رقم (2-10).

جدول (2-10) التكرارات المعدلة لتوزيع 200 مصنعاً

الفئات للعمال	التكرار = f عدد المصانع	طول الفئة L	التكرار المعدل $\frac{f}{L}$ f'
2 - 1	8	2	4
4- 3	22	2	11
9- 5	80	5	16
19- 10	48	10	4.8
49- 20	27	30	0.9
50 وأقل من 100	15	50	0.3
المجموع	**200**		

5.2 التوزيع التكراري النسبي Relative Frequency Distribution

في حالات المقارنة مع توزيعات تكرارية تختلف من حيث مجموع التكرارات فيكون من المناسب أن تعرض البيانات على شكل توزيع تكراري نسبي، أي إظهار تكرار كل فئة كنسبة من المجموع الكلي للتكرارات وتضرب في (100)، لتكون نسبة مئوية، أو يلجأ إلى استخدام التوزيع التكراري النسبي عندما تكون قيم التكرارات كبيرة جداً، فمن السهولة معرفة نسبة ما تمثله كل فئة من المجموع بدلاً من الأرقام الكبيرة المطلقة. وتستخرج النسب لكل فئة من خلال قسمة تكرار كل فئة على مجموع التكرارات ومن ثم ضربها بـ (100). المثالي التالي يوضح هذه الفكرة:

مثال (1):

أرادت شركة صناعية أن تدرس كفاءة عمال الإنتاج بها للتعرف على مدى ملائمتها لأعمالهم الحالية فاختارت عينة عشوائية من (50) عامل من بين عمال الإنتاج في الشركة والبالغ عددهم (2500) عاملاً. وأجرت لهم اختبارين الأول يقيس درجة ذكاء العامل وقدرته على التصرف في مواقف معينة والاختيار الثاني تقيس درجة المهارة اليدوية في سرعة الحركة. البيانات المتعلقة بهذه المشكلة كما يلي:

جدول (2-11)[1] يمثل التوزيع التكراري النسبي لدرجات الذكاء فقط للعمال الخمسين

الفئات	التكرار f	التكرار النسبي $f/\Sigma f_i * 100$
99 - 90	3	3/50 * 100 = 6
109 - 100	14	14/50 * 100 = 28
119 - 110	16	16/50 * 100 = 32
129 - 120	11	11/50 * 100 = 22
139 - 130	4	4/50 * 100 = 8
140 وأقل من 150	2	2/40 * 100 = 4
المجموع	$\sum f_i = 50$	100

(1) البيانات الأساسية التي تم اقتباس منها بيانات هذا الجدول موضحة بالفقرة (2-10) من هذا الفصل.

فمن الممكن الاستدلال من جدول رقم (2-11) أن نسبة العمال والذين يتراوح ذكائهم بين 90-99 هي 6% وإن العمال الذين يتراوح درجة ذكائهم بين 120-129 يشكلون نسبة مئوية مقدارها 22% من العينة المسحوبة.

6.2 التوزيع التكراري المتجمع Cumulative Frequency Distribution

لقد تم التوضيح فيما سبق أن التوزيع التكراري (جدول التوزيع التكراري) يعطي معلومات تفصيلية عن توزيع المفردات على الفئات داخل الجدول فهو يزود متخذ القرار أو الباحث بالمعلومات عن عدد المفردات في كل فئة على حده. ولكن في بعض الأحيان ينصب الاهتمام إلى معرفة عدد المفردات التي تكون قيمتها أقل أو أكبر من قيمة معينة ففي الجدول رقم (2-12) الآتي قد يهمنا معرفة عدد العمال الذين يبلغ أجرهم اليومي أقل من 90 دينار فنجد أنهم (40) عاملاً. أما مجموع عدد العمال الذين يبلغ أجرهم (110) ديناراً فأكثر فنجد أنهم (15) عاملاً وهو مجموع التكرارين بالفئتين الأخيرتين من الجدول وهكذا.

جدول (2-12) يبين توزيع الأجور التي حصل عليها 100 عامل في أحد المصانع

فئات الأجر بالدينار	69-60	79-70	89-80	99-90	109-100	110-119	130-120	المجموع
عدد العمال التكرار	5	15	20	30	15	10	5	100

وبتكملة هذه المعلومات وعرضها بشكل منظم نضعها في جدول يسمى (الجدول التكراري المتجمع) وفيه تجمع التكرارات على التوالي من أحد طرفي الجدول إلى طرفه الآخر فنحصل على التكرار الكلي (مجموع التكرارات). فإذا بدأنا بتجميع التكرارات من جهة الفئات الصغيرة إلى الكبيرة (أي من أعلى إلى أسفل الجدول) سمى التكرار (متجمعاً صاعداً) وإذا بدأنا بتجميع التكرارات من جهة الفئات الكبيرة إلى الصغيرة (أي من أسفل إلى أعلى الجدول) سمي التكرار (متجمعاً نازلاً) وفي حالة التوزيع التكراري المتجمع الصاعد تذكر الفئات بالصورة (أقل من الحد الأعلى للفئة) ويكون التكرار المقابل للفئة الأخيرة مساوياً لمجموع التكرارات، أما في حالة التوزيع

التكراري المتجمع النازل فتذكر الفئات بالصورة (الحد الأدنى للفئة فأكثر) ويكون التكرار المقابل للفئة الأولى مساوياً لمجموع التكرارات وكما هو موضح بالجدولين الآتيين.

جدول (2-13) الجدول التكراري المتجمع الصاعد للأجور اليومية لـ 100 عامل بأحد المصانع

أقل من الحد الأعلى للفئة	التكرار	التكرار المتجمع الصاعد	التكرار المتجمع النسبي الصاعد
أقل من 60	5	0	0.0 * 100
أقل من 70	15	5	0.5 * 100
أقل من 80	20	20	0.20 * 100
أقل من 90	30	40	0.40 * 100
أقل من 100	15	70	0.70 * 100
أقل من 110	10	85	0.85 * 100
أقل من 120	5	95	0.95 * 100
أقل من 130		100	1.00 * 100

جدول (2-14) الجدول التكراري المتجمع النازل للأجور اليومية لـ 100 عامل بأحد المصانع

الحد الأدنى للفئة فأكثر	التكرار	التكرار المتجمع النازل	التكرار المتجمع النسبي النازل
60 فأكثر	5	100	1.00 * 100
70 فأكثر	15	95	0.95 * 100
80 فأكثر	20	80	0.80 * 100
90 فأكثر	30	60	0.60 * 100
100 فأكثر	15	30	0.30 * 100
110 فأكثر	10	15	0.15 * 100
120 فأكثر	5	5	0.5 * 100
130 فأكثر		0	0.0 * 100

وكما هو الحال مع التوزيع التكراري البسيط، فبالإمكان احتساب التكرار المتجمع النسبي أمام كل فئة الممثلة بالنهاية العليا، وذلك بقسمة التكرار المتجمع للفئة المعينة على مجموع التكرار وضرب الناتج في 100، وتسمى القيمة الناتجة في هذه الحالة بالتكرار المتجمع النسبي.

7.2 مركز الفئة Limit Center

التكرار المقابل لكل فئة قد لا يمثل الانتشار على طول الفئة في غالب الأحيان ولكن قد يمثل جزء من الفئة المقابلة له فمثلاً لو قلت أن الفئة (2-14) تقابل التكرار (8)، فالسؤال المطروح هنا أن التكرارات الثمانية لمن تعود من أجزاء الفئة هل تعود إلى بدايتها أو إلى نهايتها وتبقى الأسئلة قائمة حول عائدية التكرار إلى أي جزء من الفئة. ولذلك فإن الجواب على ذلك هي أن التكرار يتمثل مركز الفئة على العموم أو أن التكرار يتمحور عند مركز الفئة ولذلك كانت الحاجة إلى استخراج مركز الفئة وكما يلي:

$$\text{مركز الفئة} = \frac{\text{الحد الأدنى للفئة} + \text{الحد الأعلى للفئة}}{2} \quad ....(3)$$

أما بقية مراكز الفئات اللاحقة فيتم تعيينها بإضافة طول الفئة على مركز الفئة فنستخرج مركز الفئة الثانية وكذلك باستطاعتنا استخراج مركز الفئة الثالثة والرابعة...الخ.

8.2 التوزيع التكراري المزدوج Double Frequency Distribution

التوزيعات التكرارية البسيطة تخص ظاهرة واحدة كما مر بنا سابقاً، والآن لنفرض أن لدينا مجموعة من أزواج وأعمار زوجاتهم أو أطوال مجموعة الأشخاص وأوزانهم أو كما مر بنا في المثال (1) السابق حيث أن المطلوب هو تحديد العلاقة بين درجة ذكاء العامل ودرجة المهارة اليدوية أو كميات بضاعة أو ما شابه ولبناء جدول توزيع تكراري لمثل هذه الحالات نتبع الخطوات الآتية:

1- تحديد عدد وأطوال الفئات لكل من الظاهرتين بصورة مستقلة وذلك باستخدام نفس الإجراءات السابقة المتعلقة بالتوزيع التكراري البسيط.
2- ترتيب فئات أحد المتغيرين أفقياً، وترتيب فئات المتغير الآخر عمودياً في الجدول.

3- تبويب البيانات على كلا المتغيرين حسب الفئات أي وضع الرقم في الخانة التي تعود لفئتي المتغيرين ذات العلاقة بذلك الرقم.

4- تخصيص حقلين في نهاية الجدول أحدهما أفقي لمجاميع حقول المتغير الأول والثاني عمودي لمجاميع المتغير الثاني، وذلك للتأكد من مساواة كلا المجموعتين لعدد البيانات الكلية الأصلي.

ملاحظة: يتم العمل بالخطوات الأربعة السابقة الذكر، إذا لم يتم تحديد عدد الفئات لكل متغير وأطوال الفئات من قبل متخذ القرار أو واضع السؤال أو المشكلة.

مثال (2):

راجع بيانات المثال (1) ثم ضع إجابات العينة العشوائية المؤلفة من (50) عامل من بين عمال الإنتاج والتي أجريت لهم اختبارين الأول يقيس درجة الذكاء للعامل وقدرته على التصرف في مواقف معينة والاختبار الثاني يقيس درجة المهارة اليدوية في سرعة الحركة، في جدول تكراري مزدوج بشرط أن تكون هناك ستة (6) فئات لدرجات الذكاء طول كل فئة (10) درجات. وأن تكون هناك خمسة (5) فئات للمهارة اليدوية طول كل منها (10) درجات.

جدول (2-15) تفريغ درجات (50) عاملاً في اختباري الذكاء والمهارة

درجات المهارة / درجات الذكاء	40 - 49	50 - 59	60 - 69	70-79	80 وأقل من 90
99 - 90	11	1			
109 - 100	11.~~1111~~	111.~~1111~~			
119 - 110		1111	~~1111~~.~~1111~~	11	
129 - 120		111	1111	1111	
139 - 130				111	1
140 وأقل من 150					11

نفس جدول (2-15) سيتم التعويض عن الإشارات بالأرقام

درجات المهارة / درجات الذكاء	49 - 40	59 - 50	69 - 60	70-79	80 وأقل من 90	المجموع
99 - 90	2	1				3
109 - 100	6	8				14
119 - 110		4	10	2		16
129 - 120		3	4	4		11
139 - 130				3	1	4
140 وأقل من 150					2	2
المجموع	8	16	14	9	3	50

9.2 العرض البياني للبيانات Graphical Descriptions of Data

يفيد العرض البياني في إظهار البيانات العددية وتقدم التغيرات فيها بطريقة تجذب الانتباه لمتخذ القرار أو من هو مهتم بالعرض البياني، كما يفيد أيضاً في توضيح العلاقات بين المتغيرات المراد دراستها وتوصيل المداولات إلى أكبر نسبة من الدارسين والقارئين وتختلف الوسائل التي تستخدمها تبعاً لنوع البيانات المتوفرة وما هو الهدف المراد إظهاره من خلال العرض البياني. ويرد في هذا الصدد عدد من الوسائل نذكر أهمها كما يلي:

- الخط البياني:

الوسيلة الأكثر شيوعاً في حالة تمثيل العلاقة بين ظاهرتين (متغيرين عشوائيين) بصورة واضحة وجلية من حيث تأثير علاقة ظاهرة بأخرى ومقدار التغير بينهما هو الخط البياني، فعلى سبيل المثال إذا كان الزمن هو أحد المتغيرات يكون الغرض من الرسم هو معرفة مدى التغير الذي يحدث في الظاهرة التي ندرسها خلال فترة زمنية محددة ونطلق على الخط الحاصل بين هذين الظاهرتين والتي إحداها سنوات أو أشهر هو بالمنحنى البياني.

مثال(3)

الجدول الآتي يبين قيمة الصادرات من غزل القطن (بآلاف الجنيهات) للسنوات 93/92 وإلى 96/95، مقارنة بقيمة الصادرات لسنة 1992 والمطلوب تمثيل قيمة الصادرات بيانياً.

جدول رقم (2-16) الصادرات حسب السنين

السنوات	1992	93/92	94/93	95/94	96/95
الصادر من غزل القطن (بآلاف الجنيهات)	3459	11956	2970	23510	30918

الحل:

يتم تمثيل الزمن على المحور الأفقي والصادرات من غزل القطن على المحور العمودي فتحصل عل كلا المحورين اللازمين لعملية الرسم.

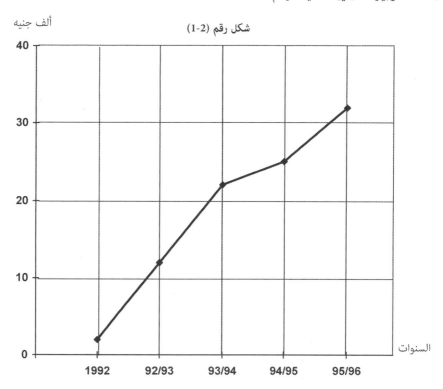

شكل رقم (2-1)

ألف جنيه
السنوات

وبالإمكان رسم الخط البياني لأكثر من ظاهرة واحدة وذلك عـن طريـق رسـم الخطـوط البيانيـة لكل ظاهرة على حده كما هو واضح في المثال أدناه.

مثال(4):

الجدول الآتي يبين عدد الوفيات والولادات من 1990 حتى 1995 مقارنة بيانات سنة 1982.

المطلوب تمثيل هذه البيانات مجتمعاً بالخط البياني.

جدول رقم (2-17)

السنوات	1982	1990	1991	1992	1993	1994	1995
عدد الوفيات بالألف	959	1100	1167	1126	1196	1229	1242
عدد الولادات بالألف	380	438	420	457	432	461	428

شكل (2-2)

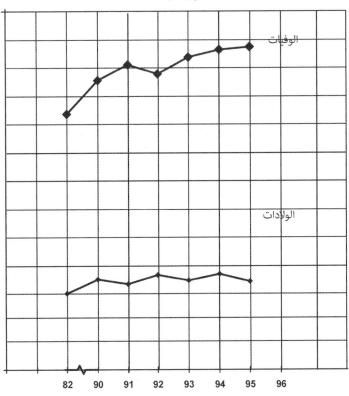

- الأعمدة البيانية Bar Charts

وهي أعمدة رأسية قواعدها متساوية وارتفاعاتها تتناسب مع قيمة الظاهرة التي ندرسها، ويتم رسمها بتثبيت حدود الفئات على المحور الأفقي والتكرارات على المحور العمودي و بـذلك فإن أطوال الأعمدة الناتجة تمتد بشكل تمثل الزمن ولهذا فإن التغير في ارتفاع المستطيلات يمثل التطور التـاريخي للظاهرة. وقد تكون هذه الأعمدة أحادية إذا كانـت تخـص متغـير واحـد وعنـدها تسـمى بالأعمـدة البيانية البسيطة وكما هو بالشكل البياني الذي يمثل مساحة الأرض المزروعة بأشجار مثمـرة في القطر الليبي مصنفة حسب عدد من المواقع الجغرافية العائدة إلى بلدية الزاوية لسنة 1987.

شكل رقم (2-3) يوضح الأعمدة الأحادية لمساحة الأرض المزروعة (بالهكتار) بأشجار مثمرة في مجموعة من المواقع الجغرافية (A، B، C، D، E، F، G)

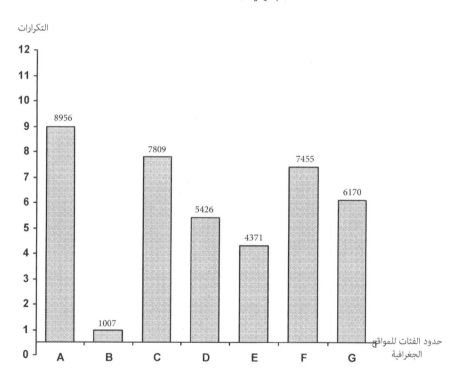

وعند عرض ظاهرتين (متغيرين) أو أكثر في نفس الرسم باستخدام الأعمدة البيانية عندها تسمى بالأعمدة البيانية المزدوجة (أو المتعددة) وكما في الشكل البياني الآتي.

شكل بياني (2-4) يوضح الأعمدة المتعددة لنسب المساحة المزروعة (بالهكتار) وبنسبة عدد الأشجار المثمرة وحسب المواقع الجغرافية وحسب تعداد لسنة 1987

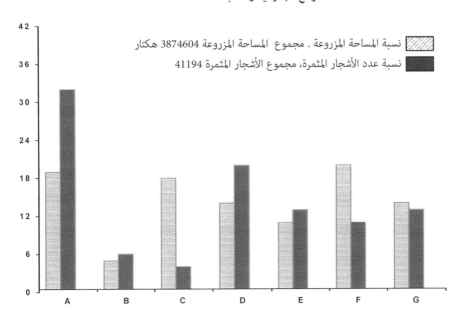

مثال (5):

البيانات الآتية تبين توزيع جملة الإنفاق بملايين الريالات على الخدمات الحكومية عامي 1990/1989 و 1991/1990 لإحدى البلدان:

المجموع	تحويلات	استثمارات	مصروفات إدارية	أجور	أنواع الإنفاق
336	46	80	70	140	1990/1989
400	64	86	80	170	1991/1990

المطلوب: عرض هذه البيانات بيانياً باستخدام أسلوب الأعمدة المزدوجة

شكل بياني (2-5)

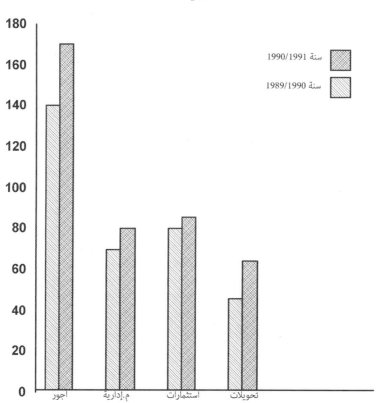

- **الرسوم والصور البيانية**

يعتمد إعداد الرسوم البيانية على إظهار شكل الوحدات المراد تمثيل الظاهرة المعينة بالدراسة كأساس في عرضها، وافتراض قيمة محددة لكل وحدة من وحدات العينة أو المجتمع فمثلا إذا كنا بصدد عرض تطور عدد وسائط النقل فيمكن أخذ صورة السيارة (رمزية) كمقياس للتعبير عن اتجاه التطور، وإذا أردنا التعبير عن تطور عدد السكان تعتمد صورة تخطيطية للشخص، وفي حالة التعبير عن تطور المساكن والبناء يمكن اعتماد صورة رمزية لمسكن أو بناية لهذا الغرض وهكذا، وكما هو واضح من الشكل التصويري الآتي:

شكل تصويري رقم (2-6)

يمثل صورة بيانية للمقارنة بين عدد سكان العراق بين عامي 1975، 1983

1975
= 11,124,0006
1983
=14,586,000
ملاحظة:
1000 000 =

● **الدائرة البيانية:**

تستخدم الدائرة إذا كانت بيانات الظاهرة موضوع الدراسة عبارة عن مجموع عام مقسم إلى أجزائه المختلفة، وتستخدم أيضاً عندما يكون الهدف هو ليس متابعة التطور والتغييرات التي تطرأ على ظاهرة معينة بل من أجل إبراز الأجزاء التي تتكون منها تلك الظاهرة، وتمثل المساحة الكلية للدائرة المجموع الكلي ثم تقسم الدائرة إلى قطاعات تتناسب مساحة كل منها مع الأجزاء التي يتكون منها هذا المجموع، ويتم التمييز بين هذه القطاعات بالتظليل أو الألوان المختلفة. إن استخدام الدائرة البيانية يستلزم تطبيق خطوات وهي:

1- يتم رسم الدائرة بعد اختيار نصف قطر مناسب لها.

2- تحسب الزاوية لكل قطاع من العلاقة الآتية

(4).......... زاوية القطاع = $\frac{\text{قيمة القطاع}}{\text{المجموع العام}}$ × الزاوية المركزية للدائرة (360°)

3- تقسم الدائرة إلى قطاعاتها المختلفة بتحديد مساحة كل قطاع على الدائرة وذلك بتقسيم الزاوية المركزية للدائرة إلى زوايا القطاعات المختلفة.

مثال (6)

الجدول الآتي يمثل الإنفاق الحكومي (حسب التصنيف الوظيفي)، المطلوب تمثيل القطاعات الأربعة للإنفاق الحكومي بيانياً باستخدام الدائرة البيانية.

61

جدول (2-19)

التصنيف الوظيفي	الخدمات العامة	الخدمات الاجتماعية	الخدمات الاقتصادية	نفقات غير مبوبة	المجموع
مجموع الإنفاق (بالمليون جنيه) بالأسعار الجارية	766	411	84	71	1332

الحل:

أولاً: نرسم الدائرة المناسبة.

ثانياً: يتم حساب الزاوية المقابلة لكل قطاع ومن العلاقة الآتية:

$$\text{زاوية القطاع} = \frac{\text{قيمة القطاع}}{\text{المجموع العام}} * 360$$

$$\text{زاوية قطاع الخدمات العامة} = \frac{766}{1332} * 360 = 207$$

$$\text{زاوية قطاع الخدمات الاجتماعية} = \frac{411}{1332} * 360 = 111.2$$

$$\text{زاوية قطاع الخدمات الاقتصادية} = \frac{84}{1332} * 360 = 22.7$$

$$\text{نفقات غير مبوبة} = \frac{71}{1332} * 360 = 19.1$$

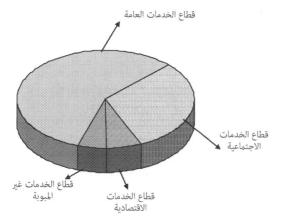

شكل (2-6) تمثيل قطاعات الإنفاق الحكومي بيانياً بواسطة الدائرة البيانية

مثال (7)

الجدول الآتي يوضح مساحة القارات بالمليون كيلومتر مربع

القارة	أفريقيا	آسيا	أوروبا	الأمريكتين	أستراليا	المجموع
المساحة بالمليون كيلو متر مربع	30	50	5	47	8	140

المطلوب تمثيل هذه البيانات تبايناً باستخدام الدائرة البيانية
1- نرسم الدائرة المناسبة.
2- تحدد زاوية كل قطاع وكما يلي:

$$\text{زاوية قطاع أفريقيا } = \frac{30}{140} * 360 = 77.1$$

$$\text{زاوية قطاع آسيا } = \frac{50}{140} * 360 = 128.6$$

$$\text{زاوية قطاع أوروبا } = \frac{5}{140} * 360 = 12.9$$

$$\text{زاوية قطاع الأمريكتين} = \frac{47}{140} * 360 = 120.8$$

$$\text{زاوية قطاع أستراليا } = \frac{8}{140} * 360 = 20.6$$

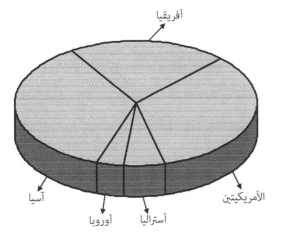

شكل رقم (2-7) تمثيل مساحات القارات بيانياً بواسطة الدائرة البيانية

- **المنحنى:**

هو تكملة لفكرة الخط البياني ويستخدم المنحنى لتوضيح الاتجاه العام للظاهرة خلال فترة من الزمن، ويتم الحصول عليه بتعيين مجموعة من النقط على المستوى الذي يحدد من خلال محورين، يمثل المحور الأفقي الزمن والمحور الرأسي قيم الظاهرة ثم يتم التوصيل بين هذه النقط ببعضها بمنحنى متصل فنحصل على خط متصل يسمى المنحنى.

مثال(8):

الجدول الآتي يوضح أعداد الطلاب المسجلين بإحدى الجامعات في السنوات الدراسية 1991/90 حتى 1995/94.

جدول (2-21)

السنة الدراسية	91/90	92/91	93/92	94/93	95/94
عدد الطلاب (بالألف)	31	40	45	49	54

المطلوب: أرسم المنحنى للبيانات أعلاه.

شكل (2-8) أعداد الطلاب المسجلين للفترة من 1991/90 ولغاية سنة 1995/94

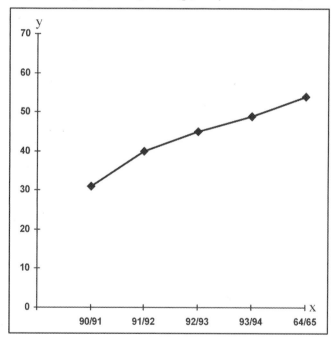

- **المدرج التكراري Histogram**

يكون تمثيله بإنشاء محورين متعامدين إحداهما أفقياً والآخر رأسيا، وتمثل الفئات على المحور الأفقي والتكرارات على المحور الرأسي ويراعى عند التمثيل البياني اختيار مقياس رسم مناسب لكل محور. وبعد ذلك يرسم المدرج التكراري برسم عدد من المستطيلات (المتلاصقة) بحيث تكون مساحتها متناسبة مع التكرارات فإذا كانت أطوال الفئات متساوية فإننا ننشئ عدداً من المستطيلات قاعدة كل مستطيل هي طول الفئة وارتفاعه هو تكرار هذه الفئة، وهنا نجد أن مساحة المستطيلات تتناسب مع التكرارات وهنا يجب ملاحظة أن المحور العمودي يجب أن يبدأ من الصفر حتى يمكننا من مقارنة التكرارات المختلفة ببعضها البعض، أما المحور الأفقي فليس من الضروري أن يبدأ من الصفر.[1]

مثال (9):

أرسم المدرج التكراري للفئات والتكرارات الموجودة في جدول (2-11) والذي يمثل التوزيع التكراري لدرجات الذكاء للعمال الخمسين.

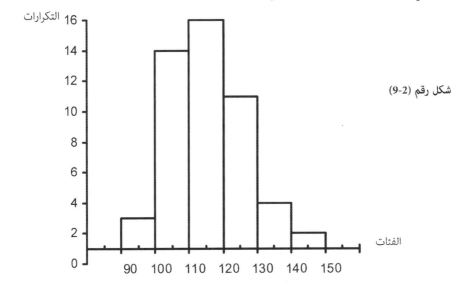

2

شكل رقم (2-9)

(1) المحور الأفقي يمكن أن يعبر عن ما يسمى بـ الحدود الفعلية للفئات. لمزيد من التفاصيل انظر: د. عدنان كريم، الإحصاء للاقتصاد والإدارة، دار وائل للنشر، عمان 2000.

وفي حالة الجداول ذات الفئات غير المتساوية فإنه يلزمنا تعديل التكرارات قبل رسم المدرج التكراري وذلك بقسمة كل تكرار على طول الفئة المقابل له وبذلك نحصل على التكرار المعدل ثم يتم إعداد المدرج التكراري بإنشاء عدد من المستطيلات قواعدها هي أطول الفئات (غير المتساوية) وارتفاعاتها هي التكرارات المعدلة.

مثال (10)

أرسم المدرج التكراري للبيانات الآتية والتي تمثل توزيع 200 مصنع حسب عدد العمال الذين يستخدمهم كل مصنع.

جدول (2-22)

فئات عدد العمال	2-1	4-3	9-5	19-10	49-20	50 وأقل من 100
عدد المصانع	8	22	80	47	28	15

ويلاحظ في هذا التوزيع عدم تساوي أطوال الفئات ولذلك يلزم تعديل التكرارات قبل رسم المدرج التكراري، ويتم ذلك كما يلي:

جدول (2-23) يبين التكرارات المعدلة لتوزيع 200 مصنعاً

فئات عدد العمال	التكرار=عدد المصانع	طول الفئة	التكرار المعدل
2 - 1	8	2	4
3 - 4	22	2	11
9 - 5	80	5	16
19 - 10	47	10	4.7
49 - 20	28	30	0.9
50 واقل من 100	15	50	0.3

وبتمثيل الفئات على المحور الأفقي والتكرار المعدل على المحور الرأسي نحصل على المدرج التكراري كما في شكل (2-10) حيث تحسب مساحة كل واحد من المستطيلات = القاعدة (طول الفئة) × الارتفاع (التكرار المعدل)= التكرار الأصلي.

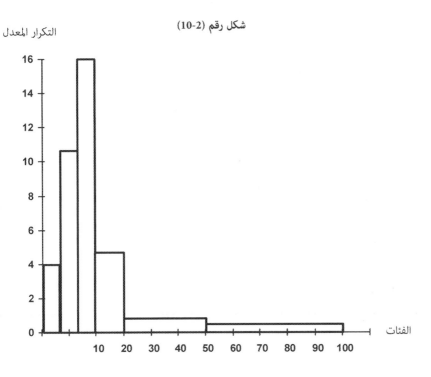

شكل رقم (2-10)

التكرار المعدل
2
الفئات

- **المضلع التكراري (Frequency Polygon)**

سبق أن أوضحنا عند تكوين الجداول التكرارية أنه يمكن اعتبار مركز الفئة ممثلاً لجميع القيم الواقعة في هذه الفئة فلو قلنا مراكز الفئات على المحور الأفقي والتكرارات على المحور الرأسي فإنه يمكن تمثيل بيانات الجدول التكراري بعدد من النقط تقع كل منها أمام مركز الفئة على بعد رأسي يساوي تكرا ر هذه الفئة وبتوصيل هذه النقط بخطوط مستقيمة، بعد إضافة فئتين عند بداية ونهاية المحور الأفقي وبتكرار مقداره صفر كما موضح في شكل (2-11).[1]

(1) في الملحق يجد القارئ الكريم صيغ مختلفة ومتقدمة لعرض البيانات من خلال المضلع التكراري والمدرج التكراري.

شكل رقم (2-11) يمثل المضلع التكراري بعد أن تم تعيين مراكز الفئات في قمة كل

مستطيل وتم الربط بين هذه النقاط

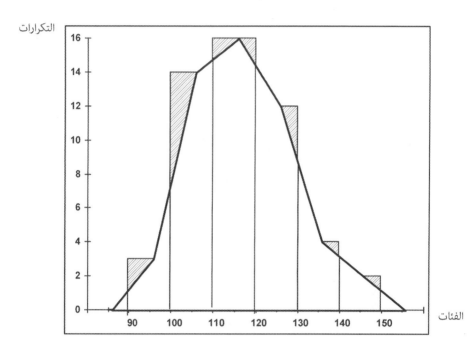

● **المنحنى التكراري** Frequency Curve

بتمهيد المضلع التكراري نحصل على ما يسمى بالمنحنى التكراري، وبتعبير آخر إنه كلما زاد عدد المفردات وقصر أطوال الفئات فإن الخط الذي يمر برؤوس المضلع يكون أقل انكساراً وأكثر تمهيداً ويقترب المدرج التكراري من المنحنى التكراري كما هو واضح في الشكل التالي:

شكل رقم (2-12)
يمثل المنحنى التكراري بعد أن تم تمهيد الانكسارات الموجودة في المضلع التكراري

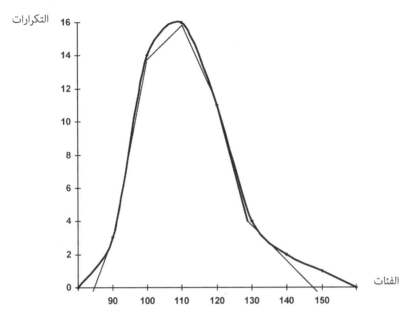

• أشكال المنحنيات التكرارية

تأخذ المنحنيات التكرارية أشكالاً مختلفة وأكثر المنحنيات شيوعاً هو المنحنى الطبيعي (المعتدل، التماثل) Normal Carve، وهو منحنى متماثل يشبه الناقوس وله نهاية عظمى في منتصفه تماماً، ويتماثل المنحنى حول محور رأسي يمر بهذه النهاية العظمى بحيث يقسم المساحة تحت المنحنى إلى قسمين متطابقين. لهذا المنحنى أهمية كبيرة في الدراسات المختلفة.

والمنحنى المعتدل أو الطبيعي هو الشكل الذي نتوقع الحصول عليه من دراسة كثير من الظواهر التي تتغير لأسباب طبيعية مثل الطول والوزن ودرجات الطلاب في أي اختبار. وبعض الأحيان توجد منحنيات غير متماثلة تماماً أي أن أحد طرفيه أطول من الطرف الآخر، وهذه الحالة تسمى بالالتواء (Skewness)، ويكون الالتواء موجباً

إذا كان الطرف (الذيل) الأيمن للمنحنى هو الأطول أما إذا كان الذيل الأيسر للمنحنى هو الأطول يكون الالتواء سالباً.

وفي بعض الأحيان توجد قمتين للمنحنى التكراري ويرجع ذلك إلى عدم تجانس المجموعة التي نقوم بدراستها، فقد تحوي على مجموعتين مختلفتين من الظواهر متداخلة مع بعضها كما في شكل (2-13).

شكل رقم (2-13)

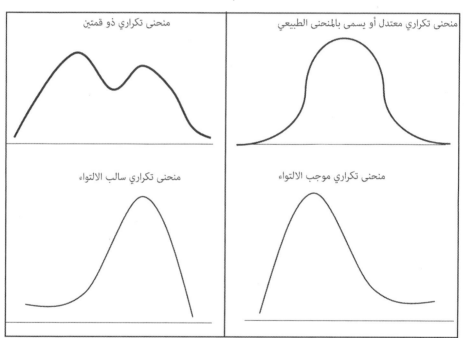

منحنى تكراري معتدل أو يسمى بالمنحنى الطبيعي
منحنى تكراري ذو قمتين
منحنى تكراري موجب الالتواء
منحنى تكراري سالب الالتواء

- **المضلع والمنحنى التكراري المتجمع**

بعد أن يتم استخراج قيم المتجمع الصاعد والنازل لأي جدول تكراري يتم تثبيت قيم المتجمع الصاعد أو النازل على المحور العمودي، وتكون مراكز الفئات أو الحدود الفعلية للفئات على المحور الأفقي ومن ثم توصيل خطوط مستقيمة بين النقاط التي يتم تعينها وبهذا سوف نحصل على المضلع التكراري للتجمع. وعند تمهيد المضلعات أو تسريحها نحصل على المنحنى التكراري المتجمع وكما هو واضح في المثال الآتي.

مثال (11)

الجدول الآتي يبين توزيع (100) منظمة أعمال كبيرة حسب مبيعاتها الشهرية بملايين الدنانير.

المطلوب: رسم منحنى المتجمع الصاعد والمتجمع النازل.

جدول (2-24) بيانات جدول التوزيع التكراري

المتجمع النازل		المتجمع الصاعد		التكرار عدد المنظمات	فئات المبيعات
تكرار المتجمع النازل	الحد الأدنى للفئة فأكثر	تكرار المتجمع الصاعد	أقل من الحد الأعلى للفئة		
66	2 فأكثر	0	أقل من 2	7	14 – 2
59	15 فأكثر	7	أقل من 15	9	27 – 15
50	28 فأكثر	16	أقل من 28	12	40 – 28
38	41 فأكثر	28	أقل من 41	14	53 – 41
24	54 فأكثر	42	أقل من 54	9	66 – 54
15	67 فأكثر	51	أقل من 67	8	79 – 67
7	80 فأكثر	66	أقل من 92	7	92 – 80

وعلى أساس هذا الجدول يتم رسم الشكل البياني التالي:

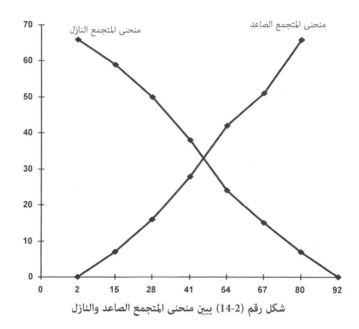

شكل رقم (2-14) يبين منحنى المتجمع الصاعد والنازل

في نهاية هذه الفقرة لا بد وأن نشير إلى أن هنالك مجموعة من المزايا والعيوب تم تثبيتها بخصوص الرسوم البيانية، وهي كما يلي:

أ- المزايا:

1. تثير انتباه متخذ القرار أو المشاهد خاصة إذا كانت جيدة التصميم.
2. توفر وقت متخذ القرار أو المشاهد، إذ أن استنباط الحقائق من الرسوم البيانية أسرع من الوصول إليها بواسطة الأرقام الموضوعة في الجداول.
3. إمكان معرفة الاتجاهات العامة للظواهر.
4. سهولة فهم وتذكر العلاقات بين الظواهر محل الدراسة.

ب- العيوب

1. التضحية بدقة البيانات، إذ أن الرسوم البيانية توضح فقط التغيرات العامـة للظواهر ولا تبين التفاصيل الدقيقة لها.
2. أحياناً تكون الرسوم معتقدة، خاصة إذا كانت تشتمل علـى مجموعـات مـن البيانات المتباينة.
3. كثرة التكاليف خاصة إذا كانت البيانات تحتاج إلى قياس رسم كبير.

10/2 تطبيقات إحصائية مختلفة لاتخاذ القرار

1- البيانات الخاصة بالمثال رقم (1) والتي تعرض تفاصيل مختلفة، أهمها:

1. درجة الذكاء.
2. المهارة اليدوية.

من خلال مقارنة بيانات الجدول (2-25) والجدول رقم (2-11) مـا هـي برأيك المؤشرات التـي تنفع متخذ القرار في هذه الحالة؟

جدول (2-25)

رقم التسلسل	الرقم العشوائي	درجة الذكاء	درجة اختيار المهارة اليدوية	رقم متسلسل	الرقم العشوائي	درجة الذكاء	درجة اختيار المهارة اليدوية
1	1501	91	56	26	0552	107	59
2	0690	126	72	27	1424	105	50
3	1434	135	70	28	1040	133	87
4	1276	127	75	29	0201	121	64
5	2237	123	53	30	1665	103	49
6	2059	109	58	31	0797	120	61
7	0421	110	53	32	1028	129	59
8	2971	131	77	33	2342	141	89
9	1858	111	52	34	0817	101	57
10	0752	114	61	35	0099	107	56
11	0035	132	72	36	1484	107	48
12	1049	104	46	37	0735	121	69
13	1670	119	68	38	1290	119	56
14	2120	113	69	39	0739	115	63
15	1947	116	63	40	1442	110	56
16	2353	119	69	41	0785	115	73
17	0624	111	61	42	0612	95	44
18	1100	124	60	43	1872	101	48
19	0946	101	47	44	1745	144	82
20	1559	106	58	45	0917	97	46
21	0483	118	68	46	2386	103	46
22	1884	102	55	47	1973	121	59
23	0699	119	70	48	1895	118	68
24	2449	101	54	49	0402	122	70
25	0415	118	66	50	2304	128	74

ملاحظة: يترك للطالب والقارئ الكريم كتابة تقرير عن ذلك حول كيفية الاستفادة من المؤشرات الواردة في الجدول أعلاه.

وكذلك بعد المقارنة مع الجدول (2-11) في عملية اتخاذ القرار لاختبار مـن بـين الخمسون عامل مـن هـو أعلى ذكاء وأعلى مهارة يدوية بالاعتماد على الأساليب الإحصائية السابقة.

2- البيانات الآتية تمثل الميزانية بالمليون لـ 036 منظمة أعمال إنتاجية في أحد البلدان

55	37	41	97	71	65
94	53	57	35	45	78
86	61	69	68	38	43
79	83	78	43	83	81
80	76	86	96	66	92
40	86	75	38	91	52

المطلوب:

اعرض هذه البيانات بجدول تكراري لتوفير المؤشرات اللازمة لمتخذ القرار.

الحل: أولاً: يجب معرفة عدد الفئات من خلال الصيغة الآتية

$$K = 1 + 3.22 \text{ Log } (36)$$

$$K = 1 + 3.22\ (1.5563) = 1 + 5.011 = 6.011 \approx 6$$

ثانياً: يجب معرفة طول الفئة

$$L = \frac{97 - 35 + 1}{6} = \frac{63}{6} = 10.5 \approx 11$$

نبدأ الآن بعمل الجدول التكراري بعد تحديد عدد الفئات وطول الفئة وذلك بتفريغ البيانات حسب الفئات وكما يلي وذلك بتعيين أصغر قيمة وهي (35).

جدول (2-26)

الفئات للميزانية	التكرار	
	الإشارات	الأرقام
35 - 45	1111 . ~~1111~~	9
56 - 46	111	3
67 - 57	1111	4
78 - 68	11.~~1111~~	7
89 - 79	111.~~1111~~	8
100 - 90	~~1111~~	5
المجموع		**36**

3- البيانات الآتية تمثل مبالغ الاستثمارات (بالمليون) والمصروفات الإدارية (بالمليون) لثلاثين منظمة أعمال إنتاجية، المطلوب ترتيب هذه البيانات في جدول تكراري مزدوج للإفادة منها في عملية اتخاذ القرار.

جدول (2-27)

(المصروفات الإدارية) مليون	الاستثمار (بالمليون)	المصروفات الإدارية (المليون)	الاستثمار (بالمليون)
60	148	75	170
52	166	60	155
55	154	63	156
70	164	55	143
79	144	59	149
54	140	78	168
81	142	62	146
59	156	57	153
79	163	62	164
57	165	79	169
59	152	51	155
58	171	66	141
61	163	53	147
67	173	69	166
69	148	51	167

أولاً: 1- تحديد عدد الفئات للاستثمار $k = 1 + 3.22\,(\log_{10} 30)$

$= 5.756 \approx \mathbf{6}$

2- تحديد طول الفئة للاستثمار $L = \dfrac{173 - 140 + 1}{6} = 5.1 \approx \mathbf{5}$

ثانياً: 1- تحديد عدد الفئات للمصروفات الإدارية

هي نفس عدد الفئات في الاستثمار $k = 6$

-2 $L = 81 - 51 + 1 = 5.1 \approx \mathbf{5}$

بعد تحديد عدد الفئات وطول الفئة لكل ظاهرة أو متغير، تقوم بتفريغ البيانات في الجدول التكراري المزدوج وبعد تحديد أقل قيمة في كل ظاهرة تستعرض زوج من البيانات ونضع إشارة (/) على المكان المناسب الذي يكون فيه هذا الزوج من القيم.

فئات المصروفات الإدارية / فئات الاستثمار	55-51	60-56	65-61	70-66	75-71	81-76	المجموع
145 - 140	3	2					5
151 - 146	2	2	1				5
157 - 152	2	3	2				7
163 - 158		1					2
169 - 164			1	1		3	8
173 - 170				4	1	2	3
المجموع	7	8	4	5	1	5	30

4- الجدول الآتي يبين توزيع الميزانية العامة توزيعاً أولياً على القطاعات لأحد البلدان، اعرض هذا الجدول بطريقة المستطيلات وبطريقة الدائرة.

القطاع	الزراعة	الصحة	التجارة	خدمات	الصناعة	
المبلغ (المليار)	24	18	21	30	27	120

الحل:

جدول (2-30)

القطاع	المبالغ (مليار)	مقدار الزاوية المركزية للقطاع
الزراعة	24	72
الصحة	18	54
التجارة	21	63
الخدمات	30	90
الصناعة	27	81
	120	

$$\text{الزاوية المركزية للقطاع} = \frac{\text{قيمة الجزء}}{\text{مجموعة قيم الأجزاء}} * 360$$

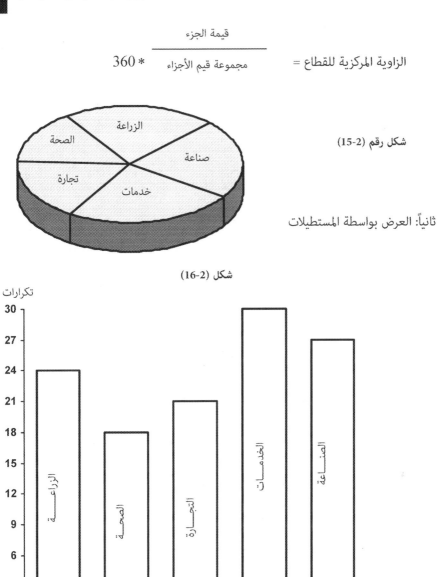

شكل رقم (2-15)

ثانياً: العرض بواسطة المستطيلات

شكل (2-16)

5- جاء في النشرة السكانية العدد الأول السنة الأولى (1995) أن معـدل الوفـاة للأطفـال الرضـع في أحد البلدان كان كما يلي:

جدول (2-31)

السنة	1950	1960	1970	1980	1988	1996
معدل وفيات الأطفال الرضع	162	151	87	70	49	45

اعرض هذه البيانات بطريقتين:
1. بطريقة الأعمدة البيانية.
2. طريقة الدائرة البيانية.

أولاً: يتم تعيين مقدار الزاوية المركزية لكل سنة بواسطة القانون الآتي:

$$\text{الزاوية المركزية للقطاع} = \frac{\text{قيمة الجزء}}{\text{مجموعة قيم الأجزاء}} * 360$$

جدول (2-31)

السنة	معدل وفيات الأطفال الرضع	مقدار الزاوية المركزية للسنة
1950	162	103.4
1960	151	96.4
1970	87	55.5
1980	70	44.6
1988	49	31.2
1990	45	28.7
المجموع	564	

بعد إجراء استخراج الزاوية المركزية يتم رسم الدائرة كما يلي:

شكل رقم (2-17)

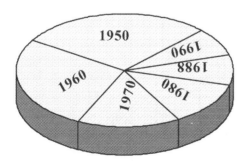

ثانياً: رسم المستطيلات

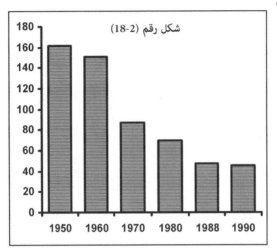

شكل رقم (2-18)

6- توفرت لديك البيانات الواردة في الجدول التالي. أوجد المدرج التكراري

جدول (2-30)

الحدود الفعلية للفئات	المشاهدات Fi
20.5	5
26.5	6
32.5	8
38.5	9
44.5	4
50.5	2

الحل:

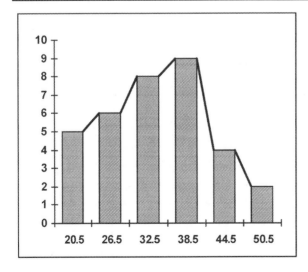

7- من البيانات الواردة في الجدول التالي أوجد المنحنى الصاعد والنازل

الحدود الفعلية للفئات	المنحنى المتجمع الصاعد	المنحنى المتجمع النازل
20.5	5	34
26.5	11	32
32.5	19	28
38.5	28	19
44.5	32	11
50.5	34	5

الحل:

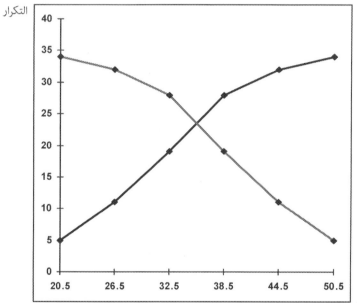

8- من البيانات التالية أوجد المنحنى الصاعد والنازل:

الحدود الفعلية للفئات	التكرار المتجمع الصاعد	التكرار المتجمع النازل
12.5	0	60
17.5	10	59
22.5	22	56
27.5	38	38
32.5	56	22
37.5	59	10
42.5	60	0

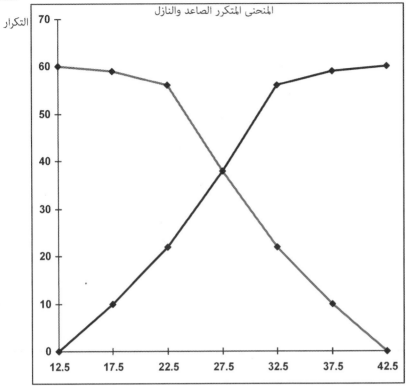

المنحنى المتكرر الصاعد والنازل

التكرار

70

60

50

40

30

20

10

0

12.5   17.5   22.5   27.5   32.5   37.5   42.5

الحدود الفعلية للفئات

9- لكل مجموعة البيانات التالية نظم شكل دائرة يتضح منها حصة كل واحدة من البيانات ضمن المجموعة:

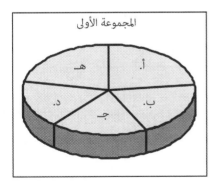

المجموعة الأولى

هـ   أ.
د.   ب.
      جـ

المجموعة الأولى	
أ. 1800	
ب. 1500	
جـ 1400	
د. 1300	
هـ 1700	
7700	

المجموعة الثانية

المجموعة الثانية
1600
1800
1700
1200
1500
9800

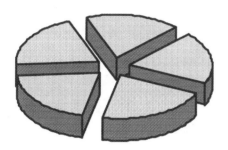

المجموعة الثالثة

المجموعة الثالثة
11500
13000
12500
12000
11000
150000

10- توفرت لديك مجاميع من البيانات كما يرد لاحقاً.

المجموعة الأولى 2700 = 700 + 300 + 400 + 500 + 800

1- $= 800 / 2700 \times 360 = 106.6$

2- $= 500 / 2700 \times 360 = 66.6$

3- $= 400 / 2700 \times 360 = 53.3$

4- $= 300/2700 \times 360 = 40$

5- $= 700/2700 \times 360 = 93.3$

المطلوب: التعبير عن كل مجموعة من هذه البيانات (أفقياً) مـن خـلال الـدائرة مـع استخدام الألوان في تمييز كل قطاع:

لحل: المجموعة الأولى:

800 – 1	
500 – 2	
400 – 3	
300 – 4	
700 – 5	

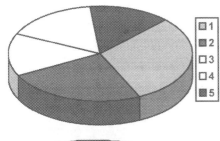
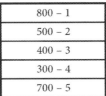

المجموعة الثانية:

1500 – 1	
1200 – 2	
700 – 3	
800 – 4	
600 – 5	

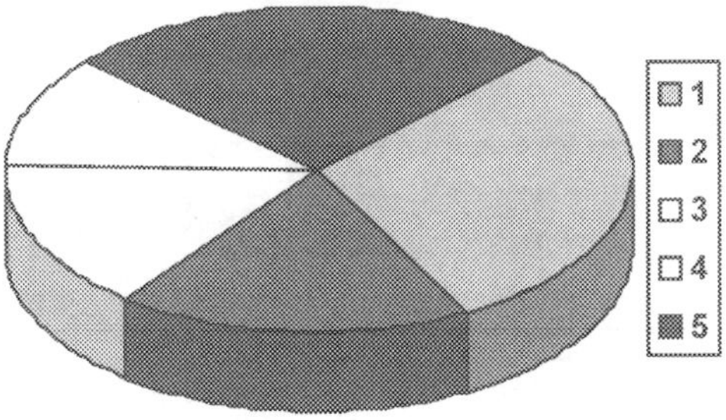

المجموعة الثانية: $1500 + 1200 + 700 + 800 + 600 = 4800$

$1500 / 4800 \times 360 = 112.5$

$1200 / 4800 \times 360 = 90$

$700 / 4800 \times 360 = 52.5$

$800 / 4800 \times 3600 = 60$

$600 / 4800 \times 360 = 45$

المجموعة الثالثة:

1 – 1000	
2 – 2000	
3 – 2500	
4 – 3000	
5 – 1500	

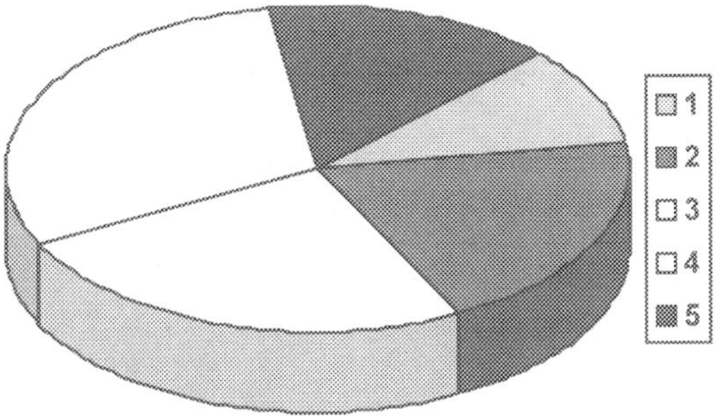

المجموعة الثالثة: 1000 + 2000 + 2500 + 3000 + 1500 = 10000

$$1000/10000 × 360 = 36$$
$$2000/10000 × 360 = 72$$
$$2500/10000 × 360 = 90$$
$$3000/10000 × 360 = 108$$
$$1500/10000 × 360 = 54$$

11- توفرت لديك البيانات التالية:

$$Fi = 5 \quad 6 \quad 8 \quad 9 \quad 4 \quad 2$$

وكان الحد الأدنى للفئة (21) والحد الأعلى (50) وأن طول الفئة (6)

المطلوب: أوجد ما يلي:

1. جدول التوزيع التكراري.
2. المدرج التكراري.
3. المنحنى الصاعد والنازل.

الحل:

التكرار المتجمع النازل	التكرار المتجمع الصاعد	الحدود الفعلية للفئات	التكرار المئوي	التكرار النسبي	مركز الفئات	الحدود الفعلية للفئات	التكرار f.	الفئات
34	0	20.5	15%	0.15	23.5	20.5-26.5	5	21-26
32	5	26.5	17.6%	0.176	29.5	26.5-32.5	6	27-32
28	11	32.5	23.5%	0.235	35.5	32.5-38.5	8	33-38
19	19	38.5	26.4%	0.264	41.5	38.5-44.5	9	39-44
11	28	44.5	11.7%	0.117	47.5	44.5-50.5	4	45-50
5	32	50.5	5.8%	0.058	53.5	50.5-56.6	2	51-56
0	34	56.5	100%	1			34	

رسم المدرج التكراري:

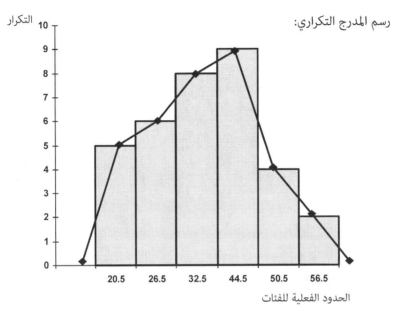

الحدود الفعلية للفئات

المنحنى المتجمع الصاعد والمنحنى المتجمع النازل

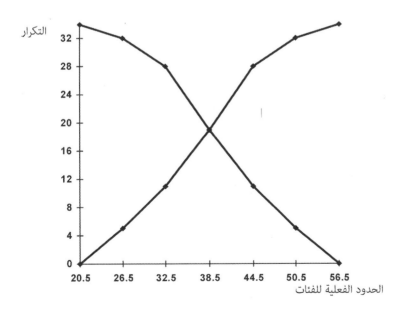

الحدود الفعلية للفئات

12- إن الأشكال البيانات أدناه تعرض ظاهرة انتشار المواقع الإلكترونية وكذلك عدد الكمبيوترات في أنظمة التعليم في عدد مـن البلـدان. هـل تستطيع تحليـل البيانـات الـواردة في هـذه الأشكال البيانية. وبماذا تنفع متخذ القرار هكذا نوع من التحليلات؟

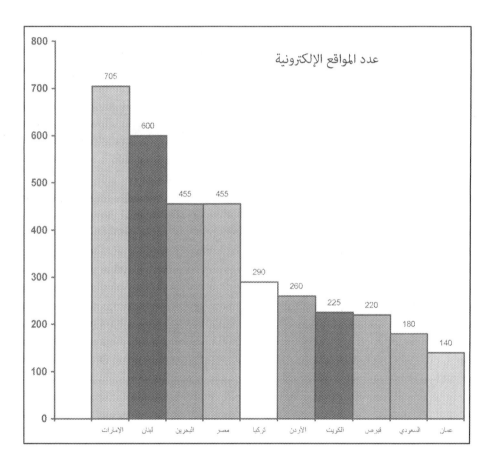

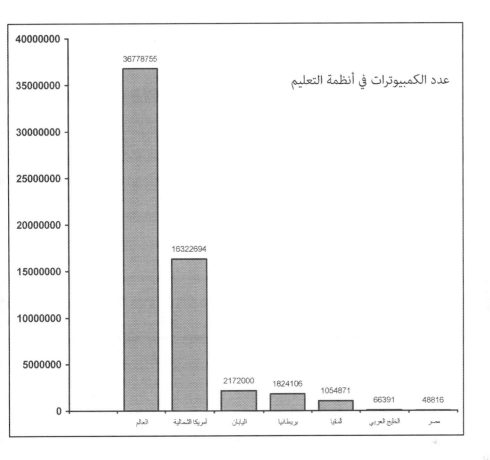

عدد الكمبيوترات في أنظمة التعليم
40000000
35000000
30000000
25000000
20000000
15000000
10000000
5000000
0
36778755
16322694
2172000
1824106
1054871
66391
48816
العالم
أمريكا الشمالية
اليابان
بريطانيا
ألمانيا
الخليج العربي
مصر

أسئلة وتمارين الفصل الثاني

س1: ما هي أهمية تبويب وعرض البيانات في التحليلات الإحصائية وما أهمية ذلك لاتخاذ القرار.

س2: ما هي قواعد تصميم الجداول الإحصائية؟

س3: ما هي خطوات بناء جدول التوزيع التكراري؟

س4: تكلم عن أهمية جداول التوزيع التكراري لعملية اتخاذ القرار.

س5: أكتب العلامة الرياضية التي بموجبها يتم حساب طول الفئة.

س6: ما هي العلاقة بين المدى وحساب طول الفئة؟

س7: ما هو الفرق بين الفئات المفتوحة والفئات غير المتساوية الأطوال؟

س8: ما هو مفهوم كل من:

- التكرار النسبي.
- التكرار المتجمع الصاعد والنازل.

س9: اعرض البيانات الواردة في المثال (5) بطريقة الدائرة البيانية.

س10:الجدول الآتي يوضح إنتاج بعض الصناعات الهامة في بلد ما بملايين الريالات عام (1965) والمطلوب تمثيل هذه البيانات بيانياً باستخدام

(1) الدائرة البيانية   (2) المستطيلات البيانية.

جدول (2-33)

الصناعات	الصناعات المعدنية	الصناعات الهندسية	الصناعات الغذائية	الغزل والنسيج
قيمة الإنتاج	500	450	300	250

س11:الجدول الآتي يوضح الواردات والصادرات لبلد ما في السنوات 1960 حتى 1969 بملايين الريالات

جدول (2-34)

السنة	60	61	62	63	64	65	66	67	68	69
الواردات	12	16	20	25	29	35	38	41	45	53
الصادرات	20	24	30	35	39	44	50	58	63	68

المطلوب: تمثيل هذه البيانات باستخدام

(1) المنحنى (2) الأعمدة البيانية المزدوجة (3) الأعمدة البيانية المجزأة

س12: الجدول الآتي يوضح حركة الركاب بمطارات إحدى البلاد عامي 1998 ، 2002.

السنة	عدد الركاب (بالألف)			
	قادمون	مغادرون	عابرون	المجموع
1998	160	157	53	370
2002	352	354	179	885

المطلوب تمثيل هذه البيانات باستخدام

(1) الخط البياني (2)الدائرة البيانية (3) الأعمدة البيانية المزدوجة

س13:فيما يلي بيان الصادرات والواردات لإحدى الدول في السنوات من 1996 إلى 2001 بملايين الجنيهات.

السنة	1996	1997	1998	1999	2000	2001	المجموع
قيمة الواردات	145	172	190	220	230	200	1157
قيمة الصادرات	160	190	180	240	220	215	1205

المطلوب تمثيل البيانات أعلاه بشكل يوضح اتجاه كل من هاتين الظاهرتين ويظهر كل من صافي عجز أو فائض الميزان التجاري.

س14:الجدول الآتي يصور إنتاج الحبوب في إحدى الدول في السنوات من 1999 إلى 1991 بملايين الأطنان

جدول (2-37)

البيان	1999	2000	2001
القمح	1.3	1.5	1.3
الذرة	3	3.2	3.2
الأرز	2.3	2.6	2.6
المجموع	3.3	7.3	7.3

والمطلوب:

1- تمثيل البيانات الواردة في الجدول أعلاه باستخدام الأعمدة البيانية.

2- تمثيل البيانات الخاصة في الجدول باستخدام الدائرة.

س15:فيما يلي عدد الوحدات التي تم سحبها من المخزون خلال 40 يوماً.

جدول (2-38)

83	80	91	81	88	82	87	97	83	99
75	85	72	92	84	90	87	78	93	98
86	80	93	82	88	83	82	101	89	82
85	95	80	89	84	92	76	81	103	94

المطلوب:

أولاً: تفريغ هذه البيانات في جدول تكراري مناسب.

ثانياً: رسم المدرج التكراري والمضلع التكراري.

س16:أخذت عينة عشوائية مكونة من 25 عاملاً من عمال أحد المصانع فوجد أن متوسط عدد الوحدات التي أنتجها هؤلاء العمال في الأسبوع كانت كما يلي:

جدول (2-39)

134	151	171	153	132
141	145	144	123	160
140	167	114	156	135
168	130	147	128	155
150	130	159	150	138

المطلوب: تفريغ هذه البيانات في جدول تكراري مناسب ثم أرسم كلا من

1- المضلع التكراري

2- منحنى التكرار المتجمع الصاعد ومنه استنتج نسبة العمال الذين تقل إنتاجية كل منهم عن 135 وحدة أسبوعياً

س17:يمثل الجدول الآتي الأجور اليومية بالدنانير للعاملين بإحدى شركات البترول

جدول (2-40)

فئات الأجور	50-	60-	70-	80-	90-	100-	110- وأقل من 120	المجموع
عدد العاملين	8	10	16	14	10	5	2	65

والمطلوب: رسم المنحنى التكرار المتجمع الصاعد ومنه استنتج.

أولاً: نسبة العاملين الذين يحصلون على أجر أقل من 85 دينار يومياً.

ثانياً: عدد العاملين الذين يحصلون على أجر يتراوح بين 63 ديناراً وقل من 75 ديناراً.

س18: يمثل الجدول الآتي أوزان الشحنات (بالطن) التي وصلت لأحد المصانع

فئات الأوزان	120-	130-	140-	150-	160-	170-	180 وأقل من 190	المجموع
عددها=التكرار	4	7	10	15	7	4	3	50

والمطلوب

1- رسم المدرج التكراري والمضلع التكراري.
2- إيجاد التكرار النسبي المتجمع الصاعد.
3- أرسم المنحنى المتجمع الصاعد للتكرارات النسبية.
4- إيجاد التكرار المتجمع النازل.
5- رسم منحنى التكرار المتجمع النازل.

3

الفصل الثالث

مقاييس النزعة المركزية

الفصل الثالث

مقاييس النزعة المركزيـة

إن متخذ القرار في البداية يحتاج إلى البيانات وهي معدة بشكل واضح ومفهوم، وقد تم توضيح ذلك في الفصل السابق، حيث تم عـرض وتلخيص البيانات في جـداول توزيع تكرارية (بالنسبة للظواهر القيمية المتغيرة) بعد ذلك يتم التحـول إلى التحليل الإحصائي لهذا التوزيع والذي يكون أساسه في المرحلة الأولى هو البحث عن القيمة التي تتركز حولها بقية القيـم التي تعبر عن الظاهرة المدروسة.

وبشكل عام هناك خاصيتين أساسيتين لأية بيانـات إحصائية تسـاعد علـى إعطـاء فكرة ومدلول واضح وسريع لمتخذ القرار وهي: النزعة المركزية ومقاييسها (المتوسطات)، إذ في كثير من التوزيعات التكرارية نجد أن عدداً كبيراً من المفردات يميل إلى التجمع حول قيمة متوسطة معينة ويقل عدد المفردات تدريجياً كلما بعـدنا عـن هـذه القيمـة المتوسطة التي تمثل مركـز التوزيع وتسمى الظاهرة بالنزعة المركزية، أي نزعة المفردات المختلفـة إلى التجمـع حـول مركـز التوزيع. ويتضح من ذلك أن لكل مجموعة من البيانات قيمة متوسطة معينة خاصة بها تميزها عن مجموعات البيانات الأخرى والتي مـن الممكن استخدامها لوصف المجموعة، حيـث أنهـا تحدد مركز أو متوسط القيم لتلك المجموعة.

وهناك عدة أسس لتحديد هذه القيم المتوسطة مـما أدى إلى وجـود عـدد مـن المقاييس أهمها الوسط الحسابي والوسيط والمنوال والوسط الهندسي والوسط التوافقي والربيعـات. ولكـل من هذه المقاييس مميزاته وعيوبه ولذلك لا يمكن أن نفضل أحدهما على الأخرى تفضيلاً مطلقاً وكلاً من هذه المتوسطات يـتم استخراجه أمـا مـن قيـم غـير مبوبة (Ungrouped data) أي وحدات أو مشـاهدات لم يطرأ عليهـا أي شيء، أو مـن قيـم مبوبـة (grouped data) أي قيم معدة ومنظمة في إطار جداول تكرارية وكل

95

تكرار يمثل عدد الوحدات التي تقع ضمن فئة معينة لها نهايتين عليا ودنيا. إلا أن هناك بعض التوزيعات يصل فيها استخدام أحد هذه المقاييس أكثر من الأخرى. وفي الفقرات التالية لـو تـم ذكـر لفظ متوسط دون تحديد فيقصد به الوسط الحسابي.

1.3 الوسط الحسابي The Arithmetic Mean

يعرف الوسط الحسابي بأنه "قيمة إذا أعطيت لكـل مفـردة مـن مفـردات الظـاهرة لكـان مجموع القيم الجديدة مساوياً للمجمـوع الفعـلي للقيـم الأصلية للظـاهرة" ، أي أن الوسـط الحسابي يساوي مجموع القراءات مقسوماً عـلى عـددها. وهـو أكـثر مقاييس المتوسطات استخداماً ويحتسب كما يلي:

أ- حالة البيانات غير المبوبة Ungrouped data

إذا كان لدينا مجموعة قيم هي x_1 و x_2 و x_3 و... x_n فإن وسطها الحسابي، الـذي يرمـز لـه $\bar{x}$ في حالة العينة التي عدد مفرداتها n، ويرمز له μ في حالة المجتمع N، سيكون عبارة عـن مجموع هذه القيم مقسوماً على عددها، وكما يلي:

1- في حالة العينة يكون الوسط الحسابي

$$\bar{x} = \frac{x_1 + x_2 + x_3 + ... + xn}{n}$$

كما يمكن كتابة ما ورد أعلاه بالصيغة الآتية:

$$\bar{x} = \frac{\sum_{i=1}^{n} xi}{n} \quad ……………………………..……………(5)$$

حيث أن $\sum xi$ هي مجموع قيم المفردات و n هي عدد المفردات (حجم العينة).

2- في حالة المجتمع N تكون العلاقة أعلاه كما يلي:

$$\mu = \frac{\sum_{i=1}^{N} xi}{N} \quad ……………………………..……..…………(6)$$

مثال (1):

أوجد الوسط الحسابي للمشاهدات الآتية: 50، 60، 80، 70، 100

الحل: $$\bar{x} = \frac{50 + 60 + 80 + 70 + 100}{5} = 72$$

مثال (2):

أوجد الوسط الحسابي لعدد العاملين في 5 مخازن مختلفة، إذ كان عددهم في هذه المخازن هو على التوالي 3، 5، 6، 4، 6

الحل: $$\bar{x} = \frac{\sum_{i=1}^{5} xi}{5} = \frac{3 + 5 + 6 + 4 + 6}{5} = 4.8$$

وهنا لا يمكن أن يحتوي الناتج على كسر. إذا كان يمثل معدل لعدد الأشخاص أو عدد مركبات أو أي أشياء معدودة ويفضل في هذه الحالة تقريب الناتج لأقرب عدد صحيح.

1.3.1 الوسط الحسابي الموزون (المرجح)

يستخرج الوسط الحسابي الموزون، عندما تكون القيم غير متساوية من حيث أهميتها، عندها يتطلب الأمر ترجيح هذه القيم بما يتناسب وأهمية كل منها وتصبح صيغة احتساب الوسط الحسابي المرجح أو الموزون ولنرمز له بـ x_w كما يلي:

$$X_w = \frac{\sum_{i=1}^{n} xiwi}{\sum_{i=1}^{n} wi} \quad \ldots\ldots\ldots\ldots\ldots\ldots\ldots\ldots\ldots\ldots\ldots\ldots(7)$$

حيث أن w_i هو الوزن الترجيحي للقيمة xi.

مثال (3):

باع أحد أصحاب أسواق الفاكهة، نوع من الفاكهة بثلاثة أسعار مختلفة كما في أدناه

الكمية المباعة (كيلو)	السعر (دينار/ كيلو)
5	3.00
60	0.6
300	0.20

المطلوب: إيجاد الوسط الحسابي المرجح لسعر البيع.

الحل:

حيث أن الكمية المباعة هي أوزان لترجيح الأسعار، يكون لدينا

$$x_1 = 3.00 \qquad x_2 = 0.6 \qquad x_3 = 0.20$$
$$w_1 = 5 \qquad w_2 = 60 \qquad w_3 = 300$$

$$\bar{x} = \frac{\sum_{i=1}^{3} x_i w_i}{\sum_{i=1}^{3} w_i} = \frac{(3)(5) + (0.60)(60) + (0.20)(300)}{5 + 60 + 300}$$

$\bar{x} = 0.304$ متوسط السعر للكيلو الواحد

ب - حالة البيانات المبوبة Grouped Data

البيانات الموضوعة في جدول توزيع تكراري تسمى (بالبيانات المبوبة)، وهـذا يـدل عـلى وجود فئات وتكرارات. ولكل فئة هنالك حد أدنى وحد أعلى، وسنفترض ابتداء أن البيانات تقع في مركز الفئة، أي أن تكرار كل فئة سيقع قسم منه تحت نقطة مركز الفئة والقسم الآخر فـوق نقطة المركز، وبهذا ستقع التكرارات على العموم وفي المعدل عنـد نقطـة مركـز الفئـة. فـإذا تـم تسمية مراكز الفئات بـ xi فإن الوسط الحسابي سيتم استخراجه بالصيغة الآتية

$$\bar{x} = \frac{\sum_{i=1}^{n} x_i f_i}{\sum_{i=1}^{n} f_i} \quad \dots\dots\dots\dots\dots\dots\dots\dots\dots\dots\dots\dots(8)$$

f_i = التكرارات

مثال(4):

أوجد الوسط الحسابي للجدول التكراري (2-11) والذي يمثل التوزيع التكراري لـدرجات الذكاء فقط لخمسين عامل من أصل 2500 عامل.

جدول رقم (3-2)

المجموع	40 واقل من 150	-130	-120	-110	-100	-90	الفئات
50	2	4	11	16	14	3	عدد العمال = التكرار

جدول رقم (3-2)

xi fi	مراكز الفئات = xi	التكرار = fi	الفئات
285	95	3	-90
1470	105	14	-100
1840	115	16	-110
1375	125	11	-120
540	135	4	-130
290	145	2	-140 وأقل من 150
5800		50	المجموع

وبتطبيق العلاقة (8) يكون الوسط الحسابي

$$\overline{x} = \frac{5800}{50} = 116 \quad \text{درجة من الذكاء}$$

خواص الوسط الحسابي وعيوبه:

1- سهولة حسابه وخضوعه لعمليات جبرية بسيطة.

2- مجموع انحرافات القيم عن وسطها الحسابي يساوي صفراً، ويمكـن إثبـات ذلك جبرياً حيث أن:

$$D_1 = x_1 - \bar{x}$$
$$D_2 = x_2 - \bar{x}$$
$$D_3 = x_3 - \bar{x}$$
$$\vdots \quad \vdots \quad \vdots$$
$$D_n = x_n - \bar{x}$$

$$\sum D_n = \sum x_n - n\bar{x} = \sum x_n - n\frac{\sum x}{n} = 0$$

3- مجموع مربعات انحرافات القيم عن وسطها الحسابي يقل عن مجموع مربعات انحرافات القيم عن أية قيمة أخرى.

4- إذا كان لدينا عدداً من أزواج القيم لمتغيرين مستقلين x، y فإن الوسط الحسابي لمجموع قيم المتغيرين، يساوي مجموع الوسطين الحسابيين للمتغيرين، فإذا كانت

$$Z_1 = x_1 + y_1$$
$$Z_2 = x_2 + y_2$$
$$\vdots \quad \vdots \quad \vdots$$
$$Z_n = x_n + y_n$$

حيث أن جمع الحدود السابقة يكون لدينا: $\sum Zi = \sum xi + \sum yi$

وبالقسمة لجميع حدود المعادلة بطرفيها على عدد الحدود n نحصل على ما يلي:

$$\bar{Z} = \bar{x} + \bar{y}$$

5- إمكانية توظيف هذا المؤشر الإحصائي لإيجاد مجموع قيم المشاهدات $\sum xi$ عند معلومية حجم العينة، حيث أن:

$$\mu = \frac{\sum xi}{N} \quad \text{أو} \quad \bar{x} = \frac{\sum xi}{n}$$

$$\sum xi = N\mu \quad \text{أو} \quad \sum xi = n\bar{x}$$

فمثلاً إذا كان عدد الزبائن لأحد المخازن هو N=300 وأن متوسط مشتريات الزبون الواحد هو $\mu = 8$ دينار فإن مجموع مبيعات المخزن هي:

$$\sum xi = N\mu = (300)(28) = 8400$$

وبصورة عامة فإن الوسط الحسابي يعتبر أفضل مؤشر إحصائي لتمثيل مقاييس النزعة المركزية لأساسه النظري الذي يسمح لاستخدامه في التحليلات الإحصائية المتقدمة.

أما أبرز عيوبه:

1- إذا احتوت مجموعة من المفردات على بعض القيم المتطرفة الكبيرة جداً (أو الصغيرة جداً) فإن الوسط الحسابي للمجموعة يكون مضللاً لأنه يتأثر بهذه القيم بالرغم من قلتها، وفي هذه الحالة يفضل الاعتماد على مقياس آخر من مقاييس النزعة المركزية.

2- لا يمكن حساب الوسط الحسابي من الجداول المفتوحة.

3- لا يمكن إيجاد الوسط الحسابي بالطرق البيانية.

2.3 الوسيط The Median

يعرف الوسيط لمجموعة من القيم، هو القيمة التي تتوسط مجموعة من القيم بعد ترتيبها تصاعدياً أو تنازلياً، أي أنها تلك القيمة التي يكون عدد القيم الأصغر منها مساوياً لعدد القيم الأكبر منها ويرمز له بالرمز Md ويتم حسابه كما يلي.

أ- حالة البيانات غير المبوبة Un Grouped Data

يتم ترتيب قيم المجموعة ترتيباً تصاعدياً أو تنازلياً ويكون الوسيط هي القيمة التي تقع في الوسط تماماً حيث يستخرج ترتيب الوسيط من العلاقة التالية:

$$\frac{n+1}{2}$$

حيث إذا كان عدد القيم (n) فردياً، أما إذا كان عدد القيم (n) زوجياً فإن الوسط الحسابي للقيمتين الوسطيتين هي قيمة الوسيط للمجموعة.

بعد أن يتم حساب ترتيب القيم الوسيطية من العلاقات $\left(\frac{n}{2}\ ,\ \frac{n}{2}+1\right)$، ومن ثم نعود إلى البيانات لتحديد قيم الوسيط بأخذ متوسط للقيم الواقعة في الترتيب أعلاه، كما يـر ذلك في المثال أدناه.

مثال (5):

إذا كانت قيم المجموعة هي: 5، 12، 47، 15، 7، 50، 13

وترتيبها ترتيباً تصاعدياً أو تنازلياً تكون تصاعدياً

5 ، 7، 12، 13، 15، 7، 50

تنازلياً:

50 ، 47، 15ـ 13، 12، 7 ، 5

نجد أن الوسيط هو القيمة (13) وهي القيمة التي يسبقها عدد من القيم ويليها عدد من القيم هو نفس العدد أو بإمكاننا استخراجه وتقصد هنا ترتيب الوسيط وعندما تكون عدد القيم فرديا هو

$$\text{ترتيب الوسيط} = \frac{\text{مجموع القيم} + 1}{2} = \frac{n+1}{2}$$

وهنا تكون $\frac{7+1}{2}$ ، أي معناه أن الوسيط يحمل ترتيب القيمة (4).

مثال (6):

ما هو الوسيط للأعداد

30، 65، 15، 42، 12، 20

إن عدد البيانات في هذه الحالة زوجي وبعد ترتيبها تصاعديا أو تنازليا تصبح

تصاعدياً 12، 15، 20، 30، 42، 65

تنازلياً 65، 42، 30، 20، 15، 12

وهنا نجد أن الوسيط يمثل العددين الأوسطين وهما العددان الثالث والرابع وهم (20، 30) إذن سيكون الوسيط $25 = \frac{20+30}{2}$، ونلاحظ هنا، إن هناك ثلاثة أعداد أقل من (25= الوسيط)، وثلاثة أعداد أكبر من (25=الوسيط).

ويكون استخراج ترتيب القيمتين الوسيطتين كما يلي:

$$X_{\frac{n}{2}} = \frac{\text{عدد القيم}}{2} = \text{ترتيب القيمة الأولى}$$

$$X_{\frac{n+1}{2}} = \frac{\text{عدد القيم} + 1}{2} = \text{ترتيب القيمة الثانية}$$

ويكون الوسيط في هذه الحالة (عندما يكون عدد القيم زوجياً) هو الوسط الحسابي للقيمتين الوسيطتين

$$Md = \frac{X_{\frac{n}{2}} + X_{\frac{n+1}{2}}}{2} \dots\dots\dots\dots\dots\dots\dots\dots\dots\dots\dots\dots(9)$$

تعريف: إذا كان لدينا القيم x_1، x_2، x_3، .... ، x_n مجموعة من الأعداد المرتبة تصاعدياً أو تنازلياً فإن الوسيط لهذه المجموعة هو القيمة أو العدد $X_{\frac{n+1}{2}}$ إذا كانت n فردياً ويكون الوسيط هو $\frac{1}{2}\left(X_{\frac{n}{2}} + X_{\frac{n+1}{2}}\right)$، إذا كانت n زوجياً.

لاحظ أن $X_{\frac{n+1}{2}}$ هو العدد الذي ترتيبه بتسلسله $\frac{n+1}{2}$ وإن $X_{\frac{n}{2}}$ هو العدد الذي رقمه أو ترتيبه أو تسلسله $\frac{n}{2}$، وذلك بعد ترتيب البيانات تصاعدياً أو تنازلياً.

مثال (7):

ما هو الوسيط للبيانات الآتية9، 15، 40، 35، 29، 25، 21، 17، 11، 18

الحل: بعد ترتيبها تنازلياً تكون البيانات كما يلي:

40، 35، 27، 25، 21، 18، 17، 15، 11، 9، 5

هنا عدد المشاهدات للبيانات (11) مشاهدة أي فردي، إذن يكون ترتيب الوسيط $\frac{11+1}{2} = 6$ وبذلك تكون القيمة أو العدد السادس هو الوسيط وهو القيمة (18).

103

مثال (8):

عند فحص مادة النيكوتين لعينة من أحد أنواع السكائر. وجد أن كمياتها (بالملغم) هـي: 2.4، 2.8، 2.4، 2.9، 3.2، 2.1، فما هو الوسيط.

الحل:

أ- نرتب البيانات أعلاه ترتيباً تنازلياً فيكون لدينا

3.2، 2.9، 2.8، 2.4، 2.4، 2.1

ب- يتم تحديد موقع أو ترتيب الوسيط، حيث أن عدد البيانات زوجياً.

تستخدم الصيغتين التي تم ذكرهما لذلك، وأن متوسط القيمتين الواقعتين في الوسط تمثل قيمة الوسيط.

موقع القيمة الأولى: $\frac{n}{2} = \frac{6}{2} = 3$

موقع القيمة الثانية: $\frac{n}{2} + 1 = \frac{n+2}{2} = \frac{8}{2} = 4$

فهنا يكون الوسيط هو متوسط القيمتين، الأولى ترتيبها الثالثة والثانية ترتيبها الرابعة هـما (2.8) الثالثة و (2.4) الرابعة وكما يلي:

قيمة الوسيط $M_d = \frac{2.4 + 2.8}{2} = 2.6$

ب- حالة البيانات المبوبة Grouped Data

أولاً: الطريقة الحسابية

تكون خطوات استخراج الوسيط كما يلي:

أ- نستخرج التوزيع التكراري المتجمع الصاعد أو النازل.

ب- نجد ترتيب الوسيط وذلك بقسمة مجموع التكرارات على 2 أي $\frac{\sum fi}{2}$.

ج- تحدد الفئة الوسيطية للتوزيع وهي تلك الفئة التي تقابل التكرار الوسيط $\dfrac{\sum fi}{2}$
والذي تم استخراجه في الفقرة (ب) أعلاه فإذا وقع ترتيب الوسيط بين تكرارين
متجمعين فإن الفئة الوسيطية ستكون الفئة اللاحقة لقيمة ترتيب الوسيط.

د- يتم استخدام الصيغة الآتية لاحتساب قيمة الوسيط. [1]

$$Md = K + \frac{\dfrac{\sum fi}{2} - f_1}{f_2 - f_1} * L \quad …………………...……(10)$$

حيث أن k = والحد الأدنى للفئة الوسيطية

$\dfrac{\sum fi}{2}$ = قيمة ترتيب أو موقع الوسيط.

f_1 = التكرار المتجمع السابق لقيمة موقع الوسيط.

f_2 = التكرار المتجمع اللاحق لقيمة موقع الوسيط.

L = طول (مدى) الفئة الوسيطية.

ويستعاض دائماً عن المقام في الصيغة (10) أي عن (f_2-f_1) بالتكرار المقابل للفئة الوسيطية.

مثال (9):

أوجد الوسيط للبيانات الموجودة في الجدول الآتي والتي تمثل الأجور اليومية التي حصل عليها (100) عامل في أحد المصانع.

---

[1] يمكن حساب الوسيط وفق العلاقة الرياضية التالية:

$$Md = A + \left(\frac{\dfrac{\sum f_i}{2} - Af_1}{F_m} \right) \Delta$$

حيث أن Δ = طول الفئة
A = الحد الأدنى للفئة
Fi = التكرارات
$Af1$ = التكرار المتجمع السابق
Fm = تكرار الفئة الوسيطية

جدول رقم (3-2)

فئات الأجور بالدينار	عدد العمال التكرار = fi	أقل من الحد الأعلى للفئة	التكرار المتجمع الصاعد
60 -	5	أقل من 70	5
70-	15	أقل من 80	20
80-	20	أقل من 90	40
90-	30	أقل من 100	70
100-	15	أقل من 110	85
110-	10	أقل من 120	94
120-130	5	أقل من 130	100
المجموع	100		

الخطوة التالية هو استخراج ترتيب الوسيط بالصيغة الآتية:

$$\text{ترتيب الوسيط} = \frac{\sum fi}{2} = \frac{100}{2} = 50$$

وعند مقارنة قيمة ترتيب الوسيط بتكرار المتجمع الصاعد تكون القيمة (50) ما بين القيمة 40 و 70 (وإذا وقع ترتيب الوسيط بين تكرارين متجمعين فإن الفئة الوسيطية ستكون الفئة اللاحقة لقيمة ترتيب الوسيط).

ولهذا سوف تكون الفئة الوسيطية هي الفئة المقابلة إلى القيمة 70 في تكرار المتجمع الصاعد.

وبتطبيق الصيغة رقم (10) تكون قيمة الوسيط كما يلي:

$$Md = 90 + \frac{50-40}{70-40} * 10$$

$$Md = 90 + \frac{10}{30} * 10 = 90 + 3.3 = 93.3$$

ثانياً: الطريقة البيانية Graphical Method

يتم إيجاد قيمة الوسيط بالرسم من المنحنى المتجمع الصاعد (أو النازل) وذلك كما يلي:

1- تكون جدولاً تكرارياً متجمعاً صاعداً (أو نازل).
2- نرسم المنحنى المتجمع الصاعد (أو النازل).
3- نعين ترتيب الوسيط (كما مر بنا سابقاً وهو مجموع التكرار مقسوماً على 2).
4- تحدد قيمة الوسيط بأن نرسم مستقيماً أفقياً من عند نقطة ترتيب الوسيط يوازي المحور الأفقي ويقطع منحنى المتجمع الصاعد أو النازل في نقطة ولتكن (a) سيتم تحديدها على الرسم، نسقط منها عموداً على المحور الأفقي فيقابله في النقطة (b) لتكون هي قيمة الوسيط وذلك لأن عدد القيم الأكبر من قيمة (b) يساوي عدد القيم الأصغر منها.

وكلما كان الرسم دقيقاً كلما حصلت على قيمة الوسيط بدقة أكبر، والشكل رقم (3-1) يوضح كيفية إيجاد قيمة الوسيط بالرسم من المنحنى المتجمع الصاعد للأجور اليومية التي حصل عليها 100 عامل في أحد المصانع.

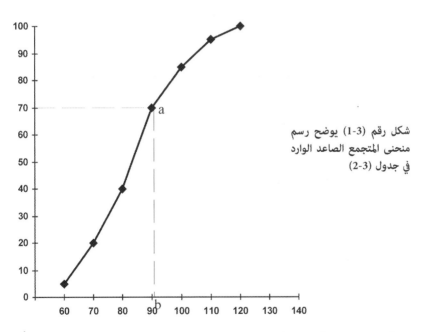

شكل رقم (3-1) يوضح رسم منحنى المتجمع الصاعد الوارد في جدول (3-2)

ويمكن إيجاد قيمة الوسيط وذلك برسم المنحنيين المتجمعين الصاعد والنازل معاً في رسم واحد، ومن ثم إنزال خط عمودي من نقطة التقاء المنحنيين على المحور

الأفقي حيث أن نقطة الالتقاء ستمثل موقع الوسيط، والنقطة التي ستقع عليها الخط العمودي على المحور الأفقي ستمثل قيمة الوسيط. وكما مبين في الشكل البياني الآتي.

الحد الأدنى للفئة فأكثر	التكرار المتجمع النازل
60 فأكثر	100
70 فأكثر	95
80 فأكثر	80
90 فأكثر	60
100 فأكثر	30
110 فأكثر	15
120 فأكثر	5

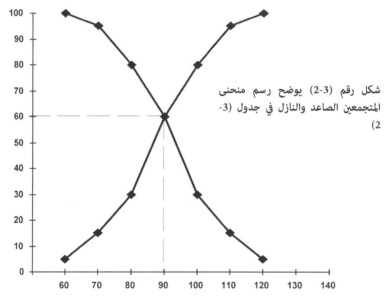

شكل رقم (3-2) يوضح رسم منحنى المتجمعين الصاعد والنازل في جدول (3-2)

مزايا الوسيط:

1- يمكن الحصول عليه من خلال الرسم البياني.
2- لا يتأثر بالقيم الشاذة.
3- إمكانية استخدامه مع الفئات المفتوحة وغير المتساوية في الطول.
4- سهولة استخراجه.

أما عيوبه فتشمل:

1- لا يدخل في حسابه سوى قـراءة واحـدة أو قـراءتين مـن المجموعـة كلهـا وعـلى فئـة واحدة في الجداول.

2- إذا كان عدد البيانات قليل فالوسيط ممكـن أن لا يعـبر بصـورة صحيحة عـن مركز تجمع البيانات.

3.3 المنوال The Mode

يعرف المنوال لمجموعة من القيم هو القيمة الأكثر شيوعاً أي القيمة التي تكررت اكثر من غيرها ويمكن استخدامه للقيم الكمية والنوعية، وتبعاً لهـذا فـإن قيمتـه قـد لا تكـون الوحيـدة، حيث قد تكون هناك أكثر من قيمة منوالية واحدة.

أ- حالة البيانات غير المبوبة

حساب المنوال في حالة البيانات غير المبوبة لا يمثل أي مشكلة حيث يتم حسابه من واقع التعريف مباشرة.

مثال (10):

أوجد المنوال لمجموعة القيم الآتية: 4، 5، 6، 7، 5، 8، 5، 6

المنوال لهذه المجموعة سيكون القيمة "5".

وطبقاً للفقرة الأخيرة من التعريف بأن من الممكن أن يكون هناك أكثر من قيمة منواليـة واحدة وكل منها يتكرر لعدة مرات كما هو الحالة في مجموعة القيم أدناه:

58، 58، 78، 78، 75، 63، 90، 90، 63، 65، 58، 90، 80

فنجد أن كل القيم 58، 78، 90 قد تكرر وقوعها ثلاث مرات، وعليه فإن هناك ثلاث قيم للمنوال، كما قد لا توجد قيمة منوالية بين القيم ويحصل ذلك عندما تكون كافة القيم لها نفس العدد من التكرارات. وبشكل عام أن معظم استخدامات المنـوال يكـون مـع البيانـات النوعيـة. فيتم بواسطته التعبير عن صفة الشيوع، فيقال أن

النموذج ذو المواصفات المعينة من الإنتاج هو الأكثر شيوعاً من خلال تكرار مبيعاته أكثر من النماذج الأخرى وهكذا.

ب- حالة البيانات المبوبة Grouped Data

أولاً: الطرق الحسابية:

بموجب هذه الطريقة وبشكل عام تكون الفئة المنوالية هي الفئة التي تقابل أعلى تكرار.

1- طريقة الرافعة:

وتعتمد هذه الطريقة على فكرة أن المنوال طالما هو القيمة الأكثر تكراراً فهو يقع في الفئة ذات الأكبر تكرار، وهذه الفئة تعرف باسم (الفئة المنوالية) وهذا هو مفهوم المنوال.

ولتحديد موقع المنوال داخل هذه الفئة المنوالية نفترض مبدئياً أنه يقع في مركز هذه الفئة، ولكن هـذا يعتبـر تقريبـاً لا يكـون صحيحـاً إلا إذا كـان التوزيـع متماثلاً تماماً (التوزيع الطبيعي أو المنحنى الطبيعي) أما إذا لم يكن التوزيع متماثلاً وهو الغالب فإن المنوال ينحـرف عن مركز الفئة نحو بدايتها أو نهايتها قليلاً أو كثيراً وحسب شدة الاختلاف بين قيمتي التكرارين في الفئتين السابقة واللاحقة للفئة المنوالية. فإذا كان تكرار الفئة السابقة للفئة المنوالية أكبر من تكرار الفئة اللاحقة لها فإن المنوال يميل نحو بداية الفئة المنوالية والعكس صحيح. وعلى ذلك يستقر المنوال داخل الفئة المنوالية عند النقطة (x) التي تقسمها بنسبة التكرارين السابق واللاحق لها وبذلك يمكن إيجاد قيمة المنوال من العلاقة الآتية:

قيمة المنوال = الحد الأدنى للفئة المنوالية + X

$$M_0 = K + X \quad ....(11)$$

$$K \qquad = \quad \text{الحد الأدنى للفئة المنوالية}$$

$$M_0 \qquad = \quad \text{قيمة المنوال}$$

حيث من الممكن احتساب العلاقة بين التكرارين السابق واللاحق كما يلي:

$$R_1 * x = R_2 * (L - X) \quad ....(12)$$

110

R_1 = التكرار السابق للفئة المنوالية

R_2 = التكرار اللاحق للفئة المنوالية

L = طول الفئة المنوالية

ولكون هذه الطريقة تهمل تكرار الفئة المنوالية فيسجل ذلك مآخذ على عدم دقتها.

2- طريقة الفروق (بيرسون)

جاءت هذه الطريقة من أجل تلافي عدم الدقة في طريقة الرافعة وهو إهمال أكبر تكرار والمقابل للفئة المنوالية. فهذه الطريقة تعتمد تكرارات الفئة المنوالية والفئتين المحيطتين بها وذلك بأخذ الفرق بين تكرار الفئة المنوالية وتكرار الفئة السابق لها وكذلك الفرق بين تكراري الفئة المنوالية وتكرار الفئة اللاحقة لها كعاملين مؤثرين في تحديد موقع المنوال داخل الفئة المنوالية وذلك بدلاً من التكرار السابق واللاحق للفئة المنوالية فقط، وبذلك يمكن إيجاد قيمة المنوال من العلاقة الآتية.

$$M_0 = K + X$$

حيث من الممكن احتساب قيمة X من العلاقة الآتية:

$$\frac{x}{k-x} = \frac{d_1}{d_2} \quad \dots\dots\dots\dots\dots\dots\dots\dots\dots\dots\dots(13)$$

d_1 = تكرار الفئة المنوالية-تكرار الفئة السابقة.

d_2 = تكرار الفئة المنوالية- تكرار الفئة اللاحقة.

ولا شك أن هذه الطريقة أدق من الطريقة التي سبقتها.

ومن الممكن تبسيط صيغة هذه الطريقة إلى شكل أكثر تقبلاً ويكون كما يلي:

$$M_0 = K + \frac{d_1}{d_1 - d_2} * L \quad \dots\dots\dots\dots\dots\dots\dots\dots\dots(14)$$

مثال (11): احسب المنوال بطريقتين:

1- بطريقة الرافعة 2- بطريقة الفروق (بيرسون)

للبيانات الواردة في الجدول رقم (3-2) السابق

الحل:

1- بطريقة الرافعة

$$M0 = k + x$$

$$R_1 * X = R_2 * (L - X)$$

$$20 * X = 15 * (10 - X)$$

$$20 X = 150 - 15X$$

$$35 X = 150$$

$$\therefore \quad x = \frac{150}{35} = 4.28$$

قيمة المنوال $M_0 = 90 + 4.28 = \mathbf{94.28}$

2- بطريقة بيرسون وفقاً للصيغة رقم (14) نحصل على ما يلي:

$$M_0 = 90 + \frac{10}{10+15} \times 10$$

$$M_0 = 90 + \frac{100}{25}$$

قيمة المنوال حسب طريقة الفروق $= 90 + 4 = \mathbf{94}$

وهذا مما يؤكد أن هذه الطريقة هي أدق من حيث النتيجة.

ثانياً: الطريقة البيانية

وبواسطة هذه الطريقة يمكن إيجاد قيمة المنوال من خلال إنزال خط عمودي من قمة المنحنى التكراري على المحور الأفقي، فالنقطة التي يقطعها هذا الخط العمودي تمثل قيمة المنوال.

وبالإمكان أيضاً إيجاد المنوال باستخدام الجدول التكراري، حيث بعد أن يتم رسم المستطيلات التي تمثل الفئة المنوالية والفئة السابقة واللاحقة لها، يجري إيصال

الرأس الأيمن العلوي لمستطيل الفئة المنوالية بالرأس الأيمن العلوي الأيسر لمستطيل الفئة المنوالية، ويربط ذلك بالرأس الأيسر العلوي للمستطيل اللاحق له (الذي يمثل الفئة اللاحقة للفئة المنوالية) فيتقاطعا في نقطة نسقط من عندها عموداً على المحور الأفقي وبلقاء العمود مع المحور الأفقي يتم تعيين قيمة المنوال. كما مبين به الأشكال التالية:

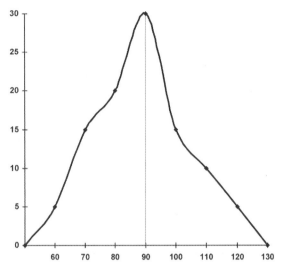

شكل (3-3) المنحنى التكراري لجدول (3-2) ومبين عليه تعيين المنوال بواسطة المنحنى التكراري

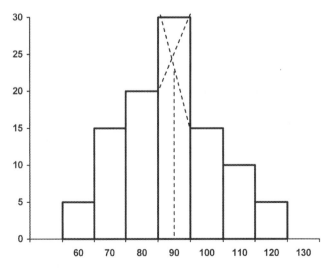

شكل رقم (3-4) المدرج التكراري لجدول(3-2) ومبين عليه تعيين المنوال بواسطة المدرج التكراري

مزايا المنوال هي:

1- سهل الحساب سواء بالرسم أو بالحساب.
2- لا يتأثر بالقيم الشاذة.
3- أنه يمثل غالبية البيانات.
4- احتسابه لا يحتاج إلى كافة القيم.
5- إمكانية احتسابه في حالة الجداول التكرارية المفتوحة.

بينما كانت أبرز عيوبه هي :

1- غير دقيق حيث يتم حسابه بطرق جميعها تقريبية.
2- لا يمكن حسابه عندما تكون القيم منتشرة على مديات واسعة وعندما يصبح أقل تعبيراً كمتوسط.

4.3 العلاقة التقريبية بين الوسط الحسابي والوسيط والمنوال

Approximation Relation Ship of The Mean, Median and Mode

المساحة تحت المنحنى بالنسبة لمفهوم الوسط الحسابي، تضم مجموع الانحرافات وتكون موزعة بالتساوي على طرفية، أي أن مجموع الانحرافات السالبة على الجانب الأيسر مساوية لمجموع الانحرافات الموجبة على الجانب الأيمن. فهو بذلك يمر من النقطة المركزية للمساحة تحت المنحنى.

كذلك يقسم الوسيط المساحة تحت المنحنى إلى قسمين متساويين بحيث أن عدد البيانات التي تزيد على قيمة الوسيط مساوية لعدد البيانات التي تقل عن قيمة الوسيط. بينما تمثل قيمة المنوال أعلى نقطة على المنحنى ويمكن تصوير هذه العلاقة لمقاييس النزعة المركزية الثلاثة بالشكل البياني الآتي:

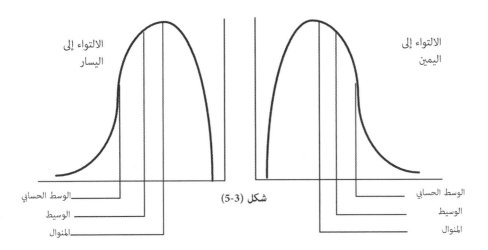

الالتواء إلى اليسار
الوسط الحسابي
الوسيط
المنوال
الالتواء إلى اليمين
الوسط الحسابي
الوسيط
المنوال

شكل (3-5)

أما إذا كان التوزيع معتدل الالتواء فإن الوسيط يقع دائماً بين المتوسطين الأخيرين والمسافة بينه وبين الوسط الحسابي تساوي ثلث المسافة بين الوسط الحسابي والمنوال وهذه العلاقة يمكن وضعها في صيغة معادلة وكما يلي:

الوسط الحسابي - المنوال = 3(الوسط الحسابي - الوسيط)

$$\overline{X} - M_0 = 3(\overline{X} - Md) \qquad \ldots\ldots\ldots\ldots\ldots\ldots(15)$$

وبالتبسيط نحصل على:

$$M_0 = 3Md - 2\overline{x}$$

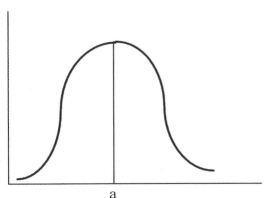

أما إذا كان التوزيع تام التماثل ويمثله منحنى معتدل (المنحنى الطبيعي) فإن المتوسطات الثلاث السابقة تتساوى تماماً، أي تنطبق على بعضها البعض عند القيمة على المحور الأفقي والمقابلة لقمة المنحنى التكراري الذي يمثل التوزيع.

شكل رقم (3-6) يمثل منحنى التوزيع الطبيعي أي منحنى تام التماثل

وبشكل عام، إن العلاقة الوسط الحسابي والوسيط والمنوال يمكن عرضها على أساس أن القاعدة العامة هي الواردة أعلاه في الشكل (3-6) والتي يطلق على حالة Normal (Symitric) ومنها يتم اشتقاق الحالة رقم (1) والحالة رقم (2) كما هو واضح في الشكل رقم (3-7).

ملاحظة مهمة: مقاييس الالتواء توضح درجة أو (مدى) ابتعاد المنحنى عن حالة التماثل بعبارة أخرى يسمى ابتعاد المنحنى عن حالة التماثل بالالتواء.

5.3 الوسط الهندسي The Geometric Mean

الوسط الهندسي يستخدم لإظهار متوسط القيم في حالة كون البيانات عبارة عن نسب، كما هو الحال في معدلات نمو السكان والأرقام القياسية.

أ- حالة البيانات غير المبوبة Un grouped Data

يعرف الوسط الهندسي لمجموعة من القيم (x₁ ، X₂ ، X₃ ، Xᵧ ،...Xₙ) بأنه هو الجذر التربيعي لحاصل ضرب هذه القيم، وإذا رمزنا للوسط الهندسي بالرمز $\overline{Xg}$ فسيكون عبارة عن الصيغة الآتية:

$$\overline{Xg} = \sqrt[n]{X_1 * X_2 * X_3 * .... * X_n} \quad ....(16)$$

ولتسهيل العمليات الحسابية الخاصة بإيجاد قيمة الوسط الهندسي، وذلك بأخذ اللوغاريتم لطرفي الصيغة (16) فينتج لدينا ما يلي:

$$Log\ \overline{X} = \frac{1}{n}\sum_{i=1}^{n} \log xi \quad ....(17)$$

116

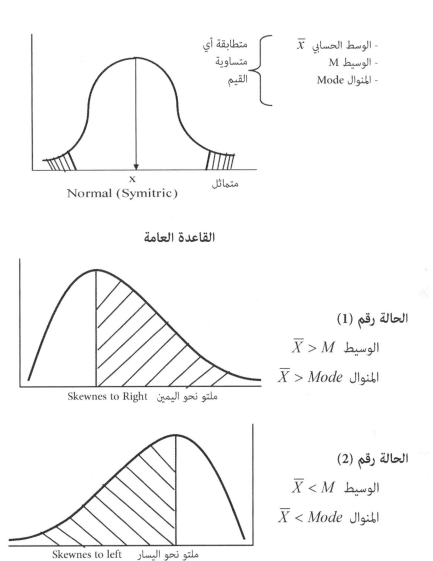

- الوسط الحسابي $\overline{X}$
- الوسيط M
- المنوال Mode

متطابقة أي متساوية القيم

القاعدة العامة

Skewnes to Right
ملتو نحو اليمين

الحالة رقم (1)

الوسيط $\overline{X} > M$

المنوال $\overline{X} > Mode$

Skewnes to left
ملتو نحو اليسار

الحالة رقم (2)

الوسيط $\overline{X} < M$

المنوال $\overline{X} < Mode$

شكل رقم (3-7) القاعدة العامة والحالات (رقم1، رقم2) للعلاقة بين الوسط الحسابي والوسيط والمنوال

أي أن لوغاريتم الوسط الهندسي لمجموعة القيم يساوي الوسط الحسابي للوغاريتمات هذه القيم. كما أن قيمة اللوغاريتم المقابل (anti logarithm) لنتيجة الصيغة (17) تمثل الوسط الهندسي.

مثال (12):

أوجد الوسط الهندسي للقيم الآتية:

5.9 ، 4.2 ، 6.0 ، 4.2 ، 3.7 ، 4.8

الحل: باستخدام الصيغة رقم (16) والخاصة بالوسط الهندسي.

$$\overline{X}g = \sqrt[6]{(4.8)\ (3.7)(4.2)(6.0)(4.2)(5.6)}$$

وبتحويل هذه الصيغة إلى الصيغة (17) وذلك بأخذ اللوغاريتم للطرفين تكون كما يلي:

$$Log\overline{X}g = \frac{1}{6}\sum \log\ (4.8 * 3.7 * 4.2 * 6.0 * 4.2 * 5.9)$$

$$= \frac{1}{6}(\ \text{Log}4.8 + \text{Log}\ 3.7 + \text{Log}\ 4.2 + \text{Log}\ 6.0 + \text{Log}\ 4.2 + Log\ 5.9)$$

$$= \frac{1}{6}\left(0.68 + 0.568 + 0.62 + 0.77 + 0.62 + 0.77\right)$$

$$Log\overline{X}g = 0.6714$$

بعد كتابة الرقم وضغط زر (10^x) في الحاسبة يعطي لنا الرقم والذي (anti log)

$$\overline{X}g = 4.69245$$

مثال (13):

أوجد الوسط الهندسي للأرقام القياسية الآتية لأسعار الجملة لـ 8 مجموعات سلعية معينة.

122 ،116 ، 126 ، 130 ، 116 ، 120 ، 132 ، 107

Log 130 = 2.113	Log 107 = 2.029
Log 126 = 2.100	Log 132 = 2.120

Log 120 = 2.079 Log 116 = 2.064

Log 116 = 2.064 Log 122 = 2.086

$$\sum Log \quad = 16.655$$

$$Log\overline{X}g = \frac{\sum Logxi}{n} = \frac{16.655}{8} = 2.081$$

وباستخراج قيمة الوسط الهندسي بعد كتابة الرقم الناتج العملية والذي يمثل $\log \overline{X}g$ والضغط على زر (10^x) في الحاسبة نحصل على ما يسمى بالأرقام المقابلة anti-log والذي يمثل الوسط الهندسي.

$$\overline{X}g = 120.746$$

ومما تجدر الإشارة إليه هو أن استخدام الوسط الهندسي يكون فقط مع القيم الموجبة، حيث لا يمكن استخدامه مع القيم السالبة أو الصفر.

ب- حالة البيانات المبوبة Grouped Data

لإيجاد الوسط الهندسي للبيانات المبوبة يكون حسب الصيغة الآتية

$$\overline{X}g = \sqrt[\sum fi]{\left(\frac{f_1}{x_1}\right)\left(\frac{f_2}{x_2}\right)\left(\frac{f_3}{x_3}\right)\ldots\ldots\ldots\left(\frac{f_n}{x_n}\right)} \quad \ldots\ldots\ldots\ldots\ldots\ldots\ldots(18)$$

وباستخدام اللوغاريتمات وكما مر بنا تصبح الصيغة أعلاه كما يلي:

$$Log\overline{X}g = \frac{1}{\sum fi} \sum_{i=1}^{n} fi \log xi \quad \ldots\ldots\ldots\ldots\ldots\ldots\ldots\ldots\ldots\ldots(19)$$

$$n = \sum fi$$

حيث xi تمثل مراكز الفئات و fi تمثل التكرارات.

مثال (14):

أوجد الوسط الهندسي لقيم جدول التوزيع التكراري الآتي:

جدول (3-3)

فئات الأجور	109-80	139-110	169-140	199-170	229-200	230 فأكثر	المجموع
عدد العمال	26	78	122	34	14	8	282

الحل:

جدول (3-4)

الفئات	التكرار = fi	Xi مراكز الفئات	Log xi	Fi log xi
109 - 80	26	97.5	1.975	51.361
139 - 110	78	124.5	2.095	163.423
169 - 140	122	154.5	2.119	258.518
199 - 170	34	184.5	2.266	77.044
229 - 200	14	214.5	2.331	32.64
230 فأكثر	8	244.5	2.388	19.106
المجموع	282		13.174	602.092

$$Log\overline{X}g = \frac{1}{282}(602.092) = 2.135$$

وبإيجاد اللوغاريتم المقابل (10^x) نجد أن قيمة الوسط الهندسي

$$\overline{X}g = 146.218$$

ويمتاز الوسط الهندسي بعدم تأثره بالقيم المتطرفة ومن أبرز عيوبه هو عدم إمكانية استخدامه مع التوزيعات التي تضم قيم سالبة وصفر.

6.2 الوسط التوافقي The Harmonic Mean

الوسط التوافقي لمجموعة من القيم عددها (n) هو مقلوب الوسط الحسابي لمقلوبات هذه القيم، ويستخرج غالباً عندما تكون البيانات عبارة عن وحدات قياسية معينة.

أ- حالة البيانات غير المبوبة Ungrouped Data

يكون استخراج الوسط التوافقي لهذه الحالة هو طبقا لما صرح به تعريف الوسط التوافقي وحسب الصيغة الآتية:

$$\overline{X}_n = \frac{1}{\frac{1}{n}\sum \frac{1}{x_i}} = \frac{n}{\sum \frac{1}{x_i}} \quad \dots\dots\dots\dots\dots\dots\dots\dots\dots\dots\dots(20)$$

مثال (15):

أوجد الوسط التوافقي للقيم الآتية: 2، 8، 6، 19، 12، 15، 18، 21

باستخدام الصيغة (20) يكون الآتي:

$$\overline{X}_n = \frac{8}{\frac{1}{2}+\frac{1}{3}+\frac{1}{6}+\frac{1}{19}+\frac{1}{12}+\frac{1}{15}+\frac{1}{18}+\frac{1}{21}} = \frac{8}{1.305806}$$

$$= 6.1264$$

ب- حالة البيانات المبوبة Grouped Data

يستخرج الوسط التوافقي للجداول التكرارية حسب الصيغة الآتية:

$$\overline{X}_h = \frac{\sum_{i=1}^{h} fi}{\sum \frac{(fi)}{xi}} \quad \dots\dots\dots\dots\dots\dots\dots\dots\dots\dots\dots\dots(21)$$

حيث أن: i= 1,2,…,h

مثال (16):

أوجد الوسط التوافقي للتوزيع التكراري الوارد في جدول (3-5)

الحل:

جدول (3-5)

الفئات	التكرار = fi	مراكز الفئات Xi	fi / xi
60 - 69	5	64.5	0.078
70 - 79	15	74.5	0.201
80 - 89	20	84.5	0.237
90 - 99	15	94.5	0.317
100 - 109	10	104.5	0.144
110 - 119	5	114.5	0.087
120 - 130		125	0.04
المجموع	100		1.064

وبتطبيق الصيغة (21) نحصل الوسط التوافقي للجدول التكراري أعلاه.

$$\overline{X}_h = \frac{\sum_{i=1}^{h} fi}{\sum \frac{(fi)}{xi}} = \frac{100}{1.064} = \mathbf{93.98}$$

,عند البحث بعلاقة تربط الوسط الهندسي بالوسط الحسابي وبالوسط التوافقي نجد أن الوسط الهندسي هو أقل أو يساوي الوسط الحسابي ولكنه أكبر من أو يساوي الوسط التوافقي وبشكل رياضي ممكن وضع العلاقة الآتية:

$$\overline{X}_h \leq \overline{X}g \leq \overline{X} \qquad \text{...(22)}$$

ولتحقيق هذه العلاقة يلزمنا أخذ أي أرقام واستخراج هذه المقاييس الثلاثة لها لتأكيد ما ورد أعلاه وهذه الأرقام هي: 4، 9، 12، 5. وبعد تطبيق العلاقات الرياضية أعلاه نحصل على ما يلي:

$$\overline{X} = 7.5 \qquad \overline{X}_h = 6.21 \qquad \overline{X}_g = 6.808$$

والنتائج تؤيد ما ذهبت إليه العلاقة 22.

ومن خصائص الوسط التوافقي تأثره بالقيم المتطرفة في الصغر ويصبح ليس ذات مدلول مع وجود بعض القيم (فنتائجه) مساوية للصفر. ويفضل استخدامه عند إيجاد متوسط التغير خلال الزمن .

7.3 الربيع Quartile

البيانات بشكل عام تقسم إلى أربعة أجزاء بواسطة ثلاثة مقاييس تدعى الربيعات وهي الربيع الأول والربيع الثاني (مر ذكره معنا وهو الوسيط) والربيع الثالث كما هو واضح في الشكل التالي:

شكل (3-8)

يوضح بشكل بياني كيفية تقسيم البيانات إلى أربعة أجزاء بواسطة الربيعات الثلاثة

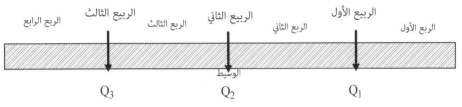

فمن الممكن أن نرمز إلى الربيع الأول، (Q_1) ويقصد به البيانات التي تقل عن Q_1، والرمز Q_2 يقصد به الربيع الثاني وهو يعني أن نصف البيانات تكون أقل من Q_2 (الربع الثاني)، وكذلك الربع الثالث يقل عن Q_3 من البيانات. ونفترض أن تتطابق القيمة Q_2 مع قيمة الوسيط Md في تقسيم المساحة تحت المنحنى وكما يلي:

1- الربيع الأول Q_1: وهو القيمة التي يسبقها ربع البيانات ويليها ثلاثة أرباع البيانات.

2- الربيع الثاني Q_2: وهو الوسيط، أي القيمة التي يسبقها نصف البيانات ويليها النصف الآخر.

3- الربيع الثالث Q_3: وهو القيمة التي يسبقها ثلاثة أرباع ا لبيانات ويليها الربع الأخير.

ويتم حساب الربيع الأول Q_1 والربيع الثالث Q_3 بنفس الطريقة التي تم فيها حساب الوسيط (الربيع الثاني Q_2) وذلك باستعمال الرموز والتعاريف الآتية:

الصيغة التي بموجبها يتم تحديد موقع الربيع هي: $Qi = \frac{i \sum f_i}{4}$

حيث أن:

Q_i = الربيع

i = رقم موقع الربيع

$$\text{فتحديد موقع الربيع الأول } Q_1 \text{ يكون} = \frac{\sum fi}{4}$$

$$\text{فتحديد موقع الربيع الثالث } Q_3 \text{ يكون} = \frac{3\sum fi}{4}$$

أما صيغة احتساب قيمة الربيع الأول فهي:

$$Q1 = k + \frac{\frac{\sum fi}{4} - f_1}{f_2 - f_1} * L \quad \ldots\ldots\ldots\ldots\ldots(23)$$

حيث أن f_1 = التكرار المتجمع الصاعد السابق لموقع الربيع

f_2 = التكرار المتجمع الصاعد اللاحق لموقع الربيع

مثال (17):

أوجد قيمة الربيع الأول Q_1 والربيع الثالث Q_3 لجدول التوزيع التكراري.

جدول (3-6)

التكرار المتجمع الصاعد	التكرار fi	الفئات
26	26	80 – 109
104	78	110 – 139
226	122	140 – 169
260	34	170 – 199
274	14	200 – 229
282	8	230 – 259
	282	المجموع

الحل:

1- تحدد موقع الربيع الأول Q_1 وكما يلي:

$$\text{موقع الربيع الأول} = \frac{\sum fi}{4} = \frac{282}{4} = 70.5$$

ويتم حساب قيمة الربيع الأول كما يلي:

$$Q_1 = 110 + \frac{70.5 - 26}{104 - 26} * 30$$

$$= 110 + \frac{44.5}{78} * 30$$

$$110 + 17.115 = 127.115$$

2- تحدد موقع الربيع الثاني Q_3:

$$\text{موقع الربيع الثاني} = \frac{3\sum fi}{4} = \frac{3(282)}{4} = 211.5$$

وتحسب قيمة الربيع الثالث كما يلي:

$$Q_3 = 140 + \frac{211.5 - 104}{226 - 104} * 30$$

$$= 140 + \frac{211.5 - 104}{122} * 30$$

$$= 140 + 26.434 = 166.434$$

3.3 تطبيقات إحصائية مختلفة لاتخاذ القرار

1) الجدول الآتي يوضح توزيع عينة من الأسر في إحدى البلدان حسب فئات الإنفاق الشهرية بمئات آلاف من الدنانير، يرغب متخذ القرار في معرفة ما يلي:

جدول (3-7)

165-145	125-	105-	85-	65-	45-	26-	5-	فئـــات الإنفـــاق الشهري
3	5	7	13	22	15	6	4	عدد الأسر

1. حساب قيمة الوسط الحسابي لإنفاق هذه الأسر.
2. حساب قيمة الوسيط بواسطة الحساب من الجدول التكراري الصاعد وبطريقة الرسم للمتجمع الصاعد والنازل.
3. حساب قيمة المنوال:

أ- بالحساب بطريقة الرافعة والفروق

ب- بالرسم من المدرج التكراري.

الحل:

يتم في البداية تنظيم الجدول التالي:

جدول (3-8)

التكرار المتجمع النازل	الحد الأدنى للفئة فأكثر	التكرار المتجمع الصاعد	أقل من الحد الأعلى للفئة	XiFi	مراكز الفئات	التكرار fi	فئات الإنفاق الشهري
75	5 فأكثر	4	أقل من 25	60	15	4	5-
71	25 فأكثر	10	أقل من 45	210	35	6	25-
65	45 فأكثر	25	أقل من 65	825	55	15	45-
50	65 فأكثر	47	أقل من 85	1650	75	22	65-
28	85 فأكثر	60	أقل من 105	1235	95	13	85-
15	105 فأكثر	67	أقل من 125	805	115	7	105 -
8	125 فأكثر	72	أقل من 145	675	135	5	125-
3	145 فأكثر	75	أقل من165	465	155	3	165-145
صفر	165 فأكثر						
				5925		75	المجموع

1- الوسط الحسابي

$$\overline{X} = \frac{\sum xifi}{\sum fi} = \frac{5925}{75}$$

$\overline{X} = 79$ محسوب بمئات آلاف الدنانير

2-

$$md = 65 + \frac{37.5 - 25}{47 - 25} * 20$$

$= 76.36$ محسوب بمئات آلاف الدنانير

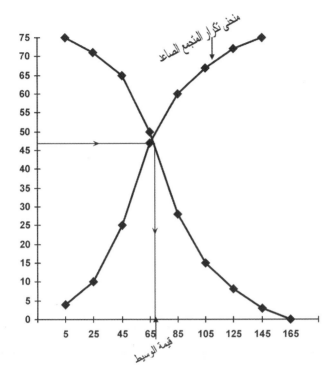

منحنى تكرار المتجمع الصاعد
قيمة الوسيط

3- المنوال

أ- الحساب باستخدام طريقة الرافعة

$M_0 = K + X$

$M_0 = 65 + X$

حيث حساب X كما يلي:

$15 * X = 13 * (20 - X)$

$15X = 260 - 13X$

$28 X = 260 \qquad \therefore X = \frac{260}{28} = 9.3$

$M_0 = 65 + 9.3 = 74.3$

ب- الحساب باستخدام طريقة الفروق (بيرسون)

$M_0 = K + X = 65 + X$

حيث X يتم حسابها كما يلي:

$$\frac{x}{k-x} = \frac{d_1}{d_2}$$

$$\frac{x}{20-x} = \frac{7}{9} \qquad \therefore \ x = 8.75$$

$\therefore$ قيمة المنوال $M_0 = 65 + 8.75 = 73.75$

ويمكن إعادة حساب المنوال بطريقة مماثلة لطريقة الفروق أو تحويرها على هيئة صيغة أخرى تكون قيمة المنوال كما يلي:

$$M_0 = k + \frac{d_1}{d_1 + d_2} * L$$

$$= 65 + \frac{7}{7+9} \ * \ 20 = 65 + \frac{140}{160}$$

$$= 65 + 8.75 = 73.75$$

شكل رقم (3-9)

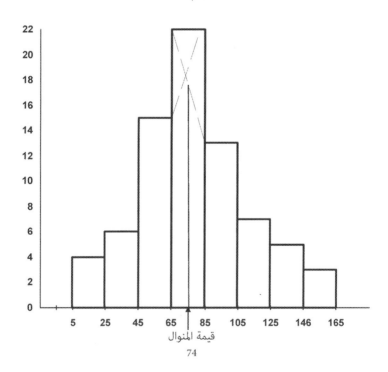

قيمة المنوال
74

128

ومن الرسم السابق نجد أن قيمة المنوال = 74 ، ويلاحظ أن قيمة المنوال يجب أن لا تتعدى الفئة المنوالية وهي (65-).

2) الجدول الآتي يتضمن الأجر الشهري بالدينار لـ 282 عامل في إحدى الشركات الصناعية وموزعين حسب فئات الأجور.

المجموع	230 فأكثر	229-200	199-170	169-140	139-110	109-80	فئات الأجور
282	8	14	34	122	78	26	عدد العمال

المطلوب أوجد ما يلي:

أ- الوسط الحسابي   ب – الوسيط   جـ- المنوال

د- الوسط التوافقي   هـ- الوسط الهندسي

الحل: في البداية يتم تنظيم الجدول التالي:

جدول (3- 9)

$F_i \log x_i$	$\log x_i$	f_i/x_i	التكرار المتجمع الصاعد	$X_i F_i$	X_i مراكز الفئات	f_i	الفئات
51.35	1.975	0.275	26	2457	94.5	26	10–80
163.41	2.095	0.626	104	9711	124.5	78	139–110
266.936	2.188	0.789	226	18849	154.5	122	169–140
77.01	2.265	0.184	260	6273	184.5	34	199 –170
32.634	2.331	0.065	274	3003	214.5	14	229 –200
19.104	2.388	0.032	282	1956	244.5	8	230 فأكثر
				42249		282	المجموع

أ- الوسط الحسابي

$$\bar{x} = \frac{\sum x_i f_i}{\sum f_i} = \frac{42249}{282} = 149.8$$

ب- الوسيط

$$Md = k + \frac{\frac{\sum f_i}{2} - f_1}{f_2 - f_1} * L$$

$$=140+\frac{141-104}{226-104}*30=149.098$$

جـ- المنوال

$$M_0=K+\frac{d_1}{d_1+d_2}*L$$

$$=140+\frac{44}{44+88}*30=150$$

د- الوسط التوافقي

$$\overline{X}_h=\frac{\sum fi}{\sum \frac{fi}{xi}}=\frac{282}{1.971}=143.074$$

هـ - الوسط الهندسي

$$\log \bar{x}g=\frac{\sum fi\log xi}{\sum fi}=\frac{610.444}{282}=2.164$$

$$\therefore \overline{X}g=146.88$$

3) يمثل الجدول الآتي الودائع التي وضعت في أحد البنوك لمدة شهر

جدول (3-10)

حدود الفئات	499-200	799-500	1099-800	1399-1100	1999-1400	3999-2000	المجموع
التكرار	15	12	18	15	20	10	90

أوجد الوسط الحسابي والوسيط والمنوال للودائع

الحل: يتم إعداد الجدول التالي:

جدول (3-11)

الفئات	التكرار	Xi مركز الفئات	Xifi	التكرار المتجمع الصاعد
499-200	15	349.5	5242.5	15
799 - 500	12	649.5	7794	27
1099 - 800	18	949.5	17091	45
1399 - 1100	15	1249.5	18742.5	60
1999 - 1400	20	1699.5	33990	80
3999 -2000	10	2999.5	29995	90
المجموع	90		112855	

أولاً: الوسط الحسابي

$$\bar{x} = \frac{\sum xifi}{\sum fi} = \frac{112855}{90} = 1253.944$$

ثانياً: الوسيط يجب أن نستخرج ترتيب الوسيط

$$\frac{\sum fi}{2} = \frac{90}{2} = 45$$

$$Md = k + \frac{\frac{\sum fi}{2} - 1}{f_2 - f_1} * L$$

$$= 800 + \frac{45 - 27}{60 - 27} * 300 = 963.63$$

ثالثاً: المنوال: تحديد الفئة المنوالية قبل كل شيء، وهي التي تقابل أعلى تكرار وهنا هي الفئة (800-1099).

$$M_0 = 800 + \frac{d_1}{d_1 + d_2} * 300 \quad = 800 + \frac{6}{6+7} * 300$$

$$= 800 + \frac{1800}{13} = 800 + 138.46 \quad = 938.46$$

4) الجدول الآتي يمثل التوزيع التكراري للزمن (لأقرب دقيقة) الذي استغرقه 50 عاملاً للإجابة من أسئلة امتحانا للكفاءة.

جدول (3-12)

حدود الفئات للزمن	36-30	41-37	46-42	51-47	56-52	61-57	المجموع
التكرار	3	8	9	8	17	5	50

المطلوب: أوجد الوسيط Q_2، والربيع الأول Q_1 والربيع الثالث Q_3.

الحل:

يتم في البداية إيجاد التكرار المتجمع الصاعد وكما يلي:

الفئات	التكرار	التكرار المتجمع الصاعد
36 - 32	3	3
41 - 37	8	11
46 - 42	9	20 $Q_1 \rightarrow$
51 - 47	8	28 $Q_2 \rightarrow$
56 - 52	17	45 $Q_3 \rightarrow$
61 - 57	5	50
المجموع	50	

بعد ذلك نستخرج ترتيب الوسيط $= \dfrac{\sum fi}{2} = 2$

وهنا تكون الفئة الوسيطية (47-51)

1- أما الوسيط فيكون كما يلي:

$$Md = Q_2 = 47 + \frac{25-20}{28-20} * 5$$

$$= 47 + \frac{25}{8} = 47 + 3.125 = 50.125$$

2- استخراج الربيع الأول، ويلزم استخراج ترتيب الربيع الأول $= \dfrac{\sum fi}{4}$

$$Q_1 = 42 + \frac{12.5-11}{20-11} * = 42 + \frac{1.5}{9} * 5$$

$$= 42.833$$

3- أما الربيع الثالث فيكون ترتيبه كما يلي $\dfrac{3\sum fi}{4} = \dfrac{3.50}{4} = 37.5$

$$Q_3 = 52 + \frac{37.5-28}{45-28} * 5 = 52 + \frac{9.5}{17} * 5$$

$$52 + 2.794 = 54.794$$

توفرت لديك البيانات التالية:

F_i :	10	12	16	18	3	1

وقد علمت أن الحد الأدنى للفئة (13) والحد الأعلى (42) وأن طول الفئة (5).

المطلوب: أوجد:

1. جدول التوزيع التكراري
2. المنحنى الصاعد والنازل.

الحل:

1- جدول التوزيع التكراري:

الفئات	التكرار Fi	الحدود الفعلية	الفعلية العليا	المنحنى الصاعد	المنحنى النازل
13 – 17	10	12.5 – 17.5	12.5	0	60
18 – 22	12	17.5 – 22.5	17.5	10	59
23 – 27	16	22.5 – 27.5	22.5	22	56
28 – 32	18	27.5 – 32.5	27.5	38	38
33 – 37	3	32.5 – 7.5	32.5	56	22
38 – 42	1	37.5 – 42.5	37.5	59	10
	60		42.5	60	0

2- المنحنى الصاعد والنازل:

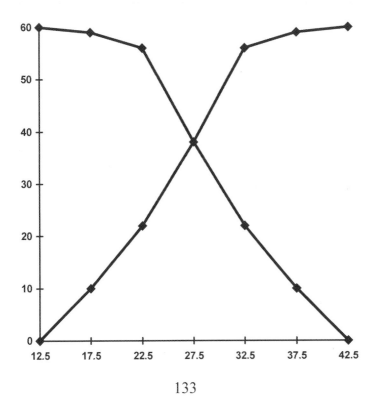

133

7) ما هي العلاقـة بـين الوسـط الحسـابي والوسيط والمنوال، وضح ذلك مع الرسم؟

الحل: العلاقة بـينهم تسـمى معامـل الالتواء ولها ثلاث حالات هي:

1. العلاقة العامة (الحالة الأولى):
الوسط الحسابي = الوسيط = المنوال

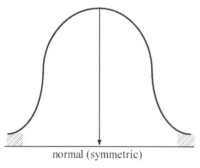

normal (symmetric)

2. ملتوي نحو اليمين (الحالة الثانية):

- الوسط الحسابي أكبر من الوسيط.

- الوسط الحسابي أكبر من المنوال.

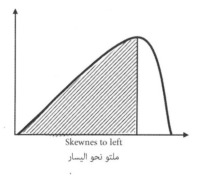

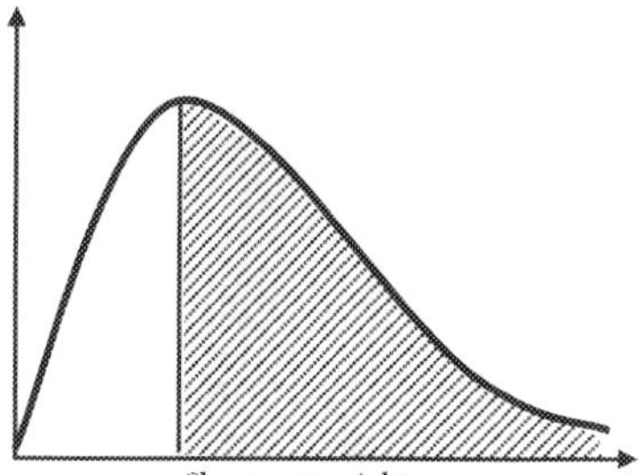

Skewnes to right

ملتو نحو اليمين

3. الالتواء نحو اليسار (الحالة الثالثة)
- الوسط الحسابي أصغر من الوسيط.
- الوسط الحسابي أكبر من المنوال.

Skewnes to left

ملتو نحو اليسار

أسئلة وتمارين الفصل الثالث

س1: ما هو مفهوم مقاييس النزعة المركزية وما أهميتها لتوفير المؤشرات الكمية اللازمة لاتخاذ القرار.

س2: حدد موقع الوسط الحسابي بين مقاييس النزعة المركزية.

س3: ما هو المقصود بالوسط الحسابي المرجح.

س4: ما هو الوسيط وما علاقته بالوسط الحسابي.

س5: هل يمكن حساب الوسيط بطريقة الرسم؟ كيف؟

س6: ما هو المقصود بالمنوال؟

س7: حدد العلاقة التقريبية بين الوسط الحسابي والوسيط والمنوال.

س8: ما المقصود بالوسط الهندسي، وما هي مزاياه وما هي عيوبه؟

س9: ما المقصود بالوسط التوافقي؟

س10: تكلم عن الربيع وتفصيلاته المختلفة.

س11: الجدول الآتي يبين التوزيع التكراري لدرجة الحرارة في إحدى المدن خلال 100 يوم

جدول (3-13)

فئات درجة الحرارة	-20	-22	-24	-26	-28	30-32	المجموع
عدد الأيام	12	16	34	20	14	4	100

المطلوب:

1. حساب الوسط الحسابي لدرجة الحرارة.
2. حساب قيمة الوسيط وكذلك الربيع الأول والربيع الثاني (وحساب الوسيط).

أ- من الجدول التكراري للمتجمع الصاعد.

ب- بالرسم من المنحنى للمتجمع الصاعد والنازل كل على حده، ثم من المنحنيين معاً في الرسم).

3. حساب قيمة المنوال.

أ- بالحساب بطريقتي الرافعة والفروق.

ب- بالرسم من المدرج التكراري.

4. حساب الوسط الهندسي لدرجات الحرارة.

س12: فيما يلي التوزيع التكراري لعمال أحد المدن وحسب أعمارهم.

جدول (3-14)

فئات السن بالنسبة	10-	15-	20-	25-	30-	35-	40-	45-	50-	المجموع
عدد السكان	20	24	22	19	29	26	20	12	8	180

المطلوب :

1. حساب قيمة الوسط الحسابي للأعمار.
2. حساب قيمة الوسيط بالحساب وبالرسم، كذلك إيجاد الربيعين الأول والثالث.
3. حساب قيمة المنوال بالحساب بالرسم.
4. حساب الوسط الهندسي.
5. حساب الوسط التوافقي.

س13: البيانات الآتية تبين توزيع عدد من المحلات التجارية حسب جملة المبيعات السنوية بملايين الدنانير.

جدول (3-15)

جملة المبيعات	5-	10-	15-	20-	25-	30-	35-	40-	المجموع
عدد المحلات	20	25	36	44	30	25	15	5	200

المطلوب:

1. حساب الوسط الحسابي لجملة المبيعات.

2. استنتاج رقم المبيعات الشائع من هذه البيانات.
3. رسم منحنى المتجمع الصاعد ومنه أوجد:
   أ. قيمة الوسيط.
   ب. عدد المحلات التي تقل مبيعاتها عن 27 مليون دينار ثم احسب نسبتها إلى جملة المحلات.
4. إيجاد عدد المحلات التي تبلغ مبيعاتها 18 مليون دينار فأكثر.
5. حساب الربيعين الأعلى والأدنى.
6. حساب الوسط التوافقي.

س14: الجدول الآتي يوضح توزيع عينة من الأسر في إحدى البلاد حسب فئات الإنفاق الشهري بآلاف الدنانير.

جدول (3-16)

فئات الإنفاق الشهري	25-	45-	65-	85-	105 -	125 -	145 -	165 -	المجموع
عدد الأسر	4	6	15	22	13	7	8	3	75

والمطلوب:
1. حساب قيمة الوسط الحسابي لإنفاق هذه الأسر.
2. حساب قيمة الوسيط.
   أ. بالحساب.
   ب. بالرسم، كذلك حساب الربيعين الأعلى والأدنى أي Q1 و Q3.
3. حساب المنوال
   أ. بالحساب ب. بالرسم
4. حساب الوسط الهندسي.
5. حساب الوسط التوافقي.
6. ارسم منحنى المتجمع الصاعد. وحدد ما هي عدد العوائل التي يقل إنفاقها عن 105 ألف وما هي العوائل التي يزيد إنفاقها عن 45 ألف دينار.

الفصل الرابع

مقاييس التشتت

الفصل الرابع

مقاييس التشتت

Measures of Dispersion

انصب الاهتمام في ما تقدم إلى كيفية جمع وتلخيص وعرض البيانات بشكل يساعد على فهمها وتحليلها إحصائياً، ثم تتجه الأنظار بعد ذلك إلى محاولة البحث عن قيمة واحدة يمكن أن توصف بهما البيانات وتوزيعاتها والتي أطلقنا عليها تسمية مقاييس النزعة المركزية وهي مفردات تحاول أن تتمركز حول قيمة معينة من قيم الظاهرة المدروسة والتي أطلقت عليها متوسط الظاهرة وتمت دراسة طرق حساب هذا المتوسط (الوسط الحسابي، الوسيط، المنوال، الوسط الهندسي، الوسط التوافقي، الربيعيات). وهذه الخاصية المارة الذكر وحدها لا تكفي لوصف أي ظاهرة (متمثلة بمجموعة من البيانات) حيث أنها لا تعطي متخذ القرار فكرة وافية عن مفردات هذه الظاهرة إذ لا تبين طبيعة الظاهرة ولا كيفية توزيع مفرداتها. وعلى ذلك لا يمكننا المقارنة بين ظاهرتين بناء على متوسطيهما (أو وسيطيهما) فقط إذ قد يكونان متساويان في قيمة المتوسط بينما تكون مفردات إحدى الظاهرتين متقاربة بعضها من بعض ومفردات الأخرى متشتتة أي متباعدة عن بعضها.

ولإثبات ذلك، نفرض أن هنالك نوع من المقارنة تمت بين مجموعتين من البيانات ينتميان لنفس الظاهرة كما يتضح من المثال الآتي:

مثال (1):

X: 16 ,   21 ,   24 ,   29 ,   30

Y: 14 ,   18 ,   24 ,   26 ,   38

حيث نجد أن الظاهرتين x، y يتمتعان بنفس الوسط الحسابي (وفي الوسيط) ولكنهما يختلفان في درجة انتشار القيم عن بعضهما أو تباعدها أو بما يسمى بتشتت القيم حيث يتضح أن الظاهرة x أقل تشتتاً من الظاهرة y.

والتشتت صفة هامة من صفات أي مجموعة من البيانات الرقمية فلا يمكن أن نتصور تساوي الإنتاج في جميع المؤسسات الصناعية أو تساوي دخول جميع أفراد المجتمع.

وكمثال آخر، وفي مستوى دراسي معين إذا كان الرقم 40 هو عدد طلاب معظم علاماتهم تقع ما بين 60-80 وعند حساب لمعدل (الوسط الحسابي) وجد أنه يساوي 69، ومستوى آخر معظم العلامات فيه ما بين 68-70 ومعدله 69، فمن الواضح وجود فروق بين هذين المرحلتين بالرغم من تساوي الوسطين الحسابيين لهما.

إذن لا بد من استعمال مقاييس أخرى تبين مدى اختلاف البيانات فيما بينها ومدى التقارب والتغير بين مفرداتها فهل هي متقاربة من بعضها البعض أم متباعدة.

ولهذا فإن القيمة التي نعتبرها ممثلة لمجموعة من القيم لا بد وأن تكون مصحوبة بقيمة أخرى تقيس لنا تباعد القيم أو قربها من هذه القيمة، بحيث إذا كررت هذه القيمة إلى درجة بعيدة فإن المتوسط يفقد أهميته كقيمة ممثلة لمركز القيم.

أما إذا صغر مقياس التشتت تزداد أهمية المتوسط كقيمة ممثلة، فيمكننا الاعتماد عليه في بحثنا لهذه البيانات. ومن مقاييس التشتت هو المقاييس التالية:

1- المدى.
2- نصف المدى الربيعي (الانحراف الربيعي).
3- الانحراف المتوسط.
4- الانحراف المعياري والتباين.
5- معامل الاختلاف.
6- مقاييس التماثل والالتواء.

وفيما يلي توضيح لكل واحد من هذه المقاييس.

1.4 المدى The Range

هو أبسط مقاييس التشتت ويعرف بأنه (الفرق بين أعلى قيمة وأصغر قيمة من البيانات) فإذا كان المدى صغيراً كانت البيانات محصورة في فترة قصيرة ومعنى هذا أن مجموعة البيانات المراد دراستها متقاربة أي متجانسة وعلى العكس إذا كان المدى كبير فإنه يدل على أن مفردات المجموعة منتشرة على مساحة واسعة ومبعثرة ومشتتة ومتباعدة عن بعضها.

وكذلك يعرّف المدى. في البيانات المبوبة أي في حالة جداول التوزيع التكراري بأنه الفرق بين الحد الأعلى للفئة العليا والحد الأدنى للفئة الدنيا. ومن هذا التعريف يتضح أن المدى لا يعتمد على جميع البيانات بل على أكبر قيمة وأصغر قيمة فقط. وهذا يقلل من أهميته العلمية، إذ قد يحدث أن تكون القيمتان المتطرفتان (أكبر قيمة وأصغر قيمة) قيمتين شاذتين عندئذ يكون المدى كبيراً بينما مفردات البيانات ليست متباعدة عن بعضها البعض، فمثلاً إذا كانت علامات الاختبار لمجموعة من العمال في أحد المعامل هي ، 70، 66، 72، 71، 70، 30، 75، 66، 79، 68، 73، 65، 74، 100، 71، 66، 68، 72، 66.

فالمدى سيكون 70=30-100 بينما معظم العلامات واقعة بين 65، 79، أي أنها متقاربة مع بعضها البعض مع العلم أن معظم علامات العمال كان متقاربة إلى حدّ ما إلا أن المدى كان يعطي تعبير مغاير، ومن هذا المثال تؤخذ دليل قاطع على أن المدى مقياس لا يعتمد عليه كثيراً عندما يراد تحديد تشتت البيانات.

وإذا ما أريد التخلص من هذا العيب الموجود في المدى، فإن إحدى الطرق للتخلص من هذا العيب هو حذف العلامات المتطرفة باعتبار أنها شاذة، أي حذف العلامتين 30- 100 فيصبح المدى للبيانات الجديدة 15=65-70.

ولحساب المدى في حالة الجداول التكرارية يتم إيجاد الفرق بين الحد الأعلى للفئة الأخيرة والحد الأدنى للفئة الأولى، ويمتاز المدى كمقياس للتشتت بسهولته ويعاب عليه أن لا يدخل في استخراجه إلا قيمتين.

2.4 نصف المدى الربيعي (الانحراف الربيعي)

The Half Quartile Range

للتخلص من العيب الذي يلازم المدى وهو تأثره بالقراءات المتطرفة وذلك بأن تستبعد الربع الأول من البيانات والربع الأخير منها ونحسب المدى للبيانات الباقية، وبمعنى آخر أن نوجد الربيع الأدنى (الأول) Q_1، والربيع الأعلى (الثالث) Q_3 حيث أن

وكما مر بنا بالفقرة (3-7)، أن الربيع الأدنى يقع ربع البيانات الأول قبله (بعد ترتيب البيانات تصاعدياً) وكذلك الربيع الأعلى بحيث تقع ثلاثة أرباع البيانات قبله (بعد ترتيبها تصاعدياً). وقد جرى العرف على استخدام نصف المسافة بين الربيعين

كمقياس للتشتت ويسمى هذا المقياس بنصف المدى الربيعي أو الانحراف الربيعي ويكون كما يلي:

$$\frac{Q_3 - Q_1}{2} \quad ....(24)$$

وقد سبق وتم استعراض حساب قيمتي الربيع الأدنى Q_1 والربيع الأعلى Q_3 سواء بالحساب أو بالرسم.

مثال (2):

إذا كانت أكبر قيمة في البيانات 108 وأقل قيمة 20 وكان الربيع الأول $Q_1=45$ والربيع الثالث $Q_3=7$ فما هو المدى الربيعي

الحل:

المدى = أكبر قيمة – أصغر قيمة	108-20 = 88
المدى الربيعي يساوي	$Q_3 - Q_1 = 87 - 45 = 42$
ونصف المدى الربيعي يساوي	$\dfrac{Q_3 - Q_1}{2} = \dfrac{42}{2} = 21$

3.4 الانحراف المتوسط The Average Deviation

يمكن دراسة تشتت أي مجموعة من البيانات تبعاً لقرب مفرداتها من (أو بعدها) المتوسط العام للمجموعة. فإذا استخدمنا الوسط الحسابي (نظراً لأنه أكثر المتوسطات حساسية للتغيرات في أي قيمة من قيمة المجموعة) نجد أن مجموع انحرافات القيم عن وسطها الحسابي يساوي صفراً (راجع خواص الوسط الحسابي) مهما كانت درجة التشتت. والسبب في ذلك هو وجود انحرافات موجبة وأخرى سالبة تلا شيء بعضها البعض فلو استبعدنا الإشارات أي أخذنا القيم العددية المطلقة لهذه الانحرافات نجدها تكبر كلما زاد انتشار القيم وبعدت عن الوسط الحسابي للمجموعة وتقل كلما تقاربت وقل تشتت القيم. لذلك يمكننا أن نأخذ متوسط القيمة العددية لانحرافات القيم عن وسطها الحسابي كمقياس للتشتت وهذا المقياس يعرف بالانحراف المتوسط، وفيما يلي توضيح عن كيفية استخراجه، في حالة البيانات غير المبوبة والمبوبة:

144

أ- حالة البيانات غير المبوبة Un Grouped Data

الانحراف المتوسط في هذه الحالة عبارة عن معدل الانحرافات المطلقة (إهمال الإشارة) لكافة البيانات (i= 1,2,3,...,n) عن قيمة الوسط الحسابي $\overline{X}$ لتلك البيانات، وهذا يعني إهمال الإشارة إن كانت سالبة ويتم التعبير عن مقياس التشتت هذا بالصيغة الآتية:

$$Dm = \frac{\sum_{i=1}^{n}|xi - \overline{x}|}{n} \dots\dots\dots\dots\dots\dots\dots\dots(25)$$

حيث أن:

Dm = الانحراف المتوسط Mean Deviation

Xi = البيانات (قيمة المشاهدات)

$\overline{X}$ = الوسط الحسابي

مثال (3):

احسب الانحراف المتوسط لكل من المجموعتين في المثال (4-24)

$$\overline{X} = \frac{16 + 21 + 24 + 29 + 30}{5} = 24 \qquad \text{الوسط الحسابي}$$

باستخدام الصيغة (25) يكون الآتي:

$$D_m = \frac{|16-24| + |21-24| + |14-24| + |29-24| + |30-24|}{5} = 24$$

$$D_{mx} = \frac{8 + 3 + 10 + 5 + 6}{5} = 4.4 \qquad \text{الانحراف المتوسط للمتغير (x)}$$

وبنفس الطريقة نجد الانحراف المتوسط للمتغير y

$$D_{my} = \frac{|14-24| + |18-24| + |24-24| + |26-24| + |38-24|}{5}$$

$$D_{my} = \frac{10 + 6 + 0 + 2 + 14}{5} = 6.4 \qquad \text{الانحراف المتوسط للمتغير(y)}$$

145

ب- حالة البيانات المبوبة Grouped Data

على افتراض أن كافة القيم الواقعة ضمن الفئات هي عند مركز هذه الفئات فإن صيغة الانحراف المتوسط تكون عبارة عن مجموع انحرافات قيم مراكز هذه الفئات عن الوسط الحسابي مضروباً بتكراراتها وقسمة الناتج على مجموع التكرارات. ويكون حسب الصيغة الآتية:

$$Dm = \frac{\sum_{i=1}^{n} Difi}{\sum_{i=1}^{n} fi} \quad \ldots\ldots\ldots\ldots\ldots\ldots\ldots\ldots\ldots\ldots\ldots\ldots (26)$$

حيث أن

Di = قيم الانحراف المطلقة عن الوسط الحسابي $|xi - \overline{x}|$

Xi = مراكز الفئات

مثال (4):

أوجد الانحراف المتوسط لجدول التوزيع التكراري الآتي:

جدول (4-1)

الفئات	مراكز الفئات Xi	التكرار Fi	Xi fi	$Di = \lvert xi - \overline{x} \rvert$	Di fi
-90	95	3	285	21	63
-100	105	14	1470	11	154
-110	115	16	1840	1	16
-120	125	11	1375	9	99
-130	135	4	540	19	76
140 وأقل من 150	145	2	290	29	58
		50	5800		466

الوسط الحسابي

$$\overline{X} = \frac{\sum xifi}{\sum fi} = \frac{5800}{50} = 116$$

وبتطبيق الصيغة الرياضية (26) نحصل الانحراف المتوسط للتوزيع التكراري أعلاه.

$$Dm = \frac{\sum_{i=1}^{n} Difi}{\sum_{i=1}^{n} fi} = \frac{466}{50} = 9.32$$

أما أهم عيوب الانحراف المتوسط، فإنه نادر الاستخدام بسبب كون عملية احتسابه تعتمد على القيم المطلقة (إهمال الإشارة) الأمر الذي يتعذر التعامل معه رياضياً فمثلاً إن نتيجة كافة البدائل y+x أو y-x أو x-y- هي واحدة، ومن عيوبه الأخرى هو استحالة استخدامه مع الجداول التكرارية المفتوحة الفئات .

4.4 الانحراف المعياري والتباين
The Standard Deviation and Variance

وهما أهم مقاييس التشتت على الإطلاق وأكثرها انتشاراً واستخداماً وذلك لدخولهما في كثير من المقاييس الإحصائية الأخرى ولنأخذ الانحراف المعياري فهو يتطابق في طريقة استخراجه مع الانحراف المتوسط باعتماده على كافة قيم المشاهدات، ونحصل على الانحراف المعياري وذلك بتربيع الانحرافات عن الوسط الحسابي (بدلاً من إهمال الإشارة في حالة الانحراف المتوسط) وقسمه مجموع مربع الانحرافات على العدد الكلي لقيم المشاهدات.

أ- الانحراف المعياري في حالة البيانات الغير مبوبة Un Grouped Data

إذا كانت قراءات الظاهرة لدينا الآتية x_1 ، x_2 ، x_3 ...... x_n تمثل عينة عشوائية، يعرف التباين على أنه

$$S^2 = \frac{\sum_{i=1}^{n}(xi - \bar{x})^2}{n-1} \quad \text{..(27)} \quad \text{للعينة}$$

$$\sigma^2 = \frac{\sum_{i=1}^{n}(xi - \mu)^2}{N} \quad \text{..(28)} \quad \text{للمجتمع}$$

والصيغتان (27) و (28) تمثلان التباين للعينة والمجتمع على التوالي وبأخذ الجذر التربيعي لكلا الصيغتين سوف نحصل على الانحراف المعياري للعينة والمجتمع وكما يلي:

$$S = \frac{\sqrt{\sum_{i=1}^{n} (xi - \bar{x})^2}}{n-1} \dots\dots\dots\dots\dots\dots\dots(29)$$

$$\sigma = \frac{\sqrt{\sum_{i=1}^{n} (xi - \mu)^2}}{N} \dots\dots\dots\dots\dots\dots\dots\dots\dots(30)$$

الصيغتان (29) و (30) تتمثلان الانحراف المعياري للعينة والمجتمع على التوالي.

ويمكن تلخيص العمليات الحسابية المطلوبة لإيجاد الانحراف المعياري بالخطوات الآتية:

1- استخراج الوسط الحسابي للبيانات $\bar{x}$.

2- إيجاد انحرافات القيم xi عن وسطها الحسابي $\bar{x}$ أي إيجاد $(xi - \bar{x})$.

3- تربيع الانحرافات أي $(xi - \bar{x})^2$

4- إيجاد مجموع مربعات الانحرافات أي $\sum_{i=1}^{n} (xi - \bar{x})^2$

5- نقسم مجموع مربعات الانحرافات على عدد القيم (n-1) فنحصل على التباين أي

$$S^2 = \frac{\sum (xi - \bar{x})^2}{n-1}$$

يأخذ الجذر التربيعي S^2 نحصل على الانحراف المعياري S أي

$$S = \frac{\sqrt{\sum (xi - \bar{x})^2}}{n-1}$$

مثال (5):

أوجد الانحراف المعياري S لقيم المشاهدات الآتية:

8، 4، 12، 16، 9، 11

وباتباع الخطوات التي سبق ذكرها تكون خطوات الحل كما يلي:

$$\bar{x} = \frac{\sum_{i=1}^{6} xi}{n} = \frac{8+4+12+16+9+11}{6} = 10$$

xi	$xi - \bar{x}$	$(xi - \bar{x})^2$
8	-2	4
4	-6	36
12	2	4
16	6	36
9	-1	1
11	1	1

وباستخدام الصيغة رقم (29) نحصل على الانحراف المعياري

$$S = \frac{\sqrt{\sum (xi - \bar{x})^2}}{n-1} = \sqrt{\frac{82}{5}} = \sqrt{16.4}$$
$$= 4.04$$

ب- حالة البيانات المبوبة Grouped Data

لتقدير الانحراف المعياري S لبيانات مصنفة على هيئة توزيع تكراري. فإنه يمكن حساب الانحراف المعياري باستخدام الصيغة الآتية: [1]

$$S = \sqrt{\frac{\sum fixi^2 - \frac{\left(\sum fixi\right)^2}{n}}{n-1}} \qquad \text{...(31)}$$

حيث x_i = تتمثل مراكز الفئات

f_i = التكرار المناظر لمركز الفئة

(1) إذا كان S2هو رمز التباين، فإن بالإمكان حساب الانحراف المعياري من العلاقة التالية: $S = \sqrt{S^2}$

مثال (6): توفرت لدى أحد متخذي القرار في منظمة أعمال إنتاجية البيانات التالية والمطلوب، إيجاد الانحراف المعياري للأجور اليومية والتي حصل عليها 100 عامل في المنظمة المذكورة.

جدول (3-2)

فئات الأجر بالدينار	عدد العمال التكرار	مراكز الفئات Xi	X^2	xf	X^2f
-60	5	65	4225	325	21125
-70	15	75	5625	1125	84375
-80	20	85	7225	1700	144500
-90	30	95	9025	2850	270750
-100	15	105	11025	1575	165375
-110	10	115	13225	1150	13225
130-120	5	125	1525	625	78125
	100			**9350**	**896500**

وباستخدام الصيغة (31) يكون الانحراف المعياري كما يلي:

$$S=\sqrt{\frac{896500-\frac{(9350)^2}{100}}{99}}=\sqrt{\frac{896500-874225}{99}}$$

$$s=\sqrt{225}\quad=15$$

ويكون التباين كما يلي:

$$S^2=225$$

5.4 التباين وحساب حدود البيانات التي تتوزع طبيعياً

من المعروف أن منحنى التوزيع الطبيعي Normal Distrubution يأخذ الشكل الجرسي وذلك كما يلي:

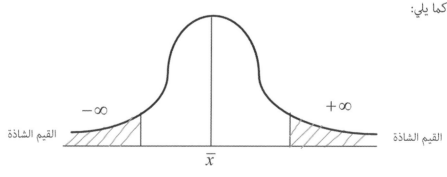

القيم الشاذة
القيم الشاذة
$\bar{x}$

حيث يقع الوسط الحسابي للبيانات في قمة التحدب، وعلى أساس هذا المنحنى يتم إيجاد حدود البيانات بالاستعانة بقيمة الوسط الحسابي والتباين المحسوبة، وعليه فإن، إذا كانت البيانات تتوزع طبيعياً فإنه يكون كما يلي:

1- ما مقداره 68.26% من البيانات تبتعد بمقدار انحراف معياري واحد عن وسطها الحسابي من جهة اليمين $\left(\bar{x}+s\right)$ وتبتعد بمقدار انحراف معياري واحد من جهة اليسار عن وسطها الحسابي $\left(\bar{x}-s\right)$ وذلك كما هو واضح في الشكل التالي:

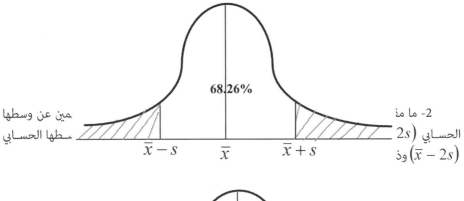

2- ما مـ... مين عن وسطها الحسابي $(...2s)$ ... سطها الحسابي وذ... $\left(\bar{x}-2s\right)$

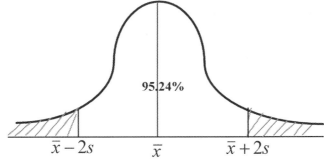

وبالرجوع إلى البيانات الواردة في المثال رقم (5) فإن حدود البيانات في الحالة الأولى والثانية هي كما يلي:

الحالة الأول: 68.26% من البيانات تبتعد بمقدار انحراف معياري واحد عن وسطها الحسابي، أي أن الحدود هي:

$$14.4 = 10 + 4.04 = \bar{x} + s$$ من اليمين

$$5.96 = 10 - 4.04 = \bar{x} - s$$ من اليسار

الحالة الثانية: 95.247% من البيانات تبتعد بمقدار 2 انحراف معياري عنوسطها الحسابي، أي أن الحدود هي:

$$18.08 = 10 + 2(4.04) = \bar{x} + 2s$$ من اليمين

$$1.92 = 10 - 2(4.04) = \bar{x} - 2s$$ من اليسار

6.4 معامل شبرد لتصحيح التباين

Shepreids Correction Factor of Variance

الحسابات للمقاييس الإحصائية معرضة للخطأ، ومنها عند حساب الانحراف S هو الآخر معرض لبعض الخطأ الناتج من تجميع البيانات في فئات وسطى بأخطاء التجميع ولتصحيح هذه الخطأ يمكن استخدام ما يدعى بمعامل شبرد وهو:

(32) .... التباين المعدل = التباين من البيانات الأولية - $\frac{C^2}{2}$

حيث أن C : طول الفئة

$\frac{C^2}{12}$: معامل التصحيح

وعند تطبيق الصيغة (32) على نتائج المثال السابق يكون التباين المعدل والذي يرمز لـه S^r كما يلي:

$$\overset{2}{S}{}^{r} = 225 - \frac{(10)^2}{12}$$

$$= 225 - 8.333 = 216.667$$

وعند إلغاء التربيع نحصل على: $S^r = 14.719$

7.4 معامل الاختلاف (التغيير النسبي) **Coefficient of variation**

عند مراجعتنا لمقاييس التشتت التي مرت بنا، نجد أنها جميعاً مقاييس محسوبة بدلالة وحدات المتغير الذي ندرسه. وعلى ذلك فإذا أردنا مقارنة درجة التشتت في مجموعتين أو صفتين متصلتين بنفس المجموعة حال دون ذلك اختلاف وحدات القياس في الحالتين، فمثلاً إذا أردنا مقارنة التشتت في أطوال مجموعة مع أعمار نفس المجموعة أو مجموعة أخرى فسنجد أن مقياس التشتت في المجموعة الأولى يكون بالسنتيمترات بينما يكون في المجموعة الثانية بالسنوات، ولا يعقل أن نقارن بين سنتيمترات وسنوات والقول أن المجموعة أكبر أو أقل تشتتا من السنوات أو العكس.

ولإجراء هكذا مقارنات يتم استخدام معامل الاختلاف كمقياس مناسب لمقارنة مقدار التشتت أو الاختلاف لمجموعتين أو أكثر من البيانات في حالة اختلاف الوحدات القياسية المستخدمة مع وحدات كل مجموعة وكذلك عند اختلاف أقيام الوسط الحسابي وأن الصيغة التي تستخدم لاستخراج هذا المقياس هي:

$$C.V = \frac{S}{\bar{x}} \quad * \quad (100)\% \qquad \ldots\ldots\ldots\ldots\ldots\ldots\ldots\ldots(33)$$

أو عندما تكون المقاييس تابعة للمجتمع يكون معامل الاختلاف

$$C.V = \frac{\sigma}{\mu} \quad * \quad (100)\%$$

حيث أن C.V هو معامل الاختلاف وهو اختصار (Coefficient of Variation)

مثال (7):

كان الوسط الحسابي لقوة التحمل لنوع معين من الأسلاك هو 138.64 كيلو بانحراف معياري 15.27 كيلو والوسط الحسابي لقوة التحمل لنوع آخر من الأسلاك هو 87.66 رطل بانحراف معياري 14.12 رطل وأردنا مقارنة درجة التشتت للنوعين، لذلك سوف نحسب معامل الاختلاف لكلا النوعين كما في فقرة الحل التالية:

الحل:

وباستخدام الصيغة (33) يكون معامل الاختلاف للنوع الأول من الأسلاك

$$C.V_1 = \frac{15.27}{138.64} * 100 = 11.01\%$$

ومعامل الاختلاف للنوع الثاني من الأسلاك

$$C.V_2 = \frac{14.12}{87.66} * 100 = 16.107\%$$

وهنا نجد أن التشتت النسبي (مقيساً بمعامل الاختلاف) يشير إلى أن النوع الأول أقل تشتتاً من النوع الثاني وهذه النتيجة التي نحصل عليها تخالف تماماً النتيجة التي نحصل عليها بالاعتماد على المقياس المطلق للتشتت (الانحراف المعياري فقط).

وفي حالة الجداول التكرارية المفتوحة لا يمكن حساب كل من الوسط الحسابي والانحراف المعياري. لذلك تستخدم صيغة أخرى تعتمد على الربيعين الأعلى والأدنى. ولما كان معامل الاختلاف عبارة عن مقياس التشتت مقسوماً على مقياس الوسط فإنه يمكن إيجاده بقسمة الانحراف الربيعي على الوسيط باعتبار أن الوسيط يساوي الوسط الحسابي للربيعين.

$$C.V = \frac{Q_3 - Q_1}{Q_3 + Q_1} \times 100 \quad \ldots\ldots\ldots\ldots\ldots\ldots\ldots\ldots(34)$$

على اعتبار أن Q_3 , Q_1 هما الربيعين الأدنى والأعلى على التوالي.

8.4 الوحدات المعيارية **Standard Units**

إذا كانت لدينا مجوعة من المفردات ثم طرحنا قيمة الوسط الحسابي من كل مفردة من مفردات المجموعة وقسمنا الناتج على قيمة الانحراف المعياري فإن القيم الجديدة التي نحصل عليها تكون مقاسة بوحدات تعرف بالوحدات المعيارية.

فإذا تم تسمية القيم الجديدة (المعيارية) بـ Z نجد أن

$$Z = \frac{xi - \bar{x}}{S} \quad \ldots\ldots\ldots\ldots\ldots\ldots\ldots\ldots\ldots\ldots(35)$$

أما في حالة المجتمع فإن العلاقة تصبح كما يلي:

$$Z = \frac{xi - \mu}{\sigma} \quad \text{...(36)}$$

حيث أن xi هي القيمة المطلوب تحويلها إلى قيمة معيارية Z وتفيد الصيغة المعيارية في أنها تمكن متخذ القرار من مقارنة قيم المجموعات المختلفة وذلك بتحويل الوحدات المستخدمة في كل مجموعة إلى وحدات معيارية عن طريق استخدام الوسط الحسابي والانحراف المعياري لكل مجموعة منها.

مثال (8):

إذا كانت الرواتب المحددة لخريجي الكليات عند بداية العمل في البنوك يبلغ متوسطها السنوي μ هو (1250) دينار وبانحراف معياري σ مقداره (70) دينار، فهل يعتبر الراتب 1400 دينار راتباً اعتيادياً يقع ضمن هذا المدى.

$$Z = \frac{xi - \mu}{\sigma} = \frac{1400 - 1250}{70} = 2.143$$

وهذا يعني أن الراتب السنوي الذي قيمته 1400 دينار يزيد بمقدار 2.143σ عن المتوسط وهو بذلك راتب اعتيادي، يقع ضمن المدى الطبيعي والذي هو $\mu+3\sigma$.

9.4 مقاييس التماثل والالتواء Symmetry and Skewness Measures

سبق وأن تم ذكر الالتواء ورسم أشكاله المختلفة في فصل سابق. والالتواء هو مقدار ابتعاد المنحنى عن التماثل، وذكرنا أن الالتواء إما أن يكون التواء موجباً أي إلى اليمين أو التواء سالباً أي إلى اليسار. وتم إيضاح كذلك كيفية حساب المتوسطات ومقاييس التشتت وفائدتها في تلخيص ووصف التوزيعات المختلفة. إلا أن هذه المقاييس لا تكفي بمفردها لتلخيص ومقارنة هذه التوزيعات إذ قد يتساوى توزيعان تكراريان، من حيث المتوسط والانحراف المعياري ولكنهما يختلفان من حيث

الالتواء، فقد يكون التوائهما في اتجاه واحد ولكن بمقادير مختلفة، أو تتساوى درجة التوائهما ولكنهما يختلفان في الإشارة، ويمكن معرفة نوع التواء المنحنى (سالب أو موجب) ودرجة التوائه (بسيط أو حاد) من شكل المنحنى. ويعتبر المدرج التكراري أفضل وسيلة لغرض تشكل وتوزيع أي مجموعة من البيانات الإحصائية. فيقال للتوزيع متماثل عندما يتطابق نصفيه عند محور عمودي كما في الشكل البياني رقم (4-2)، لكن عندما لا يحصل تطابق جانبي التوزيع، يقال عنه توزيع ملتوي (أو ذو التواء)، فعندما يكون الالتواء باتجاه اليمين، يقال عنه توزيع موجب أما عندما يكون الالتواء باتجاه اليسار فيدعى بالتوزيع السالب الالتواء حينها يصبح طرفه الأيمن أقصر من طرفه الأيسر كما في الشكل (4-3). في حين أن الشكل (4-4) يعرض حالة التوزيع الموجب أي الالتواء باتجاه اليمين. إن هكذا عملية قياس لدرجة الالتواء من خلال الأشكال البيانية غير كافية لحساب حالات التماثل والالتواء.

شكل رقم (4-2) توزيع متماثل

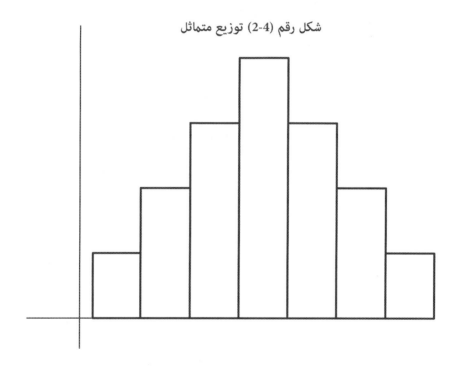

شكل رقم (4-3) التوزيع السالب (ملتو نحو اليسار)

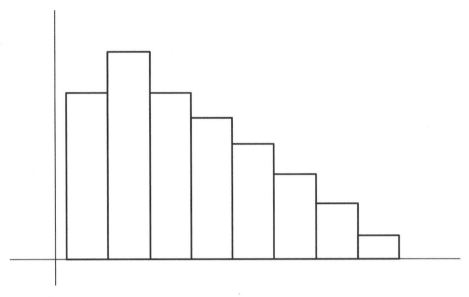

شكل رقم (4-4) التوزيع الموجب (ملتو نحو اليمين)

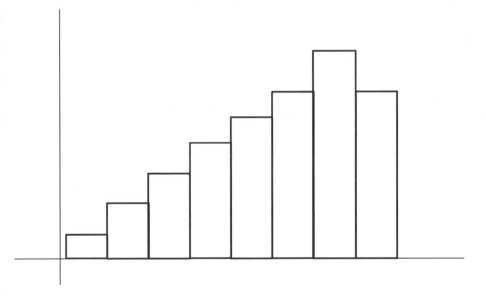

ولذلك يفضل قياس الالتواء بمعامل بيرسون للالتواء وكما يلي:

معامل بيرسون Pearsonian

ويعتبر من أهم مقاييس التماثل والالتواء ويرمز له SK وصيغته كما يلي:

$$SK = \frac{\bar{x} - M_0}{S} \quad \text{.......................................(37)}$$

حيث أن $\bar{x} =$ الوسط الحسابي

M_0 = المنوال

S = الانحراف المعياري

ولكن من عيوب هذا المقياس هو احتياجه للمنوال الذي قد لا يكون موجوداً بين البيانات الموجودة أو قد يكون للبيانات أكثر من منوال بالإضافة إلى صعوبة تحديده في حالة البيانات المبوبة لذلك يتم اشتقاق صيغة بديلة بالاعتماد على كون الوسيط في التوزيعات الملتوية يبتعد عموماً حوالي الضعف عن المنوال قياساً لمسافة بعده عن الوسط الحسابي كما سيتم إيضاحه فيما يلي وكما ورد في الشكل (3-5) في الفصل الثالث:

$$M_0 - Md = 2(Md - \bar{X})$$

$$M_0 = 3Md - 2\bar{x} \quad \text{.......................................(38)}$$

وبتعويض معادلة (38) في الصيغة رقم (37) يكون لدينا

$$Sk = \frac{3(\bar{x} - Md)}{S} \quad \text{.......................................(39)}$$

ويكون معامل بيرسون للالتواء موجب باتجاه اليمين إذا كان الوسط الحسابي $\bar{x}$ يزيد على الوسيط Md وعلى المنوال M_0. ويكون سالباً باتجاه اليسار إذا كان $\bar{x}$ يقل عن Md و M_0، وعند تطابق المتوسطات الثلاثة فإن SK=0 وبصورة عامة فإن قيمة Sk تقع بين 3+ و 3- ويمكن توضيح ذلك من خلال الشكل التالي:

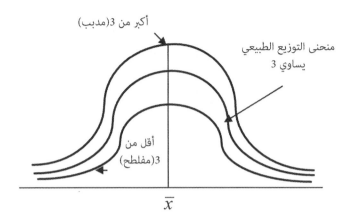

من الشكل أعلاه يتضح ما يلي:

1. sk > 3   منحنى مدبب.
2. sk = 3   منحنى التوزيع الطبيعي.
3. sk < 3   منحنى مفلطح

مثال (9):

احسب معامل بيرسون للالتواء لتوزيع أعمار البطاريات للمثال الآتي:

جدول (4-5)

المجموع	5.0-4.6	4.5-4.1	4.5-3.6	3.5-3.1	3.0-2.6	2.5-2.1	2.0-1.6	الفئات
40	2	6	8	15	5	2	2	التكرار

ويكون لدينا المقاييس التالية للتوزيع $\bar{x} = 3.41$, $Md = 3.40$, $S = 0.70$

$$Sk = \frac{3(\bar{x} - Md)}{S} = \frac{3(3.41 - 340)}{0.70} = 0.042$$

ومن النتيجة نستدل على أن درجة الالتواء في شكل التوزيع التكراري للبيانات وهي موجب (باتجاه اليمين)، ومع أن الالتواء بسيط في هذه الحالة ولكن يمكن القول بأن الشكل العام للتوزيع متماثل (أو متجانس) كما هو الحال مع المدرج التكراري في الشكل (4-6) الذي يوضح ذلك.

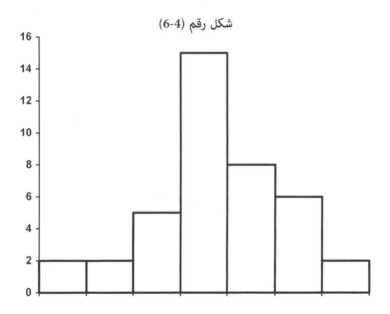

شكل رقم (4-6)

10.4 تطبيقات إحصائية مختلفة لاتخاذ القرار

1- في اختبار المعلومات لمدراء أقسام الإنتاج في (14) معمل وكان الاختيار من (10) درجات حصـل المدراء على العلامات الآتية:

5، 3، 1، 7، 8، 5، 2، 4، 5، 6، 9، 5، 5، 6

المطلوب: إيجاد الانحراف المتوسط

الحل:

$$Dm = \frac{\sum |xi - \bar{x}|}{n} \qquad \bar{x} = 5.071$$

$$Dm = |6 - 5.071| + |5 - 5.071| + |5 - 5.071| + |9 - 5.71| + |6 - 5.071| + |5 - 5.071|$$

$$+ |4 - 5.071| + |2 - 5.071| + |5 - 5.071| + |8 - 5.71| + |7 - 5.071| + |1 - 5.071|$$

$$+ |3 - 5.071| + |5 - 5.071|$$

$$= \frac{21.284}{14} = 1.5202$$

-2 ذكرت نشرة الأحوال الجوية أن معدلات درجات الحرارة في مدينة عربية خلال أسبوعين بالدرجات المئوية وكما يلي:

23، 26، 25، 18، 14، 19، 10، 13، 22، 12، 17، 20، 23، 27

أوجد

أ- التباين ب- الانحراف المعياري جـ- الانحراف المتوسط د- المدى

الحل:

x_i	$x_i - \bar{x}$	$(x_i - \bar{x})^2$
27	8.5	72.25
23	4.5	20.25
20	1.5	2.25
17	1.5	2.25
12	6.5	42.25
22	3.5	12.25
13	5.5	30.25
10	8.5	72.25
9	9.5	90.15
14	4.5	20.25
18	0.5	0.25
25	6.5	42.25
26	7.5	56.25
23	4.5	20.25
	73	483.5

الوسط الحسابي

$$\bar{X} = \frac{259}{14} = 18.5$$

أ- التباين

$$S^2 = \frac{\sum (xi - \bar{x})^2}{n-1} = \frac{483.5}{13} = 37.192$$

ب- الانحراف المعياري

$$S = \sqrt{\frac{\sum (xi - \bar{x})^2}{n-1}} = 6.098$$

جـ- الانحراف المتوسط

$$Dm = \frac{\sum (xi - \bar{x})}{n} = \frac{73}{14} = 5.214$$

د- المدى = أكبر قيمة – أصغر قيمة + 1

$$R = 27 - 9 + 1 = 19$$

3- يمثل الجدول الآتي التوزيع التكراري للرصيد في الحساب الجاري لعدد من الطلبة لشهر شباط 1999، يرغب متخذ القرار في معرفة المؤشرات الإحصائية التالية:

● الانحراف المتوسط للأرصدة.

● الانحراف المعياري للأرصدة.

جدول (4-7)

المجموع	109-100	99-90	89-80	79-70	69-60	حدود الفئات (لأقرب دينار)
2300	150	720	680	450	300	التكرار

الحل:

جدول (4-8)

$X_i^2 f_i$	X_{i2}	$D_i f_i$	$D_i = (x_i - \bar{x})$	$X_i f_i$	مراكز الفئات X_i	التكرار f_i	الفئات (لأقرب دينار)
1248075	4160.25	5960.7	19.869	19350	64.5	300	69-60
2497612.5	5550.25	4441.05	9.869	33525	74.5	450	79-70
4855370	7140.25	89.08	0.131	57460	84.5	680	89-80
6429780	8930.25	7294.32	10.131	68040	94.5	720	99-90
16380375	1092.25	3019.65	20.131	15675	104.5	150	109-100
16668875		20804.8		194050		2300	المجموع

$$\bar{x} = \frac{\sum xifi}{\sum fi} = \frac{194050}{2300} = 84.369$$

1- $$Dm = \frac{\sum difi}{\sum fi} = \frac{20804.8}{2300} = 9.045$$

162

$$2- \quad S = \sqrt{\frac{\sum xi^2 fi - \frac{\left(\sum xifi\right)^2}{n}}{n-1}} = \frac{\sqrt{16668875 - 16371914.13}}{2299}$$

$$\sqrt{\frac{296960.87}{2299}} = \sqrt{129.165824} = 11.365$$

4- في أدناه التوزيع التكراري لعينة من الأسر الريفية موزعة حسب فئات الدخل الشهري (بالدينار)، يرغب متخذ القرار في معرفة التباين للبيانات أعلاه.

جدول (4-9)

فئات الدخل	84-75	94-85	104-95	114-105	124-115	134-125	144-135	154-145	164-155	174-165	185-175	المجموع
التكرار	3	4	8	10	15	20	15	10	8	5	2	100

الحل:

جدول (4-10)

فئات الدخل	f_i	مراكز الفئات Xi	Xifi	Xi²	Xi²fi
84-75	3	97.5	238.5	9320.25	18960.75
94-85	4	89.5	358	8010.25	32041
104-95	8	99.5	769	9900.25	79202
114-105	10	109.5	1095	11990.25	119902.5
124-115	15	119.5	1792.5	14280.25	214203.75
134-125	20	129.5	2590	1677025	335405
144-135	15	139.5	2092.5	19460.25	291903.75
154-145	10	149.5	1495	22350.25	223502.5
164-155	8	159.5	1276	25440.25	203522.
174-165	5	169.5	817.5	28730.25	143651.25
184-175	2	179.5	359	32220.25	64440.5
المجموع	100		12940		1726735

163

$$S_2 = \frac{\sum f_i^2 x_i - \frac{(\sum f_i x_i)^2}{n}}{n-1}$$

$$S_2 = \frac{1726735 - \frac{(12940)^2}{100}}{99}$$

$$S_2 = \frac{1726735 - 1674436}{99}$$

$$S_2 = \frac{52299}{99}$$

$$S_2 = 528.272$$

5- جدول التوزيع التكراري التالي يمثل عدد القروض المقدمة من قبل أحد المصارف موزعين حسب فئات مبالغ القروض ، يرغب متخذ القرار في معرفة الوسط الحسابي والتباين والانحراف المعياري لهذه البيانات.

جدول (4-10)

المجموع	1199-1000	999-800	799-600	599-400	399-200	أقل 199	الفئات
100	14	17	20	25	18	6	عدد القروضf

الحل: في البداية يتم تحضير الجدول التالي:

جدول (4 -11)

Xi²fi	Xifi	مراكز الفئة Xi	التكرار Fi	الفئات
59401.5	597	99.5	6	199-0
1614604.5	5391	299.5	18	399-200
6237506.25	12487.5	499.5	25	599-400
9786005	13990	699.5	20	799-600
13754704	15291.5	899.5	17	999-800
16924603.5	15393	1099.5	14	1199-1000
4837625	63150		100	المجموع

أ- الوسط الحسابي

$$\bar{x} = \frac{\sum x_i f_i}{\sum f_i} = \frac{63150}{100} \quad 63.150$$

ب- ا لتباين

$$S_2 = \frac{\sum f_i^{\,2} x_i - \dfrac{\left(\sum f_i x_i\right)^2}{n}}{n-1}$$

$$S^2 = \frac{48376825 - \dfrac{(63150)^2}{100}}{99} = \frac{48376825 - 39879225}{99}$$

$$S^2 = \frac{8497600}{99} \quad = 85834.34343 \; \text{التباين}$$

$$S = 292.974 \quad \text{الانحراف المعياري}$$

أسئلة وتمارين الفصل الرابع

س1: ما المقصود بالمدى، وما علاقته بطول الفئة؟

س2: حدد ما هو المقصود بنصف المدى الربيعي؟

س3: تكلم عن أهمية الانحراف المتوسط أو ما هي العلاقة الرياضية التي تعمل لحسابه.

س4: يعتبر الانحراف المعياري من المؤشرات الإحصائية المهمة في دعم عملية اتخاذ القرار وضح ذلك مبيناً العلاقة بينه وبين التباين.

س5: ما المقصود بمعامل شبرد لتصحيح التباين.

س6: ما هو معامل الاختلاف وما علاقته بالوسط الحسابي والانحراف المعياري.

س7: وضح مفهوم الوحدات المعيارية؟

س8: ما هو مفهوم مقاييس الالتواء والتماثل؟ وضح ذلك مع الرسم.

س9: الجدول الآتي يوضح توزيع الدخل السنوي بآلاف الدنانير لعينة من الأسر في إحدى المدن

فئات الدخل	40-	45-	56-	64-	72-	80-	88-	المجموع
عدد الأسر	8	16	24	36	30	18	8	40

المطلوب:

1- حساب قيمة الوسط الحسابي والانحراف المعياري للتوزيع.

2- حساب قيمة الوسيط ونصف المدى الربيعي للتوزيع.

3- حساب قيمة معامل الاختلاف.

4- هل هذا التوزيع متماثل؟ علل إجابتك.

س10: بدراسة توزيعين عن ظاهرتين مختلفتين تبين الآتي:

الظاهرة الأولى: وسطها الحسابي = 75 وانحرافها المعياري=15

الظاهرة الثانية: كانت بياناتها كالآتي:

68-58	-48	-38	-28	18	فئات الدخل
31	79	105	59	26	عدد الأسر

فأي الظاهرتين أكثر تشتتاً.

س11: يمثل الجدول الآتي التوزيع التكراري لأعمار بطاريات السيارات (لأقرب شهر) التابعة لإحدى المؤسسات.

42	37	32	27	22	مراكز الفئات
4	11	10	12	17	التكرار

أوجد التباين والانحراف المعياري والانحراف المتوسط لتوزيع أعمار البطاريات

س12: الجدول الآتي يمثل التوزيع التكراري للرصيد في الحساب الجاري لعدد من الطلبة لشهر شباط 1999.

المجموع	109-100	99-902	89-80	79-70	69-60	حدود الفئات
2300	150	720	680	450	300	عدد الطلبة(التكرار)

أوجد الانحراف المتوسط للأرصدة والانحراف المعياري لها كذلك أوجد مقياس الالتواء.

167

168

الفصل الخامس
أساليب التوقع

1.5 مفهوم وأنواع أساليب التوقع:

في منظمات الأعمال الإنتاجية والخدمية، يرغب متخذ القرار في حالات مختلفة التعرف على سلوك الظواهر الاقتصادية والاجتماعية في المستقبل القريب من حيث النمو والانكماش وذلك من أجل إعداد الخطط والبرامج المستقبلية، حيث يتطلب الأمر هنا الاستعانة بهذه الأساليب والنماذج. وبشكل عام ترد أنواع مختلفة من النماذج أو أساليب التوقع، حيث أن أهم هذه الأنواع هو كما في الشكل رقم (1-5) وهي:

أولاً: طرق التوقع الكمية. وتقسم هذه إلى:

1- الاتجاه العام Trend Projection، هذه تقسم بدورها إلى ما يلي:

أ- السلاسل الزمنية Time Series

ب- التمهيد Smoothing

2- النماذج السببية Causal Model

ثانياً: طرق التوقع النوعية:

وهي عبارة عن حزمة من الأدوات والأساليب التي لا تستند إلى النماذج والأساليب الرياضية وتعتمد بالدرجة الأساس على ما يلي:

1- الخبرات المكتسبة والموروثة لمتخذ القرار والتي من شأنها أن تعزز قدرات المخطط الذاتية.

2- أسلوب دلفي.

3- الدراسات والبحوث السوقية.

4- البيانات التاريخية.

إن أساليب التوقع هي مجموع من النماذج الرياضية والإحصائية التي تستخدم من قبل متخذ القرار في المنظمة من أجل قراءة المستقبل القريب والمتوسط (وأحياناً البعيد) لدراسة سلوك الظاهرة الإحصائية أو الاجتماعية أو الإدارية...الخ.

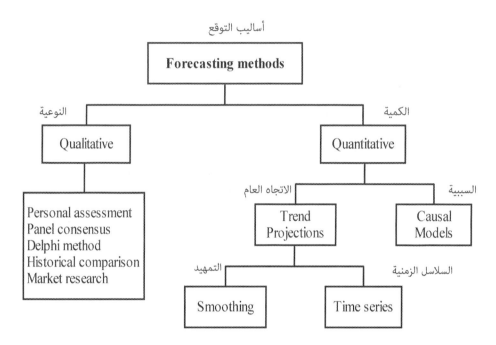

أساليب التوقع

شكل رقم (5-1) أساليب التوقع

ومهما كانت طريقة التوقع المستخدمة، لا بد لمتخذ القرار من أن تتوفر لديه البيانات الكافية والمنتظمة والتي تتمتع بمصداقية كافية لكي يمكن أن تبنى عليها توقعات لاحقة. كما لا بد من توفر سنة أساس تشكل نقطة الارتكاز التي يتم الرجوع إليها لغرض المقارنة والقياس. لا بد من أن نؤكد هنا حقيقة مهمة بخصوص طرق وأساليب التوقع، وهي إن المدة التي يتم التوقع لها تساوي ربع السلسلة الزمنية ولهذا كلما كانت السلسلة الزمنية طويلة ومنتظمة كلما كانت بيانات التوقع أطول وأفضل. إن هذه الأمور وغيرها سوف يتم التعرف عليها بشكل مفصل في فقرات قادمة.

172

2.5 الطرق الاستقرائية

إن هذا النوع من الطرق يتضمن عـدد مـن الطـرق الفرعيـة التـي تبنـى علـى أسـاس اسـتقراء المستقبل لمعرفة ما يحصل بالنسبة لقيم الظاهرة في المستقبل القريب، ومن هذه الطرق هو السلاسـل الزمنية التي تضم عدد من الطرق الفرعية لحساب قيم الظاهرة المستقبلية.

وفيما يلي توضيح لطريقة السلاسل الزمنية.

1.2.5 السلاسل الزمنية Time Series

إن السلاسل الزمنية كمفهوم علمي، هي عبارة عن مجموعة من المشاهدات والبيانات الرقميـة لمتغير واحد أو مجموعة من المتغيرات. وعادة تكون هذه البيانات مرتبة في إطار سـقف زمنـي معـين قد تكون لمدة سنة أو ستة أشهر أو فصل معين أو شهر... وعلـى الأغلـب يـرد ضـمن مكونـات السلسلة الزمنية متغيرين، يكون الزمن بمثابة المتغير الأول ويكون مستقلاً، أما المتغير الثاني فهو تابع ويتمثل في الظاهرة المدروسة. ويرد في الواقع العملي لمنظمات الأعمال صيغ وأشكال مختلفة للسلاسل الزمنية ومن ذلك كمية الإنتاج السنوية أو الفصلية أو كمية المبيعات محسوبة وفق تسلسل شهري أو فصلي لإحدى منظمات الأعمال التجارية. ويرمز لمشاهدات السلسلة الزمنية برمـوز توضيحية مختلفـة مثل ($y_1, y_2, y_3,..., y_n$) حيث ترمز الأعداد في أسفل الحرف y إلى الفترات التي أخذت منها هذه المشاهدات. وعموماً يمكن تعريف السلسلة الزمنية بأنها هي مجموعة القراءات الرقمية التي تأخذها ظاهرة ما في فترات زمنية غالباً ما تكون متساوية. ولما كانت السلسلة الزمنية تحتوي على متغيرين أحدهما مستقل وهو الزمن (x) والثاني تابع وهو قيمة الظاهرة (y) وعلى ذلك تكون y دالـة إلى x ويمكن التعبير عنهـا رياضياً كما يلي:

$$y = f(x)$$

الجدول الآتي يوضح إنتاج البطاطس في أحد البلدان العربية خلال الفترة من عام 1995 إلى 2000.

جدول (5-1)

السنة	الإنتاج من البطاطس بآلاف الأطنان
1995	441
1996	324
1997	278
1998	472
1999	787
2000	048

في جدول (5-1) العمود الأول يمثل الزمن والعمود الثاني يمثل كميات إنتاج البطاطس والعمودين يطلق عليهما معاً سلسلة زمنية لإنتاج البطاطس في الفترة من 1995 إلى 2000، والملاحظ أن هذه السلسلة لمدة ستة سنوات وتعتبر هذه السلسلة صغيرة نسبياً.

مثال (1):

الجدول الآتي يبين متوسط الإنتاج الشهري للفحم في الفترة ما بين 1988 وسنة 1958 في بلد ما (بالمليون طن).

جدول (5-2)

السنة	1988	1989	1990	1991	1992	1993	1994	1995	1996	1997	1998
متوسط الإنتاج الشهري للفحم	50	36.5	43	44.5	38.9	38.1	32.6	38.7	41.7	41.1	42.2

الجدول أعلاه يحتوي بيانات يطلق عليها سلسلة زمنية لإنتاج الفحم بمعدلات شهرية.

مثال (2):

الجدول الآتي يبين الطاقة الكهربائية المستهلكة (بالمليون كيلواط) في شوارع أحد المدن في الفترة بين سنة 1991، وسنة 1998.

جدول (3-5)

Dec.	Nov.	Oct.	Sep.	Aug.	July	Jun	May	April	March	Fab.	Jonuary	الشهر السنة
347	325	302	269	245	223	216	231	250	278	281	318	1991
394	342	321	288	262	242	236	249	268	299	309	342	1992
394	367	345	309	284	259	251	269	287	320	328	367	1993
417	289	364	328	305	282	273	290	311	392	349	392	1994
452	422	396	356	330	305	296	314	334	370	378	420	1995
483	452	427	392	359	335	222	341	362	398	412	453	1996
516	491	457	415	388	357	347	370	393	429	440	487	1997
560	026	493	448	419	389	380	398	423	463	477	529	1998

الجدول أعلاه يمثل سلسلة زمنية لإنتاج الطاقة الكهربائية لثمانية سنوات حسب أشهر السنة.

وبشكل عام تهدف دراسة السلاسل الزمنية إلى إبراز حالة معينة لمتخذ القرار يتم مـن خلالهـا التعرف على غرضين أساسيين وهما ما يلي:

1- وصف سلوك الظاهرة في الماضي.

2- تحليل هذا السلوك لغرض التنبؤ بسلوك الظاهرة في المستقبل.

بالنسبة للغرض الأول فهو هدف وصفي يمكن من خلاله تفسير واستنباط أثـر بعـض العوامـل التأريخية على سلوك الظاهرة تحت الدراسة.. الأمر الذي قد يؤدي إلى نتيجـة تقريبيـة عامـة تفيـد في التنبؤ بسلوك الظاهرة إذا ما توفرت نفس الظروف والعوامل في المستقبل.

أمـا بالنسـبة للغرض الثاني فإن الدراسـات الاقتصـادية بصـفة خاصـة والدراسـات الاجتماعيـة والصحية والتربوية...الخ، بصفة عامة هي المحفز الأول لابتداع الأسـاليب الإحصـائية المناسبة لدراسـة التغيرات التي تحدث مع الزمن وتحليلها. وتلك الأسـاليب مـن الطبيعـي أن تختلـف عـن التوزيعـات التكرارية لظاهرة معينة في لحظة معينة (لحظة سكون)، ففي الحالـة الأولى (دراسـة التغيـرات التـي تحدث مع الزمن) هي دراسة ديناميكية (Dynamic)، أما الحالة الثالثة هـي دراسـة سـاكنة سـتانيكية (Static). ومع هذا الاختلاف فإن العلاقة بين النوعين من الدراسات قوية الصلة، وأي تقدم في

أحدهما من الممكن أن يطور ليستخدم في الثانية. وتحليل السلاسل الزمنية، كما هو معروف عنه يمكن أن يساعد في تكوين مجموعة من المعادلات تساعد متخذ القرار في الوقوف على الكيفية التي يعمل بها الاقتصاد داخل دولة من الدول أو منظمة من المنظمات. حيث توضح العوامل الرئيسية التي تحدد إذا كانت الحالة الاقتصادية للدولة أو للمنظمة تتجه نحو حالة من حالات الرواج، أو على العكس حالة من حالات الكساد.

وبوجود مثل تلك المعادلات فإنه من الممكن التنبؤ بما سيكون عليه الوضع الاقتصادي ولو على الأقل لفترة قصيرة مستقبلية. بالطبع قد يكون ذلك للاقتصاد كله أو لبعض القطاعات الاقتصادية مثل السياحة، والتجارة، والصناعة...الخ.

إذن فإن الغرض من تحليل السلاسل الزمنية من قبل متخذ القرار هو التنبؤ بما سيكون عليه السلوك لظاهرة ما في المستقبل بناء على سلوكها في الماضي.

2.2.5 التمثيل البياني للسلسلة الزمنية

لدراسة أي ظاهرة معينة سواء أكانت اقتصادية أو اجتماعية فإن من الضروري أولاً أن نقوم برسمها بيانياً وذلك بهدف التعرف على الشكل العام لسلوك هذه الظاهرة.

ولتمثيل أي سلسلة زمنية بيانياً نأخذ قيم الزمن على المحور الأفقي وقيم الظاهرة على المحور الرأسي، ثم نرصد النقط التي تمثل قيم الظاهرة في الفترات الزمنية المختلفة، وبتوصيل هذه النقط ببعضها نحصل على شكل يطلق عليه المنحنى التأريخي للسلسلة الزمنية، كما هو واضح في الشكل رقم (5-2) الذي يعرض التطور الزمني لكمية الإنتاج.

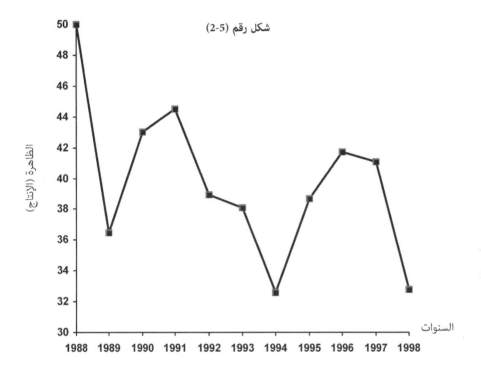

شكل رقم (5-2)

الشكل رقم (5-2) يمثل المنحنى التاريخي للسلسلة الزمنية التي تمثل متوسط الإنتاج الشهري للفحم للسنوات من 1988 إلى 1998.

3.2.5 مكونات السلسلة الزمنية

دراسة السلاسل الزمنية يتطلب تحليلها إلى عناصرها المختلفة لمعرفة مقدار كل منها واتجاهاتها وعلاقاتها بعضها ببعض حتى يمكن الاستفادة منها من قبل متخذ القرار في التنبؤ بقيمة الظاهرة في المستقبل وهذا يتأتى من دراسة الأحوال والعوامل المختلفة التي أثرت على الظاهرة قيد الدرس خلال تلك الفترة الزمنية. وعموماً فقد لا تخرج هذه التغيرات عن الأنواع الأربعة التالية:

1- تغيرات الاتجاه العام   Secular Trend
2- تغيرات موسمية   Seasonal
3- تغيرات دورية   Cyclical
4- تغيرات عرضية أو فجائية   Irregular

177

1- الاتجاه العام Secular Trend

لفظ الاتجاه العام هو يرتبط بالاتجاه الذي تأخذه السلسلة الزمنية خلال فترة طويلة من الزمن بالإضافة إلى أنه ليس من الضروري ما يوّجب أن يكون لهذا الاتجاه العام شكل معين ثابت ولكن الفكرة العامة تعني أن هناك حركة دائمة في اتجاه معين، أعلى أو أسفل، والعوامل المختلفة التي تشكل الاتجاه العام لأي ظاهرة تؤدي إلى زيادة قيمة الظاهرة أو النقصان. وفي معظم الأحيان يكون تأثير تلك العوامل بصورة منتظمة بطيئة وصغيرة ويظهر تأثيرها بعد فترة طويلة من الزمن وذلك ما يجعلنا نصف الاتجاه العام بأنه التغير في المدى الطويل لتلك الظاهرة. وبالتالي لا يكون الاتجاه العام للظاهرة عرضة للتغييرات الفجائية سواء بالزيادة أو النقصان.

الاتجاه العام قد يمثل رياضياً بخط مستقيم أو منحنى. وشكل الاتجاه العام يعتمد على نوع النمو للظاهرة تحت الدراسة ومن الأمثلة على الاتجاه العام نحو الزيادة، السلاسل الخاصة بعدد الركاب الذين يستخدمون الطائرات. أو عدد أجهزة التلفزيون المباعة سنوياً أو كمية الإنتاج الزراعي الذي يعتمد على إضافات الأراضي المستصلحة واستخدام البذور المحسنة واستخدام الأسمدة الحديثة وهذه العوامل تؤدي إلى النمو إلى حد كبير. ومن الأمثلة على الاتجاه العام نحو النقصان عدد الذين يستخدمون الإضاءة بواسطة الوقود أو عدد الذين يستخدمون القطارات داخل أمريكا. وغير ذلك.

وعلى ذلك فالاتجاه العام هو التغير التدريجي الذي يظهر أثره واضحاً بعد تراكمه مدة طويلة ويكون ضئيلاً من سنة لأخرى أو من شهر لآخر.

2- التغيرات الموسمية Seasonal

لفظ الموسم نعني به الوحدات الزمنية أقل من سنة فقد تكون ساعة أو يوماً أو أسبوعاً أو شهراً أو ربع سنة... الخ وباختلاف نوع الظاهرة وظروفها تختلف

الوحدات الزمنية التي بمرورها تكرر السلسلة الزمنية لتلك الظاهرة نفسها. فالتغيرات الموسوية هي تلك التغيرات التي تكرر بشكل معين كما هو الحال في تغيير حرارة الجو التي لها دورة يومية حيث تبدأ درجة الحرارة منخفضة في أول النهار ثم تزداد تدريجياً خلال اليوم حتى تصل إلى أعلى مستوى لها في منتصف النهار لتعود إلى الانخفاض التدريجي حين تقترب من نهاية اليوم، ثم تبدأ اليوم التالي منخفضة وتزداد تدريدياً. وهكذا تتكرر الدورة كل يوم، إذ تزداد وتتركز يومياً خلال فترتي الصباح والظهيرة، وهناك حركة موسمية من نوع آخر مثال ذلك حركة البيع والشراء في مواسم الأعياد وأيام الجمعة ودخول المدارس. ومما تجدر الإشارة إليه أن التغيرات الموسمية لظاهرة معينة قد لا تحدث بنفس القوة فقد تكون قوية في بعض المواسم عنها في مواسم أخرى وذلك تبعاً للظروف المحيطة بكل موسم.

3- التغيرات الدورية Cyclical

إذا كانت التغيرات الموسمية تحدث بصورة منتظمة فإن التغيرات الدورية تحدث أيضا بصورة منتظمة ولكن على فترات متباعدة. ففي حين تكون الفترات قصيرة (اقل من سنة) في التغييرات الموسمية فإنها تكون طويلة في حالة التغيرات الدورية وقد تكون أطول من سنة وتمتد إلى عشرات السنين، وهذه التغيرات من الصعب التنبؤ بها ولكن تعتمد على دورة المعاملات الاقتصادية في الدولة والتي قد تختلف من دولة إلى أخرى. وقد تختلف داخل الدولة الواحدة من قطاع اقتصادي إلى آخر وحتى من منظمة إلى أخرى. وخير الأمثلة على مثل هذه التغيرات الدورية حدوث حالات الكساد وحالة الرواج. فمن المتعارف عليه اقتصادياً أن بعد كل حالة رواج يتبعها حالة كساد والتي يتبعها حالة رواج وهكذا. وقد تمتد كل حالة إلى 10 أو 20 عاماً وذلك تبعاً للظروف الداخلية والخارجية المحيطة. لذلك فطول الدورة هو تلك الفترة التي تمضي قبل أن تستعيد الظاهرة حالتها العادية.

4- التغيرات العرضية أو الفجائية Irregular

التغيرات العرضية أو الفجائية هي التي تحدث نتيجة أسباب عرضية أو طارئة وهـذه التغيـرات يمكن تقسيمها إلى قسمين:

القسم الأول: هو ذلك القسم الذي يعتمد على عامـل الصـدفة البحتـة ويطلـق عليه التغيرات العشوائية Random Movements وذلك يحدث تغيرات في السلسلة لا يمكن التنبؤ بهـا فتـارة تكـون في اتجاه وأخرى تكون في اتجاه آخر بصورة عشوائية تماماً.

القسم الثاني: هو ذلك القسم الذي يعتمد على عوامل فجائية طارئة ولكن قوية تظهر من وقت لآخر مثال ذلك الحروب أو الزلازل والكوارث الفجائية والأوبئة.

الشكل رقم (3-5) يعبر عن هذه التغيرات الأربعة.

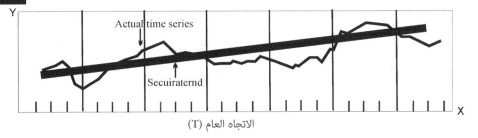

الاتجاه العام (T)

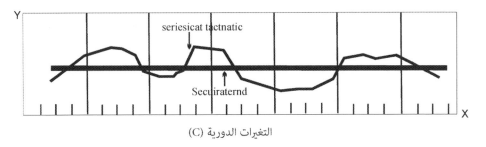

التغيرات الدورية (C)

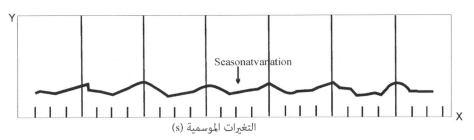

التغيرات الموسمية (s)

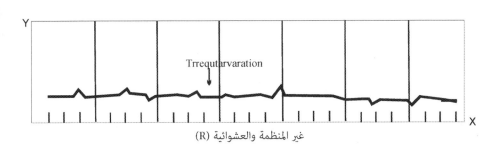

غير المنظمة والعشوائية (R)

شكل رقم (5-3) التغيرات التي تحدث في السلسلة الزمنية

4.2.5 الفروض الأساسية في تحليل السلاسل الزمنية

المقصود من تحليل السلاسل الزمنية هو قياس التغيرات التي تؤثر في الظاهرة وخاصة الاتجاه العام والتغيرات الموسمية والتغيرات الدولية لمعرفة مقدار واتجاه وطبيعة كل منها وعزل هذه الأنواع المختلفة من التغيرات والتنبؤ بقيمة الظاهرة في المستقبل.

توجد عدة نماذج للسلسلة الزمنية تعبر عن علاقة العناصر الأربعة المكونة لها مع بعضها البعض. فإذا كانت قيمة الظاهرة عند النقطة الزمنية k هي y_k والقيمة الاتجاهية T_k. والتأثير الموسمي S_k، والتأثير الدوري C_k والتأثير العرضي I_k فإن:

الفرض الأول: هو أن قيمة الظاهرة y_k هو حاصل جمع هذه العناصر الأربعة أي أن

$$y_k = T_k + S_k + C_k + I_k \dots\dots\dots\dots\dots\dots(40)$$

ويلاحظ أن قيمتي S_k، C_k سوف تكونا أما موجبة أو سالبة تبعاً للنقطة الزمنية k من حيث كونها فترة رواج أو كساد قياساً بالوضع العادي للظاهرة.

الفرض الثاني: هو أن قيمة الظاهرة y_k هو حاصل ضرب هذه العناصر الأربعة أي أن:

$$y_k = T_k * S_k * C_k * I_k \dots\dots\dots\dots\dots (41)$$

وفي هذه الحالة سوف تكون في الظواهر S_k , C_k نسب التغير إما أكبر أو أصغر من واحد.

ومما يلاحظ أنه لو أخذنا لوغاريتمات الطرفين في الفرض الثاني فإنه يظهر على الصورة الآتية.

$$log\ y_k = log\ T_k + log\ S_k + log\ C_k + log\ I_k \dots\dots\dots\dots(42)$$

والذي هو الصورة العامة للفرض الأول (حاصل جمع) ولكن تم اعتماد لوغاريتمات الأعداد بدلاً من قيمها الأصلية.

عملياً إن عملية اتباع أي من الافتراضين السابقين لا يمثل مشكلة عند تحليل السلاسل الزمنية لأنه من الممكن استخدام أي منهما للتوصل إلى قيم أو نسب التغيرات المختلفة منفصلاً. وعلى كل حال ففي حالة الفرض الأول تكون عمليات الحساب أسهل من الفرض الثاني. رغم إننا نميل إلى إتباع التحليل على أساس الفرض الثاني.

3.5 قياس قيمة وتأثير الاتجاه العام

يتم قياس تأثير الاتجاه العام في عملية التوقع بشكل عام طبقاً لطرق معينة اتفق عليها معظم المهتمين بمشاكل وأساليب التوقع، ومن هذه الطرق، هي:

1.3.5 طريقة الرسم Graphical Technique

إن هذه الطريقة تعتمد على إمكانية الشخص في دقة التعبير عن الظاهرة من خلال الرسم البياني، حيث يتم تحديد رمز معين لأحد الظواهر ورمز آخر للظاهرة الأخرى، فإذا كان لدينا:

x ⇐ الظاهرة الأولى

Y ⇐ الظاهرة الثانية

فإن في هذه الحالة يتم تمثيل الظاهرة الأولى على المحور الأفقي، والظاهرة الثانية على المحور العمودي وتتم عملية تثبيت بيانات هذه الظواهر من خلال نقاط معينة تتحدد من تقاطع المساقطة العمودية والأفقية على البيانات المثبتة على المحاور. ولتوضيح فكرة هذه الطريقة نأخذ المثال الموضح أدناه.

مثال (3):

إحدى منظمات الأعمال الإنتاجية بدأ إنتاجها الفعلي في عام 1997 وامتد لغاية نهاية عام 2002، حيث تم طرح كميات من السلع الاستهلاكية المختلفة خلال السلسلة الزمنية المذكورة. ترغب هذه المنظمة معرفة خط الاتجاه العام لنشاطها

الإنتاجي باستخدام طريقة الرسم، علماً بأن البيانات المتوفرة عن هذه المشكلة هي كما يلي:

السنوات Years	الإنتاج Production
1997	14 طن
1998	17 طن
1999	18 طن
2000	21 طن
2001	25 طن
2002	26 طن

المطلوب: رسم المنحنى الذي يعبر عن الاتجاه العام للسلسلة

الحل: في البداية يتم وضع الافتراضات التالية:

السنوات ⇐ x

كميات الإنتاج⇐ y

ويكون الرسم البياني كما يلي:

كميات الإنتاج

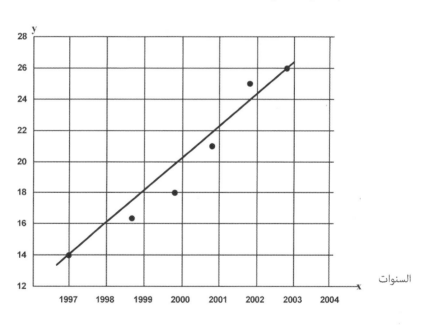

السنوات

184

مثال (4):

توفرت لديك البيانات التالية المتعلقة بحركة المسافرين باستخدام الطيران في إنكلترا UK وذلك للفترة من 1995 لغاية 2000:

UK passenger movement by air:

Inwards 1995 l to 2000 lll(000s)

Quarter		passengers
1995	I	9..7
	II	13335
	III	16545
	IV	11287
1996	I	10262
	II	13572
	III	16583
	IV	12075
1997	I	11003
	II	14926
	III	18147
	IV	13066
1998	I	11929
	II	16323
	III	19949
	IV	14251
1999	I	13083
	II	17249
	III	21137
	IV	15110
2000	I	13665
	II	18636
	III	22743

Source: Monthly Digest of Statistics. Data available in file 9T7

المطلوب: وضح حركة الاتجاه العام لهذه الظاهرة باستخدام الرسم.

الحل: إن شكل المنحنى الذي يعبر عن هذه الظاهرة هو كما يلي:

185

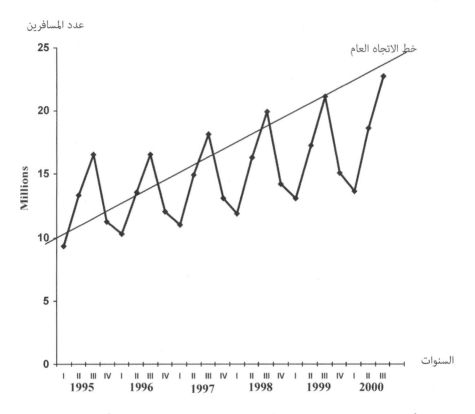

عدد المسافرين

خط الاتجاه العام

25

20

Millions

15

10

5

0

السنوات

| I II III IV | I II III IV | I II III IV | I II III IV | I II III IV | I II III |
| 1995 | 1996 | 1997 | 1998 | 1999 | 2000 |

رغم أن على هذه الطريقة تحفظات كثيرة، وذلك كونها تعتمد بالدرجة الأساس على دقة وكفاءة القائم بعملية الرسم، إلا أن هذه الطريقة تمكن متخذ القرار المسؤول عن عملية التخطيط من الحصول على مؤشرات تساعد في تحديد معالم المقادير والكميات التي سوف يتم إنتاجها في المستقبل القريب، وذلك فيما لو تم مد هذا المستقيم أكثر وبعد ذلك يجري إنزال مساقط عمودية منه باتجاه كميات الإنتاج في المحور العمودي وباتجاه محور السنوات في المحور الأفقي، علماً بأن المستقيم الذي يعبر عن خط الاتجاه العام كلما كان يمر بعدد أكبر من النقاط كلما كان ذلك دليل على تمثيله بشكل أكبر للظاهرة المدروسة.

2.3.5 طريقة نصفي السلسلة

تستخدم هذه الطريقة في قياس وتحديد تأثير الاتجاه العام وبالتالي توفير المؤشرات اللازمة التي يحتاج إليها متخذ القرار لعملية تخطيط الإنتاج بموجب هذه الطريقة يتم تقسيم السلسلة الزمنية إلى مجموعتين متساويتين من حيث عدد المفردات التابعة لكل منهما، وبذلك تضم المجموعة الأولى النصف الأول من السلسلة والمجموعة الثانية تضم النصف الثاني من السلسلة.

أما إذا كانت السلسلة الزمنية تتكون من عدد فردي من الظواهر، فإن في هذه الحالة يتم إهمال الظاهرة الوسطى من السلسلة، وبذلك يتساوى عدد المفردات الواقعة في كل من المجموعتين، وبعد ذلك يتم حساب الوسط الحسابي لقيم مفردات النصف الأول وكذلك النصف الثاني من السلسلة ثم بعد ذلك تحسب معادلة الاتجاه العام. ويمكن إيضاح ذلك وفق الخطوات التالية:

1- تقسم السلسلة الزمنية إلى قسمين متساويين كما ذكرنا أعلاه.

2- استخراج الوسط الحسابي لقيم الظاهرة للنصف الأول من السلسلة الزمنية $\overline{x}_1$. والوسط الحسابي لقيم الظاهرة للنصف الثاني من السلسلة الزمنية $\overline{x}_2$ وذلك وفقاً للعلاقات الرياضية التالية:

الوسط الحسابي للنصف الأول من السلسلة

$$\overline{x}_1 = \frac{\sum y_1}{n_1}$$

الوسط الحسابي للنصف الثاني من السلسلة

$$\overline{x}_2 = \frac{\sum y_2}{n_2}$$

حيث أن:

$\sum y_1 \Leftarrow$ مجموع قيم المشاهدات أو المفردات للظاهرة للنصف الأول من السلسلة

$\sum y_2 \Leftarrow$ مجموع قيم المشاهدات أو المفردات للظاهرة للنصف الثاني في السلسلة

$n_1 \Leftarrow$ عدد مفردات النصف الأول

$n_2 \Leftarrow$ عدد مفردات النصف الثاني

3- ينبغي أن يقع الوسط الحسابي $\overline{x}_1$ في وسط النصف الأول من السلسلة بينما يقع الوسط الحسابي $\overline{x}_2$ وسط النصف الثاني من السلسلة.

4- يتم تثبيت قيم افتراضية لسنوات السلسلة الزمنية، ويطلق على هذه القيم رمز (x_i) حيث يتحدد موقع أصل المعادلة $(x_i=0)$ في منتصف الفترة الزمنية أما للنصف الأول أو للنصف الثاني من السلسلة الزمنية. أي أن الصف الوسطي من عمود القيم الافتراضية (x_i) من النصف الأول من السلسلة أو النصف الثاني من السلسلة بأخذ قيمة صفر $(x_i=0)$ والصفوف التي تسبق الصف الوسطي تأخذ قيمة سالبة (-1,-2, -3,...) أما الصفوف التي تلي الصف الوسطي فإنها تأخذ قيمة موجبة (1,2,3,...).

5- حساب معادلة الاتجاه العام، حيث أن الصيغة الرياضية لهذه المعادلة هي كالآتي:

$$Yt = a + bxi$$

حيث أن:

$Y_t \Leftarrow$ قيمة معادلة الاتجاه العام.

$a \Leftarrow$ مقدار ثابت لمعادلة الاتجاه العام، حيث أن قيمة هذا المقدار يتحدد على النحو التالي:

يكون الوسط الحسابي لقيم الظاهرة للنصف الأول من السلسلة $\Leftarrow a$

أي أن: $a = \overline{x}_1$

وذلك في حالة تثبيت أصل المعادلة x=0 في منتصف الفترة الزمنية للنصف الأول من السلسلة.

يكون الوسط الحسابي لقيم الظاهرة للنصف الثاني من السلسلة $\Leftarrow a$

أي أن: $a = \overline{x}_2$

وذلك في حالة تثبيت أصل المعادلة x=0 في منتصف الفترة الزمنية للنصف الثاني من السلسلة.

b ⇐ ميـل (slop) خـط الاتجاه العـام. حيـث تحـدد قيمـة الميـل المـذكور علـى أسـاس القيـم السابقة، $\overline{x}_1$ ، $\overline{x}_2$ اللذان يتحدد موقعهما في منتصف الفترة الزمنية للنصف الأول من السلسلة الزمنيـة والنصف الثاني من السلسلة الزمنية على التوالي، ويمكن حساب المقدار المذكور حسب العلاقة الرياضية التالية:

$$b = \frac{\overline{x}_2 - \overline{x}_1}{n}$$

حيث أن:

n ⇐ عدد السنوات لأحد نصفي السلسلة.

إن هذا الأسلوب الرياضي يعتبر أفضل من الأسلوب السابق وذلك لكونـه يعتمـد علـى معادلات وعلاقات رياضية، ولتوضيح فكرة هذه الطريقة نأخذ أحد الأمثلة من الواقع العملي لإحـدى مـنظمات الأعمال الإنتاجية.

مثال (1):

إحدى المنظمات الإنتاجية، بدأت نشاطها الإنتاجي اعتباراً من سنة 1990 في طرح نوع معين مـن السلع. وقد تم الحصول على البيانات المتعلقة بكميات الإنتاج لغاية سنة 1999 وذلك كما يلي:

السنة	1990	1991	1992	1993	1994	1995	1996	1997	1998	1999
كمية الإنتاج (طن)	10	13	15	14	18	19	22	23	27	29

المطلوب: تحديد قيم معادلة الاتجاه العام في ضوء البيانات أعلاه.

الحل:

من الجدول السابق يتضح أن لدينا سلسلة زمنية تتكون مـن (10) مشاهدات، لـذلك تقسـم السلسلة إلى نصفين، الأول يتضمن 5 سنوات والثاني 5 سنوات أيضاً.

189

في الخطوة التالية، يتم تثبيت قيم افتراضية (x_i) لسنوات السلسلة الزمنية ويتحدد موقع أصل المعادلة (x=0) في منتصف الفترة الزمنية وذلك أما للنصف الأول أو للنصف الثاني، وعلى سبيل المثال إذا اعتمدنا النصف الأول هو أساس الدراسة، لذلك سوف تكون سنة 1982 هي الأصل، وعليه تصبح القيم كما يلي:

السنوات years	كميات الإنتاج (طن) ([1])	x_i	a + b (x_i) / 14+ 2 (x_i)	= y_t / = y_t
1990	10	-2	14 + 2 (-2)	= 10
1991	13	-0	14 + 2 (-1)	= 12
1992	15	0	14 + 2 (0)	= 14
1993	14	1	14 + 2 (1)	= 16
1994	18	2	14 + 2 (2)	= 18
1995	19	3	14 + 2 (3)	= 20
1996	22	4	14 + 2 (4)	= 22
1997	23	5	14 + 2 (5)	= 24
1998	27	6	14 + 2 (6)	= 26
1999	29	7	14 + 2 (7)	= 28

حيث أن:

$$\bar{x}_1 = \frac{\sum y_1}{n_1} = \frac{10+13+15+18}{5} = \frac{70}{5} = 14$$

$$\bar{x}_2 = \frac{\sum y_2}{n_2} = \frac{19+22+23+27+29}{5} = \frac{120}{5} = 24$$

$$\therefore \bar{x}_1 = a \quad \Rightarrow \quad a = 14$$

$$b = \frac{\bar{x}_2 - \bar{x}_1}{n_1} = \frac{24-14}{5} = \frac{10}{5} = 2$$

ويتم رسم هذه القيم التي تعبر عن معادلة الاتجاه العام وذلك كما يلي:

([1]) تم اختيار النصف الأول من السلسلة كأساس لعملية الحساب.

كمية الإنتاج

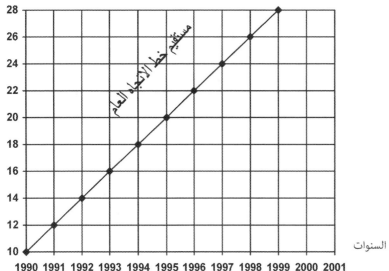

السنوات

1990 1991 1992 1993 1994 1995 1996 1997 1998 1999 2000 2001

يتضح من الشكل السابق أن معدل التطور هـو (2) وحـدة، لـذلك فإن متخـذ القرار يستطيع تحديد كميات الإنتاج المتوقعة في السنوات اللاحقة فيما لـو تم مـد مسـتقيم خـط الاتجاه العام وتم إنزال مساقط عمودية على محور السنوات ومحور كميات الإنتاج، وبذلك تكون هذه المؤشرات الأساس لعملية تخطيط الإنتاج.

مثال (2):

منظمة إنتاجية متخصصة بإنتاج نوع معين من المنتجات الغذائية، مارست نشاطها خلال الفتـرة من 1990 ولغاية سنة 2002 وتم طرح كميات من الإنتاج المذكور خلال هذه الفترة وكما يلي:

2003	2002	2001	2000	1999	1998	1997	1996	1995	1994	1993	1992	1991	1990	السنة
30	26	35	29	27	23	22	19	20	18	14	15	13	10	الإنتاج (طن)

المطلوب: تحديد الصيغة الرياضية لمعادلة الاتجاه العام وتحديد القيم التي تمثل الاتجاه العام.

191

الحل:

يتضح من البيانات أعلاه، أن لدينا 13 مشاهدة، وهـذا يعنـي أنـه لا يمكـن قسـمة السلسـلة إلى قسمين متساويين، لذلك ينبغي إهمال القيمة الوسطية وهي سنة 1996 وعندها نحصل على قسمين متساويين. وعلى سبيل الافتراض أن نصف السلسلة الثاني سوف يعتمد لتحديد أصل المعادلة، وبما أن عدد سنوات النصف الثاني هي(6) لذلك فإن أصل المعادلة (x_i=0) سوف يقع بين سنة 1999 وسنة 2000 وعليه سوف يكون لدينا ما يلي:

السنوات years	الإنتاج y_i	x_i	27+ 2 (x_i)	=	y_t
1990	10	-8.5	27 + 2 (-8.5)	=	10
1991	13	-7.5	27 + 2 (-7.5)	=	12
1992	15	-6.5	27 + 2 (6.5)	=	14
1993	14	-5.5	27 + 2 (-5.5)	=	16
1994	18	-4.5	27 + 2 (-4.5)	=	18
1995	20	-3.5	27 + 2 (-3.5)	=	20
1996	19				
1997	22	-2.5	27 + 2 (-2.5)	=	22
1998	23	-1.5	27 + 2 (-1.5)	=	24
1999	27	-0.5	27 + 2 (-0.5)	=	26
2000	29	0.5	27 + 2 (0.5)	=	28
2001	35	1.5	27 + 2 (1.5)		30
2002	26	2.5	27 + 2 (2.5)		32

حيث أن:

$$\bar{x}_1 = \frac{\sum y_1}{n_1} = \frac{10+13+15+14+18+20}{6} = \frac{90}{6} = 15$$

$$\bar{x}_2 = \frac{\sum y_2}{n_2} = \frac{22+23+27+29+35+26}{6} = \frac{162}{6} = 27$$

$$\therefore \bar{x}_2 = 27$$

بما أن: $1 \leftarrow \bar{x}_2 = a$

$$\therefore a = 27$$

$$b = \frac{\overline{x}_2 - \overline{x}_1}{n_1} = \frac{27 - 15}{6} = \frac{12}{6} = 2$$

وهنا يمكن ذكر نفس الملاحظة السابقة بخصوص النمو والتطور في قيمة الاتجاه العام والذي يساوي (2) وحدة، والذي يستفيد منه متخذ القرار في تحديد ملامح خطة الإنتاج المستقبلية من حيث حجم الإنتاج والمدة الزمنية.

3.3.5 طريقة المربعات الصغرى

بعد الحصول على المنحنى الذي يمثل التطور التاريخي للظاهرة نلاحظ أن هناك اتجاهاً عاماً يأخذ شكل منحنى، حيث بعد الحصول على معادلة هذا المنحنى فإنه يمكن الاستفادة منها في عملية التنبؤ بالإضافة إلى وجوب التوصل إلى قيم اتجاهية من المعادلة المحسوبة بحيث تكون أقرب ما يكون إلى القيم المشاهدة. ومن هنا فإن طريقة المربعات الصغرى تعتبر أفضل طريقة بهذا الصدد، حيث تبعاً لهذه الطريقة يتحدد خط الاتجاه العام على أساس أن يكون مجموع مربعات انحرافات القيم المحسوبة عن القيم الأصلية أصغر ما يمكن. ومن هذا الهدف جاء تسمية الطريقة بالمربعات الصغرى.

لتحديد الاتجاه العام باستخدام طريقة المربعات الصغرى لأي ظاهرة ممثلة بسلسلة زمنية فسوف نستخدم الرموز الآتية:

X: الفترة الزمنية وقد تكون يوماً أو أسبوعاً أو شهر أو ربع سنة أو أي وحدة زمنية كانت.

Y: قيمة الظاهرة الفعلية

ولاستخدام هذه الطريقة يجب أن نحدد الشكل العام (الانتشار Scattering) للظاهرة وذلك برسم المنحنى التاريخي. ومن هذا الرسم سوف يتضح لنا إن كان الاتجاه العام يأخذ شكل الخط المستقيم أو المنحنى من الدرجة الثانية أو أي درجة أخرى أعلى.

وإذا كان الاتجاه العام على شكل خط مستقيم فإن معادلته تكون كما يلي:

$$\hat{y} = a + bx \quad ......(43)$$

حيث a و b هي معالم المعادلة المراد حسابها باستخدام قيم y و x المشاهدة.

وقد يكون الاتجاه العام على شكل منحنى من الدرجة الثانية حيث تكون معادلته.

$$y = a + bx + Cx^2 \quad ......(44)$$

وهنا تكون aو b و c معالم المعادلة المراد حسابها.

ومما نجدر الملاحظة إليه أنه إذا كان شكل الاتجاه العام يمثله خطاً مستقيماً أو منحنياً فإن أساسيات الطريقة لا تختلف وإن اختلفت خطوات عملية الحساب. ومن المعروف أن الحالة تكون أبسط عندما يكون لدينا الخط المستقيم في حين تكون أكثر تعقيداً في حالات المنحنى.

وعموماً ففي دراستنا هذه سوف نتعرض لحالتي الخط المستقيم والمنحنى من الدرجة الثانية وكما يلي:

الحالة الأولى: الاتجاه العام على شكل خط مستقيم

في هذه الحالة تكون معادلة الاتجاه العام على الصيغة الآتية:

$$y = a + bx + e \quad ......(45)$$

حيث أن المقدار e يمثل الخطأ العشوائي للمعادلة. وتهدف الطريقة إلى إيجاد قيم a و b. بحيث يكون مربع الخطأ الموضح بالعلاقة الرياضية أدناه أقل ما يمكن:

$$e^2 = (y - a - bx)^2 \quad ......(46)$$

ولتحقيق ذلك الغرض. وبعد إدخال المجموع $\sum$ لطرفي المعادلة (46) وبمساواة التفاضل الجزئي مساوياً إلى الصفر يستنتج أن:

$$\sum y = na + b\sum x \quad ......(47)$$

$$\sum xy = a\sum x + b\sum x^2 \quad ......(48)$$

حيث n عدد الفترات الزمنية.

والمعادلتين (47) و (48) يطلق عليهما المعادلات القياسية (Normal equations) وتحل المعادلتين بالتعويض بقيم $\sum x$ و $\sum y$، $\sum x^2$، $\sum xy$ المتعلقة بالمشاهدة لكي نحصل على قيم a و b. والتي تصغر مربع الخطأ e2 وتجعله أقل ما يمكن وقد يطرح في هذه الحالة تساؤل مشروع، وهو إذا كانت y ترمز لقيم الظاهرة المشاهدة وهذه يتم الحصول عليها من السجلات الإحصائية التي يحتفظ بها متخذ القرار، ولكن كيف يمكن الحصول على قيم x ؟.. لإيضاح ذلك تقول بأن قيم x سوف تعتمد على الطريقة التي يريد الباحث أو متخذ القرار الحساب بها.

يرى البعض أن يعطي فقط السلسلة الزمنية القيم التالية:

$$x_1=0 \quad , \quad x_2=1 \quad , \quad x_3=2 \quad , \quad x_4=3, \ldots\ldots\ldots$$

أي أن النقطة الأولى = صفر، والنقطة الثانية = 1، والنقطة الثالثة =2...وبناء على ذلك فإن:

$$\left.\begin{aligned}
\sum x &= x_1 + x_2 + x_3 \ldots\ldots\ldots\ldots\ldots\ldots + x^n \\
\sum x &= 0 \ + \ 1 \ + \ 2 \ + \ 3 \ + \ \ldots\ldots\ldots + (n\text{-}1) \\
\sum x^2 &= 0 \ \ + \ 1 \ + 4 + \ 9 \ \ + \ 16 + \ \ldots\ldots + (n\text{-}1)^2
\end{aligned}\right\} \ldots\ldots\ldots(49)$$

وفي هذه الحالة فإن نقطة الأساس تكون عند النقطة (x1=0). أما الغالبية العظمى من الباحثين فيحاولون تسهيل العمليات الحسابية بأن يختار نقطة الأساس (x_i=0) عند (i) التي تقسم السلسلة الزمنية إلى قسمين ليكون عدد النقطة قبل (i) = عدد النقط بعد (i). أي أنه يعني وبشكل عام، إن عدد السنوات أو الفترات السابقة لـ (i) = عدد السنوات أو الفترات اللاحقة وباستخدام هذا الأسلوب في الحل سنجد أن:

$$\sum x_i = 0$$

الأمر الذي يجعل المعادلتين القياسيتين (47) و (48) يختصرا إلى الصيغة التالية:

$$\sum y = na \ldots\ldots\ldots\ldots\ldots\ldots\ldots\ldots\ldots\ldots\ldots\ldots\ldots\ldots\ldots\ldots(50)$$
$$\sum xy = b \sum x^2 \ldots\ldots\ldots\ldots\ldots\ldots\ldots\ldots\ldots\ldots\ldots\ldots\ldots(51)$$

وبالإمكان حل المعادلتين (50) و (51) للحصول على

$$\bar{y} = \frac{\sum y}{n} = a$$

$$b = \frac{\sum xy}{\sum x^2}$$

ومن الطبيعي أن اختيار نقطة الأساس التي تجعل $\sum x_i = 0$ يعتمد على حالتين

أ- إذا كان عدد الفترات الزمنية فردياً.

ب- إذا كان عدد الفترات الزمنية زوجياً.

أ- عدد الفترات الزمنية فردياً

مثال (1):

احسب معادلة الاتجاه العام لبيانات السلسلة الزمنية في الجدول الآتي:

السنة	قيمة الظاهرة y	دليل السنوات x_i	x^2	xy	القيم المقدرة الاتجاهية للمعادلة $\hat{y} = a + bx$ $\hat{y} = 8.82 + 1.x$		
1970	3	-5	25	-15	3.82	=	8.82 + 1 * -5
1971	4	-4	16	-16	4.82	=	8.82 + 1 * -4
1972	8	-3	9	-24	5.82	=	8.82 + 1 * -3
1973	6	-2	4	-12	6.82	=	8.82 + 1 * -2
1974	7	-1	1	-7	7.82	=	8.82 + 1 * -1
1975	11	Zero	Zero	Zero	8.82	=	8.82 + 1 * 0
1976	9	1	1	-	9.82	=	8.82 + 1 * 1
1977	10	2	4	20	10.82	=	8.82 + 1 * 2
1978	14	3	9	42	11.82	=	8.82 + 1 * 3
1979	12	4	16	48	12.82	=	8.82 + 1 * 4
1980	13	5	25	16	13.82	=	8.82 + 1 * 5
المجموع	97	صفر	110	25	110		

الحل:

يتم الحل على أساس أن نقطة الأصل 1975، لكونها السنة الوسطى في السلسلة وقد تم استخراج قيمتين a و b وكانتا كما يلي:[1]

---

[1] يمكن حساب السنة الوسطى التي عندها نقطة الأصل كما يلي:

أي السنة السادسة $t_o = \frac{n+1}{2} = \frac{11+1}{2} = \frac{12}{2} = 6$ سنة نقطة الأصل وهي سنة 1975.

$$a = \frac{\sum y}{n} = \frac{97}{11} = 8.82 \quad , \quad b = \frac{\sum xy}{\sum x^2} = \frac{110}{110} = 1$$

وحيث أننا أخذنا نقطة الأصل عند 1975 (x=0) فإن دليل السنوات قبل 1975 أخذ القيم السالبة x=0,-1,-2,-3,-4,-5 وبعد سنة 1975 أخذ القيم الموجبة x=1,2,3,4,5 ولذلك فإن $\sum x=0$. وإذا علمت أن: $\hat{y} = a + bx$

$$\hat{y} = 8.82 + 1 * x$$

وباستخدام هذه المعادلة يتم حساب القيمة الاتجاهية بالتعويض عن قيمة

X = -5, -4, -3, -1, 0, 1, 2, 3, 4, 5

وهذا ما يظهره العمود الأخير من الجدول السابق.

ب- عدد الفترات الزمنية زوجياً

مثال (2):

يرغب متخذ القرار في إحدى منظمات الأعمال توفيق معادلة الاتجاه العام لبيانات الجدول السابق بعد حذف عام 1970 أي للسنة 1971 إلى 1980 عشر سنوات أي x=10 وفي هذه الحالة تكون نقطة الأصل x=0 عند منتصف المسافة بين عامي 1975 و 1976 ليصبح الجدول كما يلي:

جدول (5-1)

السنة	قيمة الظاهرة y	دليل السنوات x	X^2	Xy	القيم المقدرة الاتجاهية للمعادلة $\hat{y} = a + bx$ $\hat{y} = 9.4 + 0.47x$
1971	4	-9	81	-36	5.7
1972	8	-7	49	-56	6.11
1973	6	-5	25	-30	7.05
1974	7	-3	9	-21	7.99
1975	11	-1	1	-11	8.93
1976	9	1	1	9	9.87
1977	10	3	9	30	10.81
1978	14	5	25	70	11.75
1979	12	7	49	84	12.69
1980	13	9	81	117	13.63
	94	**صفر**	**330**	**156**	

وحيث أن $\sum x=0$ فإن

$$a = \frac{\sum y}{n} = \frac{94}{10} = 9.4 \quad , \quad b\frac{\sum xy}{\sum x^2} = \frac{156}{330} = 0.47$$

وتكون معادلة خط الاتجاه العام هي:

$$\hat{y} = 9.4 + 0.47x$$

وذاك على أساس أن نقطة الأصل هي في منتصف المسافة الزمنية بين عامي 1995 و 1976 والوحدة الزمنية هي $\frac{1}{2}$ سنة.

الحالة الثانية: الاتجاه العام منحني أي من الدرجة الثانية

ومن خلال رسم المنحنى التاريخي للسلسلة الزمنية (الفقرة 5-2) يمكن أن يمثل بمنحنى من الدرجة الثانية وذلك على أساس العلاقة الرياضية التالية:

$$\hat{y} = a + bx + cx^2 + e$$

وبتكوين المعادلات القياسية، وذلك بإدخال المجموع على المعادلة الأولى وإدخال ($\sum x$) على الثانية و $\sum x^2$ على الثالثة فيكون لدينا المعادلات الآتية القياسية:

$$\left.\begin{aligned} \sum y &= na + b\sum x + c\sum x^2 \\ \sum xy &= a\sum x + b\sum x^2 + c\sum x^3 \\ \sum x^2 y &= a\sum x^2 + b\sum x^3 + c\sum x^4 \end{aligned}\right\} \dots\dots\dots\dots\dots\dots\dots\dots(52)$$

وهنا يكون لدينا ثلاثة مجاهيل وهذه (a، b، c) وثلاث معادلات قياسية عن حلها نحصل على قيم المجاهيل التي تجعل (e^2) مربع الخطأ أقل ما يمكن لتبسيط العمليات الحسابية يفضل أن يتم اختيار نقطة الأصل بحيث تجعل $\sum x=0$ وبالتالي $\sum x^3=0$. الأمر الذي يجعل المعادلات الثلاثة رقم (52) يكونوا كما يلي:

$$\left.\begin{aligned} \sum y &= na + c\Sigma x^2 \\ \sum xy &= b\Sigma x^2 \\ \sum x^2 y &= a\Sigma x^2 + c\Sigma x^4 \end{aligned}\right\} \dots\dots\dots\dots\dots\dots\dots\dots(53)$$

ومن المعادلة الثانية نحصل على قيمة b كما في العلاقة الرياضية التالية

$$b = \frac{\sum xy}{\sum x^2}$$

وبحل المعادلتين الأولى والثانية نجد قيم a، c.

مثال (3):

افترض أن البيانات الواردة في الجدول الوارد في المثال رقم (1) يمكن أن يمثلها منحنى من الدرجة الثانية. والمطلوب حساب معادلة الاتجاه العام والقيم الاتجاهية لهذه الظاهرة.

جدول (5-2)

السنة	قيمة الظاهرة y	دليل السنوات x_i	x^2	x^3	x^4	xy	x^2y	القيم المقدرة الاتجاهية للمعادلة $\hat{y} = a + bx + cx^2$
1970	3	-5	25	-125	625	-15	75	3.19
1971	4	-4	16	-64	256	-16	64	4.58
1972	8	-3	9	-27	81	-24	72	5.86
1973	6	-2	4	-8	16	-12	24	7.07
1974	7	-1	1	-1	1	-7	7	8.20
1975	11	Zero	Zero	Zero	Zero	Zero	Zero	9.24
1976	9	1	1	1	1	9	9	10.20
1977	10	2	4	8	16	20	40	11.07
1978	14	3	9	27	81	42	126	11.86
1979	12	4	16	64	256	48	192	12.58
1980	13	5	25	125	625	65	325	13.19
المجموع	97	صفر	110	Zero	1958	110	934	

وبالتعويض في المعادلات القياسية (53) ينتج أن:

97= 11a + 110c

110 = 110b

934 = 110a + 1958c

ومن المعادلة الثانية من المعادلات الثلاث السابقة نحصل على قيمة:

199

b=1

وبحل المعادلتين الأولى والثالثة من المعادلات السابقة ينتج أن

a = 9.24   C = -0.042

وبذلك تصبح معادلة الاتجاه العام المقدرة

$$\hat{y} = 9.24 + 1 * x - 0.042x^2$$

بنقطة الأصل هي سنة 1975 والوحدة الزمنية: سنة

وباستخدام هذه المعادلة وبالتعويض عن قيم x_i المناظرة نحصل على القيم الاتجاهية كما تظهر في العمود الأخير من جدول (5-2).

فمثلاً لعام 1970. تكون القيمة الاتجاهية = 3.19 وتحسب على النحو التالي:

$$\hat{y} = 9.24 + (-5 * 1) - (0.042 * 25) = 3.19$$

وهكذا بالنسبة لبقية السنوات.

4.35 طريقة المتوسطات المتحركة

تقسم هذه الطريقة على النحو التالي:

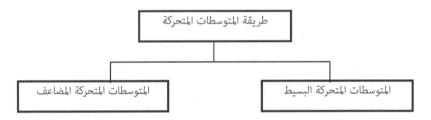

1. طريقة المتوسطات المتحركة البسيط.

2. طريقة المتوسطات المتحركة المضاعف.

وفيما يلي توضيح لكل واحدة من هذه الطرق:

1- طريقة المتوسطات المتحركة البسيطة

حيث بموجب هذه الطريقة يستطيع متخذ القرار تحديد معادلة الاتجاه العام لبيانات السلسلة الزمنية وفق إجراءات حل مغايرة عما ورد في الطرق السابقة، يضاف إلى ذلك أن هـذه الطريقـة تقلـل من أثر التغيرات الفجائية. العلاقـة الرياضيـة التـي توضـح الكيفيـة التـي يمكـن بواسطتها حسـاب المتوسطات المتحرك البسيط هي كما يلي:

$$f_{t+1} = \frac{\sum (y_t + y_{t-1})}{n}$$

وذلك إذا كانت المشكلة قائمة على أساس حساب فترتين فقط كمتوسط، أي أن إذا كانت المـدة محسوبة بالأشهر وكانت لدينا معطيات تتعلق بشهرين، فإن:

الشهر الثالث t+1

الشهر الثاني t

الشهر الأول t-1

إذا كانت معطيات المشكلة قائمة على أساس أكثر من فترتين فإن العلاقة الرياضية التي تعبر عـن ذلك هي:

$$f_{t+1} = \frac{\sum (y_t + y_{t-1} + y_{t-2} + ... + y_{t-n+1})}{n}$$

حيث أن:

y	=	قيمة الظاهرة المتوقعة.
f	=	التوقع
n	=	عدد الفترات في السلسلة.
t	=	الفترة الزمنية.

مثال (1):

توفرت لديك البيانات التالية المتعلقة بإحدى منظمات الأعمال الإنتاجية التـي مارسـت نشاطها الإنتاجي اعتباراً من سنة 1999 لغاية نهاية سنة 2001. وقد كانت كميات الإنتاج المتحققة خلال هـذه الفترة هو كما في الجدول التالي:

السنوات	1994	1995	1996	1997	1998	1999	2000	2001
كميات الإنتاج بالأطنان	200	300	350	450	500	720	840	900

المطلوب:أوجد قيمة معادلة الاتجاه العام ومن ثم حدد مقدار التغير في كل سنة بالقياس إلى السنة السابقة للاستفادة من هذا المؤشر في تخطيط الإنتاج للفترة القادمة.

الحل:

من أجل تطبيق هذه الطريقة، يتطلب الأمر تقسيم قيم المشاهدات المتوفرة إلى مجاميع وكل مجموعة تشمل ثلاث سنوات وكما يلي:

مجموعة رقم 1= $280.3 = \dfrac{200+300+350}{3}$

مجموعة رقم 2= $366.6 = \dfrac{300+350+450}{3}$

مجموعة رقم 3= $433.3 = \dfrac{350+450+500}{3}$

مجموعة رقم 4 = $556.6 = \dfrac{450+500+720}{3}$

مجموعة رقم 5 = $820 = \dfrac{720+840+900}{3}$

الخطوة التالية هو تمثيل هذه القيم بيانياً كما هو وارد في طرق سابقة ورسم خط الاتجاه العام وبعد ذلك يتم حساب معدل النمو أو التغير السنوي الذي سوف يكون الأساس الذي يعتمد عليه متخذ القرار في تقدير كمية الإنتاج المتوقعة لسنوات قادمة بعد أن يتم الاستمرار في مد خط الاتجاه العام.

مثال (2):

الجدول الآتي يبين قيمة الإنتاج لسلعة (بمليون جنيه) من سنة 1970 إلى 1980، يرغب متخذ القرار في معرفة اتجاه السلسلة الزمنية بواسطة طريقة المتوسطات المتحركة.

جدول (5-3)

المتوسط المتحرك لثلاث سنوات	المجموع المتحرك لثلاث سنوات	قيمة الإنتاج للسلعة معينة مليون جنيه	السنة
		3	1970
5	15	4	1971
6	18	8	1972
7	21	6	1973
8	24	7	1974
9	27	11	1975
10	30	9	1976
11	33	10	1977
12	36	14	1978
13	39	12	1979
		13	1980

الحل:

لإيضاح أهمية استخدام أسلوب المتوسطات المتحركة. يتطلب الأمر الانتباه إلى الحالة التالية: وهي أنه إذا رسمت السلسلة الأصلية ثم رسمنا على نفس الإحداثيات سلسلة المتوسطات المتحركة فنجد كما في الشكل (5-1)، أن الخط البياني قد تغير شكله بحيث لم يصبح متعرجاً وأصبح في صورة خط مستقيم. ومما تجب ملاحظته أنه ليس دائماً يصبح الخط المتعرج خطاً مستقيما ولكن عموما أسلوب المتوسطات المستخدمة يخلص المنحنى البياني من التعرجات إلى حد كبير بالشكل الذي يجعل المنحنى أو الخط بقدر الإمكان بدون تعرجات.

203

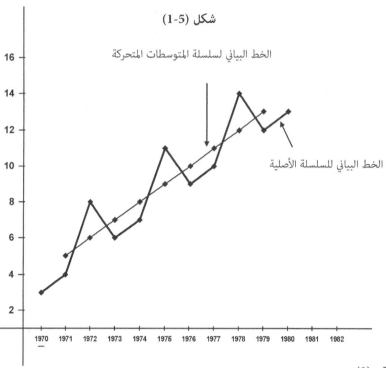

شكل (5-1)

الخط البياني لسلسلة المتوسطات المتحركة

الخط البياني للسلسلة الأصلية

مثال رقم (3)

توفرت لديك بيانات تتعلق بعدد المسافرين للفترة من سنة 1995 ولغاية سنة 2000 كما هـو واضح في الجدول رقم (5-4).

المطلوب: احسب المتوسط المتحرك لهذه البيانات ومن ثم الاتجاه العام وبالتـالي رسـم المنحنـى البياني الذي يعبر عن هذه الظاهرة.

الحل:

إن العمليات التفصيلية للحل لكافة البيانات المتوفرة للفترة مـن سـنة 1995 لغايـة سـنة 2000 تتضح من خلال الجدول رقم (5-4) ويتم التعبير عنها من خلال الشكل التـالي الـذي يعبـر عـن سـلوك الظاهرة الفعلي (عدد المسافرين) وسلوك الاتجاه العام:

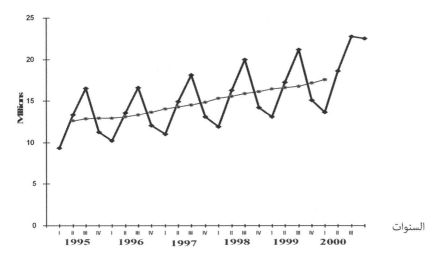

السنوات

جدول (5-4)

الفصل Quarter		الفعلي Actual	المتوسط المتحرك Moving average	الاتجاه العام Trend
1995	I	9.337		
			12 626.00	
	II	13335		
			12 857.25	
	III	16545		12 741.63
			12 916.60	
	IV	11287		12 886.88
			12 926.00	
1996	I	10262		12 921.25
			13 123.00	
	II	13572		13 024.50
			13 123.00	
	III	16583		13 215.63
			13 308.25	
	IV	12075		13 477.50
			13 646.75	
1997	I	11003		13 842.25
			14 037.75	
	II	14926		14 161.63
			14 285.50	
	III	18147		14 161.63
			14 517.00	
	IV	13066		14 691.63
			14 866.25	
1998	I	11929		15 091.50
			15 316.75	
	II	16323		15 464.88

205

			15 613.00	
	III	19949		15 757.25
			15 901.50	
	IV	14251		16 017.25
			16 133.00	
1999	I	13083		16 281.50
			16 430.00	
	II	17249		16 537.38
			16 644.75	
	III	21137		16 717.50
			16 790.25	
	IV	15110		16 963.63
			17 137.00	
2000	I	13665		17 337.75
			17 538.50	
	II	18636		
	III	22743		

مثال رقم (4)

توفرت لديك البيانات التالية عن المبيعات نوع معين من البضائع.

أسبوع Week	المبيعات Sales units
1	264
2	256
3	255
4	248
5	263
6	254
7	256
8	258
9	249
10	257
11	259
12	243
13	255
14	251
15	253

المطلوب: احسب الاتجاه العام وفق أسلوب المتوسطات المتحركة.

الحل: إن الشكل البياني الذي يعبر عن هذه البيانات هو كما يلي:

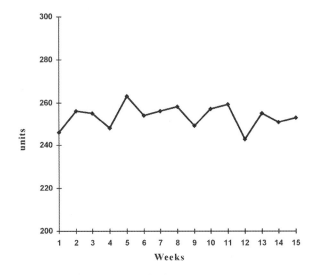

ويتم حساب قيمة التوقع لغاية أسبوعين (two week) وذلك كما يلي:

$$(fovecast) = \frac{246 + 256}{2} = 251$$ التوقع.

إن النتائج المتعلقة بعملية الحسابات للقيم الواردة في الجدول السابق موضحة كما في الجـدول رقم (5-5) أما سلوك الظاهرة الفعلي والمتوقع فهو موضح كما في الشكل رقم (2-5).

جدول رقم (5-5) حساب التوقع لأسبوعين

Week	Sales units	Two-week average forecast
1	264	-
2	256	-
3	255	251
4	248	255.5
5	263	251.5
6	254	255.5
7	256	258.5
8	258	255
9	249	257
10	257	253.5
11	259	253
12	243	258
13	255	251
14	251	249
15	253	253
16		252

شكل (2-5)

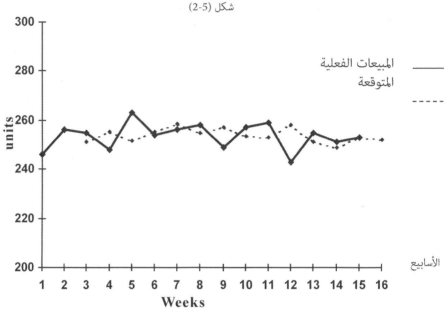

2- المتوسط المتحرك المضاعف:

إن هـذا المتوسط يعتمـد عـلى بيانـات المتوسط المتحـرك البسـيط، وبعبـارة أخـرى يتطلب الأمـر في هـذه الحالـة القيـام بعمـل متوسـط آخـر مـن خـلال جمـع قيـم المتوسط البسـيط لقيـم الظاهرة وقسمتها على عدد الفترات الزمنية وذلك وفقا للصيغة الرياضية التالية:

$$\bar{\bar{x}} = \frac{\sum \bar{x}}{n}$$

حيث أن:

$\bar{\bar{x}}$ = المتوسط المتحرك المضاعف

ملاحظة:

إن المؤشرات الكمية الحاصلة من المتوسط المتحرك البسيط والمتحرك المضاعف لا تستخدم بشكل مباشر للتنبؤ بالمبيعات أو الإنتاج، بل هي تساهم بشكل غير مباشر، كما أنها تساهم في التخلص من التذبذبات غير العادية ومن ثم في تحديد الذبذبة الموسمية لكل فصل من فصول السنة، والتي تأخذ الصيغة التالية:

$$\text{الذبذبة الموسمية} = \frac{\text{حجم الظاهرة الفعلي للفترة}}{\text{المتوسط المتحرك المضاعف للظاهرة لنفس الفترة}} \times 100$$

وفيما يلي أمثلة توضح فكرة المتوسط المتحرك المضاعف.

مثال رقم (1)

إحدى الشركات التجارية المتخصصة باستيراد وتوزيع ا لأجهزة الكهربائية تتعامل بنوع معين من أجهزة التلفاز. وقد كانت مبيعات هذه الشركة من الجهاز المذكور للسنوات الخمس (1997-2002) هو كما في الجدول التالي:

جدول رقم (5-6)
بيانات تتعلق بمبيعات جهاز التلفزيون لشركة الأجهزة الحديثة (المتوسط المتحرك)

(6) الذبذبة (3÷5)	(5) المتوسط المتحرك المضاعف (فترتان)	(4) متوسط متحرك بسيط (4 فترات)	(3) المبيعات (ألف وحدة)	(2) الفصل	(1) السنة
			5100	الأول	السنة 1998
		10350	9800	الثاني	
145.11	10475	10600	15200	الثالث	
103.55	10913	11225	11300	الرابع	
52.47	11625	12025	6100	الأول	السنة 1999
100.30	12263	12500	12300	الثاني	
145.59	12638	12775	8400	الثالث	
101.54	13000	13225	13200	الرابع	
53.28	13513	13800	7200	الأول	السنة 2000
100.71	14000	14200	14100	الثاني	
144.00	14375	14500	20700	الثالث	
99.66	14850	15150	14800	الرابع	
55.22	15575	16000	8600	الأول	السنة 2001
101.77	16213	16425	16500	الثاني	
145.40	16575	16725	24100	الثالث	
96.56	17088	17450	16500	الرابع	
54.10	18113	9800	9800	الأول	السنة 2002
102.17	18988	19200	19400	الثاني	
			29400	الثالث	
			18200	الرابع	

وبهدف الحصول على المتوسط المتحرك البسيط ($\overline{X}$) نقوم بجمع مبيعات الفصول الأربعة، ثم نترك الفصل الأول من سنة 1998 ونجمع مبيعات الفصول الأربعة ابتداءاً من مبيعات الفصل الثاني من سنة 1998 حتى الفصل الأول من عام 1999 وذلك من أجل الحصول على المتوسط الحسابي البسيط لأربع فترات في

الظاهرة في العمود رقم (4) حيث يتم وضع المتوسط المستخرج بين الفصل الثاني والفصل الثالث، ومن وثم بين الثالث والرابع، ثم بين الرابع والخامس وهكذا. كالآتي:

$$\overline{x}_1 = \frac{5100 + 9800 + 15200 + 11300}{4} = 10350$$

$$\overline{x}_2 = \frac{2800 + 15200 + 11300 + 6100}{4} = 10600$$

وهكذا يتم إكمال بيانات العمود الرابع، أما بيانات العمود الخامس فيتم استخراج المتوسط المتحرك المضاعف $\left(\overline{\overline{x}}\right)$ من خلال جمع فترتين من بيانات العمود الرابع وقسمته على (2) ويتم وضع الرقم المستخرج أمام الفصل الثالث، ثم أمام الرابع ثم الفصل الأول لسنة 1999 وهكذا وكالآتي:

$$\overline{\overline{x}}_1 = \frac{10350 + 10600}{2} = 10475$$

$$\overline{\overline{x}}_2 = \frac{10600 + 11225}{2} = 10913$$

$$\overline{\overline{x}}_3 = \frac{112255 + 12025}{2} = 11625$$

وتستمر عملية الحساب هكذا لبقية نتائج المتوسط المتحرك المضاعف بمستوى فترتين لإكمال بيانات العمود رقم (5) والتي تتجاوز التذبذب في مبيعات الفصول للسنوات الخمسة لجهاز التلفزيون.

من الجدير بالذكر إن تحديد عدد الفترات التي تعتمد كأساس لاحتساب المتوسط البسيط أو المتوسط المتحرك المضاعف يعتمد على طبيعة البيانات ومدى وجود تذبذبات بين الفصول أو الأشهر أو الأسابيع وغيرها.

فقد تكون الفترة الشهرية مثلاً أخذ بيانات ستة أشهر لاحتساب المتوسط البسيط وبنفس الأسلوب السابق بترك شهر البداية واحتساب المتوسط للفترة الثانية، وترك

211

الشهر الثاني والبدء من الشهر الثالث لاحتساب ستة أشهر لاستخراج المتوسط للفترة الثالثة وهكذا.

بعد إنجاز مرحلة تهيئة المتوسطات المتحركة المضاعفة $(\bar{\bar{x}})$ لكل الفصول (عمود رقم 5) بالإمكان إعداد بيانات العمود رقم (6) والذي يمثل الذبذبة الموسمية الأولية للفصول الستة عشر ابتداءاً من الفصل الثالث من سنة 1998 وانتهاءاً بالمتوسط المتحرك المضاعف للفصل الثاني للعام 2002، يستطيع متخذ القرار إيجاد الذبذبة الموسمية لكل فصل من الفصول الستة عشر وذلك بقسمة قيمة المبيعات الفعلية لذلك الفصل (عمود رقم 3) على المتوسط المتحرك المضاعف المقابل له في العمود رقم (5) وكالآتي:

$$SI_n = \frac{x_n}{\bar{\bar{x}}_n}(100)$$

حيث أن:

SI = الذبذبة الموسمية (Seasonal Index).

x = المبيعات الفعلية.

n = رقم الفصل أو الفترة المراد تحديد الذبذبة لها.

$\bar{\bar{X}}$ = المتوسط المتحرك.

وباستخدام الصيغة السابقة يمكن إيجاد الذبذبة الموسمية لكل فصل وكالأتي:

$$SI_{3/998} = \frac{15200}{10475} \times 100 = 145.100$$

$$SI_{4/998} = \frac{11300}{10913} \times 100 = 103.55$$

$$SI_{1/999} = \frac{6100}{11625} \times 100 = 52.47$$

$$SI_{2/999} = \frac{12300}{12263} \times 100 = 100.30$$

وهكذا تستمر عملية إيجاد الذبذبة الموسمية لبقية الفصول حتى إكمال العمود رقم (6). كما هو واضح في الجدول رقم (5-6) السابق.

بعد إكمال العمود الخاص بالذبذبة الموسمية للفصول يستطيع متخذ القرار من إعداد جدول يمثل الذبذبة الموسمية حسب كل فصل، أي تجميع الذبذبة الموسمية لكل فصل حيث أن هناك أربعة ذبذبات موسمية لكل فصل من فصول السنة الأربعة، فالفصل الأول من أربعة مؤشرات تمثل الذبذبة الموسمية، كذلك الحال للفصل الثاني، الثالثة، والرابع. وكما هو معروض في الجدول أدناه:

جدول رقم (5-7) قيم الذبذبة الموسمية الأولية حسب الفصول

السنة	الفصل الأول	الفصل الثاني	الفصل الثالث	الفصل الرابع
1998			145.11	103.33
1999	52.47	100.30	145.59	101.54
2000	53.28	100.71	144.00	99.66
2001	55.22	101.77	145.40	96.56
2002	54.10	102.17		
الوسيط Median	**53.69**	**101.24**	**145.26**	**100.60**

لقد تم إعداد الجدول رقم (5-7) من بيانات الجدول رقم (5-6) ومن بيانات العمود رقم (6) بالذات وقد تم استخراج وسيط الذبذبة لكل فصل وذلك بترتيب قيم الذبذبة لكل فصل تصاعدياً أو تنازلياً من أجل تحديد القيمة الوسيطة بين القيم. وبما أن عدد القيم زوجي فلا يمكن تحديد أي من تلك القيم كوسيط، ويكون بالإمكان تحديد القيمة الوسيطة باستخدام الصيغة الآتية: (Lapin, 1988)

$$Median = \frac{n+1}{2}$$

$$= \frac{4+1}{2} = 2.5$$

أي لا توجد قيمة وسيطة وإنما هي تقع بين القيمة الثانية والثالثة .

وعليه فإن القيمة الوسيطة ستكون عبارة عن الوسط الحسابي لكل من القيمة الثانية والثالثة (حسب تصاعد القيمة) وهما (54.10) و (53.28) فيما يتعلق بالفصل الأول، حيث من المفروض في البداية كما ذكرنا أعلاه أن ترتب البيانات تصاعدياً أو تنازلياً ومن ثم يحسب الوسيط كالآتي:

$$\text{الوسيط لقيمة الذبذبة الموسمية للفصل الأول} = \frac{53.28 + 54.10}{2} = 53.69\%$$

وبنفس الطريقة يتم الوصول إلى الوسيط للفصول الأخرى والواردة في الصف الأخير من الجدول رقم (5-7).

إن مجموع الذبذبة الموسمية نظرياً ولكافة الفصول هو (4) أي لكل فصل هو (1) على أن يكون مجموع قيم الذبذبات للفصول الأربعة هو الرقم (4) فإذا ما كان المجموع أكبر أو أقل من (4) وفقاً لقيم الوسيط للذبذبات لا بد من تعديل الذبذبة.

وفقاً لبيانات الجدول رقم (5-7) فإن مجموع قيم الذبذبة (الصف الأخير من الجدول) هو (400.79) وهو أكبر من (400)* لذلك سنقوم بتعديل قيمة الذبذبة الموسمية لكل فصل وذلك باستخدام الصيغة الآتية:

$$\text{الذبذبة الموسمية المعدلة} = \frac{\text{المجموع النظري للذبذبة}}{\text{المجموع الفعلي للذبذبة}} \times \text{الذبذبة الموسمية للفصل}$$

$$= 53.69 \times \frac{400}{400.79} = 53.59\% \quad \text{للفصل الأول}$$

$$= 101.24 \times \frac{400}{400.79} = 101.04\% \quad \text{للفصل الثاني}$$

وهكذا لكل من الفصل الثالث (144.97%) والفصل الرابع (100.40%) وبذلك سيكون المجموع للذبذبات المعدلة هو (400) وهو ما يتوافق مع المجموع النظري للذبذبات الموسمية لكافة الفصول.

---

* إن القيمة (400) تمثل الرقم (4) كون الذبذبة الموسمية قد تم ضربها بـ 100 في حينه.

وبذلك فإن توزيع الذبذبات الموسمية حسب الفصول ستكون كالآتي:

الفصل الأول: 53.59% $= 0.5359$

الفصل الثاني: 101.04% $= 1.0104$

الفصل الثالث: 144.97% $= 1.4497$

الفصل الرابع: 100.40% $= 1.0040$

ولو رغب متخذ القرار في منظمة الأعمال بالتنبؤ بمبيعاتها لمدى عام قادم وليكن ذلك هو العام 2003 فإنه بعد ذلك يقوم بتقسيم المبيعات السنوية المتوقعة إلى أربعة فصول متساوية ثم القيام بضرب المبيعات الفصلية بقيمة الذبذبة الموسمية المعدلة لكل فصل للحصول على المبيعات المتوقعة لذلك الفصل.

على سبيل المثال إذا كانت المبيعات المتوقعة لعام 2003 ما يقارب (80000) وحدة لسنة كاملة، فإن المبيعات الفصلية ستكون 20000 وحدة (80000÷4). حيث ستقوم منظمة الأعمال بتحديد مبيعات كل فصل باستخدام الذبذبة الموسمية المعدلة وكالآتي:

المبيعات المتوقعة للفصل الأول لعام 2003 = 20000×0.5359 =10718

المبيعات المتوقعة للفصل الثاني لعام 2003 = 20000×1.4497 =28994

المبيعات المتوقعة للفصل الرابع لعام 2003= 20000× 1.0040= 20080

مثال رقم (2):

توفرت لديك البيانات التي تتعلق بسلوك ظاهرة معينة للفترة من 1995-2000 لأربعة فصول. باستخدام المتوسطات المتحركة، احسب الاتجاه العام، والبيانات هي كما في الجدول التالي:

Deviations from the trend (000s)

الفصول		الفعلي	الاتجاه العام	الانحراف
1995	I	9.337		
	II	13335		
	III	16545	12 741.63	3803.38
	IV	11287	12 886.88	-1599.88
1996	I	10262	12 921.25	-2659.25
	II	13572	13 024.50	547.50
	III	16583	13 215.63	3367.38
	IV	12075	13 477.50	-1402.50
1997	I	11003	13 842.25	-2839.25
	II	14926	14 161.63	764.38
	III	18147	14 161.63	3745.75
	IV	13066	14 691.63	-1625.63
1998	I	11929	15 091.50	-3162.50
	II	16323	15 464.88	858.13
	III	19949	15 757.25	4191.75
	IV	14251	16 017.25	-1766.25
1999	I	13083	16 281.50	-3198.50
	II	17249	16 537.38	711.63
	III	21137	16 717.50	4419.50
	IV	15110	16 963.63	-1853.63
2000	I	13665	17 337.75	3672.75
	II	18636		
	III	22743		

إن عملية حساب البيانات لكل من الفصول الأربعة على أساس البيانات السابقة، هـي كـما في الجدول رقم (5-8) التالي:

جدول (5-8) حساب البيانات للفصول الأربعة

السنوات	I	II	III	IV
1995			3803.38	-1599.88
1996	-2659.25	547.50	3367.38	-1402.50
1997	-2839.25	764.38	3745.75	-1625.63
1998	-3162.50	858.13	4191.75	1766.25
1999	-3198.50	711.63	4419.50	-1853.63
2000	-3672.75			
Mean	-3106.45	720.41	3905.55	-1649.58

216

وأخيراً تحسب النتائج النهائية كما في الجدول (9-5) التالي:

جدول (9-5) حساب النتائج النهائية

الفصول Quarter		الفعلي Actual	Seasonal component (to1decimal place)	التسويات الفصلية Seasonally adjusted
1995	I	9.337	-3073.9	12 410.9
	II	13335	752.9	12 582.1
	III	16545	3938.1	12 606.9
	IV	11287	-1607.1	12 894.1
1996	I	10262	-3073.9	13 335.9
	II	13572	752.9	12 819.1
	III	16583	3938.1	12 644.9
	IV	12075	-1607.1	13 682.1
1997	I	11003	-3073.9	14 076.9
	II	14926	752.9	14 173.1
	III	18147	3938.1	14 208.9
	IV	13066	-1607.1	14 673.1
1998	I	11929	-3073.9	15 002.9
	II	16323	Z752.9	15 570.1
	III	19949	3938.1	16 010.9
	IV	14251	-16073.9	15 858.1
1999	I	13083	-3073.9	16 156.9
	II	17249	752.9	16 496.1
	III	21137	3938.1	17 198.9
	IV	15110	-1607.1	16 717.1
2000	I	13665	-3073.9	16 738.9
	II	18636	752.9	17 883.1
	III	22743	3938.	18 804.9

إن الشكل البياني الذي يعبر عن سلوك الظاهرة المدروسة هو كما يلي:

20
8
6
2
0
Millions
قيمة الظاهرة المدروسة (بالملايين)
المنحنى الذي يعبر عن سلوك الظاهرة
السنوات
1995
1996
1997
1998
1999
2000

مثال رقم (3)

توفرت لديك بيانات تتعلق بحوادث الطرق في إحدى البلدان.

والمطلوب هو حساب الوسط المتحرك للظاهرة على أساس الرسم.

الحل:

إن البيانات المتعلقة بهذه المشكلة هو كما في الجدول رقم (10.5). ويتم التعبير عن ذلك بيانيا كما في الشكل رقم (5-3).

جدول رقم (5-10) حوادث الطرق للفترة من 1994 لغاية 1999 مقسمة حسب الفصول

الفصل Quarter		المجموع Total	أقل من 16 سنة Under 16 years
1994	I	73 496	9 627
	II	74 942	12 421
	III	79 313	12 608
	IV	87 438	10 495
1995	I	73 428	9 078
	II	72 380	11 781
	III	81 417	13 083
	IV	83 281	9 846
1996	I	72 139	8 853
	II	76 423	12 107
	III	81 531	13 233
	IV	90 209	10 642
1997	I	75 344	9 338
	II	81 287	12 138
	III	81 551	12 527
	IV	89 621	10 543
1998	I	74 061	9 121
	II	80 602	12 019
	III	81 880	12 109
	IV	88 669	10 196
1999	I	74 119	8 971
	II	77 056	11 344
	III	82 004	12 053
	IV	87 131	9 683

الشكل (5-3)

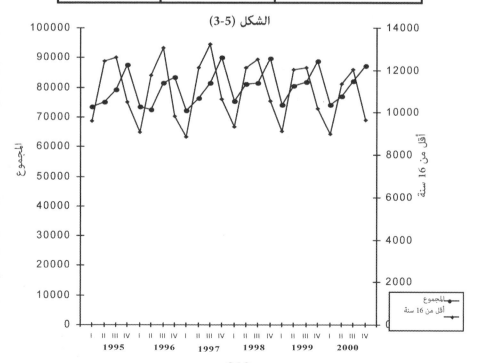

219

5.3.5 طريقة التسريح (الامتداد) الأسي Exponetial Smoothing

إن هذه الطريقة تتأثر بالفترات المتأخرة لسلوك الظاهرة أكثر من الفترات الأقدم (Oldest) وهي لا تحتاج إلى الاحتفاظ ببيانات تاريخية لفترات طويلة (Adnerson, etal, 1995).

تتصف هذه الطريقة بالبساطة وتساعد في تحديد سلوك الظاهرة المتوقعة للفترة القادمة بشكل مباشر من خلال البيانات الفعلية والمتوقعة لسلوك الظاهرة المدروسة للفترة الحالية، والصيغة المستخدمة لهذه الطريقة هي كما يلي:

$$F_{t+1} = \alpha y_t + (1-\alpha)f_t$$

F_{t+1} = الظاهرة المتوقعة للفترة القادمة.

α = كسر عشري تتراوح قيمته ($1 \geq \alpha \geq 0$) وتأخذ درجات دنيا، وسط، وعليا، وتكبر قيمة α كلما كانت التقلبات في القيم الفعلية للظاهرة كبيرة وبالعكس.

F_t = قيم الظاهرة المتوقعة للفترة الحالية.

t = الفترة الزمنية الحالية.

y_t = المبيعات الفعلية للفترة الحالية.

عادة ما تستخدم هذه الطريقة للتنبؤ بسلوك قيم الظاهرة للمدى القصير ولفترة قادمة واحدة أو اثنين ولا تستمر لفترات بعيدة كونها تعتمد على البيانات الفعلية لآخر فترة للتنبؤ بقيم الظاهرة للفترة القادمة.

من أجل توفير الدقة في عملية التنبؤ على المخطط من قيم الظاهرة يفترض أن يتم تحديد قيمة (α) بشكل جيد وفقاً للتقلبات في قيم الظاهرة الفعلية وكذلك قيمة خطأ التنبؤ (forecasting Error) والمتمثل بالفرق بين قيم الظاهرة الفعلية وقيم الظاهرة المتنبأ بها لكل فترة، فكلما كانت قيمة متوسط مربع الخطأ (MSE) صغيرة كلما كانت الدقة أكبر في عملية التنبؤ.

إن هذه الطريقة تعتمد على البيانات التاريخية للظاهرة للفـترات الأخـيرة Oldest period وهـي تعمد إلى تجاوز العيوب في الطرق التي تعتمد سلسـلة مـن الفـترات الطويلـة قـد لا تـترك أثرهـا عـلى الأحداث المستقبلية.

ويمكن توضيح هذه الفكرة على أساس الجدول التالي الذي يوضح حساب الأوزان لعشريـن فـترة زمنية ($\alpha=0.2$):

الفترة Period			الوزن Weith	التراكم Cumulative
t	α	0.2	0.2	0.2
t-1	$\alpha(1-\alpha)$	0.2(0.8)	0.16	0.36
t-2	$\alpha(1-\alpha)^2$	$0.2(0.8)^2$	0.128	0.488
t-3	$\alpha(1-\alpha)^3$	$0.2(0.8)^3$	0.1024	0.5904
t-4	$\alpha(1-\alpha)^4$	.	0.08192	0.67232
t-5	$\alpha(1-\alpha)^5$	.	0.065536	0.737856
t-6	$\alpha(1-\alpha)^6$	.	0.052428	0.790284
t-7	$\alpha(1-\alpha)^7$	.	0.041943	0.832227
t-8	$\alpha(1-\alpha)^8$	.	0.033554	0.865782
t-9	$\alpha(1-\alpha)^9$	.	0.026843	0.892625
t-10	$\alpha(1-\alpha)^{10}$	.	0.021474	0.914100
t-11	$\alpha(1-\alpha)^{11}$	.	0.017179	0.931280
t-12	$\alpha(1-\alpha)^{12}$	.	0.013743	0.945024
t-13	$\alpha(1-\alpha)^{13}$	.	0.010995	0.956019
t-14	$\alpha(1-\alpha)^{14}$	.	0.008796	0.964815
t-15	$\alpha(1-\alpha)^{15}$	.	0.007036	0.971852
t-16	$\alpha(1-\alpha)^{16}$	.	0.005629	0.977482
t-17	$\alpha(1-\alpha)^{17}$	.	0.007503	0.981985
t-18	$\alpha(1-\alpha)^{18}$	.	0.003602	0.985588
t-19	$\alpha(1-\alpha)^{19}$	.	0.002882	0.988470
t-20	$\alpha(1-\alpha)^{20}$	$0.2(0.8)^{20}$	0.002305	0.990776

ويمكن رسم هذه القيم المتراكمة الأوزان من خلال الشكل التالي:

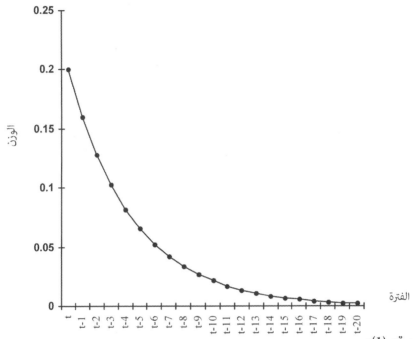

الفترة

الوزن

مثال رقم (1):

كانت المبيعات الفعلية الأسبوعية لإحدى الشركات كالآتي:

جدول رقم (5-11) بيانات التنبؤ بموجب طريقة التسريح الأسي

مربع خطأ التنبؤ $(y_t - F_t)^2$	خطأ التنبؤ $(y_t - F_t)$	التنبؤ بالمبيعات F_t	المبيعات الفعلية (y_t) ألف وحدة	الأسبوع t
			17	1
16	4	17	21	2
1.44	1.20	17.80	19	3
24.60	4.96	18.04	23	4
1.06	1.03	19.03	18	5
8.01	2.83	18.83	16	6
3.03	1.74	18.26	20	7
0.37	0.61-	18.61	18	8
12.32	3.51	18.49	22	9
0.66	0.81	19.19	20	10
18.92	4.35	19.35	15	11
12.39	3.53	18.48	22	12
98.80				

ومن أجل التنبؤ بالمبيعات لكل فترة من الفترات باستخدام صيغة التسريح الأسي يتم استخدام المبيعات الفعلية وقيمة (α) ولتكن (0.2). ويكون الأسبوع الأول لا توجد له بيانات خاصة بالمبيعات المتوقعة ، في حين أن التنبؤ بالمبيعات للأسبوع الثاني هي أول فترة يمكن التنبؤ بمبيعاتها واعتبار المبيعات الفعلية للأسبوع الأول بمثابة مبيعات متوقعة وهي (17) ألف وحدة.

وفيما يأتي التنبؤ بالمبيعات اعتباراً من الأسبوع الثاني (F_2) ولغاية الأسبوع الثاني عشر (F_{12}) باستخدام الصيغة الآتية:

$$F_{t+1} = \alpha y_t + (1 - \alpha)F_t$$

$$F_2 = (0.2)\ (17) + (1-0.2)17$$
$$= 17$$

$$F_3 = (0.2)\ (21) + (1-0.2)\ 17$$
$$= 17.80$$

$$F_4 = (0.2)\ (19) + (1-0.2)\ 17.80$$
$$= 18.04$$

ونلاحظ أن المبيعات المتوقعة للفترة الحالية (F_t) للفترة الأولى هي (17) ألف وحدة وهي نفس المبيعات الفعلية للفترة الأولى (y_t) والذي تم استخدامهما للتنبؤ بمبيعات الفترة الثانية (F_2) ولكن الفترة الثالثة (F_3) تم اعتماد التنبؤ بالمبيعات للفترة الثانية وهو (17) ألف والمبيعات الفعلية وهي (21) ألف وحدة.

ويمكن الاستمرار بعملية الحساب بنفس الأسلوب للحصول على المبيعات المتوقعة للفترات الآخرين لغاية الأسبوع الثاني عشر مع تحديد خطأ التنبؤ ومن ثم تربيع خطأ التنبؤ. ويعرض الجدول رقم (5-11) النتائج الخاصة بالتنبؤ بالمبيعات بموجب هذه الطريقة والذي بلغ مجموع مربعات الخطأ للتنبؤ 98.80 وبذلك فإن متوسط خطأ التنبؤ (MSE) هو 8.98 ثم حسابه كما يلي:

$$MSE = \frac{\sum (y_t - F_t)^2}{n}$$

حيث أن:

MSE	=	الوسط الحسابي للخطأ
SFE	=	مربع الخطأ للتنبؤ
n	=	عدد فترات التنبؤ

$$MSE = \frac{98.80}{11} = 8.98$$

يستفاد متخذ القرار من الوسط الحسابي لخطأ التنبؤ في تحديد دقة التنبؤ وفقاً لقيمة (α) المستخدمة، فكلما كان وسط الخطأ أقل فإنه يشير على دقة التنبؤ. أما إذا تم استخدام قيمة أكبر للعامل(α) ولتكن هذه القيمة (0.3) بدلا من (0.2) فإن متوسط الخطأ سوف يزداد ويصل إلى (9.35) وهو أكبر من قيمة الخطأ عند استخدام (α=0.2) والبالغة (8.98) مما يؤكد على أن استخدام قيمة (α=0.2) هو الأفضل والأكثر دقة من استخدام العامل العشري البالغ (α=0.3)[1].

مثال رقم (2)

لو فرضنا توفرت لديك نفس البيانات الواردة في مثال سابق وهي موضحة كما في الجدول رقم (5-12) المتعلقة بالمبيعات الأسبوعية، وأن المطلوب هو حساب الخطأ Error ومربع الخطأ وغير ذلك من المؤشرات التي يمكن أن تنفع عند متخذ القرار.[2]

الحل:

في البداية يتم تنظيم الجدول الذي على أساسه يتم حساب الخطأ، وذلك كما يلي:

---

(1) يمكن للقارئ الكريم إعادة حساب القيم الواردة في الجدول رقم (5-11) باستخدام القيمة (α=0.3) حيث سوف يلاحظ أن متوسط الخطأ قد ارتفع.

(2) انظر المثال رقم (4) من المتوسطات المتحركة.

جدول رقم (5-12) المبيعات الأسبوعية

Mean absolute deviation

Week الأسبوع	**Sales** المبيعات	**Forecasts** التوقع	**Error** الخطأ	**Absolute deviation** الانحراف المطلق
1	246	-	-	-
2	256	-	-	-
3	255	251	4	4
4	248	255.5	-7.5	7.5
5	263	251.5	11.5	11.5
6	254	255.5	-1.5	1.5
7	256	258.5	-2.5	2.5
8	258	255	3	3
9	249	257	-8	8
10	257	253.5	3.5	3.5
11	259	253	6	6
12	243	258	-15	15
13	255	251	4	4
14	251	249	2	2
15	253	253	0	0
16	-	252	-	-
Total				**68.5**

ومن هذا الجدول يتم استخراج الجدول التالي:

جدول رقم (5-13) حساب متوسط الانحراف المطلق

Mean absolute deviation

Week أسبوع	Sales المبيعات	Four-week average forecast متوسط الخطأ المتوقع لأربعة أسابيع	Error الخطأ	Absolute deviation القيم المطلقة
1	246	-	-	-
2	256	-	-	-
3	255	-	-	-
4	248	-	-	-
5	263	251.25	11.75	11.75
6	254	255.5	-1.5	1.5
7	256	255	1	1
8	258	255.25	2.78	2.75
9	249	257.75	-8.75	8.75
10	257	254.25	2.75	2.75
11	259	255	4	4
12	243	255.75	-12.75	-12.75
13	255	252	3	3
14	251	253.5	-2.5	2.5
15	253	252	1	1
16	-	250.5	-	-
Total				51.75

ويمكن حساب مؤشرات أخرى وذلك مثل متوسط مربعات الخطأ كما هو واضح في الجدول التالي:

جدول رقم (5-14) حساب متوسط مربعات الخطأ

Mean squared error

الأسبوع Week	المبيعات Sales	متوسط الخطأ المتوقع لأربعة أسابيع Four-week average forecast	الخطأ Error	مربع الخطأ Squared error	Four-week average forecast	الخطأ Error	مربع الخطأ Squared error
1	246	-	-	-	-	-	-
2	256	-	-	-	-	-	-
3	255	251	4	16	-	-	-
4	248	255.5	-7.5	56.25	-	-	-
5	263	251.5	11.5	132.25	251.25	11.75	138.0625
6	254	255.5	-1.5	2.25	255.5	-1.5	2.25
7	256	258.5	-2.5	6.25	255	1	1
8	258	255	3	9	255.25	2.78	7.5625
9	249	257	-8	64	257.75	-8.75	76.5625
10	257	253.5	3.5	12.25	254.25	2.75	7.5625
11	259	253	6	36	255	4	16
12	243	258	-15	225	255.75	-12.75	162.5625
13	255	251	4	15	252	3	9
14	251	249	2	4	253.5	-2.5	6.25
15	253	253	0	0	252	1	1
16	-	252			250.5		-
Total							724.8125

من الجداول السابقة يتضح أن متوسط مربع الخطأ MSE لأسبوعين (579.25/13) 44.56
وأن متوسط مربع الخطأ لأربعة أسابيع هو: (427.8125/11) 38.89

وفي ختام هذه الفقرة وبالتحديد بقدر تعلق الأمر بالطريقة الاستقرائية وأهميتها لمتخذ القرار لا بد لنا من أن نسجل الملاحظات التالية على هذه الطريقة:

1- أنها لا تأخذ بالحسبان الدورات الاقتصادية وأثرها على التنبؤ بقيم الظاهرة المستقبلية.

2- أنها لا تأخذ بنظر الاعتبار التقلبات المحتملة في المستقبل وأثارها على قيم الظاهرة المدروسة.

4.5 تطبيقات في توفير المؤشرات الإحصائية لاتخاذ القرار

1- إذا كانت مبيعات إحدى الشركات في الفترة من سنة 1994 حتى سنة 1996 كما يلي:

السنة	1994	1995	1996
قيمة المبيعات (بالألف)	95	105	100

وكانت المبيعات الربع سنوية كما يلي:

الربع \ السنة	1994	1995	1996
الأول	20	25	25
الثاني	20	20	10
الثالث	20	25	30
الرابع	35	35	30

والمطلوب:

أ- حساب القيم الاتجاهية للظاهرة (تقدير الاتجاه العام)

ب- إيجاد الدليل الموسمي للظاهرة.

ج- استبعاد أثر التغيرات الموسمية من البيانات.

د- رسم المنحنى التاريخي للظاهرة وكذلك البيانات بعد استبعاد أثر التغيرات الموسمية عنها.

ه- حساب مبيعات الشركة في الربع الأول لسنة 1957.

و- هل توجد أي توصيات تنصح بها متخذ القرار بخصوص الفترة التي يجب أن تقوم فيها الشركة بالإعلان.

الحل:

أ- تحسب القيم الاتجاهية للظاهرة باستخدام طريقة المربعات الصغرى مع ملاحظة أن المنحنى التاريخي للظاهرة يأخذ شكل خط مستقيم، والجدول التالي يعبر عن ذلك:

السنة	X_i	قيم الظاهرة Y	X^2	xy
الربع 1 عا م 1994	-11	20	121	-220
الربع 2	-9	20	81	-180
الربع 3	-7	20	49	-140
الربع 4	-5	35	25	-175
الربع1 عام 1995	-3	25	9	-75
الربع 2	-1	20	1	-20
الربع 3	1	25	1	25
الربع 4	3	35	9	105
الربع1 عام 1996	5	25	25	125
الربع 2	7	15	49	105
الربع 3	9	30	81	270
الربع 4	11	30	121	330
المجموع	صفر	**300**	**572**	**150**

$$\sum t = na + b\sum x$$

$$\sum xy = a\sum x + b\sum x^2$$

وهي معادلات (47) و (48) على التوالي التي سبق توضيحها في فقرات الفصل الأولى

وبعد التعويض في هذه المعادلات يكون لدينا

$$300 = 12\,a \quad \longrightarrow \quad a = 25$$

$$150 = 572b \quad \longrightarrow \quad b = 0.26$$

وبذلك تكون معادلة الاتجاه العام هي:

$y_t = 25 + 0.26x_i$ ....(54)

حيث أن نقطة الأصل في منتصف الفترة بين الربع الثاني والثالث من عام 1995 وحدة الزمن: نصف فترة (حيث الفترة $\frac{1}{4}$ سنة).

وبالتعويض قيم $x_i=$ -1 ، -3 ، -5، -7، -9، -11

$x_i=$ 1، 3، 5، 7، 9، 11

في معادلة الاتجاه العام في أعلاه نحصل على القيم الاتجاهية للظاهرة كما في الجدول الآتي:

السنة / الربع	1 $\bar{y}$	2 $\bar{y}$	3 $\bar{y}$	4 $\bar{y}$
1994	22.1	22.7	23.2	23.7
1995	24.2	24.7	25.3	25.8
1996	26.3	26.8	27.3	27.9

ب- إيجاد الدليل الموسمي للظاهرة

تقسم القيم الأصلية للظاهرة الواردة في الجدول الخاص ببيانات المشكلة في كل ربع (y) على القيم المناظرة $\bar{y}$ الجدول أعلاه ونضرب الناتج في 100 وبذلك نعبر عن القيم الأصلية كنسبة مئوية من القيم الاتجاهية لكل ربع سنة لنحصل على الدليل الموسمي كما في الجدول الآتي:

السنة / الربع	1994	1995	1996	المتوسط	الدليل الموسمي (بعد التصحيح)
الأول	91	103	95	96.3	76
الثاني	88	81	56	75.0	75
الثالث	86	99	110	98.3	98
الرابع	148	136	108	130.7	101
			المجموع	400.3	400
			المتوسط	100.1	100

جـ- استبعاد أثر التغيرات الموسمية:

يتم استبعاد أثر التغيرات الموسمية وذلك بقسمة القيم الأصلية للظاهرة في كل فترة على الدليل الموسمي المناظر لهذه الفترة.

والجدول الآتي يوضح قيم الظاهرة بعد تخليصها من اثر الموسم أو بمعنى آخر بعد استبعاد أثر التغير الموسمي منها

الرابع	الثالث	الثاني	الأول	السنة الربع
26.7	20.4	26.6	20.8	1994
26.7	25.5	26.6	24.3	1995
23	30.6	20	26	1996

د- رسم المنحنى التاريخي للظاهرة وكذلك بعد استبعاد أثر التغيرات الموسمية

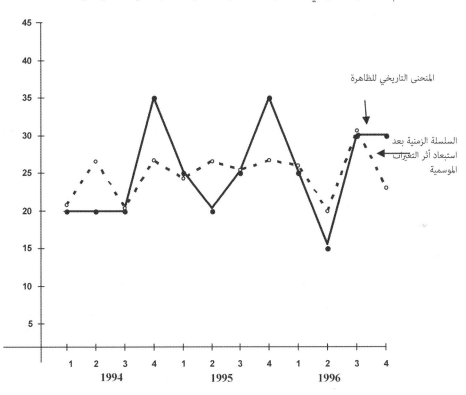

231

هـ - مبيعات الشركة في الربع الأول من عام 1997

بالتعويض في المعادلة (54) بقيمة x=13 (أي رتبة الربع الأول من السنة الرابعة) فنحصل على قيمة مبيعات الشركة كما يلي:

$$Y = 0.26\ (13) + 25 = 28.38$$

و- اتخاذ القرار بخصوص الفترة التي يجب أن تقوم بها الشركة بالإعلان

بدراسة الدليل الموسمي ومراقبة المنحنى التاريخي من الشكل أعلاه وذلك للأرباع أو الفصول المختلفة للسنوات الثلاث، نلاحظ أن المبيعات في الربع الثاني من كل سنة هو أقل من المبيعات في باقي أرباع السنة الأخرى (من السنوات الثالث). لذلك يجب على الشركة القيام بحملة دعاية وإعلان في الربع الأول من كل سنة حتى تؤتي أثرها على هذا الربع الثاني بصفة خاصة.

أسئلة وتمارين الفصل الخامس

س1: أ- عرف السلسلة الزمنية
ب- تكلم باختصار عن مكونات السلسلة الزمنية
جـ- اذكر النماذج الرياضية التي تستخدم في وصف السلسلة الزمنية

س2: ما هي تقسيمات أساليب التوقع، وما أهميتها لاتخاذ القرار.

س3: ما هو المقصود بأساليب التوقع؟

س4: ما هو المقصود بالطرق الاستقرائية وما هو الفرق بينها وبين الطرق السببية.

س5: تكلم عن الفروض الأساسية في تحليل السلاسل الزمنية.

س6: يخضع الاتجاه العام لسلوك الظاهرة لعدد من المؤثرات، ما هي ؟ وضحها مع الرسم.

س7: ما هي عيوب طريقة الرسم في قياس قيمة وتأثير الاتجاه العام، وما هي برأيك الطريقة الأفضل.

س8: تكلم عن طريقة التسريح (الامتداد) الأسي وأهميتها ضمن أساليب التوقع.

س9: فيما يلي بيانات "بآلاف الأطنان" لثلاث فترات خلال عدد من السنوات

السنة / الربع	1	2	3
1970	5	11	8
1971	9	12	11
1972	12	18	15
1973	15	24	20

المطلوب:

أ- رسم المنحنى التاريخي للظاهرة.

ب- إيجاد قيم الاتجاه العام.

ج- حساب الدليل الموسمي.

د- استبعاد أثر الموسم.

ه- قارن بين النتائج التي حصلت عليها في (ب،د)

س10: كانت المبيعات الربع سنوية لإحدى الشركات بآلاف الريالات في بلد ما في الفترة من سنة 1952 حتى سنة 1958.

السنة / الربع	1952	1953	1954	1955	1956	1957	1958
الأول	15	20	20	25	25	30	25
الثاني	25	25	20	20	15	35	40
الثالث	20	25	20	25	30	35	30
الرابع	25	30	35	35	30	35	30

المطلوب:

أ- إيجاد الدليل الموسمي للظاهرة.

ب- استبعاد أثر التغيرات من البيانات.

ج- رسم المنحنى التاريخي للظاهرة وكذلك البيانات بعد استبعاد أثر التغيرات الموسمية منها.

د- حساب مبيعات الشركة في الربع الأول لسنة 1959 وكذلك الربع الرابع لسنة 1960.

ه- هل لديك توصيات بالنسبة للفترة التي يجب أن تقوم الشركة فيها بالإعلان.

س11: الجدول الآتي يوضح تطوير الإنتاج لسلعة ما في السنوات 1961 وحتى 1970.

السنة	1961	1962	1963	1964	1965	1966	1967	1968	1969	1970
كمية الإنتاج (ألف طن)	66	50	55	59	97	122	153	140	104	110

المطلوب:

أ- حساب القيم الاتجاهية.

ب- استبعاد أثر الاتجاه العام من البيانات.

ج- حساب الكميات المنتظر إنتاجها عامي 1972-1975.

6

الفصل السادس

الارتباط والانحدار البسيط

1.6 معامل الارتباط البسيط

2.6 معامل ارتباط الرتب (سبيرمان)

3.6 الانحدار

4.6 تقدير معادلة خط انحدار x/y

5.6 أسلوب الانحدار المتعدد

6.6 تطبيقات إحصائية مختلفة في اتخاذ القرار

أسئلة وتمارين الفصل السادس

الفصل السادس

الارتباط والانحدار البسيط

يفهم من هذه الطريقة بأنها تبحث بالعلاقات السببية Causal Method بين عوامل أو متغيرات الظاهرة المدروسة، وتشمل مجموعة من الطرق الفرعية التي تأخذ بنظر الاعتبار سلوك المتغيرات المستقلة (Independent Variables) مثل الدخل الفردي وحجم السكان والأسعار والمنافسة والحالة الاقتصادية وغير ذلك وتأثيرها على قيم الظاهرة المدروسة والتي تعرف باسم المتغير التابع (dependent variable) وذلك مثل المبيعات والإنتاج وما شابه ذلك. إن التأثير في هذه الحالة يمكن أن يكون بشكل مباشر أو غير مباشر، ومن أبرز الطرق السببية هي:

1- معامل الارتباط Coefficient Correlation
2- معامل الانحدار Coefficient Regression

1.6 معامل الارتباط Coefficient Correlation

يستخدم معامل الارتباط لتوضيح العلاقة السببية الموجودة بين متغيرين أو أكثر من المتغيرات ذات الصلة بالظاهرة المدروسة في منظمة الأعمال (تطور المبيعات أو تطور الإنتاج)، علماً بأن هذا المعامل ليس هو طريقة للتنبؤ بقدر ما هو طريقة لتحديد العلاقة بين الظاهرة المدروسة والمتغيرات ذات الصلة والتي تراها منظمة الأعمال بأنها ستؤثر على نشاطاتها البعيدة أو الإنتاجية وغيرها من الظواهر. إن معامل الارتباط يوضح قوة العلاقة بين الظاهرة المدروسة وأي متغير آخر يرغب متخذ القرار بالمنظمة بالتأكد من درجة علاقته بالظاهرة قيد الدرس، وكلما كانت درجة معامل الارتباط كبيرة (1- $\geq$ r $\geq$ 1+) فإنها يعني مؤشر على قوة العلاقة بين المتغيرين وبالعكس كما هو واضح من الشكل رقم (6-1).

وفي هذا الصدد يمكن التمييز بين نوعين من معامل الارتباط، وهما:

أولاً: معامل الارتباط البسيط، وهو ذلك المعامل الذي يوضح درجة العلاقة بـين متغـيرين فقط من حيث وجود علاقة قوية أو ضعيفة بينهما.

ثانياً: معامل الارتباط المتعدد، وهو المعامل الذي يكشف العلاقة بـين الظاهرة المدروسـة وبـين المتغيرات ذات الصلة لهذه الظاهرة مثل الدخل الفردي، عدد السكان،... الخ التي يظهر تأثيرها بشكل مركب أو متعدد الأطراف.

بالنسبة للنوع الأول من الارتباط يستخدم عدد من العلاقات الرياضية لحسـاب قيمـة الارتباط وبالاعتماد على المستويات الواردة في الشكل رقم (6-1) حيث يتم تحديد درجة قوة الارتباط من حالة العلاقة الطردية أو العكسية بين المتغيرات.

شكل رقم (6-1) حدود ومستويات الارتباط (r)

أولاً	العلاقة الطردية بين المتغيرات	
	$0 < r \leq 0.3$	لا يوجد ارتباط
	$0.3 < r \leq 0.7$	ضعيف
	$0.5 \leq r \leq 0.7$	متوسط
	$0.7 < r \leq 0.9$	قوي
	$0.9 < r \leq 1$	قوي جداً
ثانياً:	العلاقة العكسية بين المتغيرات	
	$-0.3 \leq r < 0$	لا يوجد ارتباط
	$-0.5 \leq r < -0.3$	ضعيف
	$-0.7 \leq r < -0.5$	متوسط
	$-0.9 \leq r < -0.7$	قوي
	$-1 \leq r < -0.9$	قوي جداً

إن هذه المستويات من العلاقات بين المتغيرات في ظل أسلوب الارتباط يمكـن أن تعـرض بشـكل آخر وذلك كما يلي:

238

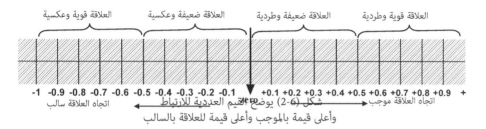

شكل (2-6) يوضح القيم العددية للارتباط
وأعلى قيمة بالموجب وأعلى قيمة للعلاقة بالسالب

فإذا كان لدينا متغيرين متمثلين لظاهرتين x و y فإن أفضل طريقة لمقارنة التغير بين هاتين الظاهرتين هي مقارنة القيم المعيارية لهما أي:

$$\left(\frac{x_i - \bar{x}}{s_x}\right) \quad , \quad \left(\frac{y_i - \bar{y}}{s_y}\right)$$

حيث أن القيم s_x ، s_y هما الانحرافان المعياريان لقيم x، y على الترتيب وهنا نلاحظ أن حاصل ضرب القيم المعيارية لظاهرتين يكون كبيراً من حيث العدد (بغض النظر عن الإشارة موجبة كانت أم سالبة) في حالة وجود ارتباط قوي بين الظاهرتين وعليه فقد اتفق على اتخاذ متوسط حاصل ضرب القيم المعيارية كمقياس لدرجة الارتباط بين المتغيرين ويطلق عليه اسم معامل الارتباط بيرسون للعزوم وتكون صيغته النهائية كما يلي:

$$r = \frac{\sum (x_i - \bar{x})\ (y_i - \bar{y})}{(n-1)\ s_x\ s_y} \quad \text{...(55)}$$

أو من الممكن التعبير عنهما بالصيغة الآتية:

$$r = \frac{n\sum x_y - \sum x * \sum y}{\sqrt{\left[n\Sigma x^2 - (\Sigma x)^2\right]\left[n\Sigma y^2 - (\Sigma y)^2\right]}} \quad \text{..................................(56)}$$

حيث أن:

$\bar{x}$ = الوسط الحسابي للبيانات $x_1, x_2, \ldots\ldots, x_n$

$\bar{y}$	=	الوسط الحسابي للبيانات	$y_1, y_2, \ldots, y_n$
S_x	=	الانحراف المعياري للبيانات	$x_1, x_2, \ldots, x_n$
Sy	=	الانحراف المعياري للبيانات	$y_1, y_2, \ldots, y_n$

وتكون قيم الارتباط واقعة بين 1+ و 1– كما في الشكل (6-2) وبشكل عـام يمكـن عـرض أهـم العلاقات الرياضية لأسلوب الارتباط وكما يلي:

حيث أن: الانحراف المعياري لقيم $s_x \, s_y$

1. $$r = \frac{\sum_{i=1}^{n}(x_i - \bar{x})(y_i - \bar{y})}{(n-1)\, s_x \, s_y}$$

2. $$r = \frac{\sum_{i=1}^{n}(x_i - \bar{x})(y_i - \bar{y})}{\sqrt{\sum (x_i - \bar{x})^2}\,\sqrt{(y_i - \bar{y})^2}}$$

3. $$r = \frac{n\sum x_i y_i - \sum x_i \sum y_i}{\sqrt{n\sum x_i^2 - (x_i)^2}\,\sqrt{\sum y_i^2 - (y_i)^2}}$$

4. $$r = \frac{\sum x_i y_i - n\bar{x}\bar{y}}{\sqrt{n\sum x_i^2 - n\bar{x}^2}\,\sqrt{\sum y_i^2 - n\bar{y}^2}}$$

وفيما يلي مثال يوضح تطبيق لهذه العلاقات الرياضية:

مثال رقم (1):

إحدى الشركات المتخصصة بإنتاج لحوم الدواجن يرغب متخذ القرار فيها في معرفة نوع العلاقـة والارتباط بين كميات اللحوم المنتجـة محسـوبة بالأطنـان (y_i) ومقـدار الأعـلاف المسـتخدمة في عمليـة التغذيـة لهـذه الـدواجن (x_i) محسـوبة بالكيلوغرامـات خـلال الفـترة مـن 1996 لغايـة 2002. البيانـات المتوفرة هي:

240

الأعلاف محسوبة بكيلوغرام	اللحوم محسوبة طن	السنوات
1	3	1996
2	4	1997
5	6	1998
3	3	1999
2	5	2000
1	4	2001
4	8	2002

المطلوب: احسب معامل الارتباط الخطي البسيط (r)

الحل: في البداية يتم تنظيم الجدول التالي:

السنوات	yi	xi	xiyi	x_i^2	y_i^2
1996	3	1	3	1	9
1997	4	2	8	4	16
1998	6	5	30	25	36
1999	3	3	9	9	9
2000	5	2	10	4	25
2001	4	1	4	1	16
2002	8	4	32	16	64
المجموع	33	18	96	60	175

من الجدول نحصل على ما يلي:

$$\bar{x} = \frac{18}{7} = 2.57$$

$$\bar{y} = \frac{33}{7} = 4.71$$

العلاقة الرياضية التي تستخدم في هذه الحالة هو ما يلي:

$$r = \frac{\sum x_i y_i - n\bar{x}\,\bar{y}}{\sqrt{n\sum x_i^2 - n\bar{x}^2}\ \sqrt{\sum y_i^2 - n\bar{y}^2}}$$

وبالتعويض عن القيم أعلاه:

$$r = \frac{69 - 7(2.57)(4.71)}{\sqrt{60 - 7(2.57)^2}\ \sqrt{175 - 7(4.71)^2}}$$

241

$$r = \frac{11.27}{\sqrt{13.77}\ \sqrt{19.71}} = 0.68$$

ويمكن استخدام العلاقة الرياضية التالية:

$$r = \frac{n\sum x_i y_i - \sum x_i \sum y_i}{\sqrt{\mathrm{n}\sum \mathrm{x}_\mathrm{i}^2 - (x_i)^2}\ \sqrt{\sum \mathrm{y}_\mathrm{i}^2 - (y_i)^2}}$$

$$r = \frac{7(96) - 18(33)}{\sqrt{7(60) - (18)^2}\ \sqrt{7(115) - (33)^2}}$$

$$r = \frac{78}{\sqrt{96}\ \sqrt{136}} = 0.68$$

يعتبر مقياس درجة الارتباط بين عملية إنتاج اللحوم وعملية التغذية من الأعلاف المذكورة متوسط وموجب، ويمكن هنا الاستعانة بأسلوب الانحدار البسيط (بعد التأكد من أن العلاقة ذات صفة خطية بين هذين المتغيرين) من اجل التوقع بحجم ومقدار الحاجة للأعلاف للسنوات القادمة، حيث سوف يرد ذلك لاحقاً.

مثال رقم (2):

الجدول الآتي يضم معدل الدخل x_i والمصروفات y_i لـ 6 عوائل، والمطلوب احتساب معامل الارتباط بينهما:

معدل الدخل السنوي (مئات الدينار) x_i	10	20	30	40	50	60	$\sum$=210
معدل المصروف السنوي (مئات الدينار y_i)	7	21	23	37	36	53	$\sum$=174

الحل: نجد قيم كل من $\sum xy$ ، $\sum x^2$ ، $\sum y^2$

Xy	Y^2	X^2
70	79	100
420	441	400
690	529	900
1360	1156	1600
1800	1296	2500
3180	2809	3600
$\sum xy=7520$	$\sum y^2=6280$	$\sum x^2=9100$

وبتطبيق الصيغة رقم (56) نحصل على ما يلي:

$$r = \frac{n\sum xy - (\Sigma x)(\Sigma y)}{\sqrt{\left[n\Sigma x^2 - (\Sigma x)^2\right]\left[n\Sigma y^2 - (\Sigma y)^2\right]}}$$

$$r = \frac{6(7520) - (210(174)}{\sqrt{\left[6(9100) - (210)^2\right]\left[6(6280) - (174)^2\right]}} = 0.975$$

إن النتيجة هذه توضح لمتخذ القرار أن هنالك علاقة قوية موجبة بين دخل ومصروف العينة مـن الأسر قيد الدراسة، أي أنه كلما يزداد الدخل يرتفع معه حجم المصوفات.

2.6 معامل ارتباط الرتب (سبيرمان)

يستخدم هذا المعامل لدراسة الارتباط بين البيانات النوعيـة، أي أنـه توجـد بعـض المتغيرات لا يمكن قياسها كمياً. وتعتمد هذه الطريقة على إعطاء المتغيرات رتباً لتحل محل القياس العددي.

فإذا تم ترتيب مفردات المتغيرات x ترتيباً تصاعدياً ووجـدان أن مفردات المتغير y المناظرة لها مرتبة ترتيباً تصاعدياً أيضاً نستنتج وجود ارتباط طردي تام بين المتغيرين x، y، أمـا إذا رتبنـا مفـردات المتغير x ترتيباً تصاعدياً ووجدنا أن مفردات المتغير y المناظرة لها مرتبة ترتيباً تنازليـاً، فإنه يستنتج مـن ذلك وجود ارتباط عكسي تام بين المتغيرين x، y غير أن هذا الارتبـاط التـام نـادراً مـا يصادفنا في الدراسـات الاجتماعية والاقتصادية.

243

ولقياس الارتباط بين مفردات المتغيرين x، y. ترتب كلاً مـنهما حسب أفضليته، ثم نحسب الفروق بين كل رتبتين متقابلتين (فنجد أن $\sum D = Zero$)، وبحساب مربعات هذه الفروق يمكن إيجاد معامل الارتباط باستخدام العلاقة الآتية:

$$r_s = 1 - \frac{6\sum D^2}{n(n^2 - 1)} \quad \dots\dots\dots\dots\dots\dots\dots (57)$$

حيث n تساوي عدد أزواج البيانات d,(x,y) تساوي الفرق بين رتب x و y.

نلاحظ من هذا التعريف أنه يمكن حساب قيمة r_s إذا عرفت الرتب أو إذا عرفت البيانات التي يمكن ترتيبها، ويصلح هذا المعامل بوجه خاص إذا كان عدد أزواج البيانات ما بين 25 و 30 أو أقل.

مثال رقم (3):

احسب معامل سبيرمان للارتباط بالرتب بين المعدلات الآتية لعشرة طلاب في شهادة الدراسة الثانوية والفصل الجامعي الأول

89.8	87.2	90.5	94.1	85.0	93.5	88.8	79.9	85.5	77.5	معدل الطالب في شهادة الدراسة الثانوية x_i
78.0	76.1	81	82	74.5	80.0	71.0	65.5	72.8	61.0	معدل الطالب في نهاية الفصل الجامعى الأول y_i

ترتيب معدلات x يجب أن تعطي الرتبة 1 لأعلى معدل في x والرتبة 2 للمعدل الـذي يـلي أعـلى معدل وهكذا، وكذلك نرتب المعدلات y بالمثل ثم نجد الفرق بين رتبتي كل طالب كمـا هـو موضـح في الجدول الآتي الذي من الممكن أن نحسب معامل سبيرمان منه r_s:

D^2	الفرق بين الرتب D	رتب y	رتب x
0	0	10	10
0	0	7	7
0	0	9	9
9	-3	8	5
1	-1	3	2
4	2	6	8
0	0	1	1
1	1	2	3
1	1	5	6
0	0	4	4
16			المجموع

وبتطبيق العلاقة رقم (75) الخاصة بمعامل ارتباط سبيرمان يكون لدينا:

$$r_s = 1 - \frac{6\sum D^2}{n(n^2-1)}$$

$$r_s = 1 - \frac{6*16}{10*99} = 0.90$$

مثال رقم (4):

فيما يلي تقديرات ستة من الطلبة في امتحان مادتي الرياضيات والإحصاء والمطلوب حساب معامل الارتباط (سبيرمان) بين تقديرات المادتين:

رقم الطالب	1	2	3	4	5	6
تقدير الرياضية	ضعيف	ممتاز	جيد	ضعيف جداً	مقبول	جيد جداً
تقدير الإحصاء	مقبول	جيدجداً	جيد	ضعيف	ضعيف جداً	ممتاز

ولحساب معامل الارتباط من هذه البيانات ترتب تقديرات كل من المادتين ترتيباً تصاعدياً أو تنازلياً وذلك بإعطاء التقدير ممتاز الرتبة (1) والتقدير الذي يليه الرتبة (2) و ... وهكذا، ثم نحسب الفروق بين كل رتبتين متناظرتين كما في الجدول الآتي:

تقدير الرياضيات	تقدير الإحصاء	رتب تقدير الرياضيات	رتب تقدير الإحصاء	الفروق D	مربع الفروق D^2
ضعيف	مقبول	5	4	1	1
ممتاز	جيد جداً	1	2	-1	1
جيد	جيد	3	3	Zero	Zero
ضعيف جداً	ضعيف	6	5	1	1
مقبول	ضعيف جداً	4	6	-2	4
جيد جداً	ممتاز	2	1	1	1
					8

$$r_s = 1 - \frac{6\sum D^2}{n(n^2-1)}$$

$$= 1 - \frac{6*8}{6*35} = \frac{27}{35} = 0.77$$

من النتيجة (0.77) يستطيع متخذ القرار الاستنتاج بأنه يوجد ارتباط قوي وطردي بـين تقديرات وعلامات الطلبة الست في هاتين المادتين.

3.6 الانحدار Regression

لدراسة العلاقة بين ظاهرتين يمكن تكوين فكرة مبدئية عن نوع العلاقة وقوتها وذلك باستخدام ما يعرف بشكل الانتشار (Scatter Diagram) حيث نرسم إحداثياً أفقياً وهو (إحداثي x) وإحداثياً عمودياً يطلق عليه (إحداثي y) ونرسم أو تعيين على المستوى أزواج المشاهدات المرتبة.

(x_1,y_1) ، (x_2,y_2) ، (x_3,y_3) ، $(x_4,\ y_4)$ ، ..... (x_n,y_n) وبـذلك سـوف نحصـل عـلى مـا يسـمى بلوحـة الانتشار. وتبين لوحة الانتشار بشكل جيد ما إذا كان هناك علاقة بين المتغيرين x و y أو عدم وجودها، حيث يتضح من الشكل (6-3/أ)، أنه توجد علاقة طردية بين المتغيرين أي أن النقاط للانتشار تقع في مجال ضيق يمكن حصره بين مستقيمين، بمعنى أنه يمكنك رسم خط مستقيم بحيث تقع معظم النقاط المرسومة عليه أو تكون حوله وقريبة منه كما يؤيد وجود علاقة طرديـة بـين المتغـيرين وكذلك الحـال للشكل (6-3/ب)، واضح أن النقاط التي تـم تعيينها والتي تمثـل الأزواج المرتبـة في مجال ضيـق بـين خطين مستقيمين متوازيين، وكذلك يتبين إمكانية وقوع هذه النقاط على خط مستقيم بمعنى إمكانية رسم خط مستقيم تقع معظم النقاط عليه أو تكون قريبة منه، وبالتالي إمكانيـة وجـود علاقة خطيـة بين المتغير x و y وعكسية. أما لوحة الانتشار في شكل (6-3/جـ) فيظهر فيها، أن النقاط مبعـثرة بشكل يتضح منه أن النقاط لا تقع على خط مستقيم ولا يظهر أن هناك نموذجاً معيناً تتبعه هـذه النقاط في الانتشار. أما فيما يتعلق بلوحة الانتشار في الشكل (6-3/د) فتظهر أن هناك علاقة بين المتغيرين x و y كما ويظهر أن هذه العلاقة ليست علاقة خطية حيث أن النقاط المرصودة لا توحي بأنها تقع على خط مستقيم بل على منحنى مما يؤيد أن العلاقة بين المتغيرين هي علاقة غير خطية.

شكل (3-6)

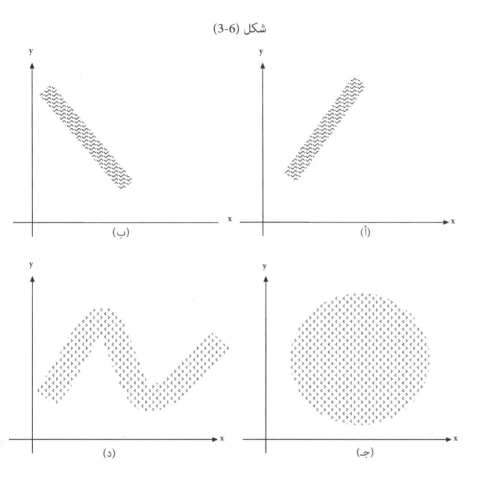

واضح من الشكلين (أ، ب) أن النقاط تقع على مسار خط مستقيم، بمعنى أنه توجد علاقة خطية بين المتغيرين يمكن وضعها على شكل معادلة من الدرجة الأولى وبالصيغة

$$\hat{y} = a + bx \dots\dots\dots\dots\dots\dots\dots\dots\dots\dots\dots\dots\dots\dots\dots\dots\dots\dots(58)$$

حيث y المتغير التابع (Dependent variable) الذي نريد تقديره، x يمثل المتغير المستقل (Independent variable)، a، b ثوابت يمكن حسابهما من واقع البيانات المشاهدة وعند معرفة كل من قيمة a و b يمكن تقدير معادلة الانحدار البسيط وبالتالي استنتاج قيم y عندما تأخذ x قيماً معينة لذلك تعرف هذه المعادلة بمعادلة خط

الانحدار y على x، حيث b تمثل ميل الخط (خط الانحدار) و a تبين مقدار الجزء المقطوع من المحور y.

ولرسم خط مستقيم يتوسط النقاط في شكل الانتشار لكي يمثل العلاقة بين المتغيرين x و y يمكن أن نمهد هذا الخط باليد. ولكن هذا التمهيد يكون تقريبياً ويختلف من شخص لآخر، لذلك سوف نلجأ لاستخدام طريقة جبرية تعرف بطريقة المربعات الصغرى، وهي طريقة دقيقة تمكننا من تحديد افضل موضع لهذا الخط.

إن فكرة طريقة المربعات الصغرى لتقدير معادلة الانحدار (y/x)، وهي إذا كان لدينا مجموعة من الأزواج المرتبة (عينة) وهي (y_1,x_1)، (y_2 ,x_2) ، (y_3 ,x_3) .... (y_n ,x_n)، حيث x_1 و x_2 و .... x_n. قيم لمتغير x وحيث أن y_1 و y_2 و y_3... y_n القيم المقابلة لهما للمتغير y، فإن من الممكن تعيين هذه النقاط على المستوى yx لكي نحصل على لوحدة الانتشار الموضحة بالشكل (6-3) وعند ذلك يصبح بالإمكان الحكم فيما إذا كان من المعقول تطبيق خط مستقيم على شكل الانتشار أم لا.

فإذا فرضنا أن هناك علاقة خطية بين المتغيرين (شكل 6-3، أ، ب) x و y أمكن التعبير عن هذه العلاقة بالمعادلة التالية:

$Y = A + BX + e$ ....(59)

ويقابل هذه المعادلة للمشاهدة التي رقمها i المعادلة التالية:

$Y_i = A + BX + e_i$ ....(60)

حيث ei هي الأخطاء (i=1,2,...,n) وهي متغيرات عشوائية مستقلة ويخضع كل منها للتوزيع الطبيعي $e_i \sim N(0,\sigma^2)$ وهذه الأخطاء غير مشاهدة. وهو بكلام آخر هو الفرق الحاصل بين موقع النقاط الحقيقية على المستوى وموقعها المقدر $(\hat{y})$ على معادلة الخط المستقيم والتي نحن بصدد تقديرها.

والمطلوب لتقدير معادلة الخط المستقيم، تقدير A و B ولكي تستطيع تقدير y_i المقابلة للمتغير x_i.

نفرض أن a هو تقدير A ، b هو تقدير B ولذلك يكون تقدير المعادلة كما هو الآتي:

$$\hat{y} = a + bx \quad \text{.....(61)}$$

والمعادلة (61) وكذلك (58) تبين خط انحدار y على x الذي حصلنا عليه باستخدام a، b ويكون $\hat{y}$ هي القيمة التقديرية (المتنبأ بها) ولهذا يكون لدينا ما يلي:

$$e_i = y_i - \hat{y}_i \quad \text{.....(62)}$$

هي معادلة الخطأ في التقدير.

ومن المنطقي أن نبحث عن أحسن خط مستقيم يمكن أن يطبق على لوحة الانتشار والحصول عليه يجب أن تطبق شرط هو أن مجموع مربعات الأخطاء يجب أن يكون أقل ما يمكن أي:

$$\Sigma e_i = (y_i - \hat{y}_i)^2 \quad \text{.....(62)}$$

ولذلك سميت الطريقة المتبعة في تقدر أفضل خط مستقيم يمر بنقاط الانتشار (بطريقة المربعات الصغرى)، ويمكن تقدير الخط المستقيم وذلك بحل المعادلتين الآتيتين:[1]

$$\sum y = na + b\Sigma x \quad \text{.....(63)}$$

$$\sum xy = a\Sigma x + b\Sigma x^2 \quad \text{.....(64)}$$

وبقسمة المعادلة (63) على n نحصل على ما يلي:

$$a = \bar{y} - b\bar{x}$$

حيث $\bar{X}$ هو الوسيط الحسابي للمشاهدات x_1، x_2، ...، x_n ، $\bar{y}$ هو الوسط الحسابي للمشاهدات y_1 و y_2 ، ... y_n.

وبحل المعادلتين (63)، (64) نجد أن

[1] يمكن أن تظهر القيم x ، y في العلاقات الرياضية أعلاه على النحو xi ، yi لزيادة التعريف.

$$b = \frac{\sum xy - n\bar{x}\,\bar{y}}{\sum x^2 - n\bar{x}^2}$$

وبتعويض قيمتي a و b في المعادلة (61) نحصل على معادلة انحدار y على x.

مثال

الجدول الآتي يمثل العلامات النهائية لثمانية طلاب في مقرري الإحصاء (x) والرياضيات (y):

95	85	65	80	45	60	65	85	علامة مقرر الإحصاء x
87	82	57	72	52	62	67	77	علامة مقرر الرياضيات y

المطلوب:

أوجد معادلة انحدار علامة الرياضيات (y) على علامة الإحصاء (x) . ثم أوجد تقدير لعلامة الرياضيات لطالب حصل في الإحصاء على 95 ثم أوجد الخطأ في التقدير.

الحل:

افرض أن معادلة الانحدار y على x بطريقة المربعات الصغرى هي:

$$Y = a + bx$$

ومن هذه العلاقة يتم اشتقاق معادلة الانحدار الخطي التالية:

$$\hat{Y}_i = a + bx_i$$

ثم يتم حساب قيم a، b من المعادلتين التاليتين:

$$b = \frac{\sum xy - n\overline{xy}}{\sum x^2 - n\bar{x}^2} \quad , \quad a = \bar{y} - b\bar{x}$$

ولهذا يستلزم حساب المقادير من الجدول الآتي:

xy	x^2	y	x
6545	7225	77	85
4355	4225	67	65
3720	3600	62	60
2340	2025	52	45
5760	6400	72	80
3705	4225	57	65
6970	7225	82	85
8265	9025	87	95
41660	**43950**	**556**	**580**

$$b = \frac{41660 - (8)*(69.5)(72.5)}{43950 - 8(72.5)^2}$$

$$= \frac{1350}{1900} = 0.71$$

$$a = \bar{y} - b\bar{x} = 69.5 - (0.71)(72.5) = 18.03$$

إذن تكون معادلة انحدار y على x هي:

$$\hat{y}_i = 18.03 + 0.71\, x_i$$

بعد ذلك يتم تقدير علامة الرياضيات إذا كانت علامة الإحصاء (x=95) وبتعويض هذه القيمة في المعادلة التالية:

وهو علامة الرياضيات $\hat{y}_i = 18.03 + 0.71(95\,) = 85.46$

أما الخطأ في التقدير فهو يحسب كما يلي

$$e_i = y_i - \hat{y}_i = 87 - 85.46 = 1.54$$

حيث 87 هي قيمة المشاهدة المقابلة للعلامة 95 في الإحصاء في الجدول أعلاه و 85.46 هي القيمة التي تم التنبؤ بها.

4.6 تقدير معادلة خط انحدار x/y

إذا تم استخدام y كمتغير مستقل و x كمتغير تابع فإنه يمكن إيجاد معادلة تمكننا من تقدير قيمة x عندما تكون قيمة y معلومة وتسمى بمعادلة خط انحدار x على y ويمكن كتابتها على الصورة الآتية

$$X = a + by$$

حيث a تمثل الجزء المقطوع من محور السينات b هي ميل خط الانحدار وتسمى أيضا بمعامل انحدار x على y. ويمكن إيجاد هذه المعادلة باستخدام طريقة المربعات الصغرى وذلك بجعل مجموع مربعات الأبعاد الأفقية للنقاط عن خط الانحدار أصغر ما يمكن . وفي هذه الحالة يمكن حساب قيم b، a من المعادلتين

$$\sum x = b\Sigma y + na \qquad \text{.......(65)}$$

$$\sum xy = b\Sigma y^2 + a\Sigma y \qquad \text{.......(66)}$$

ومن هاتين المعادلتين نجد ما يلي:

$$b = \frac{\sum y + n\overline{xy}}{\sum y^2 - n\bar{y}^2} \qquad \text{.......(67)}$$

$$a = \bar{x} - b\bar{y} \qquad \text{.......(68)}$$

مثال

أوجد معادلة خط انحدار x على y من البيانات الآتية:

xy	y^2	y	x
9	9	3	3
24	16	4	6
10	4	2	5
24	36	6	4
25	25	5	5
2	1	1	2
70	49	7	10
164	**140**	**28**	**35**

الحل:

$$\overline{x} = \frac{35}{7} = 5 \qquad , \qquad \overline{y} = \frac{28}{7} = 4$$

$$b = \frac{\sum xy - n\overline{x}\,\overline{y}}{\sum y^2 - n\overline{y}^2} = \frac{164 - 7(5)(4)}{140 - (7)(16)} = \frac{24}{28}$$

$$= 0.857$$

$$a = 5 - (0.857)(4) = 1.572$$

ويكون تقدير معادلة انحدار x على y كما يلي

$$\hat{x} = 0.857.7\,y + 1.572$$

5.6 أسلوب الانحدار المتعدد Multiple Regression

يستخدم هذا الأسلوب في عملية التنبؤ بالظواهر الاقتصادية المختلفة في ظل وجود تأثير لأكثر من متغير واحد على بيانات الظاهرة المدروسة. النموذج الرياضي الخاص لهكذا حالة هو كما يلي:

$$Y = f(x_1, x_2, x_3, ..., x_n)$$

أي أن الظاهرة (y) تتأثر بالمتغيرات $(x_1, x_2, ..., x_n)$ وينبغي أن تؤخذ بعين الاعتبار. وعندما تكون العلاقة خطية بين الظاهرة والمتغيرات المؤثرة فيها، فإن صيغة العلاقة تكون كما يلي:

$$y = a + b_1 x_1 + b_2 x_2 + b_3 x_3 + ... + b_n x_n$$

حيث أن:

a   =   مقدار ثابت لا يتأثر بعدد المتغيرات المستقلة $(x_1, x_2, ..., x_n)$

x   =   المتغير ذات التأثير على الظاهرة المتوقعة (متغير مستقل)

b   =   معامل المتغير المستقل (x)

المفروض في هذه الحالة إيجاد قيمة (b_1)، (b_2)، (b_3)...(b_n) إضافة إلى المقدار الثابت (a) بأسلوب حل المعادلات الخطية أو باستخدام المصفوفات إذا كان العمل

253

يجري يدوياً، ويمكن الرجوع إلى البرنامج المعروف SPSS لمعالجة هذه المشكلة. وفيما يلي مثال يوضح هذا النوع من أساليب الانحدار.

مثال رقم(1)

أظهرت النتائج لسجلات المبيعات لإحدى الشركات التي تنتشر فروعها في مختلف أنحاء البلاد وجود تباين في مبيعات الفرع الشهرية واختلاف مساحة كل فرع وحجم النفقات الشهرية بين فرع وآخر مما جعلها تربط بين حجم المبيعات لذلك الفرع ومساحته وحجم نفقاته الشهرية على الإعلان.

وفيما يأتي بيانات المبيعات الشهرية ومساحة الفرع وحجم الإنفاق الشهرية على الإعلان.

جدول يوضح بيانات المبيعات والمساحة والإنفاق الشهري على الإعلان

رقم الفرع	حجم المبيعات الشهرية (ألف دينار)	مساحة الفرع (متر مربع)	النفقات الشهرية للإعلان (دينار)
1	02	305	35
2	15	130	98
3	117	189	83
4	9	179	76
5	16	101	93
6	27	269	77
7	35	421	44
8	7	195	57
9	22	282	31
10	23	203	92
مجموع	**191**	**2270**	**686**

بافتراض أن إدارة المبيعات قد تحققت من درجة العلاقة بين المتغيرات الثلاثة (المبيعات، المساحة، نفقات الإعلان) وطبيعة العلاقة كونها خطية، فإن نموذج الانحدار الخطي المتعدد سيكون:

$$y = \alpha + b_1x_1 + b_2x_2$$

يتم تعريف عناصر المعادلة كما يلي:

y: مبيعات الشركة للفترة المقبلة .(متغير تابع)

x_1: مساحة الفرع (متغير مستقل)

x_2: حجم الإنفاق الشهري على الإعلان (متغير مستقل).

α: مقدار ثابت لا يتأثر بحركة المتغيرات المستقلة.

b_1: معامل للمتغير المستقل (x_1)

b_2: معامل للمتغير المستقل (x_2)

لكي نصل إلى نموذج التنبؤ بمبيعات الشركة لا بدمن إيجاد قيم المعاملات b_1، b_2 والمقدار الثابت (α)، ويمكن الوصول على ذلك من خلال حل المعادلات أو المصفوفات أو من خلال استخدام برامج إحصائية جاهزة ومحوسبة كبرنامج (SPSS) أو غيره، وسوف يتم استخدام البرنامج الجاهز (SPSS) للحصول على قيمة كل من (a، b_1، b_2)لسرعة وسهولة ودقة الوصول إلى النتائج. ولكن كون عدد المتغيرات المستقلة الداخلة في النموذج قليلة وهما متغيران (x_1، x_2) يمكن الوصول إلى قيم المعاملات والمقدار الثابت باستخدام العلاقات الإحصائية وحلها وفقاً لأسلوب حل المعادلات الآتية الخطية باستخدام النموذج الآتي:

$$\sum y \quad = n\alpha + b_1 \sum x_1 + b_2 \sum x_2$$

$$\sum x_1 y = \alpha \sum x_1 + b_1 \sum x_1^2 + b_2 \sum x_1 x_2$$

$$\sum x_2 y = \alpha \sum x_2 + b_1 \sum x_1 x_2 + b_2 \sum x_2 x_2^2$$

ولكن لو زاد عدد المتغيرات إلى ثلاثة أو أكثر فإن الحل اليدوي يصبح عسيراً، لذا يفضل استخدام البرامج الإحصائية الجاهزة لهذا الغرض.

ولغرض الحصول على المعاملات (b_1 ، b_2 والمقدار الثابت (α) تم استخدام البرنامج الإحصائي المحوسب (SPSS) من خلال البيانات الواردة في الجدول السابق بنفس مسميات المتغيرات الواردة في نموذج التنبؤ السابق ومن قائمة Analysis في برنامج (SPSS) الإصدار العاشر نختار الخيار Regression ثم نختار (Linear) كون العلاقة خطية، بعد ذلك نضع (y) في حقل المتغير التابع (Dependent variable) في

نافذة (Linear Regressio) ونضع كل مـن (x2 ،x1) في حقـل (Independents) ثـم نختـار أسـلوب الانحدار من قائمة (Method) ونختار (Enter)، بعد إنجاز كل ذلك نضغط (Ok) فنحصل على قيمـة كـل من (α) والتي تظهر في البرنامج في حقل (β) من Coefficient وأمام السـطر (Constant)، والتـي كانـت (-10.474)، وقيمة المعامل b1 تساوي (0.089)، و b_2 تساوي (0.124) وهي كالآتي:

α = -10.474
b_1 = 0.089
b_2 = 0.124

وبالتعويض عن قيم كل من (α) ، (b1)، (b2) بنموذج التنبؤ السابق نحصـل عـلى نمـوذج التنبـؤ النهائي الآتي:

$$y= -10.474 + .089x_1 + .124x_2$$

إضافة إلى إيجاد قيم المعاملات والمقدار الثابت فإن نتائج المعالجة من خلال برنامج (SPSS) قـد أظهرت قيمة معامل الارتباط (R)أيضـاً والتـي بلغـت (R=.84) مـما يؤكـد وجـود علاقـة بـين المبيعـات والمتغيرات المستقلة.

وتطبيقاً لنموذج التنبؤ الذي توصلنا إليه نفترض أن الشركة تخطـط لفـتح فـرع جديـد بمسـاحة (250) متر مربع، وتخصيص نفقات شهرية للإعلان بحدود (75) دينار، فما هي المبيعات المتوقعة لهذا الفرع في ضوء متغيري الإعلان ومساحة الفرع وفقاً لنموذج التنبؤ السابق وهو:

$$y = -10.474 + (.089)\ (250) + (.124)\ (75)$$

y = 21076 المبيعات المتوقعة للفرع الجديد بالدينار

إن أسلوب الحل اليدوي سيكون أكثر صعوبة إذا ما زادت المتغيرات الداخلة في النموذج ولـذلك فإن استخدام البرامج الإحصائية المحوسبة هـو الحـل الأفضـل لمعالجـة البيانـات والوصـول إلى معادلـة التنبؤ المطلوبة، ومن الجدير بالذكر هنا أن تقديم مثال تطبيقي والحل يدويا هو للتعريف بالعلاقـات الإحصائية بين المتغيرات وإيضاح كيفية

بناء النموذج. ورغم ذلك فإن المعالجة الأكثر شيوعاً هي من خلال الحاسوب كاستخدام برنامج SPSS.

وأخيراً لا بد وأن نذكر الملاحظة التالية بخصوص الطرق السببية بشكل عام وذلك في كونها أفضل من الطرق الأخرى (الاستقرائية والنوعية)، لكن رغم محاسنها بالنسبة لمتخذ القرار في تحليل التغيرات المستقبلية، وتحديد أثرها على المبيعات بالإضافة إلى كونها طريقة مرنة أكثر من غيرها، لكن هناك بعض المآخذ ترد على هذه الطرق هي:

1- تتطلب وقت وتكاليف من أجل الحصول على تنبؤ جيد للمبيعات وتحتاج إلى استخدام الحاسوب في أغلبها.

2- تتطلب أشخاص ذوي خبرة في مجال صياغة واستخدام نماذج التنبؤ.

3- التغيرات الحاصلة في الاقتصاد القوي كالدخل، الإنتاج، وغيرها قد تدعو إلى إعادة احتساب معاملات (Parameter) التغيرات المستقلة حيث تصبح بعيدة من واقع المعطيات الجديدة.

4- تتطلب بيانات تاريخية تفصيلية عن المبيعات حتى يتم الوصول إلى نموذج التنبؤ المطلوب.

إن التطور الحاصل في نظم الحاسوب وتكنولوجيا المعلومات في الآونة الأخيرة قد أزال العديد من تلك الانتقادات وأصبح تطبيق أعقد النماذج سهلاً والتحديث للبيانات يكاد أن يكون يومياً.

6.6 تطبيقات إحصائية مختلفة في اتخاذ القرار

فيما يلي بعض الحالات والأمثلة التطبيقية التي تعرض نماذج من استغلال البيانات والمؤشرات الإحصائية لانحراف استخدامها من قبل متخذ القرار:

1- أرادت إحدى المؤسسات للدعاية والإعلان معرفة العلاقة بين عدد الأفراد المستجيبين لإعلاناتها y وبين حجم الإعلان المنشور في الصحيفة x_1، وعلاقة المستجيبين مع عدد الصحف الموزعة x_2 والتي يتم نشر الإعلان فيها واستطاعت المؤسسة الحصول على البيانات الآتية:

عدد الصحف الموزعة (بالألف) x_2	x_1 حجم الإعلان (بالإنج)	y_i عدد المستجيبين (بالمئات)
2	1	1
8	8	4
1	3	1
7	5	3
4	6	2
6	10	4
$\sum x_2 = 28$	$\sum x_1 = 33$	$\sum y_i = 15$

أولاً: نستخرج قوة العلاقة بين y_i و x_1 بعد تنظيم الجدول التالي:

y^2	x_1^2	$x_1 y$
1	1	1
16	64	32
1	9	3
9	25	15
4	36	12
16	100	40
$\sum y^2 = 47$	$\sum x_1^2$	$\sum x_1 y = 40$

ومن هذا الجدول نحصل على ما يلي:

$\sum y^2 = 47$ $\sum x_1^2 = 235$ $\sum x_1 y = 103$

عليه فإن:

$$r_{x_1 y} = \frac{n\sum yx_1 - \sum y . \sum x_1}{\sqrt{\left[n\sum y^2 - (\sum y)^2\right]\left[n\sum x_1^2 - (\sum x_1)^2\right]}}$$

$$r_{x_1 y} = \frac{6(103) - (15)(33)}{\sqrt{\left[6(47) - (15)^2\right]\left[6(235) - (33)^2\right]}} = \frac{123}{131.42}$$

$r_{x_1 y} = 0.936$ إذن العلاقة قوية طردية

ثانياً: نستخرج قوة العلاقة بين y_i و x_2 بعد تنظيم جدول كما في الحالة أعلاه:

$$r_{x_2 y} = \frac{n\sum yx_2 - \sum y . \sum x_2}{\sqrt{\left[n\sum y^2 - (\sum y)^2\right]\left[n\sum x_2^2 - (\sum x_2)^2\right]}}$$

$\sum yx_2 = 88$ $\sum x_2^2 = 170$ $\sum y^2 = 47$ $\sum y = 15$

258

$$r_{yx_2} = \frac{6(88)-15(28)}{\sqrt{\left[6(47)-(15)^2\right]\left[69170)-(28)^2\right]}} = \frac{108}{115.983}$$

إذن العلاقة قوية وطردية مقارنتاً بما هو وارد $r_{yx2}=0.93$

في الشكل رقم (6-1) والشكل رقم (6-2).

ثالثاً: العلاقة بين حجم الإعلان وعدد الصحف ، x_1 مع x_2.

$\sum x_1x_2 = 188$

$$r_{x_1x_2} = \frac{n\sum yx_1x_2 - \left(\sum x_1\right)\left(\sum x_2\right)}{\sqrt{\left[n\sum y_1^2-(\sum x_1)^2\right]\left[n\sum x_2^2-(\sum x_2)^2\right]}}$$

$$r_{x_1x_2} = \frac{6(188)-(33)(28)}{\sqrt{\left[6(235)\right]\left[6(170)-(28)^2\right]}} = \frac{204}{267.4}$$

إذن أيضاً العلاقة قوية وطردية بالمقارنة مع ما ورد في $rx_1x_2=0.763$

الشكل (6-1) والشكل (6-2)

2- احسب معامل الارتباط بين قيم المتغير x و y من البيانات الآتية:

X	69	71	68	64	67	66	70	62	68	65
y	28	30	31	25	28	25	28	26	29	28

ولحساب معامل الارتباط باستخدام الصيغة السابقة يلزمنا تكوين الجدول الآتي:

x	y	x_2	y_2	xy
69	28	4761	784	1932
71	30	5041	900	2130
68	31	4624	961	2108
64	25	4096	625	1600
67	28	4489	784	1876
66	25	4356	625	1650
70	28	4900	784	1960
62	26	3844	676	1612
68	29	4624	841	1972
65	28	4225	784	1820
370	**278**	**44960**	**7764**	**18660**

وبتطبيق لصيغة رقم (56)ن ولتسهيل ذلك يلزمنا تقدير الانحراف المعياري لكلا المتغيرين ولذلك يكون لدينا ما يلي: *

$$S_x = \sqrt{\frac{44960}{10} - \frac{(670)^2}{10}} = \sqrt{4496 - 4489} = \sqrt{7}$$

$$S_y = \sqrt{\frac{7764}{10} - \frac{(278)^2}{10}} = \sqrt{776.4 - 773.84} = \sqrt{3.56}$$

وبتطبيق الصيغة (56) يكون لدينا ما يلي:

$$r = \frac{\frac{18660}{10} - (67)(27.8)}{\sqrt{7} * \sqrt{3.56}} = 0.68$$

إذن العلاقة قوية وطردية طبقاً لما هو وارد في الشكل رقم (6-1) والشكل رقم (6-2).

3- أوجد معامل الارتباط بين أطوال وأوزان مجموعة من الطلبة لإحدى الجامعات من البيانات الآتية:

الطول (سنتيمتر): 164، 152، 184، 164، 176، 156، 186، 164

الوزن (بالكيلوجرام):52، 40، 60، 52، 60، 42، 50، 52

نفرض أن x ترمز للطول وأن y ترمز للوزن. ونكون الجدول الآتي

xy	y_2	x_2	y	x
8528	2704	26896	52	164
6080	1600	23104	40	152
11040	3600	33856	60	184
8528	2704	26896	52	164
10560	3600	30976	60	176
6002	17064	24336	42	156
8400	2500	28224	50	168
8528	2704	26896	52	164
68216	**21176**	**224484**	**408**	**1328**

أ- الوسط الحسابي للظاهرة الأولى:
$$\bar{x} = \frac{\sum x_i}{n} = \frac{1328}{8} = 166$$

الوسط الحسابي للظاهرة الثانية
$$\bar{y} = \frac{\sum y_i}{n} = \frac{408}{8} = 51$$

ب- الانحراف المعياري للظاهرة الأولى
$$Sx = \sqrt{\frac{221184}{8} - (166)^2} = \sqrt{92}$$

$$Sy = \sqrt{\frac{21176}{8} - (51)^2} = \sqrt{46}$$

ويكون معامل الارتباط كما يلي:

$$r = \frac{\dfrac{68216}{8} - 166*51}{\sqrt{92*46}} = 0.94$$

إذن العلاقة قوية وطردية

4- يبين العمودان الأول والثاني من الجدول الآتي الدخل الشهري والاستهلاك (بألف دينار) لمجموعة من العمال. أوجد معامل الارتباط باستخدام قانون الارتباط بين الرتب:

D^2	D	رتب الاستهلاك	رتب الدخل	الاستهلاك	الدخل
1	1	1	2	367	465
Zero	Zero	4	4	495	682
4	-2	3	1	373	396
1	1	5	6	612	837
4	-2	7	5	687	784
Zero	Zero	8	8	764	922
1	1	6	7	621	850
1	1	2	3	370	482
12					

وهنا يجب التنويه فإذا ما أريد إيجاد معامل الارتباط للمثال أعلاه بين الدخل والاستهلاك باستخدام الصيغة (56) سوف تكون الحسابات صعبة ومعقدة إلى حد ما وذلك لأن إيجاد المجاميع للمتغيرات وعملية إيجاد الانحرافات المعيارية لمثل هذه الأرقام ستظل عملية صعبة.

فإذا كان المطلوب هو الحصول على قيمة تقريبية لمعامل الارتباط بين هذين المتغيرين فيمكننا إجراء ذلك بطريقة بسيطة وسريعة وذلك عن طريق تطبيق قانون الارتباط بين الرتب كما هو أعلاه وكما يلي:

$$r = 1 - \frac{6\sum D^2}{n(n^2-1)}$$

$$r = 1 - \frac{(6)*(120}{8(64-1)} = 1 - 0.1428 = 0.86$$

إذن العلاقة قوية وطردية.

5- يمثل الجدول الآتي العمود x والذي يمثل الأجر المدفوع لتلك المسافات احسب معامل ارتباط بيرسون الخطي بين x و y.

المسافة المقطوعة x	172	170	165	169	164
الأجر المدفوع بالدينار	70	71	74	67	58

في البداية يتم تحضير الجدول التالي:

x	y	x_2	y_2	xy
172	70	29584	4900	12040
170	71	28900	6041	12070
165	74	27225	5476	12210
169	67	28561	4489	11323
164	58	26896	3364	9512
840	**340**	**141166**	**23270**	**57155**

$$\bar{x} = \frac{\sum x_i}{n} = \frac{840}{5} = 168$$

$$\bar{y} = \frac{\sum y_i}{n} = \frac{340}{5} = 68$$

$$r = \frac{57/55 - 5*168*68}{\sqrt{\left[1446 - 5(168)^2\right]\left[23270 - 5(68)^2\right]}}$$

$$r = \frac{35}{\sqrt{46*150}}$$

$$= \frac{35}{6.78 * 12.25} \quad = 0.42$$

مما تقدم يتضح أن العلاقة بين المسافة المقطوعة والأجر المدفوع لها علاقة ضعيفة وطردية.

6- أوجد معادلة الانحدار y على x للبيانات في الجدول الآتي:

5	8	12	9	10	4	X
4	5	11	8	6	2	y

كذلك يطلب تقدر قيمة y المقابلة للقيمة x=9، وإيجاد الخطأ في تقدير y عندما x=9.

الحل: تكون الجدول الآتي باعتباره أحد خطوات الحل:

xy	x_2	y	x
8	12	2	4
60	100	6	10
72	81	8	9
132	144	11	12
40	64	5	8
20	16	4	4
332	**430**	**36**	**48**

على أساس البيانات في الجدول المذكور فإن معادلة انحدار y على x هي كما يلي:

$$\hat{y} = a + bx$$

$$b = \frac{\sum xy - n\bar{x}\bar{y}}{\sum x^2 - n\bar{x}^2}$$ حيث b

$$a = \bar{y} - b\bar{x}$$

حيث يتم تعويض القيم المطلوبة في معادلتي a و b وكما يلي:

$$\bar{x} = \frac{48}{6} = 8 \quad , \quad \bar{y} = \frac{36}{6} = 6$$

$$b = \frac{332 - 6 * 8 * 6}{430 - 6(8)^2} = 0.96$$

a= 6- 0.96 (8) = -1.68

إذن فالتقدير لمعادلة الانحدار y على x تكون كما يلي:

$$\hat{y} = -1.68 + 0.96x$$

إذن فالقيمة التقديرية المتنبأ بهما للمتغير y عندما x=9.

$$\hat{y} = -1.68 + 0.96(9) = 6.96$$

ومن قيم الجدول السابق نجد أن المشاهدة التي تقابل x=9 هي y=8. فتم إيجاد $\hat{y}$ التي هي القيمة التقديرية للمتغير التابع والتي هي $\hat{y} = 6.96$. إذن الخطأ يكون هو الفرق بين القيمة المشاهدة والقيمة التقديرية وكما يلي:

$$e = y - \hat{y} = 8 - 6.96 = 1.04$$

7- افترض أن أجور النقل بالطائرة يحدد على أساس قيمة ثابتة مقدارها (a=50) دينار، مضافاً إليها مبلغاً قدره (b=0.10) دينار لكل كيلو متر من المسافة المقطوعة، كما تم تحديد y وهي أجور السفر بالطائرة وx هي عدد الكيلومترات المقطوعة، فتكون معادلة الانحدار الخطي البسيط كما يلي لهذا المثال كما يلي:

$$Y = 50 + 0.01\ x$$

فعندما تكون المسافة للرحلة محددة بـ 400 كم فتكون أجره التذكرة بالطائرة هي:

$$y = 50 + 0.01\ (400)$$

$x \quad y$

$(4.00 \ ، \ 90)$

$$y = 90$$

وعندما تكون مسافة الرحلة 1000 كم تكون قيمة التذكرة؟ الجواب هو كما يلي:

$$\hat{y} = 50 + (0.01)\ (1000)$$

$x \quad y$

$$\hat{y} = 150 \qquad (1000,150)$$

ويمكن رسم الناتج الذي حصلنا عليه كما في الشكل التالي:

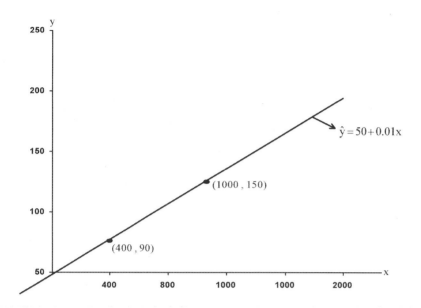

8- أخذت مؤشرات التطور الحاصل خلال السنوات الخمس الأخيرة لـ 7 بلديات لكل مـن متغيـر تطور نسب الإناث في التعليم الجامعي والرمز له لـ y، ونسبة زيادة معدل دخل الأسرة السنوي ونرمـز له بـ x والمطلوب تحديد معادلة انحدار ورسم الانحدار بيانياً.

البلدية	Y عدد الإناث	X معدل دخل الأسرة
1	10	5
2	11	9
3	18	11
4	17	13
5	15	14
6	21	18
7	24	21

الحل:

لكي يتم حساب معامل الانحدار ومقدرا التقاطع نحتاج إلى المؤشرات الآتية:

$$\sum y = 116 \qquad \sum x = 91 \quad \sum xy = 1660 \qquad \sum x^2 = 1357$$

1- تستخرج قيم b = معامل الانحدار a = معامل التقاطع

265

$$b = \frac{n\sum xy - \sum x \sum y}{n\sum x^2 - \left(\sum x\right)^2} = \frac{7(1660) - (116)(91)}{7(1357) - (91)^2}$$

$$b = \frac{11620 - 10556}{9499 - 8281} = \frac{1064}{1218} = 0.874$$

$\overline{x} = 13$ $\overline{y} = 16.5$

a = 16.5 − 0.874 (13) = 5.13

فيكون تقدير معادلة الانحدار البسيط على النحو التالي:

$\hat{y} = 5.31 + 0.874x$

ويمكن توضيح ذلك من خلال الشكل التالي:

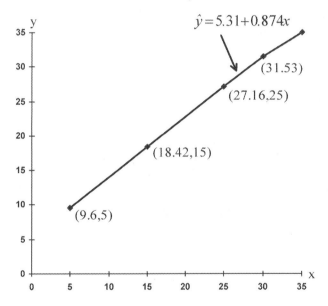

y
x
$\hat{y} = 5.31 + 0.874x$
(31.53)
(27.16,25)
(18.42,15)
(9.6,5)
0
5
10
15
25

عندما تكون x = 5 فإن $\hat{y} = 9.68$

وعندما تكون x = 15 فإن $\hat{y} = 18.42$

وعندما تكون x = 25 فإن $\hat{y} = 27.16$

وعندما تكون x = 30 فإن $\hat{y} = 31.53$

وهكذا فإن متخذ القرار يستطيع أن يحصل في نهاية المطاف على المؤشرات الكمية اللازمة لاتخاذ القرار وبالاعتماد على العلاقة الرياضية $\hat{y} = 5.31 + 0.874x$ المذكورة أعلاه.

أسئلة وتمارين الفصل السادس

س1: ما المقصود نماذج التوقع وما أهميتها للمنهج الكمي في إدارة الأعمال.

س2: ما هي تقسيمات نماذج التوقع. وضح ذلك على أساس الأشكال البيانية.

س3: ما هو المقصود بالطريقة الاستقرائية وما هو اختلافها عن الطريقة السببية.

س4: ما هو المقصود بالطريقة الاستقرائية وما هو اختلافها عن الطريقة السببية.

س5: ما هو المقصود بالاتجاه العام وما هي مكوناته.

س6: توفرت لديك البيانات التالية المتعلقة بعملية البيع الأسبوعية:

Weekly sales		
أسبوع Week	المبيعات الأسبوعية Sales units	Sales Units
1	246	246
2	255	256
3	255	255
4	248	248
5	263	263
6	254	254
7	306	306
8	308	338
9	304	372
10	307	412
11	306	459
12	308	514
13	305	570
14	301	628
15	303	693

المطلوب: تطبيق طريقة التمهيد الأسية للتوقع بقيمة الظاهرة المتعلقة بالمبيعات

س7: الجدول التالي يوضح استهلاك الغاز والكهرباء للفترة من 1994 لغاية سنة 1994 لغاية سنة 2000، استخدم طريقة المتوسط المتحرك لحساب الاتجاه العام مع الأخذ بنظر الاعتبار العوامل الموسمية:

Sales of gas and electricity to domestic		
الفصول Quarter	ألغاز Gas	الكهرباء Electricity
1994 I	131 225	31.31
II	62.963	22.11
III	32 518	19.69
IV	103 004	28.30
1995 I	134 293	31.90
II	54 841	21.86
III	30 818	19.17
IV	106 058	29.27
1996 I	160 624	33.90
II	71 981	22.94
III	36 844	20.12
IV	106 392	30.56
1997 I	135 798	31.41
II	60 899	22.24
III	34 728	20.21
IV	110 928	30.17
1998 I	134 260	32.46
II	68 490	24.28
III	34 005	21.09
IV	119 140	31.98
1999 I	138 776	33.51
II	65 981	23.70
III	31 805	13.12
IV	119 505	31.21
2000 I	145 896	34.40
II	68 795	35.71
III	35 382	33.94

س8: البيانات التالية تتعلق بحالات الزواج Marriages وحالات الوفيات Deaths في أحد البلدان وذلك للفترة من 1994 لغاية 2000، والمطلوب حساب الاتجاه العام باستخدام أسلوب الوسط المتحرك.

Marriages and registered deaths in England and Wales (000s)		
الفصل Quarter	الزواج Marriages	الوفيات Deaths
1994 I	36.8	149.8
II	83.9	133.0
III	118.4	127.1
IV	52.1	143.2
1995 I	34.0	154.1
II	81.4	135.3
III	119.8	126.1
IV	47.8	150.3
1996 I	36.5	159.6
II	80.7	131.8
III	114.0	126.8
IV	47.8	144.8
1997 I	34.9	160.0
II	76.7	133.2
III	113.2	124.7
IV	47.7	139.8
1998 I	33.4	146.9
II	75.0	134.0
III	110.2	125.8
IV	48.7	146.6
1999 I	32.5	161.7
II	73.2	126.1
III	109.5	122.4
IV	48.4	143.3
2000 I	30.8	161.4
II		125.5

س9: ما هو مفهوم معامل الارتباط، وضح أهمية هذا المعامل بالنسبة لنماذج التوقع.

س10: ما هو أهمية معامل الانحدار وما هي علاقته بمعامل الارتباط.

س11: ما هو المقصود بمعامل الخطأ في عملية التوقع.

س12: ما هو المقصود بأسلوب دولفي وما أهميته بالنسبة لعملية التوقع.

س13: الجدول الآتي يبين عمر أحد النباتات بالأسابيع وطوله بالسنتميتر:

العمر	1	2	3	4	5	6	7
الطول	5	15	16	23	33	38	40

والمطلوب إيجاد:

أ- معامل الارتباط بطريقة بيرسون.

ب- خط انحدار الطول علما العمر.

ج- الطول عند عمر مقداره 9 أسابيع.

د- معامل الارتباط بطريقة الرتب.

ه- قارن بين النتائج التي حصلت عليها في (أ)، (د).

س14: الجدول الآتي يوضح الدرجات التي حصل عليها ثمانية موظفين وسن كل منهم وذلك عقب امتحان إحدى الدورات التدريبية:

سن الموظفين	42	45	49	53	46	45	38	36
الدرجة التي حصل عليها	65	75	58	65	50	69	80	90

المطلوب حساب معامل ارتباط الرتب بين سن الموظفين والدرجة التي حصل عليها في الامتحان.

ملاحظة: إذا تكررت بعض التقديرات فإننا نعطي القيم المتكررة رتباً تساوي متوسط الرتب التي كانت تعطى لو لم تتكرر التقديرات.

س15: لدراسة العلاقة بين الدخل بآلاف الدنانير (Y) والعمر بالسنوات (X) بين عمال أحد المصانع. أخذت عينة مكونة من (20) عاملاً فأعطت النتائج الآتية:

$\sum x = 100 \sum y = 20 \quad \sum x^2=14 \quad \sum y^2=84 \quad \sum y^2=29.2$

والمطلوب إيجاد ما يلي:

أ- معامل الارتباط بين الدخل والعمر.

ب-   خط انحدار الدخل على العمر.

ج-   دخل العامل الذي يبلغ من العمر 30 عاماً.

س16:   لدراسة العلاقة بين العمر (y) بالسنوات ومـدة الحيـاة الزوجيـة (x) بالسـنوات كانـت لـدينا النتائج الآتية

$\sum x = 50$ $\sum y = 40$ $\sum x^2 = 580$ $\sum y = 580$ $\sum y^2 = 500$

والمطلوب حساب:

أ-   معامل ارتباط بين العمر ومدة الحياة الزوجية.

ب-   خط انحدار العمر على مدة الحياة الزوجية.

ج-   تقدير العمر عندما تصل مدة الحياة الزوجية 20 سنة.

س17:   لدراسة العلاقة بين الدخل (y) بمئات الريالات واسـتهلاك (x) بمئات الريـالات في مدينـة مـا، أخذت عينة من 40 أسرة فأعطت النتائج الآتية

$\sum x = 100$ $\sum y = 120$ $\sum x^2 = 516$ $\sum y^2 = 410$ $\sum y^2 = 720$

والمطلوب:

أ-   حساب معامل الارتباط بين الدخل والاستهلاك.

ب-   خط انحدار الدخل على الاستهلاك.

ج-   قيمة الدخل عندما يبلغ الاستهلاك (4700) ريال.

7

الفصل السابع

الأرقام القياسيـــــة

Index Number

2.7 الأرقام القياسية للأسعار

3.7 اختيار فترة الأساس

4.7 الطرق الأساسية لحساب الأرقام القياسية

5.7 الرقم القياسي التجميعي المرجح

6.7 الأرقام القياسية المرجحة

7.7 تطبيقات إحصائية مختلفة في اتخاذ القرار

أسئلة وتمارين الفصل السابع

الفصل السابع
الأرقام القياســـة
Index number

1.7 مقدمة نظرية عن الأرقام القياسية وأهميتها لاتخاذ القرارات المختلفة

يمكن أن يعرف الرقم القياسي على أنه مـؤشر أو قيمـة يمكـن أن يسـتفيد منهـا متخـذ القـرار في التعبير عن المستوى العام للتغير في قيم ظاهرة معينة خلال فترات أو أماكن معينـة. وكـذلك يسـتخدم الرقم القياسي لمقارنة التغير في ظاهرة واحدة ولمجموعة من المتغيرات أو الظواهر المختلفة فـيما بينهـا ولكن مرتبطة بشكل أو بآخر لتكون مجموعة متجانسة. فمثلاً إذا أردنا مقارنة إنتاج السلع الاستهلاكية الرأسـمالية في عـام 1970 مـع نظـيره في عـام 1980. فـإن إنتـاج كـل مـن الثلاجـات والغسـالات والتلفزيونات...الخ يكون مجموعه متجانسة ممثلة للسلع الاستهلاكية الرأسمالية مع وجود الاختلافات الكثيرة فيما بين هذه المفردات، فلو أن الإنتاج لهذه السلع المختلفة يتغير بنفس النسبة سوف لا تكون هناك مشكلة أو صعوبة في مقارنة التغيرات التـي تحـدث. ولكـن عملياً كـل سـلعة تحكمهـا ظـروف مختلفة وبالتالي يتغير إنتاجها بنسب مختلفة قد تكون بالزيادة للبعض وبالنقص للبعض الآخـر، وبنـاء على ذلك يكون من المفيد إيجاد وسيلة تمكن من احتواء كل هذه العوامل الثابتة والمتغيرة ولو أنه من الصعب إيجاد هذه الوسيلة ولكن بقدر الإمكان وجود وسيلة حتى ولو كانت تقريبية خـير مـن عـدم وجود أي وسيلة لإجراء المقارنات اللازمة.

ومن أجل تحقيق ما ورد ذكره يمكن أن يستخدم الـرقم القيـاسي لأغـراض عديـدة، حـول المثـال السابق والخاص بتغير الإنتاج بين عامي 1970، 1980 للسلع الاستهلاكية الرأسمالية فإن الـرقم القيـاسي يمكن أن يعطينا نتيجة ما من حيث زيادة الإنتاج بنسبة 5% مـثلاً أو أقـل بنسـبة 30% مـثلاً وهكـذا يمكن أن يستخدم في المجالات

الاقتصادية المختلفة. وفي هـذا المثال والأمثلة التي تتشابه فالرقم القياسي يقيس الظاهرة بوحدات كمية عددية. ولذلك يمكن صياغة تعريف الرقم القياسي كما يلي:

هو رقم نسبي يقيس التغير في ظاهرة واحدة أو أكثر من وقت لآخر أو من مكان إلى آخر، ويتم الحصول عليه بنسبة قيمة الظاهرة في فترة المقارنة (أو مكان المقارنة) إلى قيمتها في فترة الأساس (أو مكان الأساس) ويمكن أن يتم ذلك أيضاً بالنسبة لأكثر من ظاهرة.

ومن خلال التعريف السابق يمكن القول أن الأرقام القياسية يمكن أن تستخدم لأي غرض من الأغراض طالما أمكن تحديد العناصر التي يدخل في تركيبها، ومن الأرقام القياسية المعروفة الشائعة الاستعمال تلك الخاصة بالأسعار والتي تحتل مكاناً كبيراً في علم الاقتصاد لأهميته بالنسبة لمتخذ القرار في إجراء أي بحث مـن بحـوث قيـاس الاستهلاك، بحـوث الأجـور والعمـال، حركة التجارة الداخلية والخارجية. والاقتصاد كعلم اجتماعي كما أنه علم سياسي يهتم باستخدام البيانات الاقتصادية في قياس التغيرات في مستويات المعيشة لمجموعة من المواطنين الأمر الذي يفيد في إجراء التعديلات الاجتماعية اللازمة لرفع أو خفض الأعباء عنهم. والرقم القياسي الذي يستخدم في هذا المجال يطلق عليه (الرقم القياسي لنفقات المعيشة cost of living index) وكمثال مبسط جـداً ولإظهـار أهميـة الـرقم القياسي في قياس مدى التغير في الدخل الحقيقي الذي يحصل عليه شخص ما نسوق المثال الآتي:

نفترض أن الدخل الشهري لشخص ما في عامين متتاليين (قد يكون أيضاً غير متتاليين) قد زاد من 50 جنيه إلى 75 جنيه، وفي نفس الوقت قـد زادت أسعار السلع الضرورية اللازمة للاستهلاك العام نسبة 30% عن أسعار العام السابق، فهل يمكن أن نقول أن هذا الشخص قد حصل على زيادة في دخله يمكنه من الحصول على سلع استهلاكية بنسبة 50% زيادة عن تلك التي كان يستهلكها في العام السابق (حيث دخله قد زاد 50%)؟ للإجابة على هكذا تساؤل يجب أن نعرف ما هو الدخل الحقيقي.

276

الدخل الحقيقي هو ما يستطيع أن يشتري الفرد بدخله من سلع وخدمات آخذين في الاعتبار أسعار تلك السلع والخدمات.

ففي السنة الأولى الدخل الحقيقي لهذا الشخص هو $\dfrac{50}{100\%} = 50$ جنيه

وفي السنة الثانية الدخل الحقيقي هو $\dfrac{75}{130\%} = 57.7$ جنيه

ومن هذا المثال يمكن القول أن بهذه الزيادة في دخله وقدرها 25 جنيه يمكن فقط أن تشتري سلع وخدمات للاستهلاك الضروري تساوي 7.7 جنيه مقارنة بإمكانيته في العام الأول، ويوضع تلك الزيادة في شكل نسب مئوية كما يلي:

الزيادة في الدخل الإسمي = $\dfrac{25}{50} * 100 = 50\%$

الزيادة في الدخل الحقيقي = $\dfrac{7.7}{50} * 100 = 15.5\%$

ويمكن أن نعطي مثال لاستخدام الرقم القياسي في مجال الإنشاء والتعمير على النحو التالي:

بفرض أنه قد تم تخصيص مبلغ 25 مليون دينار لإنشاء ورصف أحد الطرق في عام 1975 حيث كان الرقم القياسي لتكاليف المواد اللازمة لهذا النوع من المشروعات هو 125% (1970=100%). وبفرض أنه أريد إنشاء طريق مماثل في عام 1980 وتم رصد مبلغ 30 مليون دينار لهذا الغرض حيث بلغ الرقم القياسي للتكاليف 180% (1970=100%). والسؤال الآن هل تكفي هذه المبالغ لإنشاء الطريق الجديد؟ الإجابة على هذا التساؤل تقول أن:

القيمة الحقيقية للقيمة المخصصة في عام 1975 = $\dfrac{25}{125\%} = 20$ مليون دينار

(100% = 1970)

القيمة الحقيقية للقيمة المخصصة في عام 1980 = $\dfrac{30}{180\%} = 16.7$ مليون دينار

(100% = 1970)

إن المقارنة بين 25 مليون دينار وبين 30 مليون دينار يمكن أن تعكس أن المبلغ المخصص قد زاد وبالتالي يمكن بسهولة إنشاء ورصف هذا الطريق الجديد. فإن التعديل الـذي وجب إجـراؤه باستخدام الأرقام القياسية الخاصة بالتكاليف قد أوضحت أنه في عـام 1980 باستخدام المبلغ المخصص يمكن إنجاز حوالي 81% من هذا المشروع.

مما سبق يتضح أن تجاهل استخدام الأرقام القياسي يعطي صـورة غـير دقيقـة وفي كثير مـن الأحيان على عكس ما تعطيه الأرقام المجردة.

ولأهمية الرقم القياسي للأسعار (لأي نشاط من النشاطات المختلفة) ولانتشار استخدامه في المجالات الاقتصادية والاجتماعية فإننا سوف نتعرض بالتفصيل لهذا النـوع مـع الإشارة إلى الأرقام القياسية المماثلة بإيجاز كلما كان ذلك ضرورياً. ومما تجـدر الإشارة إليه أن طريقة حساب الرقم القياسي وإن كانت لا تختلف إلا أن العوامل الداخلة في تركيبة تختلف من حالة إلى أخرى.

2.7 الأرقام القياسية للأسعار

يستخدم الرقم القياسي للأسعار لمقارنة التغيرات في المستوى العام للأسعار لمجموعة مـن السلع. حيث من الممكن أن تكون أسعار الجملة أو أسعار المستهلكين (القطاعي) أو أسعار مواد البنـاء أو أسعار مجموعة من السلع الضرورية أو السلع الكمالية أو السلع الزراعية أو السلع الصناعية بشكل عام إلى غير ذلك من السلع والخدمات ممكن قياسها بوحدات كمية.

وعموماً إن الرقم القياسي يشير إلى التغيرات في السعر أو الأسعار في منطقة معينة ولمناطق كثيرة. فمن المعروف أن أسعار السلع تتغير من مكان إلى آخر ومن زمان إلى آخر. وللتعرف على التغير الذي طرأ على الأسعار يقيس الرقم القياسي النسبة بين سعر السلعة (وحدة معينة) في نقطة زمنية أو نقطة مكانية يتم اختبارها وتحديدها مسبقاً بالقياس إلى سعر نفس السلعة (نفس الوحدة المعينة) في نقطة زمنية أو نقطة مكانية التي يراد قياس التغير عندها. ويطلق على النقطة الزمانية أو المكانية المحددة كأساس للمقارنة بـ "نقطة الأساس أو فترة الأساس". وعلى النقطة الزمنية أو المكانية التي يراد المقارنة عندها بـ "فترة المقارنة".

278

3.7 اختيار فترة الأساس

عند اختيار الفترة الزمنية أو النقطة المكانية التي سوف تتخذ كأساس للمقارنة يجب مراعاة أن تكون هذه (النقطة أو الفترة) متميزة بالاستقرار وخالية من أي مؤثرات طبيعية أو سياسية مثل الثورات والانتفاضات أو الحصار الاقتصادي والفيضانات والآفات الزراعية، وبشكل عام عدم تعرضها لمؤثرات شاذة تجعل المقارنة بها غير ذات جدوى فعلية، كما ويجب أن تكون الفترة طبيعية بكل أمورها أي ليست فترة كساد أو فترة رواج اقتصادي ملحوظ. أما بالنسبة للنقطة المكانية فإنه أيضاً يتعين أن تكون المنطقة التي يتم اختياها كأساس للمقارنة يجب أن تكون منطقة ليست لها خصائص غير عادية أو خاصة بها فقط، دون المناطق الأخرى إلا في حالة الرغبة في دراسة أثر هذه الخصائص على التغيرات في المناطق الأخرى.

وأخيراً يجب أن تكون الفترة المختارة كأساس ذات طبيعة مرنة بحيث يمكن تغييرها إلى نقطة أخرى إذا دعت الظروف إلى ذلك كأن يتم نقل فترة الأساس من فترة زمنية إلى فترة زمنية جديدة أو من مكان معين إلى مكان آخر.

4.7 الطرق الأساسية لحساب الأرقام القياسية:

بصفة عامة هناك أسلوبان لحساب الأرقام القياسية هما:

أ- الأرقام الأساسية التجميعية Aggregative Type

ب- الأرقام القياسية المتوسطة Average type

أ- الأرقام القياسية التجميعية

باستخدام الأسلوب التجميعي سوف نستعرض عدد من الطرق التي تتبع في حساب الأرقام القياسية للأسعار، وهي:

1. الرقم القياسي التجميعي البسيط.
2. الرقم القياسي التجميعي المرجح.

وفيما يلي توضيح لكل واحد من هذه الأرقام:

أولاً: الرقم القياسي التجميعي البسيط:

للحصول على رقم قياسي للأسعار لمجموعة من السلع هو حساب النسبة بين مجموع الأسعار لهذه السلع في الفترتين (فترة الأساس وفترة المقارنة) وكما يلي:

١- الرقم القياسي التجميعي البسيط للأسعار = $\dfrac{\sum P_T}{\sum P_\beta} * 100$

ويمكن تمثيلها بالمعادلة الآتية:

$$IPG = \frac{\sum P_T}{\sum P_\beta} * 100 \dots\dots\dots\dots\dots\dots\dots\dots\dots\dots(69)$$

الرقم القياسي التجميعي البسيط للأسعار $IPG =$

مجموع الأسعار في فترة المقارنة $\sum P_r =$

مجموع الأسعار في فترة الأساس $\sum P_B =$

مثال(1)

الجدول الآتي يبين أسعار المواد الاستهلاكية الضرورية لفترتين (فترة المقارنة وفترة الأساس).

جدول (7-1)

القيمة التجميعية				الكميات		الأسعار		الوحدة التي يتم بها التسعير	السلعة
$P_T Q_T$	$P_\beta Q_T$	$P_T Q_\beta$	$P_\beta Q_\beta$	Q_T	Q_β	P_T دينار	P_β دينار		
630	540	700	600	90	100	7	6	$\frac{1}{2}$ كيلو	دقيق
216	192	270	240	8	10	27	24	100 غرام	شاي
150	210	100	140	30	20	5	7	كيلو	بطاطس
540	540	540	540	30	30	18	18	250 غرام	جبن
60	70	42	49	10	7	6	7	$\frac{1}{2}$ لتر	لبن
1080	720	1440	690	60	80	18	12	500 غرام	لحوم
720	540	840	630	60	70	12	9	كيلو	دواجن
3396	2812	3932	3159	288	317	93	83	المجمـــــــوع	

من جدول رقم (7-1) نحصل على ما يلي:

$$\sum P_\beta = 83 \qquad\qquad \sum P_T = 93$$

$$IPG = \frac{93}{83} * 100 = 112\%$$

وهذا يمثل الرقم القياسي التجميعي البسيط للأسعار IPG حيث أن نقطة الأساس = 100%.

إن هذه النتيجة تعني أن هناك 12%، زيادة في المستوى العام للأسعار لهذه المجموعة في السلع الداخلة في تكوين الرقم. وتفسيراً آخر لمفهوم الرقم 12%، وهو أن هذا الرقم التجميعي البسيط يقيس التغير في التكلفة المجمعة لشراء وحدة واحدة من مجموعة هـذه السلع بالوحدات الموضحة في الجدول والتي هي أساس التسعير لهذه السلعة.

ومن هذا يتضح أن طريقة حساب هذا النوع من الأرقام تعتمد اعتماداً كبيراً على الوحدات التي يتم على أساسها التسعير. فإذا ما تغيرت هذه الوحدات تغيرت تكاليف هذه المجموعة. فمثلاً لو أن وحدة تسعير البطاطس كانت مثلاً 16 كيلو وكانت وحدة تسعير اللبن 2 لتر، فإن جدول رقم (7-1) سوف يتغير إلى جدول رقم (7-2) ويصبح الرقم القياسي الجديد هو:

$$IPG = \frac{186}{209} \times 100 = 89\%$$

والرقم المتحقق أعلاه يعني انخفاضاً في مستوى الأسعار بحوالي 11% في حين كان هناك زيادة في مستوى الأسعار بحوالي 12% في حالة الجدول (114). وهذا ناتج أن الرقم الثاني يحتوي على كمية بطاطس وكمية لبن أكثر مما يحتويه الرقم الأول في الوقت الذي انخفض فيه سعري هاتين السلعتين في فترة المقارنة عنه في فترة الأساس.

جدول (7-2)

السلعة	الوحدة	الأسعار	
		P_β	P_Υ
دقيق	$\frac{1}{2}$ كيلو	6	7
شاي	100 غرام	24	27
بطاطس	16كيلو	112	80
لبن	2 لتر	18	18
جبن	250 غرام	28	24
لحوم	500 غرام	12	18
دواجن	كيلو	9	12
المجمـــــوع		**209**	**186**

ثانياً: الرقم القياسي التجميعي المرجح، بالنظر لأهمية هذا الرقم القياسي فإننا سوف نتناوله في فقرة مستقلة.

5.7 الرقم القياسي التجميعي المرجح

يعاب على الرقم القياسي التجميعي البسيط على أنه يعتمد على الوحدات التي يتم التسعير على أساسها والتي يحددها أسلوب التعامل والبيع والشراء في منطقة معينة، ولقد رأينا أنه إذا تغيرت وحدات التسعير تغير الرقم القياسي تغيراً ملحوظاً. وللتخلص من هذا التحيز يجب أن يصار إلى رقم قياسي بحيث أن كل سلعة تعطى وزناً تبعاً لأهميتها وهذا الوزن يحدد بطريقة ما، بحيث يعكس هذه الأهمية. هذا الرقم الذي يتمتع بهذه الخاصية يطلق عليه اسم الرقم القياسي التجميعي المرجح للأسعار.

وأفضل أوزان ترجيحية هو اتخاذ الكمية من كل سلعة داخلة في تركيب الرقم كوزن لهذه السلعة، فإذا رمزنا للكمية من سلعة ما بالرمز Q وأن Q تختلف من سلعة إلى أخرى فإن الرقم القياسي التجميعي للأسعار المرجح بالكميات هو كما يلي:

الرقم القياسي التجميعي للأسعار المرجح بالكميات = IPGw

ويحسب من العلاقة التالية:

$$IPGw = \frac{\sum P_T Q}{\sum P_\beta Q} * 100 \quad \text{.....(70)}$$

تكلفة مجموعة من السلع في الفترة المقارنة = $\sum P_T Q$

تكلفة مجموعة من السلع في فترة الأساس = $\sum P_\beta Q$

ومن الممكن ملاحظته أن الرقم القياسي التجميعي البسيط هو حالة خاصة من هذا الأخير الصيغة (70) وإذا كانت قيمة Q لكل السلع الداخلة في تركيب الرقم.

ومن الواضح أن الهدف من استخدام الكمية المشتراه كأوزان لأجل أن يكون ثابتة تبعاً للأهمية النسبية للسلع قيد الدراسة وأن الأهمية النسبية تقوم على أساس مقارنة الكميات المختلفة ببعضها مع البعض الآخر فإذا لم تتغير هذه الكميات من فترة إلى أخرى فإن الترجيح بالكمية المشتراه في أي فترة سوف يعطي نفس النتيجة.

والسؤال الآن هو كيف يستطيع متخذ القرار من تحديد كميات الأوزان رقمياً، والإجابة التي تتبادر إلى الذهن مباشرة هو أما أن نستخدم الكميات المشتراه في فترة الأساس ($Q\beta$) أو تلك المشتراه في فترة المقارنة (Q_T).

6.7 الأرقام القياسية المرجحة Weighted index numbers

نلجأ إلى استخدام الأرقام القياسية المرجحة التي تعطي كل سلعة من السلع الوزن الحقيقي الخاص بأهميتها، وذلك من خلال ترجيح الأسعار بالكميات. وحيث أنه يوجد لدينا نوعين من الأسعار (أسعار سنة الأساس وأسعار سنة المقارنة) وكذلك نوعين من الكميات (كميات سنة الأساس وكميات سنة المقارنة) لذلك يمكن أن نحصل على أربعة أنواع من الأرقام القياسية المرجحة تعرف بأسماء العلماء الذين توصلوا إليها وهي:

1- رقم لاسبيرز Laspeyres القياسي المرجح.
2- رقم باش Paache القياسي المرجح.
3- رقم مارشال – ادجورث Marshal-Edgourth القياسي المرجح.
4- رقم فيشر Fisher القياسي الأمثل

أولاً: استخراج رقم لاسبيرز القياسي المرجح

يستخرج رقم لاسبير القياسي المرجح من قسمة مجموع حاصل ضرب أسعار سنة المقارنة P_r بكميات سنة الأساس Q_B على مجموع حاصل ضرب أسعار سنة الأساس P_B بكميات سنة الأساس Q_B وضرب حاصل القسمة بـ (100) وكما يلي:

$$P.I(\,Laspeyres\,) = \frac{\sum P_r Q_B}{\sum P_B Q_B} \times 100$$

ومن الملاحظ أن هذا الرقم القياسي يمكن استخراجه في حالة عدم توفر البيانات الخاصة بكميات سنة المقارنة.

ثانياً: استخراج رقم باش Paasche القياسي المرجح:

يستخرج رقم باش القياسي من ناتج قسمة مجموع حاصل ضرب أسعار سنة المقارنة P_r بكميات سنة المقارنة Q_r على مجموع حاصل ضرب أسعار سنة الأساس P_B بكميات سنة المقارنة Q_r وضرب حاصل القسمة بـ (100) وكما يلي:

$$P.I(\,Paasche\,) = \frac{\sum P_r Q_r}{\sum P_B Q_r} \times 100$$

ثالثاً: حساب رقم مارشال -ادجورث القياسي المرجح:

يعتمد هذا الرقم القياسي في استخراجه على ترجيح الأسعار الداخلة في تكوينه بمتوسط كميات سنتي الأساس والمقارنة (Q_r, Q_B) ويستفاد من عملية الترجيح هذه في التخلص من التحيز الذي قد يحصل إلى الأعلى أو إلى الأسفل نتيجة للترجيح بكميات سنة المقارنة أو بكميات سنة الأساس كل على انفراد. ويأخذ هذا الرقم القياسي الصيغة التالية:

$$P.I(\,M - E\,) = \frac{\sum P_r(\,Q_B + Q_r\,)}{\sum P_B(\,Q_B + Q_r\,)} \times 100$$

رابعاً:رقم فيشر القياسي الأمثل:

إن هذا الرقم القياسي عبارة عن الوسط الهندسي للرقمين القياسيين لكل من لاسبيرز وباش الموضحين آنفا، ويتم استخراجه باستخدام الصيغة التالية:

$$P.I(Fisher) = \sqrt{\left(\frac{\sum P_r Q_B}{\sum P_B Q_B}\right) \cdot \left(\frac{\sum P_r Q_r}{\sum P_B Q_r}\right)} \times 100$$

أو

$$= \sqrt{(P.I(Paasche)).(p.I(Laspeyres))}$$

مثال رقم (1):

الجدول التالي يبين الأسعار والكميات المقابلة لها لأربعة سلع مختلفة خلال سنتي الأساس والمقارنة (1993 و 1997).

البيانات / السلعة	P_B	P_r	Q_B	Q_r
1	4	10	20	25
2	2	5	40	30
3	6	9	15	20
4	8	15	10	15

المطلوب: حساب المؤشرات التالية:

1- رقم لاسبيرز القياسي..
2- رقم باش القياسي.
3- رقم مارشال.
4- رقم فيشر.

الحل:

لغرض استخراج الأرقام القياسية أعلاه يتم تنظيم الجدول التالي:

السلعة	P_rQ_B	P_rQ_B	P_rQ_r	P_BQ_r	Q_B+Q_r	$P_B(Q_B+Q_r)$	$P_r(Q_B+Q_r)$
1	200	80	250	100	45	180	450
2	200	80	150	60	70	140	350
3	135	90	180	120	35	210	315
4	150	80	225	120	25	200	375
	685	330	805	400	175	730	1490

$$\text{Lasp.} = \frac{\sum P_r Q_B}{\sum P_r Q_B} \times 100 \qquad = \frac{685}{330} \times 100 = 208\%$$

$$\text{paasch.} = \frac{\sum P_r Q_r}{\sum P_B Q_r} \times 100 \qquad = \frac{805}{400} \times 100 = 201\%$$

$$\text{Marsh.} = \frac{\sum P_r (Q_B + Q_r)}{\sum Q_B (Q_B + Q_r)} \times 100 \qquad = \frac{1490}{730} \times 100 = 204\%$$

$$\text{Fish.} = \sqrt{\left(\frac{\sum P_r Q_B}{\sum P_B Q_B}\right) \cdot \left(\frac{\sum P_r Q_r}{\sum P_B Q_r}\right)} \times 100$$

$$= \sqrt{\left(\frac{685}{330}\right) \cdot \left(\frac{805}{400}\right)} \times 100 \qquad = \sqrt{(2.08).(2.01)} \times 100$$

$$= 2.04 \times 100 = 204$$

ومما هو جدير بالذكر أنه دائماً يكون الرقم القياسي للاسبيرز أكبر من الرقم القياسي لباش، فبالإضافة لما أوضحه المثال إلا أنه من الممكن أن يثبت ذلك رياضياً. وعموماً لا يكون المجال كافياً هنا للخوض في تلك التفاصيل. ويكفي أن نذكر أن الإثبات يعتمد على حساب معامل الارتباط بين الأسعار وبين الكميات (للتعرف على معنى منسوب السعر أو منسوب الكمية).

والسؤال هنا هو أيهما أفضل لمتخذ القرار هل هو الرقم القياسي لاسبيرز أم باشر وللإجابة يمكن أن نقول أن كلاهما له خصائصه وليس هناك سبباً لتفضيل أحدهما على الآخر. ومن هذا المنطلق يكون هناك مجالاً مفتوح للاجتهادات المختلفة لتركيب أرقام قياسية أخرى.

7.7 تطبيقات إحصائية مختلفة في اتخاذ القرار

من أجل توضيح فكرة الأرقام القياسية وأهميتها لمتخذ القرار، نعرض أدناه مجموعة من الأسئلة التي ينبغي أن تطرح في حالة تكوين أي رقم قياسي؟ حيث أن هناك أسئلة تفرض نفسها وذلك كما يلي:

أ-   ما هي المعادلة التي سوف تستخدم لحساب الرقم؟

ب-   ما هي السلع التي تدخل في تركيب الرقم؟

ج-   ما هي الأوزان اللازمة للترجيح؟

د-   ما هي الأسعار التي سوف تستخدم؟

هـ- ما هي الكميات التي سوف تستخدم؟

وللإجابة على هذه الأسئلة يعتمد الموقف هنا على الغرض من تكوين الرقم القياسي حيث إن الغرض من تكوين أي رقم قياسي يجب أن يحدد بوضوح وعناية لأن الوضوح والدقة في تحديد الغرض سوف تمكن متخذ القرار من الإجابة الصحيحة على الأسئلة الخمسة الواردة أعلاه. وأكثر من ذلك فإن تفسير النتائج التي يعطيها الرقم القياسي تعتمد أيضاً على الغرض الذي من أجله أنشئ الرقم القياسي.

ولتوضيح ذلك افترض أن رقم قياسي أنشئ لقياس التغيرات في تكاليف البناء، علماً بأن هذا الرقم لا يجب أن يستخدم في تقييم المعدات.

وأيضاً لا يجب أن يستخدم في تحديد القيم التجارية للمباني، لأن التكاليف التجارية للمباني تختلف عن التكاليف العامة للمباني، ذلك لأن التكاليف العامة قد لا تأخذ في الحسبان تكاليف الأراضي التي سوف تنشئ عليها المباني.أي بغض النظر عن أن هذه الأراضي هي في مناطق تجارية أم مناطق سكنية...الخ، تلك الاعتبارات والتي تجعل استخدام الرقم القياسي لأي غرض غير ذي دلالة دقيقة لأغراض أخرى.

1- أدناه دراسة حالة خاصة بتغير سنة الأساس لذلك افرض أن لدى متخذ القرار سلسلة أرقام قياسية على اعتبار سنة 1990 سنة أساس

السنة	1987	1988	1989	1990	1991	1992	1993	1994	1995	1996	1997
الرقم القياسي	80	86	95	100	110	140	142	155	170	181	192

ولو أخذ بنظر الاعتبار أن سنة 1987 سنة أساس.

الحل: يكون بقسمة كل رقم قياسي على $\dfrac{80}{100}$ الرقم القياسي للسنة الجديدة.

$$= \dfrac{\text{الرقم القياسي لأي سنة}}{\text{الرقم القياسي لسنة الأساس الجديدة}}$$

فيكون لدينا جدول جديد كما يلي:

السنة	1987	1988	1989	1990	1991	1992	1993	1994	1995	1996	1997
الرقم القياسي	100	107.5	118.75	125	137.5	175	154	193.75	212.5	226.22	240

وبالمثل لو أردنا جعل عام 1994 سنة أساس لحصلنا على سلسلة الأرقام القياسية بقسمة كل رقم قياسي في السلسلة على $\dfrac{155}{100}$.

2- أدناه دراسة حالة تتعلق بالتوصيل بين سلسلتين زمنيتين مع اختلاف الأرقام القياسية، حيث أن الآتي جدول يحتوي على سلسلتان من الأرقام القياسية سنة الإنتاج في الأول عام 1988 تنتهي عام 1993 وسنة الأساس في الثانية عام 1993 وتنتهي في سنة 1998. اجعل منهما سلسلة واحدة على اعتبار 1988 سنة أساس.

السنة	1988	1989	1990	1991	1992	1993	1994	1995	1996	1997	1998
الرقم القياسي	100	110.5	116.3	127.9	162.8	$\dfrac{165.1}{100}$	109.2	119.7	127.5	135.2	152.1

الحل:

نضرب الرقم القياسي للأعوام التي أساسها سنة 1993 بالكسر $\dfrac{165.1}{100}$ ونكتب الإجابة في الخانات المخصصة لها ونضعها بين أقواس لنبين أن هذه الأرقام حسبت لتوصيل السلسلة ولم تكن موجودة باعتبار سنة الأساس الأصلية. فمثلا الرقم

القياسي لعـام 1994 يسـاوي $180.3 = \frac{165.1}{100} * 109.2$ وهكـذا نحسـب الأرقـام القياسـية الأخرى فنحصل على سلسلة أرقام قياسية على أساس 1988 وكما يلي:

1998	1997	1996	1995	1994	1993	1992	1991	1990	1989	1988	السنة
(251.0)	(223.2)	(21.5)	)(197.6	(180.3)	(165.1)	162.8	127.9	116.3	110.5	100	الرقم القياسي

3- ما يلي أسعار ثلاث سلع في عامي 1960، 1965 والمطلوب حساب الرقم التجميعـي البسـيط لأسعار عام 1965 باستخدام عام 1960 كسنة أساس.

أسعار عام 1960	أسعار عام 1965	السلع
2	3	A
5	6	B
8	9	C

الحل:

$$\text{الرقم القياسي التجميعي للأسعار } IPG = \frac{\sum p_T}{\sum p_\beta} = \frac{3+6+9}{2+5+8} * 100 =$$

$$= \frac{18}{15} * 100 = 120\%$$

أي أن الأسعار قد ارتفعت في المتوسط عام 1965 بمقدار 20% عما كانت عليه عام 1960.

4- الجدول الآتي يمثل الأسعار لثلاثة سلع والكميات المناظرة لها لعامي 1960، 1965

الكميات (كغم)		الأسعار بالدينار		السلع
عام 1960	عام 1965	عام 1960	عام 1965	
11	2	2	3	A
14	5	5	6	B
1	8	8	9	C

المطلوب:

1- الرقم القياسي التجميعي للأسعار المرجح بكميات سنة الأساس (رقم لاسبيرز).

2- الرقم القياسي التجميعي للأسعار المرجح بكميات سنة المقارنة (رقم باش) وذلك لأسعار عام 1965 باستخدام أسعار عام 1960 كأساس.

Q_TP_T	$Q\beta P_T$	$Q_TP\beta$	$Q\beta P\beta$	$Q\beta$	Q_T	$P\beta$	P_T	السلع
39	33	26	22	11	13	2	3	A
180	84	150	70	14	30	5	6	B
27	9	24	8	1	3	8	9	C
246	**126**	**200**	**100**					

الحل:

1- $$LI = \frac{\sum P_T Q_\beta}{\sum P_\beta Q_\beta} * 100 = \frac{126}{100} * 100 = 126\%$$

أي أن الأسعار زادت في المتوسط عام 1965 بمقدار 25% عما كانت عليه عام .1960

2- $$PAI = \frac{\sum P_T Q_T}{\sum P_\beta Q_T} * 100 = \frac{246}{200} * 100 = 123$$

وهذا الرقم يدلل على ارتفاع الأسعار عام 1960 إلى عام 1965 بمقدار 23% عما كانت عليه في سنة الأساس.

(وهذا يدلل ملاحظتنا السابقة حول الرقمين القياسين للاسبير وباش وأكدنا بأنه دائماً يكون الرقم القياسي للاسبيرز أكبر من الرقم القياسي لباش).

أسئلة وتمارين الفصل السابع

س1: ما هي أهمية الأرقام القياسي في الإحصاء، وكيف يمكن أن يستفيد متخذ القرار في منظمة الأعمال من استخدام الأرقام القياسية.

س2: ما هو المقصود بالمصطلح القياسي Index؟

س3: أجب باختصار عن ما يلي:
أ- ما هو الرقم القياسي، وما هو الغرض من حسابه.
ب- اشرح الأسس التي يجب أخذها في الاعتبار عند اختيار فترة الأساس.
جـ- ما هي أهم الأسئلة التي يجب أن تنطرح في حالة تكوين الرقم القياسي.

س4: فيما يلي بيان أسعار بعض السلع الهامة في عام 1965 و 1970. كذلك الكميات المناظرة لها.
المطلوب: باعتبار أن سنة 1965 سنة أساس، حساب:
أ- الرقم القياسي التجميع البسيط للأسعار.
ب- الرقم القياسي التجميع للأسعار المرجح بكميات سنة الأساس.
ج- الرقم القياسي التجميعي للأسعار المرجح بكميات سنة المقارنة.

السلعة	الأسعار بالدينار		الكميات بالطن	
	عام 1965	**عام 1970**	**عام 1965**	**عام 1970**
A	50	750	60	120
B	26	440	8	50
C	58	1150	20	19

س5: الجدول الآتي يبين متوسط أسعار بعض السلع والكميات المستهلكة منها في عامي 1969، 1972.

السلعة	1972		1969	
	السعر	الكمية	السعر	الكمية
الأولى	5	40	3	30
الثانية	7	30	4	20
الثالثة	1	20	3	10

المطلوب: باعتبار سنة 1969 سنة أساس، حساب:

أ- الرقم التجميعي للأسعار المرجح بكميات سنة المقارنة.

ب- الرقم التجميعي للأسعار المرجح بكميات سنة الأساس.

8

الفصل الثامن

مبـــادئ الاحتمالات

الفصل الثامن

مبادئ الاحتمالات

Introduction To Probability

لغرض الولوج في فصل التوزيعات الاحتمالية، يجب أن يتم استعراض وتوضيح ما هو الاحتمال وما هو مفهومه وما هي قوانينه وفرضياته حتى يتم تمهيد الطريق إلى الكيفية التي بموجبها يتم فهم التوزيعات الاحتمالية (التوزيعات الإحصائية). إذن لا يمكن إعطاء فكرة عن التوزيعات ما لم يكن قد تم تكوين فكرة ولو بسيطة عن مفهوم الاحتمال وكيف يتم استخراجه؟

1.8 مقدمة نظرية عن الاحتمالات وأهميتها في اتخاذ القرار

تعتبر نظرية الاحتمالات هي الركن الأساسي لبقية العلوم وخاصة العلوم المتعلقة بالرياضيات ولها تطبيقات عديدة في مختلف المجالات فتستخدم في دراسات كافة العلوم والآداب والدراسات الاجتماعية، ومن الجدير بالذكر أن فكرة التأمين تعتمد أساساً على دراسة الاحتمالات، ونظرية المباراة والتي تعود إلى العلم الذي احتل موقعاً كبيراً في الدراسات الإدارية والاقتصادية يعتبر من أركانه الأساسية هو موضوع الاحتمالات كما أن كافة مشاكل اتخاذ القرارات الإدارية بحالة المخاطرة وحالة الاحتمالات المتساوية تعتمد على موضوع الاحتمالات.

ولن نحاول هنا التعمق في دراسة الاحتمالات بل سنكتفي بإعطاء فكرة مبسطة عنها. ولتفهم ذلك سنبدأ بإعطاء بعض الأمثلة على تجارب تعتمد على عنصر الصدفة أو العشوائية.

فلنبدأ بمثال واقعي ومبسط للجميع حيث عندما يحين موعد انصرافهم إلى البيت فالكل عند الخروج من الدائرة (والذين ليس لهم واسطة نقل) يكونوا مشغولون

بالعثور على واسطة نقل وكل واحد منهم يعتقد بأنه مثلاً باحتمال مقداره 60% سوف يعثر على واسطة نقل مهيأة للحركة، ولو سألته في ذلك الوقت على احتماله السابق، لكانت إجابته ومهما يكن تعليمه باحتمال مقداره 40% سوف لن يعثر على واسطة الذي تفاؤل لها للمرة الأولى وباحتمال 60% ولو تم جمع احتمال التفاؤل بالعثور على الواسطة واحتمال عدم العثور على الواسطة لكل المجموع 60% + 40% = 100% والمقدار 100% هو عبارة عن واحد $1 = \frac{100}{100}$.

وبنظرة فاحصة شاملة نرى أن الاحتمالات تشكل جزءاً كبيراً من حياتنا وقراراتنا اليومية بدون أن يكون لنا دراية بموضوع الاحتمالات ونتعامل معها بما يعبر عنه بالفطرة والأمثلة على الاحتمالات كثيرة ومتعددة، فالكل يدرك أن مجموع الاحتمالات هو واحد مهما كانت ثقافته أو تعليمه ولأهمية ذلك فضلنا أن نستعرض الأساسيات المهمة لموضوع الاحتمالات من خلال الأمثلة التالية:

مثال(1):

ولو تم توجيه سؤال إلى أي شخص مدرك، بأنه إذا ألقيت قطعة نقود معدنية في الهواء حيثما اتفق. بماذا تكون النتيجة؟ فالجواب ، سوف نحصل على إحدى النتيجتين (ظهور الوجه العلوي يحمل صورة (H) أو ظهور الوجه الآخر، الذي هو جانب الكتابة (T)). وبعد سوف يكمل، بأنه سوف لا نتوقع ظهور أي من هاتين النتيجتين أكثر من الأخرى، وبالتالي فإن إجراء هذه التجربة مرات عديدة في نفس الظروف المتشابهة سوف تنتج عنه ظهور كل وجه من الوجهين في نصف عدد مرات تكرار التجربة تقريباً ولهذا نستطيع أن نخصص عدداً لكل نتيجة يطلق عليه احتمال حدوث هذه النتيجة ويكون احتمال ظهور الصورة H في هذه التجربة = $\frac{1}{2}$، وكذلك احتمال ظهور الكتابة T = $\frac{1}{2}$.

مثال(2):

إذا رميت زهرة النرد (الزار) على سطح أملس سنجد 6 نتائج ممكنة (1، 2، 3، 4، 5، 6) وبافتراض أن الزهر سليم فأنت لا تتوقع ظهور أي من النتائج الستة أكثر من غيرها أو بالتالي يكون احتمال ظهور كل من الوجوه الستة = $\frac{1}{6}$.

من هذه الأمثلة (1، 2) يتضح أننا نستطيع حساب الاحتمالات قبل إجراء التجربة في المثال (1) أي بعبارة أخرى نستطيع إيجاد الاحتمال قبل إلقاء قطعة النقود المعدنية. أما في المثال (2) فإنه يمكننا إيجاد مقدار الاحتمال قبل إلقاء الزهر. ومثل هذا النوع من الاحتمالات تسمى بالاحتمالات السابقة (A priori probability) ويمكن إجراء التجارب للمقارنة بين الاحتمالات التي حصلت عليها في الأمثلة السابقة وبين النتائج الفعلية للتجربة. والجدير بالملاحظة أنه عند إجراء التجارب لعدد كبير جداً من المرات فإن النتائج التجريبية تميل إلى التعادل مع الاحتمالات السابقة التي ذكرت أعلاه.

لإيجاد نسب الاحتمال ينبغي إجراء التجارب وتسجيل النتائج التي تحسب منها الاحتمالات وهذه تعرف بالاحتمالات التجريبية Empirical probability وهذه من طرق تعريف الاحتمال تعرف بالتكرار النسبي وهو تعريف شائع الاستعمال، أساسه المشاهدات والبيانات التي يجمعها يتم من المحاولات المتكررة (بشكل لا نهائي) للتجربة الإحصائية تحت الدراسة أي أنه مبني على فكرة التكرار النسبي.

ويتلخص تعريف الاحتمال، بمفهوم التكرار النسبي، في أنه إذا تكرر إجراء تجربة إحصائية N من المرات تحت نفس الظروف. ولو كان عدد المرات التي تؤدى على الحدث A يساوي n(A) فإن التكرار النسبي لهذا الحدث هو:

$$\frac{n(A)}{N} \dots\dots\dots\dots\dots\dots\dots\dots\dots\dots\dots\dots\dots\dots(73)$$

مثال(3):

إذا كان طلبة إحدى الكليات موزعين على التخصصات المختلفة فيها حسب الجدول الآتي:

التكرار النسبي	عدد الطلبة في كل تخصص	التخصص
0.2	320	إدارة أعمال
0.3	480	محاسبة
0.188	300	اقتصاد
0.312	500	علوم مالية ومصرفية
1.00	1600	المجموع

وإذا قمت بمقابلة أي طالب، فما هو احتمال هذا الطالب أن يكون ضمن تخصص الاقتصاد فالجواب هو (0.188)، أو ما هو احتمال أن الطالب ضمن تخصص إدارة الأعمال فالجواب يكون باحتمال قدره (0.2) وما يقال عن تخصصي الاقتصاد وإدارة الأعمال يقال أيضاً عن باقي التخصصات.

2.8 الاحتمالات البسيطة Simple Probability

لتأخذ تجربة من تجارب الصدفة التي لها حالات محدودة العدد ومتساوية الإمكان (إمكان وقوع الحدث (Equaily likely)، ونطلق على أي مجموعة منها لها صفة مشتركة. وسنهتم بدراسة لفظ الحدث (Event).

وإذا أجرينا التجربة وكان الناتج هو إحدى النتائج التي يتكون منها الحدث قد تكون حالة نجاح أو فشل وبالتالي يمكن تعريف احتمال وقوع الحدث A بأنه

$$P(A) = \frac{\text{عدد النتائج التي يتكون منها الحدث (A)}}{\text{عدد النتائج الكلية للتجربة}} \quad \ldots(74)$$

وعند تفحّص المعادلتين (73) و (74) نرى أنهما يمثلان حساب الاحتمالات وهي عدد مرات الجزء في البسط وفي المقام تكون عدد النتائج الكلية 1 و (N)

فإذا كان عدد النتائج التي يتكون منها الحدث (A) = r

وكان عدد النتائج التي لا تدخل في الحدث (A) = k

على فرض أن (عدد النتائج الكلية للتجربة) = r+k =N

وبهذا يمكن التعبير عن المعادلة (74) بالصيغة الآتية:

$$P(A) = \frac{r}{r+k} \dots\dots\dots\dots\dots\dots\dots\dots(75)$$

وإذا رمزنا للحدث الذي يتكون من النتائج التي لا تدخل في (A) بالرمز (B)

$$P(B) = \frac{k}{r+k} \dots\dots\dots\dots\dots\dots\dots\dots(76)$$

ويلاحظ أن وقوع الحدث (B) يعني فشل الحدث (A) وبالتالي فإن:

$$p(A) + p(B) \Rightarrow \text{احتمال النجاح} + \text{احتمال الفشل} = \frac{r}{r+k} + \frac{k}{r+k} = 1$$

وإذا كان الحدث (A) مؤكد الوقوع فإن (k=0) وفي هذه الحالة نجد أن:

P (A) =1

ومما يجب ملاحظته وعدم نسيانه أن الاحتمال يأخذ شكل نسبة الجزء إلى الكل وتتراوح قيمته بين الصفر والواحد الصحيح.

مثال (4):
إذا رميت زهرة نرد (زار) مرة واحدة فأوجد احتمال الحصول على:
1- العدد (5)   2- عدد يكون فردياً.

الحل:

1-   معلوم أن لزهرة النرد (الزار) ستة أوجه تحمل الأعداد (1، 2، 3، 4، 5، 6) وعلى ذلك فعند إلقاء زهرة واحدة نجد أن عدد النتائج الكلية الممكنة لهذه التجربة =6.

2-   وإن عدد النتائج التي يتكون منها الحدث الحصول على العدد(5) هي نتيجة واحدة لأن لا توجد على الزهر غير (5) واحدة وبالتالي فإن:

$$P(A=5) \quad \frac{\text{عدد النتائج التي يتكون منها الحدث (A)}}{\text{عدد النتائج الكلية للتجربة}} = \frac{1}{6} \dots\dots\dots\dots(75)$$

3 - المطلوب الآخر يتكون من ثلاثة نتائج فردية العدد وهي (1، 3، 5) والنتائج الكلية الممكن الحصول عليها برمي زهرة النرد هي 6 نتائج وبالتالي فإن:

$$P(A=\text{عدد فردي}) = \frac{3}{6} = \frac{1}{2}$$

مثال (5)

سحب كارت بطريقة عشوائية من مجموعة كاملة من ورق اللعب (تحتوي مجموعة ورق اللعب على 52 كارت منها 26 كارت أسود و 26 كارت أحمر (12 كارت يحمل إشارة ◇ وأربع (A) أسات...) فأوجد:

1- احتمال سحب كارت أحمر.
2- احتمال سحب يحمل إشارة ◇.
3- احتمال سحب Aآس.

الحل:

1- $P(A=\text{سحب كارت أحمر}) = \frac{26}{52} = \frac{1}{2}$

2- $P(A=\text{سحب كارت يحمل إشارة} \diamond) = \frac{12}{52} = \frac{1}{4}$

3- $P(\text{سحب كارت يحمل A آس}) = \frac{4}{52} = \frac{1}{13}$

3.8 الاحتمالات المركبة Compound Probability

التجربة المركبة هي من إدماج تجربتين بسيطتين أو أكثر في آن واحد، ولذلك فإن الاحتمالات المتعلقة بها تسمى بالاحتمالات المركبة. فإذا حاولت إلقاء قطعتين من النقود معاً فهي تجربة مركبة وهي تتكون من التجربتين البسيطتين (رمي قطعة النقود الأولى) و(رمي قطعة النقود الثانية) مع العلم أن للتجربة الأولى نتيجتان وهما صورة H وكتابة T وللتجربة الثانية أيضاً نتيجتان، فإذا رمزنا لظهور الصورة بالرمز x وللكتابة بالرمز y نجد أن التجربة المركبة تتكون من نتائج عددها:

xx	xy	yx	yy

$$4 = 2 \times 2$$

وهكذا إذا تم رمي ثلاث قطع من النقود معاً في وقت واحد أو قطعة نقود واحدة ثلاث مـرات متتالية فإن عدد نتائج هذه التجربة هو:

$$2 \times 2 \times 2 = 8$$

وعلى ذلك ولتعميم عدد نتائج التجارب المركبة، فإنه إذا كان لدينا التجربة a_1 والتي لهـا نتائـج عددها n_1 والتجربة a_2 والتي لها نتائج عددها n_2 والتجربة a_3 التي لهـا نتـائج عـددها n_3 فإن التجربة المركبة (a_1, a_2, a_3) يكون لها نتائج عددها كما يلي

$$n_1 \times n_2 \times n_3$$

فالتجربة المركبة من إلقاء زهرتين من زهر النرد (زارين) معاً يكون لها نتائج عددها:

$$6 \times 6 = 36$$

والتجربة المركبة من إلقاء 3 زهرات من زهر النرد معاً يكون لها نتائج عددها

$$6 \times 6 \times 6 = 216$$

مثال (6):

إذا تم رمي زرهتين من النرد (زارين) معاً فما هو احتمال الحصول على رقمين حاصل جمعهـما 2 أو 8 أو 12

الحل:

عدد النتائج الكلية الممكنة لإلقاء الزهرتين 6×6=36 وعدد النتائج التـي يتكـون منهـا الحـادث (الحصول على رقمين مجموعهما 2 أو 8 أو 12)

للوقوف على الاحتمال وبشكل دقيق فيجب علينا أن نكتب كـل عناصر التجربة والناتجـة مـن جراء رمي زهرتين من النرد وهم.

(1,1) ,	(1,2) ,	(1,3) ,	(1,4) ,	(1,5) ,	(1,6)
(2,1) ,	(2,2) ,	(2,3) ,	(2,4) ,	(2,5) ,	(2,6)
(3,1) ,	(3,2) ,	(3,3) ,	(3,4) ,	(3,5) ,	(3,6)
(4,1) ,	(4,2) ,	(4,3) ,	(4,4) ,	(4,5) ,	(4,6)
(5,1) ,	(5,2) ,	(5,3) ,	(5,4) ,	(5,5) ,	(5,6)
(6,1) ,	(6,2) ,	(6,3) ,	(6,4) ,	(6,5) ,	(6,6)

الآن أصبح كل ناتج التجربة واضح والذي يسمى (فضاء العينة).

إذن ما هو احتمال ظهور رقمين مجموعهما $\frac{1}{36} = 2$

ما هو احتمال ظهور رقمين مجموعهما $\frac{5}{36} = 8$

واحتمال ظهور رقمين مجمعهما $\frac{1}{36} = 12$

4.8 فضاء العينة **Sample Space**

يقصد بمصطلح فضاء العينة لتجربة إحصائية هو كل النتائج الممكنة لتلك التجربة، كما هو واضح في المثال التالي:

مثال (7)

ارمي قطعة نقود وزهرة نرد مرة واحدة، فما هو فضاء العينة لهذه التجربة.

الحل: على فرض أن لقطعة النقود ناتجين هما T ، H والذي تم تعريفها وزهرة النرد لها ستة نواتج هما {1، 2، 3، 4، 5، 6} ففضاء العينة يكون كما يلي:

Sample Space = { (H,1) , (H,2) ,(H,3) , (H,4), (H,5) , (H,6)

(T,1) , (T,2) , (T,3) , (T,4) , (T,5) , (T,6)}

وفي كثير من الأحيان يكون اهتمامك منصباً على بعض عناصر فضاء العينة دون البعض الآخر وفي هذه الحالة ترغب بالحصول على ما يسمى بالحدث.

5.8 الحـــدث Event

هو مجموعة جزئية من فضاء العينة، وبعبارة أخرى الحدث هو مجموعة مكونة من نتيجة بسيطة واحدة أو أكثر، أو لا يحتوي على أي نتائج فإذا احتوى على نتيجة بسيطة واحدة سمي حادثاً بسيطاً. أما إذا احتوى على نتيجتين أو اكثر فإنه يسمى حادثاً مركباً.على سبيل المثال أن

الحدث 1- (H, 1) يسمى حدث بسيط

أما الحدث 2- {(H,5), (T,4) , (H,2)} فهو يسمى حدث مركب

حيث في الحالة رقم (1) سمي حدث بسيط بسبب ظهور وجه واحد من العملة المعدنية والذي يحمل الرمز H ورقم (1) من وجوه زهرة النرد.

6.8 قوانين الاحتمالات

إذا كان فضاء العينة لتجربة ما، وكان A أي حادث في فضاء العينة (S) فإن من المفروض أن نعيّن لهذا الحادث عدد والذي يمثل الاحتمال لوقوع الحدث P (A) بحيث يحقق الفرضيات الآتية:

$$0 \leq p(A) \leq 1 \quad \text{.........(77)}$$

1- وهذا معناه أن أي مقدار احتمال أو أي احتمال لأي حدث يجب أن لا تقل قيمته عن صفر.

$$P(S) = \sum_{i=1}^{n} P(A_i) = 1 \quad \text{.........(78)}$$

2- وهذا يدل على أن مجموع كل الاحتمالات يساوي واحد (المثال الموجود في مقدمة هذا الفصل).

3- إذا كان A_1 و A_2 حادثين منفصلين عن بعضهما البعض أي لا توجد عناصر مشتركة بينهما فإن:

$$P(A_1 \cup A_2) = p(A_1) + p(A_2) \dots\dots\dots\dots\dots\dots\dots\dots(79)$$

وكتمثيل للفقرة رقم (3) لحادثين منفصلين، نعرض الشكل التالي:

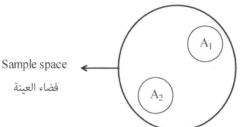

شكل رقم(1)
تحديد فضاء العينة
لحوادث منفصلة

Sample space

فضاء العينة

مثال (8):

صندوق يحتوي على 15 كرة مرقمة من (1) إلى (15)، فإذا سحبت منها كرة واحدة بطريقة عشوائية ، فما هو احتمال أن يكون الرقم المدون عليها يقبل القسمة على 4 أو يقبل القسمة على 7.

الحل: نفرض أن الحدث (يقبل القسمة على 4) = A_1

نفرض أن الحدث (يقبل القسمة على 7) = A_2

حدثين منفصلين أي لا يوجد بينهما اشتراك، والحدث الأول A_1 يتكون $A_1 = \{4,8,12\}$ ويتكون الحدث التالي $A_2=\{7,14\}$ ولا توجد نتيجة مشتركة بينها، أي لا يوجد في المجموعة جميعها رقم يقبل القسمة على 4، وفي نفس الوقت يقبل القسمة على 7 وعليه فإن

$$P(A_1 \cup A_2) = p(A_1) + p(A_2)$$

$$= \frac{3}{13} + \frac{2}{15} = \frac{5}{15} = \frac{1}{3}$$

4- إذا كان A1 و A2 حدثين بينهما اشتراك أي غير منفصلين إذا كان A1 و A2 حدثين بينهما اشتراك فيكون قانون جمع احتمالاتهما هو:

$$P(A_1 \cup A_2) = p(A_1) + p(A_2) - p(A_1 \cap A_2)\dots\dots\dots\dots\dots(80)$$

مثال (9):

في المثال السابق أوجد احتمال أن يكون الرقم المدون على الكرة يقبل القسمة على 3 أو يقبل القسمة على 5.

الحل:

الحدث (يقبل القسمة على 3) يتكون من النتائج (3، 6، 9، 12، 15) والحدث (يقبل القسمة على 5) يتكون من النتائج (5 ، 10، 15) والحدث (يقبل القسمة على 3، ويقبل القسم على 5) يتكون من نتيجة واحدة (15).

ومن الواضح أن الحدث (يقبل القسمة على 3) والحدث (يقبل القسمة على5)حدثين مشتركين وذلك لوجود نتيجة مشتركة بينهما وهي الرقم (15) حيث يقبل القسمة على 5 ويقبل القسمة على 3 في نفس الوقت وبالتالي على فرض أن:

(A_1 هو الحدث أي الأعداد التي تقبل القسمة على 3)

(A_2 هو الحدث أي الأعداد التي تقبل القسمة على 5).

$$P(A_1 \cup A_2) = p(A_1) + p(A_2) - p(A_1 \cap A_2) \qquad (81)$$

$$= \frac{5}{15} + \frac{3}{15} - \frac{1}{15} = \frac{5+3-1}{15} = \frac{7}{15}$$

7.8 قانون ضرب الاحتمالات Rule of multiplication

1.7.8 الحوادث المستقلة Independent Events

يقال للحدثين A و B أنهما مستقلان إذا كان وقوع أحدهما لا يؤثر على وقوع الآخر. فإذا ألقيت زهرة واحدة من زهرة النرد مرتين متتاليتين فالحدث الأول هو الحصول على الوجه الذي يحمل الرقم (5) A والحدث الثاني هو الحصول على الرقم، (5) B للمرة الثانية. وهما يعتبران حدثين مستقلين لأن الحصول على الرقم 5

في المرة الأولى لا يؤثر ولا يتأثر بالحصول على الرقم 5 في المرة الثانية كما هـو واضـح في الشـكل رقم (1) السابق.

أي أن احتمال حدوث الحدث A إذا علمـت أن الحـدث B قد حـدث يبقـى مسـاوياً لاحتمال حدوث الحدث A أي p (A | B) = P(A) [ويقـرأ p(A| B)]، وهو يعني احتمال حصـول الحـدث A يشـترط وقوع الحدث B] ومعنى هذا أن وقوع الحدث لا يغير ولا يـؤثر عـلى احتمال وقـوع الحـدث A وإذا أردنا القول أن الحدث B هو مستقل عن الحدث A فإنه تكتب كما يلي:

$$P (B | A) = p(A) \dots\dots\dots\dots\dots\dots\dots\dots\dots\dots\dots(82)$$

وتقرأ (احتمال حصول الحدث B يشترط وقوع الحدث A).

ويكون الحدثين مستقلين إذا كان حاصل ضرب احتمالاتها مساوياً أي أن:

$$P (A \cap B) = P (A) * P (B) \dots\dots\dots\dots\dots\dots\dots\dots\dots(83)$$

مثال (1)

إذا كان A و B حدثين مستقلين وكان لدينا ما يلي:

$$P (A) = 0.4 \text{ ، } P (B)=0.6 \qquad \text{أوجد} \qquad P (A \cap B)$$

الحل: بما أن الحدثين مستقلين إذن:

$$P (A \cap B) = P (A) * P (B)$$

$$= 0.4 * 0.6 = 0.24$$

مثال (2):

في مدينة ما اطفائيتان تعملان مستقلتين عن بعضهما البعض، احتمال وصـول الأولى إلى مكان حريق خلال خمس دقائق 0.95 واحتمال وصول الثانية إلى المكان

خلال المسدة نفسها يساوي 0.90 ما احتمال وصول الاطفائيتين إلى مكان الحريق خلال خمس دقائق.

الحل:

افرض A يمثل وصول الاطفائية الأولى خلال خمس دقائق

B يمثل وصول الاطفائية الثانية خلال خمس دقائق

وبما أن الاطفائيين مستقلتان عن بعضهما البعض، لذلك فإن احتمال وصول الاطفائيتين إلى مكان الحريق يساوي

$$P(A \cap B) = P(A) * P(B)$$

$$= 0.95 * 0.90 = 0.855$$

مثال (3)

إذا كان $p(A) = 0.6$ ، $p(A|B) = 0.6$ ، $p(B|A)=0.5$. هل A و B حدثان مستقلان؟ وما احتمال B؟.

الحل: بما أن

$P(A) = 0.6$ و $p(AB) = p(A)$

إذاً $P(A|B) = p(A)$

وبالتالي بالنتيجة فإن A و B حدثان مستقلان

والآن بما أن A و B مستقلان فإن $p(B) = p(B|A) = 0.5$

2.7.8 الحوادث غير المستقلة dependent Events

إن دراسة الاحتمال في حالة الضرب للحوادث غير المستقلة يعني دراسة احتمال الحوادث المشروطة أو الاحتمال الشرطي Conditional Probability، الذي

يعني دراسة احتمال حادث ما إذا علم حدوث حادث آخر. فمثلاً إذا رميت زهرة نرد (زار). وعلمت أن العدد على الوجه الظاهر كان زوجياً، فما احتمال أن يكون العدد على الوجه الظاهر هو 4؟ كما واضح في الشكل رقم (2).

من الواضح أنه إذا علمت أن العدد الظاهرة على الوجه الزوجي فهذا يعني أنك علمت حدوث ظهور العدد الزوجي وهذا يعني أن العدد الذي ظهر يجب أن يكون من المجموعة {2,4,6}.

الآن ما احتمال أن يكون العدد الظاهر 4.

بما أن زهرة النرد منتظمة وعلمنا حدوث {2,4,6} فاحتمال ظهور 4 يساوي $\frac{1}{3}$ فإذا عبرت بالرمز V للحادث "العدد الزوجي الظاهر" فيكون المطلوب هو حساب احتمال ظهور العدد 4 وإذا علمت أن العدد الظاهر زوجي، فإن هذا هو الاحتمال الشرطي ونعبر عنه بالرمز. $p(\{4\}|V)$.

وبالإمكان تعريف الاحتمال الشرطي A إذا علم الحادث B هو

$$p(A|B) = \frac{p(A \cap B)}{p(B)} \qquad \text{.........(84)}$$

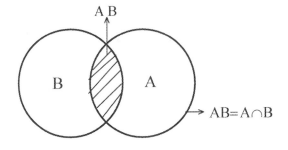

شكل (2) الحوادث غير المستقلة

شريطة أن $P(B) > 0$

مثال (4):

رميت قطعة تقود ثلاث مرات فإذا رمزنا لظهور الصورة الحرف H. وظهور الكتاب بالحرف T ، وإذا علم أن الوجه في الرمية الأولى H فما احتمال أن يكون الوجهان الآخران H، H؟

الحل:

يتم الاستعانة بفضاء العينة وهو يمثل كل ما يحتمل ظهوره من رمي قطعة النقود ثلاث مرات سمي Sample Space.

S= {HHH , HHT, HTH, HTT, THH , THH , THT , TTH, TTT}

افرض أن A تمثل الحدث "الوجه في الرمية الأول H"

B تتمثل الحدث "الوجهان في الرميتين الثانية والثالثة H ، H "

والمطلوب هو احتمال أن يكون الوجهان في الثانية والثالثة يحملان على شرط أن يكون الوجه في الرمية الأولى H أي بتطبيق النموذج الاحتمالي، فإن:

$$P(B|A)=\frac{p(B\cap A)}{p(A)}$$

بالنظر إلى فضاء العينة يكون

$$p(B\cap A)=\frac{1}{8}$$

وذلك لأن في $A\cap B$ نقطة واحدة HHH وفي الفضاء العيني 8 نقاط

إذن $$P(B|A) = \frac{1/8}{4/8}=\frac{1}{4}$$

وبالرجوع إلى التعريف السابق وبعد إجراء الضرب التبادلي نجد:

$$p(B\cap A)=p(B)*p(A|B)$$

وكذلك $$p(B\cap B)=p(A)*p(B|A)$$

ولكن $p(A\cap B) = P(B\cap A)$ لأن العناصر المشتركة بين A و B هي نفسها العناصر المشتركة بين B و A ولذلك سوف نحصل على ما يلي:

$$p(B\cap A)=p(A)*p(B|A)$$

إذا كان $p(A) > 0$

$$p(A\cap B)=p(B)*p(A|B)$$

إذا كان $p(B) > 0$

وما تقدم نستنتج قاعدة للضرب في حالة الأحداث المشروطة.

مثال (5)

إذا كان $P(A) = 0.6$ $P(B) = 0.3$ وكان $p(A|B) = 0.4$

أوجد أ- $p(A \cap B)$ ب- $p(A|B)$

الحل:

من قاعدة الضرب

$$p(A \cap B) = p(B) * p(A|B)$$

$$p(A \cap B) = 0.3 * 0.4 = 0.12$$

ب - من تعريف الاحتمال الشرطي:

$$p(B|A) = \frac{p(A \cap B)}{P(A)} = \frac{0.12}{0.6} = 0.2$$

مثال (6)

صندوق فيه (3) كرات حمراء و (9) كرات بيضاء، سحبت منه كرة واحدة وشوهد لونها وطرحت جانباً ثم سحبت منه كرة أخرى أوجد احتمال أن الكرة الأولى بيضاء والثانية حمراء.

الحل:

افرض أن الحادث A يمثل الكرة الأولى بيضاء.
افرض B إن الحادث B يمثل الكرة الثانية حمراء
المطلوب هو احسب قيمة العلاقة:

الحل:

$P(A \cap B)$

ومن قاعدة الضرب (85) .... $p(A \cap B) = p(A) * p(B|A)$

ولكن، بما أن عدد الكرات كلها 12 وعدد الكرات البيضاء 9 ولذلك يكون $p(A) = \dfrac{9}{12}$ وأيضاً

$p(B|A) = \dfrac{3}{11}$ لأن احتمال الكرة الثانية حمراء إذا علم أن الكرة الأولى بيضاء يعني أنه بعد أن

علمت أن الأولى بيضاء وطرحتها جانباً فإنه قد بقي في الصندوق 3 كرات حمراء و 8 كرات بيضاء .

وبالتالي يكون
$$p(B|A) = \dfrac{3}{11}$$

إذن ومن قاعدة الضرب نجد
$$p(A \cap B) = \dfrac{9}{12} * \dfrac{3}{11} = \dfrac{9}{44}$$

8.8 التوافيق Combinations

هي عدد الطرق التي نختار بها عدداً معيناً r من عناصر مجموعة معينة n دون الاهتمام

بالترتيب مع عدم التكرار ويرمز له $\begin{pmatrix} n \\ r \end{pmatrix}$ أو C_r^n وأن صيغة الاحتساب

$$C_r^n = \begin{pmatrix} n \\ r \end{pmatrix} = \dfrac{n!}{r!(n-r)!} \dots\dots\dots\dots\dots\dots\dots\dots(86)$$

حيث أن

! تدعى عاملي أو (المفكوك).

r! عاملي n!...r بعاملي n وهكذا

فقيمة   n! = n* (n-1) * (n-2) * (n-3) * .... * 1

أي أن العناصر r يمكن اختيارها بـ r! من الطرق. فالعنصر الأول يمكن اختياره بـ r من الطرق
والعنصر الثاني يمكن اختياره بـ (r-1) من الطرق والعنصر الثالث يمكن اختياره بـ (r-2) من الطرق ...
وآخر عنصر يمكن اختياره بـ (1) وبطريقة واحدة.

فعدد الطرق الممكنة لاختيار فريق يتكون من (9) أفراد من بين (12) فرداً من دون الاهتمام
بالترتيب هو كما يلي:

$$C_9^{12}=\binom{12}{9}=\frac{12!}{9!(12-9)!}=\frac{12*11*10*9!}{9!\ \ (3*2*1)}=220$$

مثال(7)

إذا كان لدينا 5 رجال و 4 نساء فما هي عدد الطرق الممكنة لاختيار لجنة تتكون من 3 رجال وامرأتين.

الحل:

$$\binom{5}{3}*\binom{4}{2}=\frac{5!}{3!*2!}*\frac{4!}{2!*2!}$$
$$=\frac{5*4*3!}{3!*2!}*\frac{4*3*2!}{2!*2!}$$
$$=10*6=60$$

9.8 التباديل **Permutation**

وهي عدد الطرق الممكنة لاختيار r من الوحدات من المجموعة n مع الاهتمام بالترتيب دون تكرار. وحالة الترتيب هي التي تميز التبادل عن التوافيق ويرمز لها p_r^n وصيغة احتسابها هي كما يلي:

$$p_r^n=\frac{n!}{(n-r!)} \quad \text{.......(87)}$$

فالترتيب الأول يمكن أن يتم بـ n من الطرق

والترتيب الثاني يمكن أن يتم بـ n-1 من الطرق.

والترتيب الثالث يمكن أن يتم بـ n-2 من الطرق

والترتيب r يمكن أن يتم بـ n-r-1 من الطرق.

وعندما r = n فإن $p_r^n = n!$

فمثلاً عدد الطرق الممكنة لتشكيل أربعة أرقام صحيحة من مجموعة الأرقام من 1 إلى 9 هي:

$$p_4^9 = \frac{9!}{(9-4!)} = \frac{9*8*7*6*5!}{5!} = 3024$$

مثال (8)

ما هي عدد الحالات التي يمكن فيها ترتيب (3) طاولات صفراء و(2) حمراء و (7) خضراء بشكل مستقيم.

الحل: لدينا n= 3+2+7 =12

$$p = \frac{12}{(3!)(2!)(7!)}$$

مثال (9)

صندوق يحتوي على (5) كرات حمراء و(7) كرات خضراء. فإذا سحبت كرتان بطريقة عشوائية من الصندوق. فأوجد احتمال
أولاً: أن تكون كل من الكرتين المسحوبتين حمراء.
ثانياً: أن تكون كل من الكرتين المسحوبتين خضراء.
ثالثاً: أن تكون إحدى الكرتين حمراء والأخرى خضراء.

الحل:

1- يمكن اختيار كرتين من الصندوق بطرق عددها C_2^{12}

$$C_2^{12} = \frac{12!}{(2!)(10)!} = \frac{12*11*10!}{12*1*10!} = \frac{12*11}{2*1} = 66 \quad \text{طريقة}$$

2- يمكن اختيار كرتين من بين الكرات الحمراء بطرق عددها C_2^5

$$C_2^5 = \frac{5!}{(2!)(3)!} = \frac{5*4*3!}{2*1*3!} = 10 \quad \text{طرق}$$

3- يمكن اختيار كرتين من بين الكرات الخضراء بطرق عددها C_2^7

$$C_2^7 = \frac{7!}{(2!)(5)!} = \frac{7*6*5!}{2*1*5!} = 21$$ طريقة

4- يمكن اختيار كرة حمراء وأخرى خضراء بطرق عددها

$$C_1^5 = C_1^7 = 5*7 = 35$$ طريقة

$\therefore$ P (سحب كرتين حمراء) = $\frac{10}{66} = 0.15$

P (سحب كرتين خضراء) = $\frac{21}{66} = 0.3$

P (سحب كرة حمراء وأخرى الخضراء) = $\frac{35}{66} = 0.53$

10.8 التوقع الرياضي (أو القيمة المتوقعة) Expected Value

1.10.8 القيمة المتوقعة

التوقع الرياضي هو توقع القيمة للمتغير العشوائي أي القيمة التي تكون مرجحة لقيمة ذلك المتغير العشوائي وهي تساوي الوسط الحسابي للمتغير العشوائي، وبما أن الوسط الحسابي هو القيمة التي تمثيل المتغير العشوائي افضل تمثيل، أي أنها تقع في مركز البيانات كذلك القيمة المتوقعة تمثل البيانات للظاهرة أو المتغير العشوائي أفضل تمثل أي أنها تقع في مركز القيم لتلك الظاهرة. ويرمز لقيم المتغير العشوائي x_i بالقيمة المتوقعة لـ x_i بـ [E(x)] وهي اختصارا لكلمة (Expectation) ويتم احتسابها باعتبارها مجموع حاصل ضرب كل قيمة من قيم المتغير العشوائي x_1 ، x_2 ، x_3 ، x_4 ... x_n بالقيمة الاحتمالية لها وهي $p(x_1)$ ، $P(x_2)$ ، $P(x_3)$ ، $P(x_4)$ ....$P(x_n)$ أي.

x_i	x_1	x_2	....	x_n
$P(x_i)$	$P(x_1)$	$P(x_2)$	....	$P(x_n)$

وبذلك تكون القيمة المتوقعة حسب الصيغة الآتية:

$$E(x) = \bar{x} = \sum_{i=1}^{n} x_i \ p(x_i) \dots\dots\dots\dots\dots\dots\dots(88)$$

مثال (10)

إذا كانت قيمة المبيعات لأحد الأسواق خلال عشرة أيام هي كما مبين في الجدول أدناه فما هـي القيمة المتوقعة للمبيعات.

المبيعات بالدينار	100	150	200	250
عدد الأيام	4	3	2	1

الحل: نجد القيمة الاحتمالية لـ x (المبيعات) فيكون لدينا

X	100	150	200	250
P(x)	0.4	0.3	0.2	0.1

فالقيمة المتوقعة
$$E(x) = \sum_{i=1}^{n} x_i \ p(x_i)$$

$$= (100) \ (0.4) + (150) \ (0.3) + (200) + (200) \ (0.2) + (250) \ (0.10$$

$$= 150$$

2.10.8 التبايـن Variance

نستطيع استخراج التباين أيضاً عن طريق القيمة المتوقعة وذلك عن طريق الصيغة الآتية:

$$Var(x) = E(x)^2 - [E(x)]^2 \dots\dots\dots\dots\dots\dots\dots\dots(89)$$

وبما أن الحد $[E(x)]^2$ نستطيع إيجاده فهو عبارة عـن مربـع القيمـة المتوقعة، فإيجـاد القيمـة المتوقعة يكون مكافئ لهذا الحد بعد تربيعها. وبقـي عنـدنا استخراج الحـد الثـاني والـذي هـو $E(x^2)$ فيكون استخراجه حسب الصيغة الآتية:

$$E(x^2) = \sum x_i^2 \ p(x_i) \dots\dots\dots\dots\dots\dots\dots\dots(90)$$

مثال (11):

استخرج توقع مربع قيمة المتغير العشوائي $E(x2)$ للمثال رقم (10) السابق.

الحل:

$$E(x^2) = (10)^2 \times (0.4) + (150)^2 \times (0.3) + (200)^2 \times (0.2) + (250)^2 \times (0.1) = 25000$$

وفي حالة استخراج التباين يكون

$$Var(x) = E(x)^2 - \left[E(x)\right]^2$$

$$= 25000 - (150)^2 = 2500$$

مثال (12)

أوجد القيمة المتوقعة والتباين لها إذا كان x يمثل نتائج رمي زهرة النرد لمرة واحدة.

الحل:

النتائج أو الوجود التي من الممكن أن تظهر من خلال رمي زهرة النرد لمرة واحدة.

$$x_i = 1, 2, 3, 4, 5, 6$$

وحيث أن احتمال كل من قيم x_i هو $\dfrac{1}{6}$، أي أن احتمال ظهور أي وجـه مـرة واحـدة مـن سـتة

وجوه هو $\dfrac{1}{6}$. فإن القيمة المتوقعة تكون:

$$\sum (x) = 1\left(\frac{1}{6}\right) + 2\left(\frac{1}{6}\right) + 3\left(\frac{1}{6}\right) + 4\left(\frac{1}{6}\right) + 5\left(\frac{1}{6}\right) + 6\left(\frac{1}{6}\right) = \frac{21}{6} = 3.5$$

أما التباين يستخرج حسب القيمة الآتية:

$$Var(x) = E(x)^2 - \left[E(x)\right]^2$$

بما أن الحد $\left[E(x)\right]^2$ تم استخراجه ونحتاج لتربيعه فقط وبذلك نستخرج المقدار $E(x^2)$ كما يلي:

$$E(x^2) = \sum x_i^2 \ p(x_i)$$

$$\sum (x^2) = 1^2\left(\frac{1}{6}\right) + 2^2\left(\frac{1}{6}\right) + 3^2\left(\frac{1}{6}\right) + 4^2\left(\frac{1}{6}\right) + 5^2\left(\frac{1}{6}\right) + 6^2\left(\frac{1}{6}\right) = \frac{91}{6} = 15.167$$

$$Var(x) = \frac{91}{6} - \left(\frac{21}{6}\right)^2 = 2.917$$

مثال (13):

أوجد توقع x إذا كان لدينا ما يلي:

$$p(x) = \frac{x}{15} \quad : \quad x = 1,2,3,4,5$$

$$E(x) = \sum x \; p(x)$$

الحل:

$$= 1 - \frac{1}{15} + 2\frac{2}{15} + 3\frac{3}{15} + 4\frac{4}{15} + 5\frac{5}{15}$$

$$= \frac{1+4+9+16+25}{15} = \frac{55}{15} = \frac{11}{3} = 3.6$$

مثال (14):

أوجد التوقع والتباين للمتغير العشوائي الذي توزيعه الاحتمالي كما في الجدول الآتي:

x	p(x)	x.p(x)	$x^2p(x_1)$
3	0.3	0.9	2.7
4	0.2	0.8	3.2
5	0.2	1.0	5
6	0.1	0.6	3.6
7	0.2	1.4	9.8
		4.7	24.3

الحل:

اضرب القيمة x في p(x) وضع الناتج في العمود الثالث بعد هذا ربع قيمة x واضربها في p(x) وضع الناتج في العمود الرابع.

ويكون

$$E(x) = \mu = \bar{x} = 4.7$$

$$Var(x) = E(x^2) - E(x)^2 = 24.3 - [4.7]^2$$

التباين $= 24.3 - 22.09 = 2.21$

وبهذا نكون قد أعطينا فكرة مختصرة عـن توقـع المتغـير العشـوائي المتقطـع فقـط. أمـا المتغـير العشوائي المستمر فهو موضوع أكثر تعقيداً لا مجال لذكره هنا.

11.8 تطبيقات للاحتمالات في اتخاذ القرار

1- إذا كان A حدثاً في فضاء العينة (Sample space). فيكـون A^c متممـة ذلـك الحـدث. وهـي في حقيقة الأمر أية أحداث موجودة في فضـاء العينـة ولم تكـن موجـودة في A. ويكـون القـانون الريـاضي لذلك هو

$$P(A^c) = 1 - P(A)$$

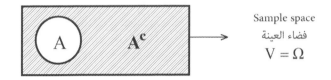

شكل (3)

إذا كان احتمال حصول طالب على بعثة يساوي 0.9 فما احتمال عدم حصول على تلك البعثة.

الحل:

افترض أن الحادث A يعني حصول الطالب على بعثه. فإن الحدث A^c يعني عدم حصول الطالب على البعثه.

$$P(A^c) = 1 - P(A) \quad \text{.........(91)}$$

$= 1 - 0.9 = 0.1$ احتمال عدم حصول الطالب على البعثه

وعلى أساس هذه المؤشرات سوف يتحدد قرار الطالب بين الحصول (0.9) وعدم الحصول(0.1).

وبنفس المعنى يمكن تطبيق العلاقة الرياضية السابقة، حيث إذا كان احتمال وصول الطالـب إلى محاضرته في الوقت المحدد يساوي 0.7 فما احتمال وصول الطالب متأخراً؟ (أي عدم وصوله في الوقـت المحدد)؟

الحل:

A= الوصول في الوقت المحدد إلى المحاضرة.

A^c = عدم الوصول في الوقت المحدد إلى المحاضرة.

كما هو واضح في الشكل التالي:

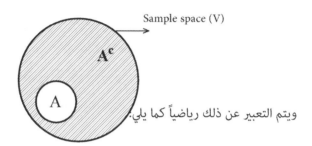

Sample space (V)
A^c
A

ويتم التعبير عن ذلك رياضياً كما يلي:

$$P(A^c) = 1 - P(A)$$
$$= 1 - 0.7 = 0.3$$

2- شب حريق في إحدى العمارات واتصل الحارس بمركزين من مراكز مطافئ المدينة فإذا كان احتمال وصول الاطفائية الأولى إلى مكان الحريق خلال دقيقتين يساوي 0.9 واحتمال وصول الاطفائية الثانية خلال دقيقتين يساوي 0.8 واحتمال وصول الاثنتين معاً خلال المدة نفسها يساوي 0.72 فما احتمال وصول الاطفائية الأولى أو الثانية خلال دقيقتين؟

الحل:

افرض A يمثل الحادث "وصول الاطفائية الأولى خلال دقيقتين".

B يمثل الحادث "وصول الاطفائية الثانية خلال دقيقتين".

وبالتالي يكون لدينا ما يلي:

$A \cap B$ يمثل الحادث "وصول الاطفائيتين خلال دقيقتين"

إن احتمال وصول الاطفائية الأولى أو الثانية خلال دقيقتين هو احتمال اتحاد الحادثين A و B، أي أن:

P (A∪B) = p(A) + p(B) – p (A∩B)

$$= 0.9 + 0.8 – 0.72 = 0.98$$

وعلى أساس هذا المؤشر الاحتمالي يتحدد قرار عملية إطفاء الحريق.

3- إذا كان احتمال غياب طالب عن المحاضرة الأولى يساوي 0.20 واحتمال غيابه عـن المحاضرة الثانية يساوي 0.15 واحتمال غيابه عن المحاضرتين الأولى والثانية يساوي 0.05

أ – ما احتمال غياب الطالب عن واحدة من هاتين المحاضرتين على الأقل؟

ما احتمال عدم غياب الطالب عن أي من المحاضرتين؟

الحل:

افرض A تمثل "الغياب عن المحاضرة الأولى"

B تمثل "الغياب عن المحاضرة الثانية"

وبذلك A∩B يمثل "الغياب عن المحاضرتين"

أ- احتمال غياب الطالب عن واحدة من المحاضرتين على الأقل يعني غيابه عـن الأولى أو الثانيـة أو عن الاثنتين وهذا يساوي: (p(A ∪B

p(A ∪B) = p (A) + p (B) – p (A ∩B)

$$= 0.20 + 0.15 – 0.05 = 0.3$$

ب – عدم غياب الطالب عن أي من المحاضرتين يعني أنه حضر المحاضرتين، وهذا يعني متممـة الحدث "غياب الطالب عن إحدى المحاضرتين على الأقل" أي أنه متممه A∪B ومن قانون المتممه

$$\overline{p(A \cup B)} = 1 - p(A \cup B)$$

$$= 1 – 0.3 = 0.7$$

4- إذا كان احتمال حضور مدير شركة معينة في يوم ما يساوي 0.9 واحتمال حضور مساعدة في ذلك اليوم 0.95 واحتمال حضور واحد منهما على الأقل يساوي 0.97. أوجد احتمال

أ-   حضور المدير ومساعده.

ب-   حضور المدير وحده.

ج-   حضور مساعد المدير وحده.

الحل:

أ: نفترض A: يمثل حضور المدير.

نفترض B: يمثل حضور المساعد

إذن حضور مساعده $A \cap B$.

"إن حضور أي منهما على الأقل يعبر عنه بالحدث $A \cup B$"

$$P(A \cup B) = p(A) + p(B) - p(A \cap B)$$

$$0.97 = 0.90 + 0.95 - p(A \cap B)$$

$$0.97 = 1.85 - p(A \cap B)$$

$$p(A \cap B) = 1.85 - 0.97 = 0.88$$

وهذا هو احتمال حضور المدير ومساعده يساوي (0.88) الـذي سـوف يعتمـد مـن قبـل متخـذ القرار.

ب- حضور المدير وحده يعني أن المدير حضر ولكن لم يحضر مساعده، ويعني ذلك حـدوث A وعدم حدوث B، أي أن احتمال حضور المدير وحده يساوي احتمال حضور المدير مطروحاً منه احتمال حضور الاثنين معاً وذلك:

$$p(A \cap \overline{B}) = p(A) - p(\overline{A} \cap B)$$

المؤشر الاحتمالي الذي سيعتمد لاتخاذ القرار هو ما يلي:

$$p(A \cap \overline{B}) = p(A) - p(A \cap B) = 0.90 - 0.88 = 0.02$$

جـ- احتمال حضور مساعد المدير وحده يعني حدوث B وليس A ويساوي

المؤشر الاحتمالي الذي سيعتمد لاتخاذ القرار

$$p(B \cap \overline{A}) = p(B) - p(A \cap B) = 0.95 - 0.88 = 0.07$$

5- لدى مستوى الجامعة 12 حاسبة إلكترونية منها آلتان عاطلتان. تسلمت إحدى الـدوائر 4 آلات اختيرت عشوائياً من هذا المستودع.

أ-   ما احتمال عدم وجود أي آلة عاطلة ضمن ما استلمته الدائرة؟

ب-   ما احتمال وجود آلة عاطلة واحدة ضمن ما استلمته الدائرة؟

الحل:

أ- احتمال عدم وجود آلـة عاطلـة ضـمن مـا استملته الـدائرة يسـاوي احتمال 4 آلات صالحة نختارها من 8 آلات صالحة.

$$P(\text{4آلات صالحة، 0 عدد آلات العاطلة}) = \frac{\binom{4}{0}\binom{8}{4}}{\binom{12}{4}} = \frac{8!/4!*4!}{12!/4!*8!}$$

$$= \frac{70}{495} = 0.14 \quad \text{النسبة الاحتمالية التي سوف تعتمد من قبل متخذ القرار}$$

6- في مدينة ما اطفائيتان تعمـلان مستقلتين عـن بعضهما البعـض، احتمال وصول الأولى إلى مكان حريق خلال خمس دقائق 0.95 واحـتمال وصـول الاطفائيتين إلى مكـان الحريـق خلال خمـس دقائق هو (0.80)

الحل:

افرض A يمثل وصولا الاطفائية الأولى خلال خمس دقائق.

افرض B يمثل وصول الاطفائية خلال خمس دقائق.

وبما أن الاطفائيتين مستقلتان عن بعضهما البعض .

إذن احتمال وصول الاطفائيتين إلى مكان الحريق يساوي:

P(A∩B) = P(A) * p(B)

المؤشر الذي يمثل النسبة الاحتمالية التي سوف تعتمد من قبل متخذ القـرار في مكـان الحريـق ، هو كما يلي

P(A∩B) = 0.95 * 0.20 = 0.19

مما تقدم يتضح أن هذه القوانين والقواعد الاحتمالية توفر المؤشرات الإحصائية الاحتمالية التـي هي بمثابة الأساس الكمي لعملية اتخاذ القرار.

أسئلة وتمارين الفصل الثامن

س1: عرف فضاء العينة Sample Space لكل تجربة مما يأتي:

أ- أعطيت خمسة أصناف من الشاي من الأنواع A و B و C و D و E لخبراء المذاق وطلب منهم أن يسجلوا النوع ذا المذاق الأفضل والنوع ذا المذاق الأسوأ بعد خلط اثنين اثنين أو ثلاثة ثلاثة أو أربعة أربعة.

ب- ارم قطعة نقود 4 مرات ولاحظ ظهور الصورة أو الكتاب في كل رمية.

س2: ما هو المقصود بمفهوم الاحتمال، وما هي الاحتمالات البسيطة والاحتمالات المركبة.

س3: ما هو المقصود بالحوادث المستقلة والحوادث غير المستقلة مع التوضيح ذلك بالرسم.

س4: إذا كان احتمال الرسوب في الكيمياء هو (0.3) واحتمال الرسوب في الفيزياء هو (0.2)، واحتمال الرسوب على الأقل بأحدهما هو (0.9) فما هو احتمال الرسوب بكلا المادتين.

س5: إذا كان احتمال ارتفاع درجة البرودة غداً هو (0.6)، واحتمال سقوط الثلج إذا حصل الارتفاع في درجة البرودة هو (0.7) فما هو احتمال ارتفاع درجة البرودة وسقوط الثلج غداً.

س6: هيئة إدارية لأحد النوادي تتكون من (8) أعضاء فما هو احتمال:

أ- عدد اللجان المختلفة الممكن تشكيلها من 3 أعضاء.

ب- عدد اللجان المختلفة الممكن تشكيلها من 3 أعضاء لوظائف (رئيس لجنة ومحاسب ومقرر).

س7: ترتيب حروف كلمة MATHEMATICS ما احتمال الحصول على كلمة تبدأ بـ HATH؟

س8: أ- بكم طريقة يمكن أن يجلس 5 طلاب في صف.

ب- بكم طريقة يمكن أن يجلس 5 طلاب حول طاولة مستديرة.

س9: تكلم عن أهمية الاحتمالات لاتخاذ القرار في منظمات الأعمال الإنتاجية الخدمية.

9

الفصل التاسع

التوزيعات الإحصائيـــة (الاحتمالية)

- 1.9 مقدمة نظرية عن التوزيعات الإحصائية
- 2.9 التوزيع الطبيعي (المعتدل)
- 3.9 التوزيع الطبيعي المعياري
- 4.9 توزيع ذي الحدين (الثنائي)
- 5.9 توزيع بواسون
- 6.9 تطبيقات إحصائية في اتخاذ القرار
- أسئلة وتمارين الفصل التاسع

الفصل التاسع
التوزيعات الإحصائية (الاحتمالية)
Statistical Distributions

1.9 مقدمة نظرية عن التوزيعات الإحصائية

كثيرة هي الظواهر (المتغيرات العشوائية) في حياتنا العملية وكما مر بنا في فصل سابق فالمتغير العشوائي تحدد قيمته بالصدفة ولا يوجد قياس لتحديده، وذلك مثل عدد المركبات المارة في الشارع خلال فترة زمنية محددة، عدد الطلاب الناجحين في مقرر من المقررات، أطوال الطلاب وأوزانهم، عدد الحوادث المرورية في فترة زمنية محددة ولتحديد سلوك أو قيمة المتغير العشوائي كان لا بد من تقديم مقاييس النزعة المركزية في (الفصل الثالث) وكانت متمثلة بالوسط الحسابي (المقياس الأكثر شيوعاً) وبعد هذا حاولنا أن نختبر دقة الوسط الحسابي للبيانات المستخرج منها، هل يمثلها أفضل تمثيل أم لا. فقد تم استخراج مقاييس التشتت (الفصل الرابع) وكانت متمثلة أيضاً بالتباين أو الانحراف المعياري (المقاييس الأكثر شيوعاً). وبعد هذا التقديم يصبح بالإمكان تحديد سلوك المتغير العشوائي (الظاهرة قيد الدرس). وكانت دراسة كل ما تقدم عن طريق التوزيعات التكرارية التي غالباً ما تكون متأتية من عينات مسحوبة من مجتمعات إحصائية معينة، وعند معرفة بأن العينة هي ممثلة للمجتمع الذي سحبت منه يتمكن متخذ القرار من بناء كافة التنبؤات والاستنتاجات الإحصائية بعد أن توفرت لديه المؤشرات الوارد ذكرها أعلاه (الوسط الحسابي والتباين) ويمكن توضيح هذه الفكرة من خلال المخطط التالي:

في بعض الأحيان لا يمكن سحب بيانات كافية (كدراسة عن الأسماك في بحيرة ما) ولـذلك يجـب على متخذ القرار أن يحدد التوزيـع الإحصـائي (الاحـتمالي) الـذي ينطبـق عـلى تلـك الظـاهرة (المتغـير العشوائي) وبعد أن يتم تحديد ذلك، يتم تحديد المؤشرات من ذلك التوزيع. إذ أن لكل توزيع إحصـائي مؤشراته ومعالمه الخاصة (الوسط الحسابي، والتباين) به وكذلك قوانينها الرياضية الخاصـة بتحديـدها. وهذا يعني أن لكل ظاهرة في الحياة يوجد توزيع إحصائي يمثلها أو ينطبق عليها فمثلا تكـون درجـات الطلاب في مقرر من المقررات تتبـع التوزيـع الطبيعـي ومـرور المركبـات في أحـد الشـوارع هـو توزيـع بواسون وكذلك توزيع الحوادث النادرة، وكافة الظواهر التي يوجد بهـا نـاتجين (إمـا نجـاح أو فشـل)، حياة أو موت، معيب أو صالح، جميعها ينطبق عليها التوزيع الثنائي وهكذا.

2.9 التوزيع الطبيعي (المعتدل) Normal Distribution

من التوزيعات المستمرة عامة هو التوزيع الطبيعي، وتوزيـع t وتوزيـع x^2 (يقـرأ كـاي سـكوير)، وتوزيـع F...الـخ. وأكـثر هـذه التوزيعـات اسـتخداماً في التطبيقـات الإحصـائية هـو التوزيـع المعتـدل (الطبيعي) وترجع أهميـة هـذا التوزيـع إلى أن كثـيراً مـن الظـواهر الطبيعيـة (نقصـد قياسـات هـذه الظواهر) موزعة توزيعاً معتدلاً أو قريباً من الاعتدال، فالظواهر مثل أطـوال مجموعـة مـن الأفـراد أو أوزانهم أو درجات ذكائهم أو علامات في أحد الامتحانات أو .... الخ لها جميعاً توزيعات معتدلة.

وللتوزيع الطبيعي معادلته والمتمثلة بمعادلـة دالـة الكثافـة الاحتماليـة وتعتمـد عـلى معلمتـي الوسط الحسابي μ والانحراف المعياري σ وصيغتها الرياضية هي كما يلي:

$$f(x) = \frac{1}{\sqrt{2\pi\sigma^2}} e^{-\frac{(x-\mu)^2}{2\sigma_2}} \qquad \text{.......................................(92)}$$

حيث أن: $-\infty < x < \infty$

وحيث π = هي النسبة التقريبية وتساوي 3.1416 تقريباً

e = هي أساس اللوغاريتمات الطبيعية وهي قيمة ثابتة وتساوي 2.7183

$F(x)$ هي ارتفاع المحور العمودي (التكرارات) للمنحنى وتمثل كثافة قيم المتغير الطبيعي.

ويمكن إجمال أهم خصائص منحنى التوزيع الطبيعي بما يلي:

أ- شكله متماثل ويشبه شكل الجرس مرتفع من الوسط ومنخفض بشكل تدريجي عند الطرفين ويكونه متماثل 50% من مساحته تقع إلى يمين الوسط الحسابي و 50% على يسار الوسط الحسابي. كما هو في شكل (1-9) .

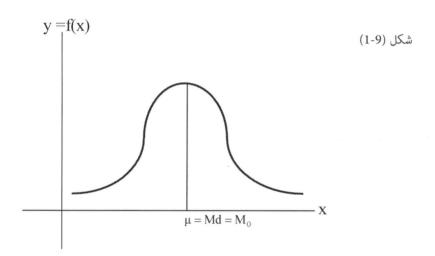

شكل (1-9)

ب - في التوزيع الطبيعي تتساوى قيم كل من الوسط الحسابي μ والوسيط Md والمنوال M_0.

جـ- المساحة تحت منحنى دالة كثافة الاحتمال تساوي الواحد الصحيح أي أن

$$\int_{-\infty}^{+\infty} f(x)\,dx = 1 \quad\text{.......................................(93)}$$

329

3.9 التوزيع الطبيعي المعياري Standard Normal Distribution

من المعروف أن التوزيع الطبيعي يعتمد بشكل أساسي على الوسط الحسابي μ والانحراف المعياري σ وحيث أن القيم المحتملة لهاتين المعلمتين تختلف من حالة لأخرى، وأن حالات الاختلاف هذه متعددة وغير محدودة فالنتيجة هو حصول توزيعات طبيعية غير محددة الأشكال. ولذلك لا يمكن استخراج قيمة الاحتمالات للمتغير العشوائي عندما يكون ضمن التوزيع الطبيعي، ولهذا يتم تحويل قيم التوزيع الطبيعي إلى ما يدعى بالتوزيع الطبيعي المعياري. إذ يكون لدينا متغير عشوائياً له توزيع معتدل وسطه الحسابي يساوي صفر وانحرافه المعياري يساوي واحد فإنه يساوي متغير طبيعي قياسي ويرمز له عادة بالرمز Z ولدالة كثافة احتمالية كما هو واضح أدناه:

$$f(z) = \frac{1}{\sqrt{2\pi}} . e^{-\frac{Z^2}{2}} \quad \text{...(94)}$$

-2
2

شكل (2-9)

ويمكن تحويل أي متغير عشوائي (x) له توزيع طبيعي وسطه الحسابي μ وانحرافه المعياري σ إلى متغير طبيعي قياسي وذلك باستخدام الصيغة الآتية:

$$Z = \frac{x - \mu}{\sigma} \quad \text{...(95)}$$

z هي القيمة المعيارية للمتغير العشوائي $z_i = x_i$

الوسط الحسابي للمجتمع الذي قيمته $\mu = x_i$

الانحراف المعياري للمجتمع الذي قيمه $\sigma = x_i$

ويلاحظ على التوزيع الطبيعي المعياري أو القياسي ما يأتي:

أولاً: وسطه الحسابي يساوي صفر

ثانياً: انحرافه المعياري يساوي واحد = 1

ثالثاً: احتمال أن تقع Z بين (1.96+) و (1.96-) يساوي 0.95 أي

P (-1.96 ≤ Z ≤ 1.96) = 0.95

كذلك احتمال أن تقع Z بين (2.58+) و (2.58-) يساوي 0.99 أي

P (-2.58 ≤ Z ≤ 2.58) = 0.99

ومعنى ذلك أن 95% من المساحة تحت منحنى دالة الكثافة الاحتمالية لـ Z تقع بين -1.96 =Z و Z=1.96 ، وأن 99% من المساحة تحت المنحنى تقع بين Z=-2.58 و Z= 2.58 كما هو موضح بالشكل رقم (9-3) التالي

شكل (9-3)

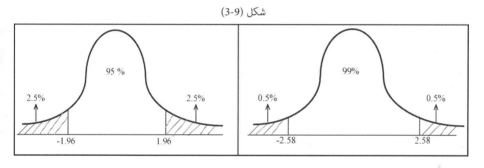

رابعاً: نظراً لتماثل منحنى دالة الكثافة الاحتمالية للتوزيع الطبيعي القياسي حـول الصـفر (الوسط الحسابي له) نجد أن المساحة إلى يسار القيمة (1-) تساوي المساحة وإلى يمـين القيمـة (1+). ويتضح ذلك من شكل رقم (9-3) بوضع a تساوي 1.96 أو تساوي 2.58، أي أن:

$F(-a) = 1 - F(a)$ ....(96)

خامساً: توجد جداول للمنحنى الطبيعي القياسي نعطي قيم F(Z) بالنسبة لقيم Z الموجبة

أي تعطى المساحة تحت المنحنى الطبيعي القياسي إلى يسار الإحداثي الرأسي عند Z، أما بالنسبة لقيم Z السالبة فنستخدم العلاقة الموضحة في المعادلة (96).

سادساً: يمكن تحويل أي متغير عشوائي (x) له توزيع معتدل وسطه الحسابي μ وانحرافه المعياري σ إلى متغير طبيعي قياسي وذلك عن طريق تطبيق المعادلة (95) وهي:

$$Z = \frac{x-\mu}{\sigma}$$

وبذلك تتحول دالة كثافة الاحتمال f(x) إلى f(z) وهنا يجب أن نلاحظ أن توزيع x، Z لا يختلفان من حيث الشكل وإنما تختلفان فقط في نقطة الأصل وفي وحدات القياس المستخدمة.

مثال (1)

المتغير العشوائي xi يتوزع بشكل طبيعي بوسط حسابي $\mu=60$ وانحراف معياري $\sigma=6$، المطلوب إيجاد القيمة الطبيعية القياسية Z عند قيم المتغير العشوائي $x_1=55$، $x_2=63$.

الحل: لدينا المعلومات الآتية:

$$x_2 = 63 \text{ ، } x_1 = 55 \text{ ، } \sigma = 6 \text{ ، } \mu=60$$

وبتطبيق الصيغة (95) نحصل على

$$Z_1 = \frac{55-60}{6} = \frac{-5}{6} = -0.833$$

$$Z_2 = \frac{63-60}{6} = \frac{3}{6} = +0.5$$

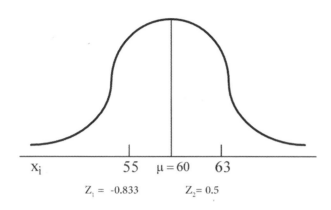

X_i	55	$\mu = 60$	63

$Z_1 = -0.833$ $\qquad$ $Z_2 = 0.5$

مثال (2)

إذا كان x يتوزع التوزيع الطبيعي بمتوسط ($\mu = 50$) وبانحراف معياري ($\sigma = 50$) والمطلـوب إيجـاد الاحتمال الآتي:

1- $\quad$ p ($50 \leq x \leq 55$) $\qquad$ 2- $\quad$ P ($55 \leq x \leq 60$)

3- $\quad$ P ($45 \leq x \leq 50$)

الحل:

نحول x من التوزيع الطبيعي إلى قيم z المعيارية باستخدام الصيغة (95).

1- بالنسبة إلى p ($50 \leq x \leq 55$)

عندما z = 50 $\qquad\qquad$ $Z_1 = \dfrac{50 - 50}{5} = 0$

عندما z = 55 $\qquad\qquad$ $Z_2 = \dfrac{55 - 50}{5} = 1$

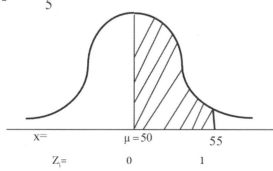

x=	$\mu = 50$	55
$Z_i =$	0	1

وعليه فإن

P (50 ≤ Z ≤ 55) = p (0 ≤ Z ≤1)

وبالرجوع إلى الجداول الخاصة بالتوزيع الطبيعي القياسي يمكن الحصول على قيمة الاحتمال بين الصفر والواحد (الملحق D_1 و D_2).

P (0 ≤ Z ≤ 1) = 0.3413

أو بموجب الصيغة الآتية

P (0 ≤ Z ≤ 1) = p (Z ≤ 1) – P (Z ≤ 0)

    = 0.8413 – 0.500 = 0.3413

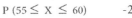

P (55 ≤ X ≤ 60)   2-

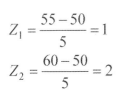

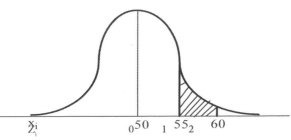

$$Z_1 = \frac{55-50}{5} = 1$$

$$Z_2 = \frac{60-50}{5} = 2$$

P (55 ≤ Z ≤ 60) = p (1 ≤ Z ≤ 2)

    = p (Z ≤ 2) – P (Z ≤ 1)

    = 0.9772 – 0.8413

    = 0.1359

P (45 ≤ X ≤ 50)   3-

$$Z_1 = \frac{45-50}{5} = -1$$

$$Z_2 = \frac{50-50}{5} = 0$$

P (45 ≤ x ≤ 50) = p (-1 ≤ Z ≤ 0)

    = p (Z ≤ 1) – P (Z ≤ 0)

334

$$= 0.8413 - 0.5000$$
$$= 0.3413$$

مثال (3)

أوجد احتمال (x>236) لتوزيع طبيعي وبوسط حسابي µ=200 وانحراف معياري σ=30

الحل:

$$Z = \frac{236 - 200}{30} = 1.2$$

$$P(x \leq 236) = p(Z \leq 1.2)$$

$$= 1 - p(Z \leq 1.2) = 1 - 0.8849 = 0.1151$$

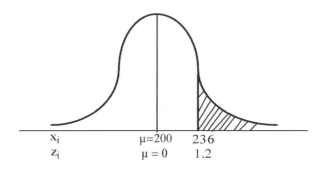

x_i	µ=200	236
z_i	µ = 0	1.2

4.9 توزيع ذي الحدين (الثنائي) Binomial distribution

وهو من التوزيعات المتقطعة (أي المتغير العشوائي في هذا التوزيع متقطع) ويمثل هـذا التوزيـع جميع التجارب التي لها ناتجين فقط كتجارب الحياة (حيـاة أو مـوت) أو تجـارب رمـي قطعـة النقـود فتكون واحد من الناتجين (صورة أو كتابة) أو حالة الطالب في الاختبار أما (نجاح أو فشـل). يمكـن أن ينطبق أيضاً على وضعية السلع قبل أن تـدخل قسـم السـيطرة النوعيـة أمـا (أمـا صـالحة أو معيبة) وهكذا وفي كل التجارب التي مرت بنا تكون الاستقلالية موجودة في ناتج أي تجربة فالحياة أو المـوت هما مستقلان الحدوث وظهور الصورة والكتابة أيضاً مستقلين وهكذا لبقية التجارب. وجرت العادة أن يسمى أحد النواتج للتجارب التي مرت بنا P والناتج الآخر بالفشل ويرمز

له بـ q، وعلى فرض أن كل تجربة قد أعيدت n من المرات، ولذلك فإن المتغير العشوائي (x) الذي يعطي عدد مرات النجاح في التجربة يكون له دالة الاحتمال الآتية:

$$p(x;n) = \binom{n}{x} p^x q^{n-x} \quad \ldots\ldots\ldots\ldots\ldots\ldots\ldots\ldots\ldots\ldots\ldots\ldots\ldots (97)$$

حيث أن x = عدد حالات النجاح، n= عدد مرات تكرار التجربة ، p= احتمال النجاح في التجربة q = احتمال الفشل في التجربة أي q=1-p.

ويلاحظ على توزيع ذي الحدين ما يأتي
أولاً: وسطه الحسابي سيخرج بالصيغة الآتية = np
ثانياً: انحرافه المعياري سيخرج بالصيغة الآتية = $\sqrt{npq}$
ثالثاً: مجموع الاحتمالات لجميع قيم المتغير x يساوي الواحد الصحيح.
رابعاً: كما يمكن تمثيل توزيع ذي الحدين بيانياً بمدرج تكراري ارتفاعات مستطيلاته هـي p (x) ومركز قاعدة كل مستطيل هي قيمة المتغير (x)

مثال (1):

إذا كان احتمال إنتاج وحدة معينة في إنتاج آلة معينة يساوي 0.02 فأوجد الوسط الحسابي والانحراف المعياري لتوزيع الوحدات المعيبة في مجموعة من (100) وحدة من إنتاج هذه الآلة.

الحل:

$$n = 100 \qquad\qquad p = 0.02 \quad q = 1\text{-}p$$

$$= 1 - 0.02 = 0.98$$

$$\text{الوسط الحسابي} = \bar{x} = np = \ 100 * 0.02 = 2$$

$$\text{الانحراف المعياري} = \sigma = \sqrt{npq} = \sqrt{100 * 0.02 * 0.98} = \sqrt{1.96} = 1.4$$

مثال (2):

أوجد احتمال الحصول على 4 صورة من عشرة تجارب لرمي العملة

الحل:

حيث أن احتمال الحصول على الصورة هو $\dfrac{1}{2}$، فباستخدام الصيغة (97) نحصل على

$$p(x,n) = \binom{n}{x} p^x \, q^{n-x}$$

$$p(4,10) = \binom{10}{4} \left(\frac{1}{2}\right)^4 \left(\frac{1}{2}\right)^{10-4}$$

$$= \frac{10!}{4! * 6!} * \frac{1}{16} * \left(\frac{1}{2}\right)^6$$

$$= \frac{10!}{4! * 6!} * \frac{1}{16} * \frac{1}{64} = 0.205$$

مثال (3)

افرض بأن احتمال إجابة الشخص الذي ظهر ضمن العينة (المبحوث) على الاستمارات المرسلة إليه بالبريد هو 0.20. أوجد احتمالات الحصول على 0، 1، 2، 4، 5 إجابة من الاستمارات المرسلة إليه وعددها خمسة.

الحل:

لدينا $\quad n = 5 \quad , p = 0.2 \quad , q = 0.8$

وباستخدام الصيغة (97) نحصل على ما يلي:

$$p(x;n) = \binom{n}{x} p^x \, q^{n-x}$$

عندما $x = 0$ $\qquad\qquad$ n=5

$$p(0;5) = \frac{5!}{0!*5!} *(0.2)^0 *(0.8)^5 = 1*(0.2)^0 (0.5)^5 = 0.3277$$

عندما x = 1   n=5

$$p(1;5) = \frac{5!}{1!*4!} *(0.2)^1 *(0.8)^4 = 5*(0.2)^1 (0.5)^4 = 0.4096$$

عندما x = 2   n=5

$$p(2;5) = \frac{5!}{2!*3!} *(0.2)^2 *(0.8)^3 = 10(0.2)^2 (0.8)^3 = 0.2048$$

عندما x = 3   n=5

$$p(3;5) = \frac{5!}{3!*3!} *(0.2)^2 *(0.8)^3 = 10(0.2)^2 (0.8)^3 = 0.0512$$

عندما x = 4   n=5

$$p(4;5) = \frac{5!}{4!*!} *(0.2)^4 *(0.8)^1 = 5(0.2)^4 (0.8)^1 = 0.0064$$

عندما x = 5   n = 5

$$p(5;5) = \frac{5!}{5!*0!} *(0.2)^5 *(0.8)^0 = 1(0.2)^5 (0.8)^0 = 0.0003$$

مثال (4)

أوجد احتمال ظهور الصورة x للقيم ، 0 ، 1، 2 ، 3 ، عند رمي عملة ثلاث مرات.

الحل:

$$n = 3 \qquad p = \frac{1}{2} \qquad q = \frac{1}{2}$$

وبتطبيق الصيغة (97) نحصل على:

$$p(x;n) = \binom{n}{x} p^x q^{n-x}$$

عندما x = 0   n=3

$$p(0;3) = \binom{3}{0} *\left(\frac{1}{2}\right)^0 \left(\frac{1}{2}\right)^3 = \frac{3!}{0!3!} *\left(\frac{1}{2}\right)^0 \left(\frac{1}{2}\right)^3 = 1*\left(\frac{1}{2}\right)^3 = 0.125$$

عندما x = 1   n=3

$$p(1;3) = \binom{3}{1} * \left(\frac{1}{2}\right)^1 \left(\frac{1}{2}\right)^2 = \frac{3!}{1!\ 2!} * \left(\frac{1}{2}\right) * \left(\frac{1}{2}\right)^2 = 3\left(\frac{1}{2}\right)\left(\frac{1}{4}\right) = 0.375$$

عندما x = 2   n=3

$$p(2;3) = \binom{3}{2} * \left(\frac{1}{2}\right)^2 \left(\frac{1}{2}\right)^1 = \frac{3!}{2!*1!} * \left(\frac{1}{2}\right)^2 * \left(\frac{1}{2}\right)^1 = 3\left(\frac{1}{2}\right)^2 \left(\frac{1}{2}\right) = 0.375$$

عندما x = 3   n=3

$$p(3;3) = \binom{3}{3} * \left(\frac{1}{2}\right)^3 \left(\frac{1}{2}\right)^0 = 1 * \left(\frac{1}{2}\right)^3 \left(\frac{1}{2}\right)^0 = 0.125$$

مثال (5)

إذا كانت نسبة التالف من المصابيح الكهربائية في مصنع تساوي 0.001 وأخذت عينة حجمها 10 مصابيح بطريقة عشوائية، ما احتمال أن يكون عدد التالف في هذه العينة يساوي صفراً؟ ما احتمال أن يكون عدد التالف اثنين.

الحل:

من الواضح أن المصباح أما أن يكون صالحاً أو تالفاً إذا وضعت p=0.001 وهو احتمال أن يكون المصباح تالفاً، نلاحظ أن أخذ (10) مصابيح من المصنع يعني إجراء تجربة ذات الحدين فيها n=10 ، p = 0.001.

X= هي عدد المصابيح التالفة ويكون التوزيع الاحتمالي

$$p(x;n) = \binom{n}{x} p^x\ q^{n-x}$$

$$p(0;10) = \binom{10}{0} (0.001)^0 (0.999)^{10-0} = (0.999)^{10}$$

أما احتمال عدد التالف اثنين فهو

$$p(2;10) = \binom{10}{2} (0.001)^2 (0.999)^8 = 45(0.999)^{10}(10)^{-6}$$

مثال (6)

X يتوزع توزيع ذات الحدين فيه n=10 ، p=0.1 أوجد $p(x\leq 9)$

الحل: لو أردنا إيجاد هذا الاحتمال مباشرة وجب أن نجد مجموع عشرة حدود وهي:

$P(x=0) + p(x=1) + p(x=2) + p(x=3) + p(x-4) + \ldots\ldots\ldots\ldots p(x=9)$

وهذا يحتاج إلى جهد كبير، ومن الممكن استعمال قوانين الاحتمال ومفهوم جمع الاحتمالات، أي أن مجموع كل الاحتمالات دائماً يساوي واحد ومن الممكن وحسب ما تقدم استخراج $p(x\leq 9)$ بالطريقة الآتية:

$P(x \leq 9) = 1 - p(x = 10)$

لأن الحدث {x=10} متمم للحدث {x≤9}، فإن

$$p(x \leq 9) = 1 - \binom{10}{10} (0.1)^{10} (0.9)^{0} = 1 - (0.1)^{10}$$

أما إذا كان n=10 و $p = \frac{1}{3}$ فإن:

$P(x \leq 9) = 1 - p(x = 10)$

$$= 1 - \binom{10}{10} \left(\frac{1}{3}\right)^{10} \left(\frac{2}{3}\right)^{10-10}$$

$$= 1 - \left(\frac{1}{3}\right)^{10} = 0.99998 \approx 1$$

5.9 توزيع بواسون Poisson Distribution

وهو من التوزيعات المتقطعة (أي أن المتغير العشوائي في هذا التوزيع يؤخذ قيماً صحيحة أي متقطعة)، وهو التوزيع البديل للتوزيع الثنائي (ذي الحدين) السابق إذا كانت (n) حجم العينة كبير واحتمال (p) صغيرة جداً، أي في هذه الحالة عندما $(n\to\infty)$ و $(p\to 0)$ يستخدم توزيع بواسون بدلاً من توزيع ثنائي الحدين مع افتراض

أن التجربة لها ناتجين هما أما نجاح أو فشل ويطلق على توزيع بواسون توزيع الحوادث النادرة، هذا وجميع التجارب التي تعطينا عدد النجاحات في فترة زمنية معينة أو منطقة محددة تسمى تجارب بواسون، والفترة الزمنية هنا يمكن أن تكون ثابتة أو دقيقة أو يوماً أو أسبوعاً أوشهراً، والمنطقة المحددة يمكن أن تكون صفحة كتاب فعدد الأخطاء المطبعية في أي صفحة من صفحات أي كتاب تتوزع بواسون، أو أن أي متراً مربعاً من المساحة أو أي (سم) مكعباً من الحجم وغير ذلك فعدد الزبائن الذين يدخلون إلى مكتب البريد كل خمس دقائق، وعدد السيارات التي تمر عبر تقاطع طرق في كل دقيقة وعدد حوادث المرور في أي طريق خلال يوم، وعدد الجرذان في المتر المربع في حقل قمح وعدد المكالمات الهاتفية التي تصل إلى مكتب كل عشرة دقائق، وعدد الطائرات الهابطة في أي مطار خلال اليوم وعدد الزبائن الذين يدخلون البنك كل خمس دقائق كلها تتوزع طبقاً لتوزيع بواسون.

وتوزيع بواسون يجب أن يحقق الشروط الآتية:

1- معدل عدد النجاحات التي تحدث في فترة زمنية معينة أو منطقة محددة معلوم وليكن λ.

2- احتمال حدوث نجاح واحد فترة زمنية قصيرة أو منطقة صغيرة يتناسب مع طول تلك الفترة أو مساحة تلك المنطقة.

3- احتمال حدوث نجاحين أو أكثر في الفترة الزمنية القصيرة أو المنطقة الصغيرة مهمل.

4- إذا اعتبرنا عدة فترات منفصلة عن بعضها البعض فإن حدوث النجاحات في أي فترة مستقل عن حدوث النجاحات في أي فترة أخرى.

ويكون عدد النجاحات في تجربة بواسون متغير عشوائي بواسون.

وتكون الصيغة الرياضية الخاصة بتوزيع بواسون كما يلي:

$$p(x;\lambda) = p(x = x) = \frac{e^{-\lambda}\ \lambda^{x}}{x!} \quad \text{.........................(98)}$$

حيث أن : $x= 0,1,2,...$

حيث يمثل عدد النجاحات في الفترة الزمنية أو عدد حالات النجاح $= x$

معدل عدد النجاحات $= \lambda$.

وهي قيمة ثابتة تمثل أساس اللوغاريتم الطبيعي ومقدارها (e= 2.7182)

والخاصية التي ينفرد بها توزيع بواسون عن بقية التوزيعات هو أن الوسط الحسابي والتباين لـه متساويان أي أن:

$$\begin{aligned} \sigma^2 &= \mu = \lambda = np \\ \sigma &= \sqrt{\lambda} = \sqrt{np} \end{aligned} \qquad \text{......................................(99)}$$

مثال (7)

"كيف يستطيع الاستعاضة عن التوزيع الثنائي بتوزيع بواسون عندما يكون حجم العينة كبير ومقدار احتمال النجاح ضئيل".

حيث بلغ عدد الحجوزات على طائرة ما 200 مسافر، فإذا كان احتمال عدم حضور المسافر عند موعد إقلاع الطائرة هو 0.01، فما هو احتمال أن يكون 3 مسافرين سوف يتخلفون عن الحضور؟

الحل:

X = 3 , p= 0.01 , n=200

وبتطبيق الصيغة (98) نحصل على:

$$p(x;\lambda) = p(x) = \frac{e^{-\lambda}\ \lambda^x}{x!} = \frac{e^{-\lambda}\ 2^3}{3!}$$

وبما أن $e^{-2} = 0.135$

فإن p(x) = 0.1804

وعند استخدام صيغة التوزيع الثنائي الصيغة (97) لحل المثال أعلاه

$$p(x,n) = \binom{n}{x} p^x q^{n-x}$$

$$\text{p}(3{,}200) = \binom{200}{3} (0.01)^3\ (0.99)^{197}$$

$$= \frac{200!}{3!*(197)!} (0.01)^3\ (0.99)^{197}$$

$$= 0.1804$$

وهي مساوية للقيمة المستخرجة بصيغة توزيع بواسون.

ولهذا يمكن القول بأنه إذا كان (n، حجم العينة) كبيراً و (p احتمال النجاح) صغيراً، بحيث تبقى np معتدلة القيمة فإن توزيع ذي الحدين (الثنائي) $b(x; n, p)$ (b هنا جاءت من كلمة binomial والتي تعني (الثنائي) يمكن تقريبه بتوزيع بواسون الذي معدله $\lambda = np$ وفي هذه الحالة تكتب $b(x; n,p) \approx p(x; \lambda)$ حيث ≈ تعني تساوي تقريباً.

وفي كثير من الأحيان إذا كانت $n \geq 100$ و $np \leq 10$ فإن التقريب يكون ممتازاً وبإمكانك أيضاً الاعتماد على هذا التقريب إذا كانت n كبيرة و np في حدود (5).

مثال (8)

أسئلة امتحان اللغة الإنجليزية كلغة أجنبية تتألف من 100 سؤال، لكل منها (4) إجابات واحدة فقط منها صحيحة، أجاب أحد الطلبة عن جميع الأسئلة بالتخمين، ما احتمال أن يحصل الطالب على 10 إجابات صحيحة؟

الحل:

احتمال الحصول على إجابة صحيحة في أي سؤال يساوي $\left(p = \frac{1}{4}\right)$ وهناك 100 سؤال وبالتالي إذا فرضت أن x تساوي عدد الإجابات الصحيحة فإن توزيع x هو ذي الحدين فيه

$$n=100 \qquad , \qquad p = \frac{1}{4}$$

احتمال حصول الطالب على 10 إجابات صحيحة تحسب كما يلي:

$$p(x = 10, n = 100) = \binom{100}{10}\left(\frac{1}{4}\right)^{10}\left(\frac{3}{4}\right)^{90}$$

ولحساب هذا المقدار يتطلب جهداً كبير لذلك نعمد إلى تقريب الجواب بواسطة توزيع بواسون الذي فيه λ=np أي أن $\lambda = 100 * \frac{1}{4} = 25$.

وبتطبيق الصيغة (98) نحصل على ما يلي:

$$p(x = 10) = \frac{e^{-\lambda} \ \lambda^{x}}{x!} = \frac{e^{-25} \ (25)^{10}}{10!}$$

مثال (9):

تصل المكالمات الهاتفية إلى بدالة أحد المستشفيات بمعدل مكالمة واحدة في الدقيقتين:

أ- ما احتمال وصول كل من الحوادث الآتية، 0، 1، 2، 3، 4 مكالمات في فترة أربع دقائق.

ب- ما احتمال وصول 3 مكالمات على الأقل في أربع دقائق.

الحل:

افرض، x = عدد المكالمات في أربع دقائق. وبما أنت معدل وصول المكالمات هو مكالمة واحدة في الدقيقتين، إذن معدل وصول المكالمات في أربع دقائق يكون

$$\lambda = np = 4 * \frac{1}{2} = 2$$

إذن x يتبع توزيع بواسون الذي معدله λ=2 إذاً يكون:

$$p(x;\lambda) = p(x = x) = \frac{e^{-2} \ 2^{x}}{x!}, x = 0,1,2,3,4$$

ويكون احتمال عدم وصول مكالمات هاتفية في أربع دقائق هو p (0,2) ويساوي

$$\text{p}\,(\text{x} = 0\,, \lambda = 2) = \text{p}\,(0,2) = \frac{\text{e}^{-2}\, 2^{0}}{0!} = e^{-2} = 0.1353$$

$$\text{p}\,(\text{x} = 1\,, \lambda = 2) = \text{p}\,(1,2) = \frac{\text{e}^{-2} \ 2^{1}}{1!} = 2e^{-2} = 0.2706$$

$$p(x=2,\lambda=2)=p(2,2)=\frac{e^{-2}\,2^2}{2!}=\frac{4}{2}e^{-2}=0.2706$$
$$p(x=3,\lambda=2)=p(3,2)=\frac{e^{-2}\,2^3}{3!}=\frac{8}{6}e^{-2}=0.1804$$
$$p(x=4,\lambda=2)=p(4,2)=\frac{e^{-2}\,2^4}{4!}=\frac{16}{24}*e^{-2}=0.0902$$

وهكذا بالنسبة للحالات اللاحقة.

ب - احتمال وصول 3 مكالمات على الأقل في أربع دقائق هو $p(x\geq3)$ وباستعمال احتمال المتممة فإن

$P(x\geq 3)=1-p(x<3)$

$P(x\geq 3)=p(x=0)+p(x=1)+p(x=2)$

وجميع هذه الاحتمالات قد استخرجت في فرع (أ).

$$p(x<3)=e^{-2}+2e^{-2}+\frac{4}{2}e^{-2}=e^{-2}(1+2+2)=5e^{-2}=0.6765$$
$$p(x\geq 3)=1-0.6765=0.3235$$

مثال (10):

يبلغ معدل عدد النداءات الهاتفية التي تستلمها إحدى الشركات خلال الدقيقة الواحدة (9) نداءات، فما هو احتمال أن يصل عدد النداءات الهاتفية أكثر من 12 نداء للدقيقة الواحدة

الحل: لدينا $\lambda=9$ ، $x>12$

حيث أن $P(x\leq 12)+(p(x>12)=1$

فإن: $p(x>12)=1-p(x\leq 12)$

وباستطاعة متخذ القرار استخراج قيمة $p(x\leq 12)$ كما يلي:

$$P(x\leq12)=p(0,9)+p(1,9)+p(2,9)+p(3,9)+p(4,9)+p(5,9)+p(6,9)$$
$$+p(7,9)+p(8,9)+p(9,9)+p(10,9)+p(11,9)+p(12,9)$$

$$p(x \leq 12) = \frac{e^{-9}\, 9^0}{0!} + \frac{e^{-9}\, 9^1}{1!} + \frac{e^{-9}\, 9^2}{2!} + \frac{e^{-9}\, 9^3}{3!} + \dots\dots + \frac{e^{-9}\, 9^{12}}{12!}$$

$= 0.876$ عليه فإن

$\therefore\ p(x > 12) = 1 - 0.876 = 0.124$

6.9 تطبيقات إحصائية في اتخاذ القرار

يستفاد من المؤشرات الإحصائية في بناء قاعدة معرفية لاتخاذ القرار بخصوص معالجة حالات مختلفة في الواقع العملي كما يرد أدناه:

1- في تجربة ذات الحدين n=15 ، p = 0.3

أوجد احتمال أن x أقل أو يساوي 2 حيث x هو عدد حالات النجاح

الحل: المطلوب إيجاد $(p\ x \leq 2)$

وهذا يعني إيجاد احتمالات عندما x=0 و x=1 ، x=2 وبالتالي

$P(x \leq 2) = p(x=0) + (p(x=1) + p(x=2)$

$= p(0, 15) = p(1, 15) + p(2, 15)$

$$= \binom{15}{0}(0.3)^0(0.7)^{15} + \binom{15}{1}(0.3)1(0.7)^{14} + (105)(0.3)^2(0.7)^{13}$$

$= (0.7)^{15} + 15(0.3)(0.7)^{14} + (105)(0.3)^2(0.7)^{13}$

$= 0.007 + 0.0305 + 0.3052 = 0.3404$

2- إذا كان $x \sim N(65, 36)$ أوجد

أ- $p(x > 55)$ ب - $p(x \leq 68)$

جـ- $p(50 < xN70)$ د- $p(x < 57)$

الحل:حيث قانون التوزيع المعتدل (الطبيعي) $Z = \dfrac{x - 65}{6}$

يخضع للتوزيع الطبيعي المعياري أي أن $Z: N(0, 1)$

أ - القيمة المعيارية المقابلة للقيمة 55 هي $Z = \dfrac{55 - 65}{6} = -1.67$

P (x> 55) = p (Z > - 1.67) = 1 – p (Z $\leq$ =1.67)

$\qquad$ = 1 – 0.0475 = 0.953

ب- القيمة المعيارية المقابلة للقيمة 68 هي $Z = \dfrac{68-65}{6} = 0.5$ مباشرة من الجدول

P (x$\leq$ 68) = p (Z $\leq$ 0.5) 0.6915

ب- القيمة المعيارية المقابلة للقيمة (50) $Z = \dfrac{50-65}{6} = 2.5$

القيمة المعيارية المقابلة للقيمة (70) $\qquad$ $Z = \dfrac{70-65}{6} = 0.83$

p(50< x < 70) = p (-2.5 < Z < 0.83)

$\qquad$ = p (Z < 0.83) – p (Z < -2.5)

$\qquad$ = 0.7967 – 0.0062 = 0.7905

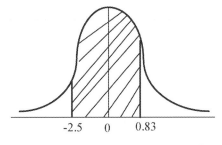

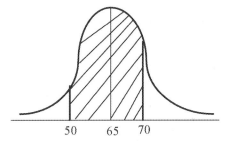

د-القيمة المعيارية المقابلة للقيمة 57 هي $Z = \dfrac{57-65}{6} = -1.37$

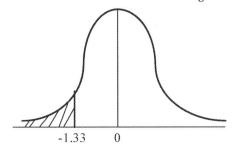

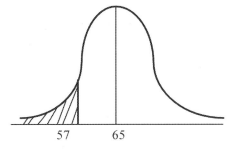

3- بلغ عدد الحجوزات على طائرة ما 400 راكب، فإذا كان احتمال عدم حضور الراكب الواحد عند موعد إقلاع الطائرة هو 0.005 فما هو احتمال أن يكون 5 ركاب سوف يتخلفون عن الحضور.

الحل:

X =5   p = 0.005 n =400

λ = np = (0.005) (400) =2

وبتطبيق صيغة قانون بواسون يكون لدينا

$$P (x = 5) = \frac{e^{-\lambda} \; \lambda^{x}}{x!} = \frac{e^{-2} \; 2^{5}}{5!}$$

من جداول التوزيع الأسي لدينا ما يلي:

$e^{-2} = 0.135$

$$P (x = 5) = \frac{(0.135)(32)}{120} = 0.036$$

أو بالإمكان استخراج هذه القيمة الأخيرة عن جداول توزيع احتمالات بواسون.

4- أوجد احتمال الحصول على (4) صور من عشرة تجارب لرمي العملة

الحل:

احتمال الحصول على صورة هي $p = \dfrac{1}{2}$

$$p(x;n) = \binom{n}{x} p^{x} q^{n-x}$$

$$p(4;10) = \binom{10}{4} \left(\frac{1}{2}\right)^{4} \left(\frac{1}{2}\right)^{6}$$

$$= 0.2$$

أسئلة وتمارين الفصل التاسع

س1: ما هي أهمية التوزيعات الإحصائية (الاحتمالية) في عملية اتخاذ القرار في منظمات الأعمال الإنتاجية والخدمية.

س2: تكلم عن أهمية كل من التوزيعات التالية:

- التوزيع الطبيعي.
- التوزيع ذي الحدين.
- توزيع بواسون.

س3: ما هو احتمال الحصول على العدد (5) ثلاث مرات بإلقاء زهرة النرد (الزار) واحدة، أربعة مرات.

س4: إذا علمت أن احتمال ولادة مولود ذكر = $\frac{1}{2}$ فأوجد احتمال أن أسرة لها أربعة أطفال تحتوي على

أولاً: ثالث أولاد على الأقل
ثانياً: ولد واحد على الأكثر

س5: إذا كانت 0.02 من المصابيح الكهربائية التي ينتجها مصنع معين في مصباح فأوجد احتمال أنه في عينة من (100 مصباح من إنتاج هذا المصنع يكون عدد المصابيح غير الصالحة.
أولاً: اثنين فقط. ثانياً: اثنين على الأقل
ملاحظة $e^{-2}=0.1353$

س6: إذا كان واحد في الألف من صمامات التلفزيون التي تنتجها شركة معينة غير صالحة. فأوجد الوسط الحسابي والانحراف المعياري لتوزيع الصمامات الغير صالحة في مجموعة من (2000) صمام من إنتاج هذه الشركة.

س7: إذا كان x متغيراً عشوائياً له توزيع معتدل وسطه الحسابي 64 وانحرافه المعياري (7) فأوجد
$P(53 \leq x \leq 57)$

س8: في أحد الامتحانات كان متوسط الدرجات (67.5) والانحراف المعياري لها (10) وقد خصصت جوائز للاثنين في المائة من الذين يحصلون على أعلى الدرجات، فما هي النهاية الصغرى للدرجة التي يجب أن يحصل عليها الطالب لكي يحصل على جائزة "اعتبر أن توزيع الدرجات كان معتدلاً تقريباً".

الحل: نفترض أن x هو المتغير العشوائي المعتدل الذي يمثل توزيع الدرجات وأن a هي الحد الأدنى للدرجة الواجب الحصول عليها للحصول على جائزة.

$\therefore\ p(x < a) = 0.98$

وذلك لأن 2% فقط من الطلبة يحصلون على جوائز وأن درجاتهم تزيد عن a

$$\therefore p(x < a) = p\left(a = \frac{a-\mu}{\sigma}\right)$$

$$\therefore p\left(\frac{a-\mu}{\sigma}\right) = 0.98$$

ومن جداول التوزيع الطبيعي القياسي (z) نجد أن المساحة 0.98 تناظر 2.05

$$\left(\frac{a-67.5}{10}\right) = 2.05$$

$\therefore\ a - 67.5 = 20.5$

$\therefore\quad a \quad = \quad 88$ درجة

وهذا هو الحد الأدنى الذي يجب أن يحصل عليه الطالب لكي يحصل على جائزة وعندئذ يحصل 2% من الطلبة فقط على جوائز وهم الطلبة الحاصلون على أعلى الدرجات. ناقش هذه النتائج.

س9: إذا كانت الأجور الشهرية لعمال أحد المصانع تتبع التوزيع الطبيعي بمتوسط μ=250 وانحراف معياري σ=50 وأن 5% من عمال هذا المصنع يحصلون على أجور مرتفعة فما هو الحد الأدنى للأجر المرتفع في هذا المصنع.

الفصل العاشر

العينـــات
Sampling

10

الفصل العاشر

العينـــــات

1.10 مقدمة نظرية عن مفهوم العينات وأهميتها في اتخاذ القرار

أحد أهم فروع الإحصاء هو الإحصاء الاستدلالي (inferential Statistics) والذي يستفاد منه متخذ القرار في دراسة مشاهدات العينة ومن ثم الاستدلال بها على فهم السمات والتغيرات في المجتمع وذلك عن طريق دراسة وحدات العينة أو ما يسمى (بالمعاينة). ومن جهة عامة عادة ما يكون اهتمامه الوحيد في الإحصاء منصباً على معرفة سمات المجتمع (المعلمات) عن طريق إعطائها قيمة عددية وذلك باستعمال سمات مشابهة لها خاصة بالعينة (الإحصاءات).

وإمكانية التعميم من العينة إلى المجتمع تعتمد على كيفية أخذ العينة وحجمها وطرق دراسة صفاتها باستعمال نظرية الاحتمال.

تأسيساً على ما تقدم يتطلب الأمر دراسة عدد من المفاهيم والمصطلحات مثل المجتمع، العينة، طرق اختيار العينات، وماذا تعني الإحصاءة والمعلمة.

فالمجتمع هو مجموعة العناصر (الأشياء) أو الأفراد الذي ينصب عليهم الاهتمام من قبل متخذ القرار لدراسة معينة، أو مجموعة القرارات والقياسات التي تم جمعها عن تلك العناصر. أما الوحدة المعاينة فهي أي عنصر أو فرد أو قراءة أو مشاهدة في المجتمع قيد الدراسة. بينما العينة تكون هي مجموعة جزئية من المجتمع يستخدمها متخذ القرار في منظمة الأعمال لمعالجة أية مشكلة في المجتمع المذكور.

2.10 جمع البيانات الإحصائية

يتم جمع البيانات الإحصائية بإحدى الطرق الآتية:

أ- طريقة المسح الشامل Census

وهي الطريقة التي تستعرض جميع أفراد المجتمع فرداً أو عنصر- وخير مثال على ذلك هو التعداد العام للسكان، وفي بعض الدراسات المهمة التي تحتوي دراسة بعض المتجمعات الصغيرة نسبياً مثلاً دراسة أحوال الطلبة لجامعة معينة وعدد طلابها، فهنا يقتضي- الأمر معاينة درجات (علامات) الطلبة واحدة واحدة في بعض المقررات التي نرغب أن يكون فيها مستوى الطلاب جيد جداً.

ب- طريقة العينة:

طريقة المسح الشامل قد لا تصح أو لا تنفع في كل الأحوال فالمسح الشامل يحتاج إلى موارد مالية ضخمة وإلى وقت وجهد وفي حينها يتم اللجوء إلى دراسة جزء من المجتمع (العينة) وهناك حالات يصعب فيها إجراء المسح الشامل منها:

1- تلف وحدات المجتمع المدروسة نتيجة أخذ القرارات أو المشاهدات من تلك الوحدات، فمثلاً لا يمكن سحب كل دم المريض لدراسته او للتعرف على فصيلته ومن غير المعقول أن تقوم بتكسير كل إنتاج مزرعة معينة من البيض لمعرفة مدى صلاحية البيض للأكل، لذا نجد أخذ جزء من دم المريض أو جزء من بيض المزرعة عينة) لفحصه أمر ضروري ومن ثم يتم تعميم نتيجة الفحص على كل دم المريض (المجتمع الإحصائي) أو على كل بيض المزرعة (المجتمع الإحصائي).

2- غالباً يصعب الوصول إلى كل وحدات المجتمع الإحصائية. حيث على سبيل المثال، لدراسة العلاقة بين طول السمكة ووزنها لا يمكن أن يتم دراسة أطوال وأوزان كل السمك الموجود في بحيرة ما أو في النهر لذا يكتفي بمعاينة جزء من المجتمع وهو بما يسمى العينة، وكذلك عند دراسة كثافة الأمطار فغالباً ما يستعان بأواني معينة يقاس عندها الكثافة وهي تشمل جزء من الأمطار الهاطلة وهو ما يسمى بالعينة.

3- باستخدام العينات هناك توفير بالموارد المالية، أي أن العينة تكون كلفتها أقل وتستغرق جهود ووقت أقل. فعند استخدام المسح الشامل يتطلب عدداً كبيراً من العدادين والمدربين والوسائل المساعدة لذلك. أما عند تطبيق نظام العينة فالحاجة إلى عدد أقل من هؤلاء وبذلك يتم توفير في الكلفة بشكل عام وحتى تستطيع اختصار الأخطاء والفروق الفردية في جمع البيانات.

4- قد يكون عامل الوقت هو الحاسم في استخدام أسلوب العينة. فعندما يحتاج الباحث أو متخذ القرار إلى دراسة سريعة لمشكلة معينة تعطيه نتائج أو مؤشرات بأكمله في الوقت القصير المحدد له سلفاً، لذا يلجأ إلى دراسة جزء من المجتمع (العينة) فقط، ومن أهم الأمثلة على ذلك استطلاع الرأي العام بعد حوادث معينة، أو قبيل الانتخابات، أو قبيل إجراء استفتاء عام حول الموضوع.

5- بعض الدراسات تختص في دراسة بعض المجتمعات المتصلة وعناصرها غير قابلة للعد وبالتالي يتعذر إجراء مسح شامل لها مثل دراسة مخزون الفوسفات غرب العراق أو دراسة مخزون البترول جنوب العراق (حقول مجنون) وهنا يكتفى بدراسة عينة من تلك المجتمعات.

وفي بعض الأحيان حتى ولو عناصر المجتمع الإحصائي قابلة للعد فقد لا يكون من السهل إجراء مسح شامل للمجتمع خاصة إذا كان المجتمع كبير جداً مثل سكان الصين، لذلك يكتفى بدراسة عينة من ذلك المجتمع والسؤال الأكثر إثارة هنا كيف يتم اختيار عينة من المجتمعات الإحصائية.

3.10 طرق اختيار العينة **Sampling Techniques**

البيانات الإحصائية الخاضعة إلى التحليل وكما أسلفنا بالذكر قد تجمع بواسطة أسلوب المسح الشامل أو عن طريق العينة وهنا سوف يتم توضيح كيفية اختيار العينة.

أولاً: العينات غير الاحتمالية Non-Probabilistic Sampling

1- العينة بالأسلوب السهل:

وهنا يتم اختيار العينة التي تستطيع منها الحصول على القياسات أو المشاهدات عن طريق أفرادها فلو أردنا مثلاً أن تدريس حالة مشكلة التدخين بين الطالبات في الجامعة فإننا نحاول أن نعثر على أي فتاة تدخن نحاول أن نسألها أو نستجوبها (نظراً لصعوبة الحصول على العدد الكافي من المدخنات واختيار عدد منهن أو الطلب إلى متطوعات للإجابة عن الأسئلة الموجودة في الاستبيان الذي نحن بصدده. وتوجد أمثلة أخرى فمثلاً المراقب الموجود في دائرة الكمارك في الحدود أو في المطار بعض الأحيان يستسهل اختيار أول حقيبة قريبة منه يختارها للتأكد من أن حملة العفش والأمتعة خالية من أي شيء ممنوع. ومن الواضح أن هذا الاختيار في كلا الحالتين لا يمثل الاختيار المجتمع المراد دراسته تمثيلاً صادقاً.

2- المعاينة الهادفة أو الحكمية:

وهنا يختار الباحث العينة بناءاً على وجود حجم أو رأي شخصي مسبق وتعتبر أن العينة المختارة وفقاً للحكم تمثل جميع المجتمع، مع العلم أن المجتمع يحتوي على عدة أصناف ومقاييس لوحداته الباقية. ومن الممكن أن تعطى هذه الطريقة نتائج جيدة إذا كان الباحث ذو خبرة عميقة ويكون رأيه وحكمه صائبين.

ثانياً: العينات الاحتمالية Probability Sampling

1- العينة العشوائية البسيطة Simple Random Sample

المقصود بحجم العينة هو عدد المشاهدات أو الأشياء أو الأفراد الذين من الممكن اختيارهم لتمثيل المجتمع. وهناك معلومتان أساسيتان يجب أن تؤخذ بنظر الاعتبار عن إجراء سحب العينة الأولى هما حجم العينة والثانية مدى التعبير عن البيانات التي يمكن أخذها. ويمكن التحكم في هذا بواسطة الطريقة التي يمكن اختيار العينة بها (تصميم إجراء العينة) وستوضح بعض الأساليب اختيار ذات حجم ثابت (n).

إذا تم اختيار عينة ذات حجم (n) من مجتمع حجمه (عدد أفراده) N يجب أن يكون لكل عينة ذات حجم n نفس إمكانية الاختيار مثل أي عينة أخرى ذات الحجم نفسه، وتسمى هذه الطريقة بتصميم العينة العشوائية البسيطة.

وكذلك يمكن الحصول على عينة عشوائية باستخدام الجداول الخاصة بالأعداد العشوائية. وتتصف العينة العشوائية البسيطة بأن يكون لأي مجموعة جزئية من مجتمع الدراسة، وبحجم معين نفس الفرصة في أن تختار كعينة من ذلك المجتمع مثلها مثل أي مجموعة جزئية أخرى وبنفس الحجم، وبشكل أدق يكون لأي عنصر في المجتمع فرصة مساوية لفرصة أي عنصر- آخر في أن يكون مختاراً في العينة.

يتم اختيار العينة العشوائية البسيطة وفقاً للخطوات التالية:

أ- أعط كل عنصر من عناصر مجتمع الدراسة رقماً مسلسلاً من (1) إلى (N) حيث N هو حجم مجتمع الدراسة (عدد أفراده). اجعل هذه الأرقام مكونة من نفس العدد من الرتب، فمثلاً إذا كان حجم المجتمع 800 ورغبنا باختيار عينة عشوائية بسيطة منه، فإننا نعطي أفراد ذلك المجتمع أو وحداته الأرقام الآتية:

001 ، 002.. ، 5941، 601... ، ... ،720، 800....

إذا كان الرقم المعطى لكل وحدة من وحدات المجتمع مؤلفا من ثلاث مراتب.

ب- استعمل جداول الأرقام العشاوئية واقرأ منه عمودياً بحيث يكون عدد مراتب كل عدد مساوياً لعدد مراتب الأرقام المتسلسلة في النقطة (أ) فإذا كان العدد الذي تم قراءته من الجدول هو أحد الأرقام المتسلسلة فاعتبره عنصراً من عناصر العينة، وإلا فاتركه وانتقل إلى عدد آخر، ولا تكرر الأعداد التي أخذتها كعناصر في العينة، ومعنى ذلك أنه لا يمكن ضم أي عدد ثم ضمه سابقاً واستمر في قراءة الأرقام وكلما انتهت من عمود في جدول الأرقام العشوائية انتقل إلى العمود الذي يليه حتى تحصل على عينة بالحجم المطلوب.

ج-

مثال(1):

بلغ عدد طلاب أحد كليات الهندسة 650 طالباً والمطلوب سحب عينة عشوائية بسيطة حجمها 20 طالب من هؤلاء الطلبة.

الحل

نرقم الطلبة أرقاماً متسلسلة، تبدأ من 1 وتنتهي بالعدد 650 وبذلك تكون أرقام الطلبة 001، 002، 003، ...600، ...650، نختار صفحة من جدول الأعداد العشوائية، نبدأ بالعمود الأول من اليسار وتقرأ الأعداد واحداً تلو الآخر، بحيث تنظر إلى ثلاث مراتب من جهة اليسار. فإذا كان العدد الذي يقرأ واقعاً ضمن أرقام الطلبة فسوف يضم ذلك الطالب إلى العينة وإلا فاستمر في قراءة الأعداد التي تليه. وهكذا.

لغرض تعميق فهم ما تم ذكره سوف نذكر جزءاً من جدول الأعداد العشوائية مؤلفاً من 20 عدد مع تفصيل في كيفية القراءة:

جزء من جدول الأعداد العشوائية   (الملحق B)

3785	0695
8626	0437
0113	6242
4646	7090
7873	0683
3755	7013
2673	8808
0187	9876
7976	1873
	2581

ولنبدأ بقراءة في جدول الأعداد العشوائية فيتم قراءة ثلاثة مراتب من كل عدد ونأخذ العدد الواقع ضمن أرقام أفراد المجتمع ونستبعد أي عدد خارج عن أرقام المجتمع ولا يتم تكرار أي عدد تم أخذه، تتكون العينة هي 069 ، 043، 624، (709 لا نأخذه لأنه ليس من أرقام المجتمع) 068، (862 يتم استبعاده لنفس السبب السابق)، 011، 464 (787 لا يتم أخذه) ، 375، 267ن 18، (797 أيضا يتم

استبعاده) ونكمل إلى نفس الأعمدة في الجدول لتكمله عشرون عنصراً وهم عدد عناصر العينة.

2- العينة الطبقية العشوائية Stratified Random Sampling

عندما يكون المجتمع مقسم إلى طبقات مستقلة (وغير متداخلة) وعند أخذ من كل طبقة عينة عشوائية بسيطة، فإن هذه العينة بأكملها تسمى بالعينة الطبقية وهنا العينة تكون ممثلة إلى جميع الطبقات في المجتمع قيد الدراسة. ويتم اختيار العينة الطبقية العشوائية وفق الخطوات التالية:

أ- يجب تحديد الطبقات في العينة الطبقية العشوائية بوضوح. حيث في مجتمع أحد الكليات قد تكون تحديد الطبقات أمر يسير وهي المستويات الدراسة (الأول، الثاني ، الثالث، الرابع، الخامس...)، وهذا الأمر قد لا يكون يسيراً في تحديد الطبقات في المرات الحضرية الحديثة، إذ ما هي الأسس التي تصنف بها العوائل إلى طبقات هل انتمائها إلى الحضر أم الريف أم حسب المستوى المعاشي أو المستوى الوظيفي أو المستوى التعليمي.

ب- بعد تحديد وحدات العينة ي كل طبقة وفي معظم الأحيان تكون نسبة مئوية من حجم الطبقة الواحدة، فهنا يلزمنا تحديد حجم الطبقة الذي هو بالتالي يحدد حجم العينة من كل طبقة. وهنا يتم اختيار عينة عشوائية بسيطة من كل طبقة تم تحديدها وتحديد حجمها.

وهنا يجب التأكد أن العينات المختارة من الطبقات عشوائية ومستقلة عن بعضها البعض بمعنى أنه يجب استعمال طرق سحب العينة العشوائية البسيطة في كل طبقة على حده، لكي تضمن وبصورة قاطعة أن المشاهدات التي يتم الحصول عليها من طبقة معينة لا تعتمد على المشاهدات المختارة من طبقة أخرى.

كيفية تقسيم العينة على الطبقات بطريقة النسبة

إن الغرض من إجراء وتصميم العينة الطبقة العشوائية هو الحصول على عينة تمثل جميع أفراد المجتمع الإحصائي (المجتمع قيد الدراسة). فإذا كان لديك k من

الطبقات وأردت اختيار عينة حجمها (n)ت من المجتمع الكلي، فهناك توجد عدة طرق لتقسيم الحجم (n) على الطبقات.

افرض أن:

n_1 : حجم العينة العشوائية من الطبقة الأولى

n_2 : حجم العينة العشوائية من الطبقة الثانية

$\vdots$

وهكذا إلى أن نصل إلى:

n_k : حجم العينة العشوائية من الطبقة ذات الترتيب k

بحيث يكون $n = n_1 + n_2 + \ldots + n_k$ ، أي أن حجم العينة الكلي يساوي مجموع حجوم العينات من الطبقات جميعاً. وتنص طريقة النسبة على أن تحديد حجم العينة من أي طبقـة بحيـث يتناسب مع حجم الطبقة. فإذا كان حجم المجتمع N وكانت حجوم الطبقات كما يلي:

N_1 : حجم الطبقة الأولى

N_2 : حجم الطبقة الثانية

$\vdots$

N_k : حجم الطبقة التي ترتيبها K

يجب أن يكون $N = N_1 + N_2 + \ldots N_k$

وإذا كان حجم العينة المطلوب هو (n) فإننا نحدد حجم العينة من كل طبقـة بطريقـة النسـبة وكما يأتي:

$$n_1 = N_1 * \frac{n}{N}$$

$$n_2 = N_2 * \frac{n}{N}$$

$$\vdots \quad \vdots \quad \vdots$$

$$n_k = N_k * \frac{n}{N}$$

مثال(2):

إذا كان طلاب إحدى الجامعات موزعين حسب سنوات الدراسة والمطلوب اختيار عينة حجمها 20% من المجتمع (المجتمع الخاضع للدراسة وهنا هو مجتمع الجامعة والذي يعني عدد طلاب الجامعة) بطريقة العينة الطبقية العشوائية.

السنة الأولى	السنة الثانية	السنة الثالثة	السنة الرابعة
2400	2000	1800	400

الحل:

حجم المجتمع هو 2400 + 2000 + 1800 + 400 = 6600

حجم العينة $6600 * \frac{20}{100} = 1320$

ومن الواضح هنا أن الطبقات هي السنوات الدراسية في الكليات جميعاً ولما كان حجم العينة 20% من المجتمع الكلي، ونحن نرغب في أن تكون جميع الطبقات ممثلة بنفس النسبة فإن:

حجم العينة من السنة الأولى: $2400 * \frac{20}{100} = 480$

حجم العينة من السنة الثانية: $2000 * \frac{20}{100} = 400$

حجم العينة من السنة الثالثة: $1800 * \frac{20}{100} = 360$

حجم العينة من السنة الرابعة: $400 * \frac{20}{100} = 80$

وحسب النتائج أعلاه

أولاً: نختار عينة عشوائية حجمها (480) من طلاب السنة الأولى التي يوجد فيها 2400 طالب وذلك باستخدام جداول الأعداد العشوائية كما مر بنا في تصميم العينة العشوائية البسيطة.

ثانياً: نختار عينة عشوائية حجمها 400 من طلاب السنة الثانية التي يوجد في 2000 طالب.

ثالثاً: نختار عينة عشوائية حجمها 360 طالب من طلاب السنة الثالثة التي يوجد فيها 1800 طالب.

رابعاً: نختار عينة عشوائية حجمها 80 طالب من طلاب السنة الرابعة التي يوجد فيها (400) طالب.

مثال(3):

في دراسة صحية لأحد المناطق الشعبية (مجتمع الدراسة) اقتضت الحاجة إلى تصميم عينة عشوائية طبقية ولهذا قسمت هذه المنطقة إلى خمسة مناطق واعتبرت المناطق طبقات وحسب كثافة انتشار بعض الأمراض في كل منطقة من المناطق الخمسة وكان كل منطقة تحوي على عدد من السكان وذلك كما يلي:

الطبقة الأولى	الطبقة الثانية	الطبقة الثالثة	الطبقة الرابعة	الطبقة الخامسة
1200	1000	640	400	360

وأراد الباحث اختيار عينة حجمها (270) فرد من هذا المجتمع، فما حجم العينة في كل طبقة.

الحل: حجم المجتمع (مجموع السكان في كل الطبقات) = 3600

$$3600 = 360 + 400 + 640 + 1000 + 1200$$

حجم العينة $n = 270$

ومن الواضح هنا أن الطبقات هي السنوات الدراسية في الكليات جميعاً ولما كان حجم العينة 20% من المجتمع الكلي، ونحن نريد أن تكون جميع الطبقات ممثلة بنفس النسبة فإن:

حجم العينة من الطبقة الأولى: $1200 * \frac{270}{3600} = 90$

حجم العينة من الطبقة الثانية: $1000 * \frac{270}{3600} = 75$

حجم العينة من الطبقة الثالثة: $640 * \frac{270}{3600} = 48$

حجم العينة من الطبقة الرابعة: $400 * \frac{270}{3600} = 30$

حجم العينة من الطبقة الخامسة: $360 * \frac{270}{3600} = 27$

3- العينة الأسلوبية (المنتظمة) Systematic Sampling

إذا أمكن إدراج وحدات المجتمع الذي في النية دراسته في قائمة وكل عنصر من العناصر له تسلسله الخاص إذ يبدأ العنصر الأول بالرقم (1) وينتهي العنصر الأخير بالتسلسل N. فإذا تم اختيار عنصر واحدة بطريقة عشوائية من أول k (k هو تسلسل العنصر المختار كأن يكون k تسلسل العنصر العاشر إذن k=10 ، أو ان تكون k كل عنصر يبدأ بالرقم (2)، فتكون العناصر المختارة كانت التسلسلات 2، 12، 22، 32، ....، أو أن تكون k كل عنصر يبدأ بالرقم 8، فتكون العناصر المختارة ذات التسلسلات 8، 18، 28، 38، 48،....). تم اختيار عنصر آخر بتسلسله k بعد العنصر الذي تم اختياره سابقاً وهكذا إلى أن تحقق العدد الذي يجب أن تضمه العينة المراد اختيارها. وهذه الطريقة تسمى طريقة العينة الأسلوبية.

وكما مر بنا سابقاً فإن العينة الأسلوبية هي أسلوب أكثر سهولة وأقل تعرضاً للأخطاء مقارنة بطريقة العينة العشوائية البسيطة.

مثال (4)

إذا أرادت عينة حجمها 40 من زبائن محل تجاري كبير فإنه يصعب هنا تحديد مجتمع الدراسة، وبالتالي يصعب إجراء العينة العشوائية البسيطة لكنه من السهل إجراء العينة الأسلوبية، وذلك باختيار رقماً بطريقة عشوائية مثلاً من (1) إلى (5) أو من (1) على (10) وليكن العدد (6) (تم اختياره من المجموعة الثانية من (1) إلى (10))، يعتبر هذا العنصر الأول في العينة، وتقابل الشخص السادس الذي يخرج من المحل التجاري مثلاً، ثم تقابل الأشخاص الذين تكون تسلسلات خروجهم 16، 25، 36،...، وهكذا إلى أن نحصل على عينة حجمها 40 شخص.

ومن الواضح أن هذه الطريقة سهلة حتى على شخص غير متدرب. وغالباً ما تكون العينة المختارة بالطريقة الأسلوبية موزعة بشكل أكثر تجانساً على جميع أفراد المجتمع وبالتالي يمكن أن تعطى معلومات عن المجتمع أكثر مما تعطيه عينه مماثلة تم اختيارها بالطريقة العشوائية البسيطة.

مثال(5):

أراد باحث اختيار عينة حجمها n=300 مـن مجموعـة مـن المـوظفين والبـالغ عـددهم (9000) وذلك لدراسة الحالة المعينة ولذلك سوف يستخدم التسلسـلات في قوائم الرواتـب ودراسة المتغيرات الأخرى. وقد فضل تصميم العينة حسب العينة الأسلوبية.

الحل:

إن طريقة إجراء العينة الأسلوبية تقضي بـأن يكـون طـول القفـزة معلومـاً وعـادة يكـون بقـدر $\frac{9000}{300} = 30$ ، ولذلك سوف يتم سحب رقماً عشوائياً مـن 1 إلى 30 وليكـن الـرقم رقـم (9) وتختار الاسم ذو التسلسل (9) ثم نضيف 30 ونسحب الرقم ذات التسلسل (39) ثم الـرقم (69) ثم الـرقم (99) وهكذا.

رقم البطاقة المختارة	رقم البطاقة
9	1 2 3 30
39	31 32 33 ..... 59 60
69	61 62 63 ..... 59 90

الملحق (B)

364

وهكذا إلى أن نصل على آخر ثلاثين رقم تسلسل ويتم اختبار آخر رقم منها.

وبالإمكان تقريب طول القفزة إذا لم يظهر عدداً صحيحاً وذلك إلى أقرب عدد صحيح ففي المثال السابق إذا كان حجم المجتمع بدلاً من 9000 موظفاً 8840 موظف فتكون طول القفزة

$$\frac{8840}{300} = 30 \text{ تقريباً.}$$

وللعينة فوائد مختلفة حيث عندما تتم عملية تحديد المجتمع والعينة نجد أن الإحصاءات تخدم القرار في هدفين. إنها أولاً تصف العينة ذاتها كأن نعرض مواصفات العينة أو مدى حصول البيانات من هذه العينة. وثانياً تمكنه من التوصل إلى استقراءات واستنتاجات عن المجتمع الذي أخذت منه العينة. وإجمالاً تكون خطوات الدراسة الإحصائية كما يلي:

خطوات الدراسة الإحصائية

1- تعريف وتعيين وتحديد مجتمع الدراسة بكل أبعاده.

2- حدد المتغيرات التي في النسبة دراستها.

3- تحديد الأسئلة التي ينبغي الإجابة عليها من وحدات المجتمع المختارة (العينة) والتي تساعد على تحديد المتغيرات التي من أجلها صممت الدراسة.

4- تحديد معلمات عينة من المجتمع.

5- يتم اسحب عينة من المجتمع.

6- يتم إيجاد أوجد قيم الإحصاءات التي تعطي قيماً تقريبية عن معلمات المجتمع (راجع ما هي المعلمة وما هي الإحصاءة الفصل الأول من هذا الكتاب).

7- يتم تطبيق طرق الإحصاء الاستقرائي للإجابة عن الأسئلة المطروحة.

4.10 إحصاءات العينة Sample Statistics

كما مر بنا في الفصل التاسع إن لكل مجتمع هناك توزيع إحصائي خاص به، وهو التوزيع الاحتمالي لمتغير عشوائي يمثل أفراد ذلك المجتمع. كما يوجد لكل توزيع احتمالي عادة ثوابت تعين هذا التوزيع تماماً وتسمى معلمات المجتمع.

فمثلاً إذا كان المجتمع يخضع لتوزيع ذي الحدين (الثنائي) فإن المعلمة هي احتمال النجاح (p) فإذا علمت قيمة (p) فإنك تستطيع الإجابة عن الأسئلة الاحتمالية حول هذا المجتمع. أي أن توزيعه يكون قد توضح تماماً. أما إذا افترضنا أن المجتمع يخضع إلى التوزيع الطبيعي فإن المعلمات هي الوسط الحسابي والتباين، فإذا ما علمت قيمة الوسط μ وقيمة التباين σ^2 فإن المجتمع يتحدد تماماً، أي دالة الكثافة الاحتمالية للمتغير x الذي من الممكن أن يمثل أي فرد من أفراد المجتمع يكون قد تحدد تماماً؟. ويصبح بإمكاننا الإجابة عن الأسئلة المتعلقة بالاحتمالات حول x. عندما تأخذ عينة من مجتمع ما، فإن هذا يعني أنك ستشاهد قيماً للمتغير x، وإذا كان حجم العينة n فإنك تعين هذه القيم بـ x_1، x_2، .... x_n وبالإمكان الاستعانة بأي حرف للتعبير عن المتغير قيد البحث.

وكما مر بنا سابقاً فبالإمكان حساب بعض المقاييس عن هذه العينة مثل الوسط الحسابي أو الوسيط أو التباين وغيرها من هذه المقاييس التي تسمى إحصاءات (لأنها تخص العينة).

وتستعمل كلمة "إحصاءه" أو "إحصاء، عينة" لتدل على أي اقتران تتعين قيمته من العينة.

على سبيل المثال ليس إلا فالوسط الحسابي للعينة $\bar{x} = \frac{\sum_{i=1}^{n} x_i}{n}$ هو إحصاءه عينة، ويلاحظ أن قيمته ربما تتغير من عينة لأخرى. أي إذا أخذت عينة x_1، x_2، .... x_n فإن هذه العينة تحدد قيمة الوسط الحسابي، وربما إذا تم أخذ عينة أخرى فإن من الممكن أن تكون قيمة الوسط مختلف رغم تساوي حجوم العينتين. وإذا أخذت عينة ثالثة وبنفس الحجم فلربما نحصل على قيمة ثالثة مختلفة للوسط الحسابي لا يوجد نقطة وهكذا، وهذا يعني أن $\bar{x}$ متغير عشوائي، أي أن قيمة هذه الإحصاء تتغير بتغير العينة.

5.10 تطبيقات إحصائية للعينات في اتخاذ القرار

إن متخذ القرار في منظمات الأعمال الإنتاجية والخدمية يعتمد العينات في حالات مختلفة في الواقع العملي، ويمكن إجمال أهم هذه الحالات كما يلي:

أولاً: حالات مختارة من منظمات أعمال إنتاجية

1. سحب عينات من الإنتاج الجاهز لغرض تحديد صلاحية الإنتاج من عدمه طبقاً لمواصفات الإنتاج التي تحددها دوائر السيطرة النوعية ومقاييس عالمية مثل ISO.

2. سحب عينات من المواد الأولية والمواد غير التامة الصنع لغرض مطابقتها لمقاييس الإنتاج المختلفة.

3. اختيار العامل النموذج أو المتوسط الذي يعتمد الأساس في تصميم نظام الحوافز بعد أن يتم التعرف على طاقته الإنتاجية وكفاءته في الأداء.

ثانياً: حالات مختارة من منظمات أعمال خدمية

1. سحب عينة من دم المريض في المؤسسات الصحية لغرض تحديد نوع الحالة المرضية. واتخاذ قرار بخصوص علاقتها.

2. اختيار مجموعات من الطلبة لغرض تحديد رغباتهم في تحديد القرار المتعلق بمسارات النقل وعدد الباصات اللازمة لنقلهم.

3. اختيار عينة من محصول زراعي معين لتحديد مدى إصابته بالوباء الزراعي لاتخاذ القرار لتحديد نوع المبيد الحشري اللازم لذلك.

إضافة إلى ما تقدم هنالك حالات كثيرة يمكن التطرق إليها في سياق الأمثلة القادمة.

أسئلة وتمارين الفصل العاشر

س1: كان متخذ القرار في أحد الجامعات يرغب بأخذ عينة حجمها 400 طالب من طلبة أحد الجامعات ذات الكليات العلوم الإدارية، والطب البشري، والطب البيطري والصيدلي والتي عدد طلابها على التوالي 1600 ، 940، 450، 1200 بنفس التسمية. وضح ذلك إحصائياً.

س2: مجتمع فيه 1830 عنصراً، اختر عينة عشوائية بسيطة حجمها 25 باستخدام جداول الأعداد العشوائية.

س3: ما هي المعلمة وما هي الإحصاءة. وما هي أنواع العينات.

س4: إذا كان هنالك متخذ القرار مكلف بدراسة مشكلة في أحد الأسواق المركزية لاختيار عينة حجمها 40 من زبائن هذه الأسواق المركزية لغرض طرح الأسئلة عليهم لدراسة تهم الأسواق فما هو نوع العينة التي تقترحها.

س5: ما هي أهمية العينات (حجمها واختيارها) في عملية اتخاذ القرار في منظمات الأعمال الإنتاجية والخدمية.

11

الفصل الحادي عشر

اختبار الفرضيات الإحصائية

1.11 اختبار الفرضيات وأهميتها لاتخاذ القرار

4.11 مستوى المعنوية α

5.11 إحصاء الاختبار

10.11 اختبار الفرق بين نسبتين

أسئلة وتمارين الفصل الحادي عشر

الفصل الحادي عشر
اختبار الفرضيات الإحصائية

1.11 اختبار الفرضيات وأهميتها لاتخاذ القرار

في هذا الفصل سنقوم باستعراض سريع للمبادئ الأساسية لاختبارات الفروض الإحصائية Statistical Hypotheses وتطبيقها على الاختبارات المعلمية Permit Test والتي تتلق باتخاذ القرار الذي يرتبط بدراسة معالم المجتمع المجهولة.

في اختبارات الفرضيات الإحصائية فإننا نواجه مشكلة اتخاذ قرار برفض فرض معين أو قبوله، ويتم اتخاذ القرار في هذه الحالة بناءاً على البيانات التي نحصل عليها من العينة فإذا افترضنا مثلاً أن القوات المسلحة قامت باستيراد 100 صاروخ أرض أرض من طراز معين على أساس أن مدى هذه الصواريخ هو 200كم. ولتقرير ما إذا كانت الصواريخ المطابقة للمواصفات فقد تم اختيار عينة من عشرة صواريخ لإطلاقها ومعرفة مدى كل منها لحساب متوسط المدى في العينة المسحوبة. وبناء على البيانات التي نحصل عليها من هذه العينة فإنه سيتم تقرير ما إذا كانت الصفقة مطابقة للمواصفات أم لا، أي ما إذا كان متوسط مدى الصواريخ هو 200 كم، وبالطبع فإن الفرض الذي نريد اختباره، وذلك باستخدام البيانات المتاحة من العينة هو أن مدى الصواريخ يساوي 200كم. ويسمى هذا الفرض بفرض العدم Null-Hypothesis ويرمز له عادة بـ h_0، بينما يكون الفرض البديل Alternative-Hypothesis في هذه الحالة يعني أن مدى الصواريخ لا يساوي 200كم ، ويرمز لهذا الفرض بالرمز H_1.

وتوجد أمثلة أخرى ويوجد تشابه واضح بين إجراءات القضاء لإدانة أو تبرأة متهم معين وبين اختبارات الفروض الإحصائية لرفض أو عدم رفض فرضية العدم، ففي القضاء يفترض أن المتهم بريء حتى تثبت إدانته، ويقوم الادعاء بجمع كل الأدلة الممكنة في محاولات لإثبات أن المتهم مذنب، فإذا لم تكن هذه الأدلة كافية فإن المحكمة

تقرر أن المتهم غير مذنب ولكن هذا القرار ليس معناه براءة المتهم من الناحيـة الواقعيـة. وفي اختبارات الفروض فإننا نفترض أن فرضية العدم صحيحة (المتهم بريء) ويقـوم الباحـث بـدور الادعـاء والدفاع في نفس الوقت سحب عينة ودراستها للحصول على البيانات (الأدلة) اللازمة منها لإقرار مـا إذا كان فرض العدم صحيحاً أم لا، وتعرض هذه البيانات على الإحصائي (القاضي) لتقرير بنـاء عليهـا رفـض فرضية العدم أو عدم رفضها (إدانة المتهم أو عدم إدانتـه). وبـالطبع ففـي حالـة قبـول فرضيـة العـدم (المتهم غير مذنب) قد يكون الفرض غير صحيح ولكن البيانات التي تم الحصول عليها من العينـة غـير كافية لرفضها.

وفي المثال السابق (لقياس مدى الصواريخ)، يمكن صياغة فرضية العـدم والفرضـية البديلـة وكـما يلي:

H_0: فرضية العدم: $\mu=200$

H_1: الفرضية البديلة $\mu\neq200$

ويلاحظ أن الفرضية البديلة ليس لها اتجاه معين، وفي هذه الحالة فإنه يـتم عـدم قبـول فرضيـة العدم إذا كان متوسط مدى الصواريخ في العينة يختلف اختلافاً كافياً عن 200 كم سواء كـان بالزيـادة أم بالنقصان، وإذا كان الاختبار يتصف بهذه الصفات فالاختبار يكون (أو يسمى أحياناً) ذو طرفين.

فعندما تؤخذ الفرضية البديلة (أو تكون الفرضية البديلة).

$H_1 = \mu > 200$ أكبر من 200

فإن فرضية العدم لا يتم قبولها إذا كان متوسط مـدى الصـواريخ في العينـة اصغر مـن 200كـم بدرجة كافية، ويسمى الاختبار أحياناً في هذه الحالة باختبار الطرف الأيسر.

أما إذا كانت الفرضية البديلة تأخذ الصيغة

$H1 = \mu < 200$ أصغر من 200

فإن فرضية العدم لا يتم قبولها إذ كان متوسط مدى الصواريخ في العينة أكبر من 200 كم بدرجة كافية ويسمى الاختبار أحياناً في هذه الحالة باختبار الطرف الأيمن.

ويمكن تلخيص ما سبق وكما يلي:

الفرضيات (الفروض) الإحصائية التي تخضع لعملية الاختبار هي فرضيتين، الأولى تسمى بفرضية العدم null hypotheses ويرمز بها لـ H_0 وهي تتضمن الهدف المطلوب اختباره. ففي حالة قبولها يعني عدم وجود ما يدعو إلى رفض نتائج العينة، أي أن العينة المسحوبة متوافقة مع الفرضية. والثانية تسمى بالفرضية البديلة alternative hypotheses ويرمز لها بـ H_1، فعند رفض (عدم قبول) H_0 يعني قبول الفرضية البديلة H_1 والعكس صحيح.

فمثلاً إذا ما أردنا اختبار فرضية من متوسط عمر الطالبات في المجتمع الإحصائي هو 25 سنة فستكون فرضية العدم

فرضية العدم: H_0	متوسط عمر الطالب	$\mu = 25$
الفرضية البديلة: H_1		$\mu \neq 25$

أو إذا ما أريد اختيار نسبة المعيب في إنتاج أحد السلع فإذا كان احتمال أن تكون السلعة معيبة هو $p = 0.02$ فإن فرضية العدم

العدم H_0:		$p = 0.02$
البديلة H_1:		$p \neq 0.02$

ومما تقدم يتضح أن أمام متخذ القرار سوف تكون المشكلة محصورة في إتجاهين أساسين إما القبول أو الرفض مما يسهل عملية اتخاذ القرار لاعتماد ما هو مناسب للمشكلة قيد الدرس.

2.11 الفرضيات البسيطة والفرضيات المركبة

يمكن تقسيم الفروض الإحصائية إلى نوعين، فروض بسيطة Simple-Hypotheses وفروض مركبة Composite Hypotheses. والفروض الإحصائية البسيطة هي تلك التي تحدد قيمة وحيدة لمعلمة المجتمع المجهولة، أما الفروض المركبة فهي التي تحدد أكثر من قيمة لتلك المعلمة. ففي المثال السابق يعتبر الفرض $H0= \mu=200$ فرضاً بسيطاً لأنه يحدد قيمة وحيدة لمعلمة المجتمع μ بينما يعتبر الفرض البديل $H1= \mu \neq 200$ فرضاً مركباً لأنه يحدد أكثر من قيمة للمعلمة.

3.11 الخطأ من النوع الأول والخطأ من النوع الثاني

Type I error and Type II error

إن متخذ القرار في الواقع العملي معرض لأن يتخذ قراراً قد يكون مخالفاً للواقع، أي أنه يتخذ قراراً خاطئاً، فعند سحب جميع العينات الممكنة والتي حجمها (n) من مجتمع الصواريخ وحساب متوسطات هذه العينات نجد أن بعض هذه المتوسطات يؤيد قبول فرضية العدم، وتقع هذه المتوسطات فيما يسمى بمنطقة القبول Acceptance Region بينما يؤيد البعض الآخر رفض فرضية العدم، وتقع هذه المتوسطات في منطقة الرفض Rejection Region. وعند سحب عينة من هذه العينات عشوائياً بهدف بناء اتخاذ قرار معين بناءاً على بياناتها فإنه معرض لارتكاب أحد الأخطاء الآتية:

1- قد تؤدي بيانات العينة إلى رفض فرضية العدم H0 وهو في الحقيقة يجب قبولها ويسمى هذا الخطأ من النوع الأول Type I error. وهنا يطرح تساؤل وهو إلى أي مدى يمكن أن يبتعد متوسط العينة عن القيمة التي حددتها فرضية العدم لمتوسط المجتمع قبل أن يتخذ قرار برفض هذه الفرضية؟، أي متى يمكن أن نعتبر أن الفرق بين متوسط العينة والقيمة المفترضة لمتوسط المجتمع فرقاً معنوياً لا يمكن إرجاعه إلى عامل الصدفة وبناء على ذلك يتم رفض فرضية العدم ؟، إن الإجابة على مثل هذه الأسئلة يتوقف على درجة قبول متخذ القرار للخطأ من

النوع الأول، فإذا تقرر عدم قبول حدوث خطأ من النوع الأول أكثر من خمس مرات كل مائة مرة فإن معنى ذلك أن الحد الأقصى الذي تقرر قبوله لاحتمال وقوع هذا الخطأ هو (0.05) ويرمز لهذا الاحتمال بالرمز (α) وتسمى قيمة (α) بمستوى المعنوية Level of significance. من هذا نرى أن مستوى المعنوية هو احتمال حدوث خطأ من النوع الأول، أي احتمال رفض فرضية العدم وهو سليم. وبالتالي فإن القيمة التي تحددها لهذا الاحتمال ستحدد متى يمكننا اعتبار الفرق بين متوسط العينة والقيمة المفترضة لمتوسط المجتمع فرقاً معنوياً لا يمكن إرجاعه للصدفة. وعندما نقول أن هذا الفرق يعتبر فرقاً معنوياً فإننا نعني أنه فرق معنوي من الناحية الإحصائية فقط Statistical Significan.

2- قد تؤدي بيانات العينة إلى قبول فرضية العدم H0 بينما هي في الحقيقة خطأ أو (بينما في الواقع غير سليم)، ويسمى هذا خطأ من النوع الثاني Type II error ويرمز لاحتمال حدوث هذا الخطأ بالرمز (β). وبالتالي فإن احتمال رفض فرضية العدم وهو قرار خاطئ يساوي ($1-\beta$) ويسمى هذا الاحتمال بقوة الاختبار Power of Test.

وهنا يجب ملاحظة أن α يتم تحديدها بافتراض صحة فرضية العدم بينما تحسب β بافتراض صحة الفرضية البديلة.

والآن فإننا نتساءل عن مدى إمكانية تخفيض قيمة α وقيمة β، في نفس الوقت. وللإجابة على هذا السؤال فإننا نتذكر أنه عند تخفيض قيمة α فإن قيمة β سوف تزداد، كذلك فإنه عند تخفيض قيمة β فإن قيمة α تزداد.

ولقد جرت العادة على تحديد قيمة α قبل إجراء الاختبار. ويجب أن ننوه هنا أن تحديد قيمة α. يرتبط بالمخاطر المتعلقة بالخطأ من النوع الأول، فكلما زادت هذه المخاطر كلما قلت قيمة α التي يختارها متخذ القرار وبالتالي تزداد قيمة β، أي يزداد احتمال الوقوع في الخطأ من النوع الثاني مما يؤدي إلى نقص قوة الاختبار أي نقص ($1-\beta$). كذلك فإنه كلما قلت المخاطر المرتبطة بالخطأ من النوع الأول كلما اختار متخذ القرار قيمة أكبر لمستوى المعنوية α مما يؤدي إلى نقص قيمة β وزيادة قوة الاختبار.

4.11 مستوى المعنوية α ، Level of significance

وهي تمثل الحد الأعلى لاحتمال الوقوع في الخطأ من النوع الأول، وبذلك فإن مستوى المعنوية α، هي تعيين منطقة أو مساحة الرفض تحت منحنى توزيع اختبار الإحصاءه، لذلك فهي احتمال رفض فرضية العدم عندما تكون صحيحة، وفي الغالب، ماتستخدم القيم إلى α ، 0.01 أو 0.05 أو 0.10 لمستوى المعنوية ويقال عن القيمة الأولى لن تقبل حدوث الخطأ من النوع الأول أكثر من مرة واحدة كل مائة مرة وهكذا، فيقال أن النتيجة معنوية عن 0.05 أو 0.01. والأشكال (11-1) (11-2) توضح ذلك.

1.4.11 اختبار من جانب واحد واختبار من جانبين One and Two tails

إن عدم تحقيق فرضية العدم مصدره متأتي من اتجاه واحد أو أنها موزعة على اتجاهين. والذي يقرر ذلك هو طبيعة صيغة فرضية العدم. فإذا حددت الإشارة مسبقاً بأكبر أو أقل، أي أن:

العدم H_0 $\mu \geq \mu_0$ μ_0 هنا هو أي قيمة عددية

أو

البديلة H_1 $\mu \leq \mu_0$ μ_0 هنا هو أي قيمة عددية

فهنا يعني أن الاختبار هو من جانب واحد، حيث في حالة رفض الفرضية الأولى (فرضية العدم) فالمتوقع حصراً أن الفرضية البديلة H_1 سيكون معلوماً باتجاهها وهو

البديلة H_1 $\mu < \mu_0$

وفي الفرضية الثانية سيكون

H_1 $\mu > \mu_0$

أما في الحالة التي تكون فرضية العدم H0 مع إشارة المساواة أي أن:

العدم $\mu = \mu_0$

فإن التوقع في حالة رفض فرضية العدم سيكون لدينا ما يلي:

البديلة H_1 $\mu > \mu_0$

أو

البديلة H_1 $\mu < \mu_0$

وهذا يدل على عدم تحديد الاتجاه الذي ستكون عليه مسبقاً. وبذلك ستوزع على جانبي التوزيع فمثلاً لو فرضنا، في نية شركة لتوريد الفواكه تخفيض السعر فمن المؤكد ستتوقع الشركة زيادة في الطلب على الفواكه الموردة، أي أن:

فرضية العدم H_0 $\mu \geq \mu_0$

أما إذا ارتأت الشركة تغيير الجهة التي ستستورد منها الفواكه، وهي غير متأكد أن هذا التغيير في الجهة الموردة سيؤدي إلى انخفاض الإقبال على الطلب على الفواكه أم لا وعليه فإن:

فرض العدم H_0 $\mu = \mu_0$

وتكون الفرضية البديلة في حال رفض فرضية العدم أما بسبب $\mu > \mu_0$ أو بسبب $\mu < \mu_0$ ويصبح الاختبار من جانبين، أما إذا كانت الشركة متأكدة تماماً من أن تغيير الجهة التي ستورد منها الفواكه سيؤدي مثلاً إلى زيادة في الطلب فيكون الاختبار من جانب واحد وكما هو واضح من الأشكال الآتية:

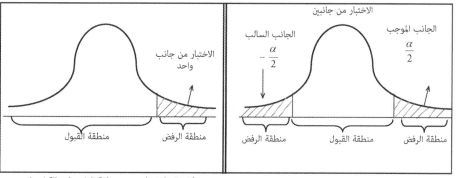

شكل رقم (11-1) يوضح منطقة الرفض في حالة الاختبار من جانبين

شكل رقم (11-2) يوضح منطقة الرفض في حالة اختيار من جانب واحد

5.11 إحصاءه الاختبار Test Statistics

لإجراء الاختبار نقوم بحساب مقياس يدعى إحصائية الاختبار وتأخذ إحصاءه الاختيار الشكل الآتي:

$$\text{إحصاءه الاختيار} = \frac{\text{المقياس - المتوسط}}{\text{الانحراف المعياري}} \qquad \text{.........................(100)}$$

والصيغة السابقة (100) هي صيغة عامة (أي هي إطار عام لكل الاختبارات ومهما يكن المقياس سواء كان وسط حسابي أو نسبة مئوية...الخ). تصلح لاختبار جميع المقاييس.

ويتم حساب قيمة إحصاءه الاختبار بافتراض صحة فرضية العدم فبالرجوع إلى مثال الصواريخ الذي سبق توضيحه، حيث أن:

العدم $H_0: \quad \mu = 200$

مقابل

البديلة $H_1: \quad \mu \neq 200$

ولذلك فإننا نقوم بحساب متوسط المدى $\overline{X}$ من العينة ثم نحسب قيمة إحصاءة الاختبار بافتراض صحة فرضية العدم، أي بافتراض أن $\mu=200$ وكما يلي:

$$\text{إحصاءة الاختبار} = \frac{200-\bar{x}}{\sigma\bar{x}}$$

$$\sigma\bar{x} = \frac{\sigma}{\sqrt{n}}$$

كما يمكن أن نرمز إلى إحصاءة الاختبار بـ Z أي تصبح كما يلي

$$Z = \frac{\bar{x}-\mu}{\sigma\,\bar{x}} \qquad \text{..(101)}$$

وإذا تم سحب جميع العينات ا لممكنة والتي حجم كل منها (n) من مجتمع الصواريخ فإننا نحصل على التوزيع العيني للمتوسط $\overline{X}$ ومنه يمكن الحصول على التوزيع العيني لإحصاءة الاختبار وتساعدنا في ذلك النظرية الإحصائية (نظرية النهاية

المركزية) على تحديد التوزيع العيني لإحصاءة الاختبار وباستخدام هـذا التوزيع يمكننا تقريـر إمكانية رفض فرضية العدم.

ومما سبق يمكننا تلخيص الخطوات اللازمة لإجراء اختبار الفرضيات الإحصائية وعلى النحو الآتي:

1- تحديد فرضية العدم والفرضية البديلة.
2- تحديد مستوى المعنوية α.
3- تحديد التوزيع العيني لإحصاءة الاختبار.
4- استخدام بيانات العينة لحساب قيمة إحصاءه الاختبار واستخدام التوزيع العيني لإصدار القرار الإحصائي الخاص برفض فرضية العدم من عدم رفض فرضية العدم.

من ذلك يتضح أن بيانات العينة تستخدم في المرحلة الرابعة فقط وذلك لحساب قيمة إحصاءة الاختبار واتخاذ القرار الإحصائي المناسب.

6.11 كيف يمكن اتخاذ القرار حول نتيجة إحصاءة الاختبار

إن القرار بقبول ورفض فرضية العـدم H0 يعتمـد عـلى نتيجـة مقارنـة القيمـة المحتسبـة، أي المستخرجة بواسطة إحصاءة الاختبار مع القيمة الجدولية تحت مستوى المعنوية الـذي تـم تحديـده فإذا كانت القيمة المحتسبة تقع في منطقة الـرفض، أي أن القيمـة المحتسبـة تكـون أقـل مـن القيمـة الجدولية، عندها نقبل فرضية العدم H_0، ويكون الاستنتاج متطابق مع ما حددته فرضية العـدم H_0. في حين نرفض H_0 إذا كانت القيمة المحتسبة هي أكبرمن القيمة الجدولية.

7.11 اختبار متوسط المجتمع μ
أ- في حالة تباين المجتمع معلوم

إذا قمنا بسحب عينة عشوائية حجمها (n) من مجتمع معتدل ومتوسـط μ غيـر معلـوم، فـإن التوزيع العيني للمتوسط $\overline{X}$ يتبع التوزيع المعتدل بغض النظر عن حجم

العينة، أما إذا كانت العينة مسحوبة من مجتمع توزيعه قريب من الاعتدال وكان حجم العينة كبيراً ($n>30$) وباستخدام نظرية النهاية المركزي نجد أن التوزيع العيني للمتوسط $\overline{X}$ يقترب من التوزيع المعتدل. لذلك فإنه إذا كان حجم العينة كبيراً فإننا سنعتبر أن $\overline{X}$ يتبع التوزيع المعتدل بغض النظر عن التوزيع الأصلي للبيانات.

وإذا أردنا اختبار أن متوسط المجتمع يساوي قيمة معينة μ_0 مثلاً وكان تباين المجتمع معلوماً (σ^2) فإن إحصاءة الاختبار يتمثل في الصيغة الرياضية التالية:

$$Z = \frac{\bar{x} - \mu_0}{\frac{\sigma}{\sqrt{n}}}$$

وهي نفس الصيغة 101 وهذه الصيغة تتبع التوزيع المعتدل المعياري.

مثال (1)

بالعودة إلى مثال الصواريخ، لنفرض أن القوات المسلحة قامت باستيراد 100 صاروخ أرض - أرض من نوع معين على أساس أن متوسط مدى هذه الصواريخ هو 200كم، فإذا علم أن مدى الصواريخ يتوزع توزيعاً معتدلاً تباينه $\sigma^2=25$ كم. وتم سحب عينة عشوائية مؤلفة من تسعة صواريخ وإطلاقها فكان متوسط مدى الصواريخ هو 195كم.

المطلوب اختيار الفرض القائل بأن متوسط مدى الصواريخ هو 200كم في مقابل الفرض البديل بأن متوسط المدى يختلف عن 200 كم وعند مستوى معنوية قدره $(0.05) = \alpha$.

الحل:

بما أن العينة مسحوبة من مجتمع معتدل تباينه معروف، فإننا نستخدم جدول المحنى المعتدل الميعاري لإجراء الاختبار وذلك بغض النظر عن حجم العينة.

ولإجراء الاختبار نتبع ما يلي:

1- تحديد فرضية العدم والفرضية البديلة

البديلة $H_1: \mu \neq 200$

العدم $H_0: \mu = 200$

2- تحديد مستوى المعنوية، أي تحديد احتمال رفض فرضية العدم وهو سليم وفي هذه المثال فتكون قيمة $\alpha=0.05$

3- تحديد التوزيع العيني لإحصاءة الاختبار. وفي هذا المثال تكون Z وتتبع التوزيع المعتدل المعياري.

4- تحديد منطقة الرفض ويكون بناءاً على معرفة الفرضية البديلة ومستوى المعنوية والتوزيع العيني لإحصاءة الاختبار ثم استخدام بيانات العينة لإصدار القرار الإحصائي برفض فرضية العدم أو قبولها. وفي هذا المثال نجد أن الفرضية البديلة H1، ذو جانبين ومستوى معنوية قدره ($\alpha=0.05$) وأن التوزيع العيني لإحصاءه الاختبار هو التوزيع المعتدل المعياري. وبذلك فإننا نرفض فرضية العدم عندما يختلف $\overline{X}$ معنوياً عن 200كم سواء بالزيادة أو بالنقصان. وباستخدام جداول المنحنى الطبيعي المعياري، نجد أنه ينبغي أن ترفض فرضية العدم إذا كانت النتيجة:

$$1.96 \quad \leq (Z)$$

أي أن منطقة الرفض وهي المنطقة المظللة في الشكل رقم (11-3) أدناه.

وباستخدام بيانات العينة نجد أن

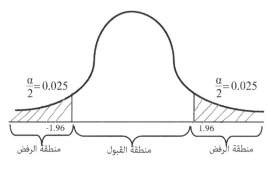

الملحق D_1 ، D_2

شكل رقم (11-3)

$$Z = \frac{\overline{x} - \mu}{\frac{\sigma}{\sqrt{n}}} = \frac{195 - 200}{\frac{5}{3}} = -3$$

وحيث أن (Z) = 3 < 1.96

فهنا سوف يتم رفض فرضية العدم القائلة بأن متوسط مدى الصواريخ المستوردة هـو 200 كـم وذلك عند مستوى معنوية (0.05).

مثال (2):

وباستمرار المثال الأول، إذا كـان متوسـط مـدى الصواريخ في العينـة المسـحوبة هـو 198 كـم، والمطلوب اختبار الفرضية القائلة بأن المتوسط أكبر من أو يساوي 200 كم في مقابل الفرض البـديل بأن المتوسط أقل من 200 كم وذلك عند مستوى معنوية $\alpha=0.05$.

الحل:

وباتباع نفس الخطوات السابقة نجد أن

البديلة $H_1 : \mu < 200$

العدم $H_0 : \mu \geq 200$

ونلاحظ أن الفرضية البديلة ذو جانب واحد (ايسر) أي أننا سنرفض فرضية العدم عنـدما تكون $\overline{X}$ أصغر من 200 كم وبدرجة معنوية 0.05 ومنطقة الـرفض في هـذا المثـال هـي المنطقـة المظللـة في شكل (11-4).

وبحساب قيمة Z نجد أن

الملحق D_1، D_2

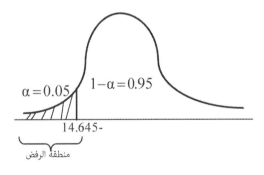

$$\alpha = 0.05 \quad 1-\alpha = 0.95$$

14.645-

منطقة الرفض

شكل (11-4)

$$Z = \frac{198 - 200}{\frac{5}{3}} = -1.2$$

وبمقارنة قيمة Z المحسوبة من العينة بالقيمة المستخرجة من جداول المنحنى الطبيعي وهي 1.625- نجد أن Z = -1.2 > -1.625، أي أن قيمة Z المحسوبة من العينة لا تقع في منطقة الرقص. وبذلك سوف نقبل فرضية العدم والقائلة بأن متوسط مدى الصواريخ أكبر من أو يساوي 200 كم وعند مستوى معنوية 0.05.

مثال (3):

استمرار للمثال نفسه أيضا، إذا كان $\overline{X} = 205$ (متوسط مدى الصواريخ)، المطلوب اختيار الفرضية القائلة أن متوسط مدى الصواريخ أقل أو يساوي 200 كم في مقابل الفرضية البديلة بأن المتوسط أكبر من 200 كم وذلك عند مستوى معنوية 0.05.

الحل:

المراد اختيار هنا هو

البديلة $H_1: \mu > 200$

العدم $H_0: \mu \leq 200$

في هذه الحالة نجد أن الفرضية البديلة ذو جانب أيمن أي أننا نرفض فرضية العدم عندما تكون $\overline{X}$ أكبر من 200 كم وبدرجة معنوية 0.05. وباستخدام جداول المنحنى الطبيعي المعياري نجد أن منطقة الرفض هي المنطقة المظللة في شكل رقم(11-5).

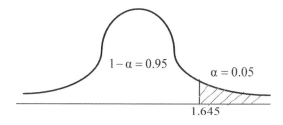

شكل (11-5)

وبحساب قيمة Z نجد أن $Z = \frac{\overline{x} - \mu}{\frac{\sigma}{\sqrt{n}}} = \frac{205 - 200}{\frac{5}{3}} = 3$

وبمقارنة قيمة Z المحسوبة من العينة وهي (3) بالقيمة المستخرجة من جداول المنحنى الطبيعي عند مستوى معنوية 0.05 وهي 1.645 نجد أن Z المحسوبة أكبر من 1.645 أي أن قيمة Z المحسوبة من العينة تقع في منطقة الرفض. لذلك فإننا نرفض فرضية العدم عند مستوى معنوية 0.05.

مثال (4)

استوردت إحدى منظمات الأعمال مائة ألف مصباح كهربائي على أساس أن متوسط عمر المصابيح هو 1200 ساعة على الأقل. ولاختبار مدى صحة ادعاء المورد قامت الشركة بسحب عينة تتكون من مائة مصباح فوجدت أن متوسط عمر المصابيح في العينة هو 1190 ساعة وانحرافها المعياري 100 ساعة. المطلوب اختبار الفرض القائل بأن متوسط عمر هذه المصابيح أكبر من أو يساوي 1200 ساعة في مقابل الفرضية البديلة بأن متوسط عمر المصابيح هو أقل من 1200 ساعة وذلك عند مستوى معنوية 0.01.

الحل:

بما أن حجم العينة (n) أكبر من (30) لذلك فإننا نستخدم جداول المنحنى الطبيعي المعياري لإجراء الاختبار.

البديلة $H_1: \mu < 200$

العدم $H_0: \mu \geq 200$

وحيث أن الفرضية البديلة ذو طرف أيسر، فإننا نرفض فرضية العدم إذا كان $\overline{X}$ أقل من 1200 ساعة وبدرجة معنوية (0.01). وباستخدام جداول المنحنى الطبيعي المعياري نجد أن منطقة الرفض عند مستوى المعنوية المحدد هي المنطقة المظللة في الشكل رقم(11-6).

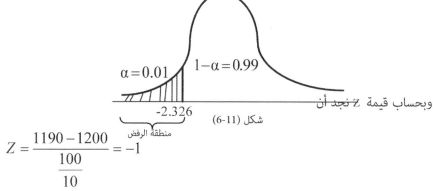

-2.326
منطقة الرفض

شكل (6-11)

وبحساب قيمة Z نجد أن

$$Z = \frac{1190 - 1200}{\frac{100}{10}} = -1$$

وبمقارنة قيمة Z المحسوبة من العينة بالقيمة المستخرجة من جداول المنحنى الطبيعي المعياري عند مستوى معنوية 0.01 وهي 2.306- نجد أن (Z=-1) ولا تقع في منطقة الرفض. أي نقبل فرضية العدم والقائلة بأن متوسط عمر المصباح أكبر أو يساوي 1200 ساعة.

ب- في حالة مجهولية تباين المجتمع σ^2

عملياً هذه الحالة هي السائدة، حيث نادراً ما يكون تباين المجتمع معلوم، وعادة ما يتم تقديره من نتائج العينة. وفي هذه الحالة يتم استخدام اختبار (t)، (Student Distribution) أو بما يسمى (t-test) والتي تسمى إحصاءة t مع درجات حرية عددها (n-1) وتكون بصيغه الآتية:

$$t = \frac{\bar{x} - \mu}{S/\sqrt{n}} \qquad (102)$$

S = الانحراف المعياري للعينة:

مثال (5)

استنتج أحد الباحثين أن معدل عدد الساعات التي يقضيها طلبة إحدى الجامعات في الدراسة أثناء أسبوع الامتحانات 50 ساعة. اختبر هذه الفرضية مقابل

فرضية أن معدل عدد الساعات يختلف عن 50 ساعة إذا كان الوسط الحسابي لعدد الساعات التي قضاها (10) طلاب أثناء ذلك الأسبوع هو (51.7) ساعة بانحراف معياري (6.3) ساعة. استعمل مستوى دلالة (0.05) وافترض أن توزيع عدد الساعات الدراسية تقريباً طبيعي.

الحل:

البديلة $H_1: \mu \neq 50$

العدم $H_0: \mu \neq 50$

وبما أن الفرضية الثانية لم تحدد اتجاه (μ) هل هو أكبر من (50) أم أقل من (50) لذلك يجب أن نأخذ الاتجاهين وهنا يكون الاختبار من جانبين، ولكون مجتمع عدد الساعات بتوزيع طبيعي، وتباينه غير معلوم وحجم العينة صغير، لذلك تستعمل توزيع (t) بدرجات حرية (n-1)

$$t = \frac{x - 50}{s/\sqrt{n}}$$

وتكون قيمة t لدرجة حرية (9=1-10)، الجدولية، فإن:

$t_{9\,;\,0.025} = 2.265$

وبما أن الاختبار ذو جانبين فنأخذ قيمة (t الجدولية) بالسالب أيضاً.

وعند حساب t من المعادلة (102)

$$t = \frac{51.7 - 50}{6.3/\sqrt{10}} = \frac{1.7}{6.3/3.16} = 0.85$$

تتم المقارنة بين قيمتي t المحسوبة (0.85) والجدولية وتكون كما يلي:[1] (انظر الشكل 11-7)

$-2.262 < 0.85 < 2.262$

إذن، قيمة t المحسوبة تقع ضمن منطقة القبول ولذلك نقبل فرضية العدم القائلة μ=50 أي لا يوجد فرق معنوي بين μ=50 والوسط الحسابي لعدد الساعات التي قضاها 10 طلاب أثناء الأسبوع والذي يبلغ (51.7).

(1) انظر الملحق E

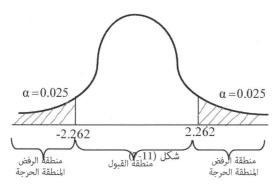

α = 0.025   α = 0.025

-2.262   2.262

شكل (11-7)

منطقة الرفض   منطقة القبول   منطقة الرفض
المنطقة الحرجة   المنطقة الحرجة

مثال (6):

سحبت عينة حجمها (6) وحدات من مجتمع وسطه الحسابي 2=μ، ونرغب أن نختبر متوسط العينة عند مستوى معنوية 0.05، فيما إذا كان هناك فرق معنوي عن متوسط المجتمع وكانت وحدات العينة كما يلي: 2، 3، 5، 5، 4، 5

الحل:

البديلة $H_1: \mu \neq 2$ مقابل   العدم $H_0: \mu = 2$

وبما أن الفرضية البديلة لم تحدد فيما إذا كان μ هو أكبر أو أقل من 2 فهنا الاختبار يكون ذو جانبين.

وباستخراج قيمة (t) الجدولية وعند مستوى دلالة $\dfrac{0.05}{2}$ مع درجة حرية مقدارها n-1=5.

وعند إيجاد متوسط $\overline{X} = 4$ وبانحراف معياري قدره 1.26=5 وعند حساب t المحسوبة كما يلي:

$$t = \frac{4-2}{1.26/\sqrt{6}} = \frac{2}{1.26/2.4} = \frac{2}{0.525} = 3.8$$

المحتسبة $\therefore$ t = 3.8

قيمة t الجدولية $t_{5, 0.025}$ من الملحق E

حيث يظهر أن قيمة t المحتسبة أكبر من قيمة t الجدولية عند مستوى معنوية 0.025 ولدرجة حرية مقدارها (5)، نرفض H0، ونستدل على أن هناك فرق معنوي بين متوسطي العينة والمجتمع.

8.11 اختبار الفرق بين متوسط مجتمعين (متوسطي عينتين مستقلتين)

في الحياة العملية غالباً ما تقابلنا كثير من المشاكل التي نريد فيها مقارنة متوسطي عينتين لمعرفة ما إذا كانت هاتان العينتان مسحوبتان من نفس المجتمع أو من مجتمعات لهما نفس المتوسط. فمثلاً عند استخدام نوعين من السماد، فإننا نريد أن نعرف إذا كان تأثير هذين النوعين على كمية المحصول المنتج واحد أم مختلف، وايضاً فإننا قد نفاضل بين طريقتين في التدريس لمعرفة أيهما أكثر كفاءة. كذلك فإننا قد نفاضل بين نوعين من المصابيح الكهربائية لنقرر ما إذا كان متوسط عمر المصابيح مختلفاً أم لا. والأمثلة على هذا النوع من المشاكل عديدة ومتنوعة، وفي كل هذه المشاكل فإننا نقوم بسحب عينة من المجتمع الأول وعينة من المجتمع الثاني ثم نحسب متوسط كل عينة لإجراء الاختبار. فإذا كانا μ_1 و μ_2 هما متوسطي المجتمعين الأول والثاني على التوالي وكانا $\overline{X}_1$ و $\overline{X}_2$ هما متوسطي العينتين المسحوبتين من هذين المجتمعين. إن مثل هذا الاختبار يعتمد على نظرية العينات للإحصاءة $\left(\overline{X}_1 - \overline{X}_2\right)$ هو مقارب للتوزيع الطبيعي الذي متوسطة هو $\left(\overline{\mu}_1 - \overline{\mu}_2\right)$ وانحرافه المعياري

$$\sigma_{\bar{x}_1-\bar{x}_2} = \sqrt{\frac{\sigma_1^2}{n_1} + \frac{\sigma_2^2}{n_2}} \quad \text{.......................................(103)}$$

$$= \frac{\sigma_1}{\sqrt{n_1}} + \frac{\sigma_2}{\sqrt{n_2}}$$

حيث أن $\overline{\mu}_1$ و $\overline{\mu}_2$ هما متوسطي المجتمعين المسحوبة منه العينتين σ_1 و σ_2 هما الانحراف المعياري للمجتمعين المحسوبة منه العينتين وآن $\sigma_{\overline{X}_1-\overline{X}_2}$ هو الخطأ المعياري للفرق بين متوسطي العينتين وفي حالة عدم معرفة قيم σ_1 ، σ_2 يتم تقديرها باستخدام S_1، S_2 بذلك يكون لدينا الخطأ المعياري للفرق بين متوسطي العينتين هو

$$S_{\bar{x}_1-\bar{x}_2}=\sqrt{\frac{S_1^2}{n_1}+\frac{S_2^2}{n_2}} \quad ....(104)$$

$$=\frac{S_1}{\sqrt{n_1}}+\frac{S_2}{\sqrt{n_2}}$$

والفرضيات المتوقعة لمثل هذه الحالة هي:

العدم $H_0: \mu_1 = \mu_2$ مقابل $H_1 = \mu_1 \neq \mu_2$

أو

العدم $H_0: \mu_1 \geq \mu_2$ مقابل $H_1 = \mu_1 < \mu_2$

أو

العدم $H_0: \mu \leq \mu_2$ مقابل $H_1 = \mu_1 > \mu_2$

أ - عندما تكون المجتمعات ذو تباين معلوم

لاختبار ما إذا كان الفرق بين متوسطين مجتمعين $\bar{\mu}_2$ و $\bar{\mu}_1$

مثال (7)

سحبت عينتان مستقلتان من مجتمعين معتدلين متوسطيهما مجهولين وتبايناتهما $\sigma_1^2=12$ ، $\sigma_2^2=10$، فإذا كان حجم العينة الأولى 24 والثانية 20، المطلوب اختبار الفرض القائل بأن المجتمعين لهما نفس المتوسط مقابل الفرضية البديلة بأن المتوسطين مختلفان وذلك عند مستوى معنوية $\alpha=0.01$.

مع العلم أن متوسط العينة الأولى (22) ومتوسط العينة الثانية (20).

الحل:

العدم $H_0: \mu_1 = \mu_2$ مقابل $H_1 = \mu_1 \neq \mu_2$

كما يمكن كتابة فرضية العدم والفرضية البديلة كما يلي:

العدم $H_0: \mu_1 - \mu_2 = 0$ مقابل $H_1 = \mu_1 - \mu_2 \neq 0$

من ذلك نجد أن قيمة $\mu_1-\mu_0=0$، وبالنظر إلى الفرضية البديلة نجد أن الاختيار ذو طرفين وحيث أن التوزيعين الأصليين معتدلان والتباينان معلومان، فإن Z تتبع التوزيع الطبيعي المعياري. ومنطقة الرفض عن مستوى $\alpha=0.01$ وهي المنطقة المظللة في الشكل (11-8).

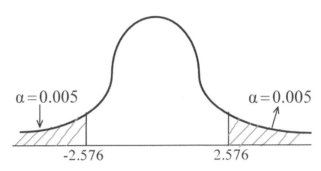

-2.576
2.576

شكل رقم (11-8)

$$Z=\frac{(\bar{x}_1-\bar{x}_2)-(\mu_1-\mu_2)}{\sqrt{\frac{\sigma_1}{n_1}+\frac{\sigma_2}{n_2}}} \quad \ldots\ldots\ldots\ldots\ldots\ldots(105)$$

وبحساب إحصائية الاختبارZ بافتراض صحة فرضية العدم أي بافتراض أن ($\mu_1-\mu_2=0$) نجد أن:

$$Z=\frac{(\bar{x}_1-\bar{x}_2)}{\sqrt{\frac{\sigma_1}{n_1}+\frac{\sigma_2}{n_2}}}=\frac{22-20}{\sqrt{\frac{12}{24}+\frac{10}{20}}}=2$$

وبما أن $|Z|=2<2.576$ أي أن قيمة Z المحسوبة من العينة لا تقع في منطقة الرفض عند مستوى معنوية $\alpha=0.01$. فعند ذلك نقبل فرضية العدم القائلة بأن متوسطي المجتمعين متساويان.

ب - عندما تكون المجتمعات ذو تباين مجهول

في هذه الحالة يتم استخدام الصيغة الآتية:

$$Z=\frac{(\bar{x}_1-\bar{x}_2)}{S\bar{x}_1-\bar{x}_2} \quad \ldots\ldots\ldots\ldots\ldots\ldots(106)$$

مثال (8):

سحبت عينتان مستقلتان من مجتمعين متوسطيهما وتبايناتهما مجهولان، وكانت البيانات التي تخص العينتين كما يلي:

	العينة الأولى	العينة الثانية
حجم العينة (n)	100	100
الوسط الحسابي $(\overline{X})$	25	22
التباين σ^2	190	210

والمطلوب اختبار الفرض القائل بأن متوسطي المجتمعين متساويان في مقابل الفرضية البديلة أن متوسط المجتمع الأول أكبر من متوسط المجتمع الثاني وذلك عند مستوى $(\alpha=0.05)$

الحل:

العدم $H_0: \mu_1 = \mu_2$ مقابل $H_1 = \mu_1 > \mu_2$

أو

العدم $H_0: \mu_1 - \mu_2=0$ مقابل $H_1 = \mu_1 - \mu_2>0$

والملاحظ أن الفرضية البديلة ذو طرف أيمن، وهذا يعني إنه سترفض فرضية العدم إذا كان $\left(\overline{X}_1 > \overline{X}_2\right)$ وبدرجة معنوية α=0.05 فإن منطقة الرفض ستكون المنطقة المظللة كما في الشكل التالي:

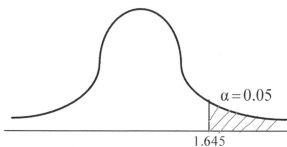

شكل (11-9)

وعند حساب Z وبافتراض أن $\mu_1 - \mu_2 = 0$ نجد أن:

$$Z = \frac{\overline{x}_1 - \overline{x}_2}{\sqrt{\dfrac{5_1^2}{n_1} + \dfrac{5_2^2}{n_2}}} = \frac{25 - 22}{\sqrt{\dfrac{190}{100} + \dfrac{210}{100}}} = \frac{3}{2} = 1.5$$

وحيث أن قيمة Z المحسوبة من العينة هو (1.5)، لا تقع ضمن منطقة الرفض وعليه فإننا نقبل فرضية العدم عند مستوى معنوية $\alpha = 0.05$ أي أننا نستنتج أن الفرق بين $\left(\overline{X}_1 - \overline{X}_2\right)$ هو فرق راجع للصدفة وليس فرقاً جوهرياً بمستوى معنوية $\alpha = 0.05$.

جـ- عندما تكون المجتمعات ذو تباين مجهول ولكنه متساوي

في هذه الحالة نستخدم صيغة الاختبار الآتية:

$$t = \frac{\left(\overline{x}_1 - \overline{x}_2\right) - \left(\mu_1 - \mu_2\right)}{\sqrt{\dfrac{Sp^2}{n_1} + \dfrac{Sp^2}{n_2}}} \dots\dots\dots\dots\dots\dots\dots\dots\dots\dots\dots(107)$$

مع درجـة حريـة عـددها $(n_1 + n_2 - 2)$ وعـلى افـتراض أن العينيـتين مسـتقلتين مسـحوبة مـن مجتمعات موزعة طبيعياً ولها تباين متساوي.

$$S_p^2 = \frac{(n_1 - 1)S_1^2 + (n_2 - 1)S_2^2}{n_1 + n_2 - 2} \dots\dots\dots\dots\dots\dots\dots\dots\dots\dots(108)$$

والصيغة (108) تسمى (Pooled variance) بموجبها يكون التباين متساوي للعينتين.

مثال (9)

سحبت عينتين من مجتمعين تخص أعمار أطفال ست بداية التعلم على المشي، المطلوب اختبار الفرق بين عمر الأطفال عند المشي للمجتمعين وكانت العينتين تمثل أعمار الأطفال بالأشهر عند مستوى معنوية $\alpha = 0.05$.

$n_1 = 11.2 , 10.5 , 9.8 , 13.5 , 12.8 , 10.0 , 10.2 , 9.2 , 10.1 , 9.0$
$n_2 = 10.2 , 12.0 , 13.2 , 9.8 , 9.6 , 13.4 , 12.6 , 13.2 , 12.3 , 9.5$

الحل:

$\sum x_1 = 106.3$ $\sum x_2 = 115.8$

$n_1 = 10$ $n_2 = 10$

$\overline{X}_1 = 10.63$ $\overline{X}_2 = 11.58$

$S_1 = 1.350$ $S_2 = 1.54$

العدم $H_0: \mu_1 = \mu_2$ مقابل $H_1 = \mu_1 \neq \mu_2$ البديلة

أو أو

العدم $H_0: \mu_1 - \mu_2 = 0$ مقابل $H_1 = \mu_1 - \mu_2 \neq 0$ البديلة

هنا الفرضية البديلة تؤكد أن الاختبار ذو جانبين، وعند مستوى معنوية $\frac{0.05}{2}$ ومع درجات حرية (18) (n_1+n_2-2) فإن قيمة t الجدولية تساوي (2.1009).

وبتطبيق الصيغة (107) لحساب قيمة t المحسوبة، وهي:

$$t = \frac{(\bar{x}_1 - \bar{x}_2) - (\mu_1 - \mu_2)}{\sqrt{\frac{Sp^2}{n_1} + \frac{Sp^2}{n_2}}}$$

حيث أن:

$$S_p^2 = \frac{(n_1 - 1)S_1^2 + (n_2 - 1)S_2^2}{n_1 + n_2 - 2} = \frac{9(1.823) + 9(2.362)}{18} = 2.092$$

وبالتعويض في الصيغة أعلاه:

$$t = \frac{10.63 - 11.58 - 0}{\sqrt{\frac{2.092}{10} + \frac{2.092}{10}}} = -1.469$$

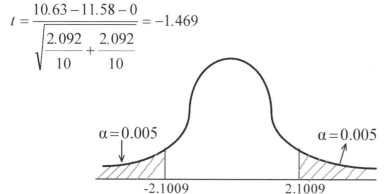

شكل رقم (11-10)

وبما أن t المحسوبة هي أصغر من قيمة $t_{0.025}$ الجدولية ولذلك نقبل H_0، ونستنتج أنه ليس هناك فرق جوهري بين معدل عمر الطفل عند سن المشي لكلا المجتمعين . (الملحق E).

9.11 اختبار نسبة ظاهرة معينة

عند دراستنا لتوزيع ذي الحدين (الثنائي) في فصل سابق كان واضح لدينا أنه كيف يمكن تقسيم مفردات مجتمع أو مجتمعين إلى قسمين قسم له خاصية معينة وقسم آخر لا يتمتع بهذه الخاصية وكانت الأمثلة كثير منها يتم من المجتمع أو يسمى مجتمع الذكور ومجتمع الإناث والقسم الآخر بعضهم يقرأ ويكتب والآخر أمي أو مجتمع الناس الأصحاء ومجتمع الناس المرضى ووحدات الإنتاج الصالحة ووحدات الإنتاج المعيبة.... الخ ونرمز لنسبة القسم الآخر والذي لا يتمتع بهذه النسبة بالرمز φ كما يطلق عليها نسبة الفشل والتي هي مساوية $(\varphi=1-p)$ أو أن $p+\varphi=1$. وإذا ما تقرر اختيار هذه النسبة (نسبة النجاح) لمساواتها لقيمة معينة مثلاً (p_0)، فإن في هذه الحالة ينبغي سحب عينة حجمها (n) من هذا المجتمع ومعرفة عدد الذين يتمتعون بهذه الخاصية في العينة المسحوبة ويرمز لوقوع خاصية النجاح في العينة بـ P وعدم وقوعها (الفشل) بـ (q) ويمكن تحوير الصيغة (10) لهذا الغرض وتساوي

$$Z=\frac{p-p_0}{\sqrt{p\varphi/n}} \quad \text{...(109)}$$

وإذا كان (n) كبيرة جداً فإن توزيع (Z) يقترب من التوزيع الطبيعي المعياري.

مثال (10)

ألقيت قطعة نقود (100) مرة لتحديد ما إذا كانت هذه العملة متزنة فظهرت الصورة (40) مرة، المطلوب اختبار الفرض القائل بأن العملة متزنة، أي أن نسبة ظهور الصورة (0.5)، في مقابل الفرضية البديلة بأن العملة غير متزنة أي أن النسبة لا تساوي (0.5) وذلك عند مستوى معنوية 0.05.

الحل:

البديلة $H_1: p_1 \neq 0.5$ مقابل   العدم $H_0: p_1 = 0.5$

$$p = \frac{40}{100} = 0.40$$

ومن بيانات العينة نجد وبتطبيق الصيغة (109) نحصل على ما يلي:

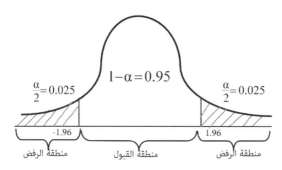

شكل رقم (11-11)

$$Z = \frac{P - P_0}{\sqrt{\dfrac{p\varphi}{n}}} = \frac{0.4 - 0.5}{\sqrt{\dfrac{(0.5)(0.5)}{100}}} = -2$$

مثال (11):

تدعي إحدى منظمات الأعمال المتخصصة بصناعة الأحذية بـأن لا يقل عـن 92% مـن إنتاجها مطابق للمواصفات المطلوبة، وللتأكد من صحة ذلك، أخـذت عينـة مـن الإنتـاج حجمها 100 وحـدة وبعد فحصها وجد بأن 90% منها كانت مطابقة للمواصفات. فهـل أن هـذه النتيجـة تتطـابق وادعـاء الشركة عند مستوى معنوية مقدارها $\alpha = 0.05$.

الحل:

البديلة $H_1: p_1 < 0.5$ مقابل   العدم $H_0: p_1 \geq 0.5$

إن قبول الفرضية البديلة يكون فقط عندما تقل النسبة عن 92% لذلك فإن الاختبار يكون من جانب واحد.

وباستخدام الصيغة (109) وبافتراض بأن توزيع الخاصية النسبة (Z) مقارب للتوزيع الطبيعي المعياري حيث أن (n>30). نحصل عندها على ما يلي:

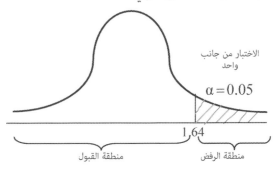

الاختبار من جانب واحد
1,64
منطقة القبول
منطقة الرفض

شكل رقم (11-12)

$$Z = \frac{P - P_0}{\sqrt{\frac{p\varphi}{n}}} = \frac{0.90 - 0.92}{\sqrt{\frac{(0.92)(0.08)}{100}}} = -0.738$$

ولذلك سوف تكون قيمة Z المحسوبة خارج منطقة الرفض لقيمة $Z_{0.05}$ الجدولية. وعليه تقبل فرضية العدم ونستنتج أن ادعاء منظمة الأعمال المذكورة صحيح.

مثال (12)

يتوفر في الأسواق دواء، وأن نسبة نجاح هذا الدواء في تخفيض توتر الأعصاب هي 60%. وظهر دواء جديد لنفس المرض كان قد تم تجربته على عينة تتكون من 100 شخص ودلت النتائج على شفاء 70 شخص منهم باستخدام هذا الدواء الجديد. فهل يمكن الاستنتاج من أن الدواء الجديد هو أفضل من النوع المتوفر في الأسواق عند مستوى معنوية $\alpha=0.05$.

الحل:

العدم $H_0: P_0=0.6$ مقابل $H_1 = p_0 > 0.6$

الفرضية البديلة تؤيد أنه يتم قبولها فقط في حالة كون نسبة نجاح الدواء هـي أكـثر مـن 0.6 ولذلك سوف يكون الاختبار من جانب واحد. ولهـذا سـوف تكـون قيمـة Z المسـتخرجة مـن الجـداول $Z_{(0.05)} = 1.64$ وبتطبيق الصيغة (109) يكون لدينا

$$Z = \frac{P - P_0}{\sqrt{\dfrac{p\varphi}{n}}} = \frac{0.90 - 0.92}{\sqrt{\dfrac{(0.92)(0.08)}{100}}} = -0.738$$

وبما أن قيمة Z المسحوبة هـي أكبر مـن قيمـة $Z_{0.05}$=1.64. إذن قيمة Z المحسوبة تقـع ضـمن منطقة الرفض وعليه نرفض فرضية العدم H_0 القائلة بأن نسبة نجاح الدواء هـي 0.60 ونقبـل الفرضية البديلة التـي تؤكـد بـأن نسـبة نجـاح الدواء أكثر من 0.60 كما في الشكل رقم (13-11) التالي:

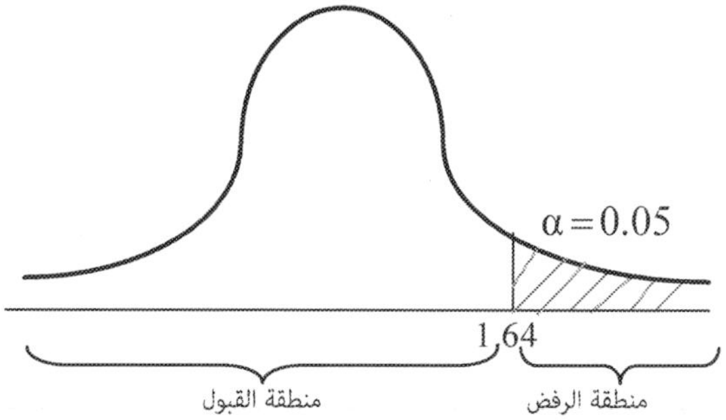

$\alpha = 0.05$

منطقة الرفض   1.64   منطقة القبول

شكل رقم (13-11) (الملحق D1 ، D2)

11.10 اختبار الفرق بين نسبتين

إذا سحبت عينتان مستقلتان من مجتمعين وكان حجم العينة المسـحوبة من المجتمع الأول n_1 والعينة المسـحوبة من المجتمع الثاني n_2، وإذا كانت نسـبة الذين يتمتعون بخاصية معينة في المجتمع الأول P_1 ونسبة الذين يتمتعون بهذه الخاصية في المجتمـع الثاني P_2 وأردنا اختبار أن $P_1=P_2$ أي أن النسبة بين المجتمعين متساوية، ولذلك نعمد على حساب نسبة الذين يتمتعون بهذه الخاصية في العينة الأولى ونسبتهم في العينة الثانية، ثم يـتم اسـتخدام بيانـات العينتين لإجراء الاختبار على فرض أن كلا العينتين. مستقلتين سيكون $\mu_{P_1}=P_{10}$ والانحراف المعياري لـه هي كما يلي:

$$\sigma_{p_1} = \sqrt{\frac{p_1 Q_1}{n_1}}$$

ونفس الشيء بالنسبة للعينة الثانية فإن:

$$Q_{p_2} = P_{20}$$

والانحراف المعياري لها هو كما يلي:

$$\sigma_{p_2} = \sqrt{\frac{p_2 Q_2}{n_2}} \quad \text{...(110)}$$

وإن الفرق بين متوسطي المجتمعين هو:

$$\mu_{p_1 - p_2} = P_{10} - P_{20} \quad \text{...(111)}$$

والخطأ المعياري له هو كما يلي:

$$\sigma_{p_1 - p_2} = \sqrt{\frac{p_1 Q_1}{n_1} + \frac{p_2 Q_2}{n_2}} \quad \text{...(112)}$$

كما سوف تكون صيغة الفرضية كما يلي:

البديلة $H_1: p_1 \neq p_2$ مقابل العدم $H_0: p_1 = p_2$

أو

البديلة $H_1: p_1 > p_2$ مقابل العدم $H_0: p_1 \leq p_2$

أو

البديلة $H_1: p_1 < p_2$ مقابل العدم $H_0: p_1 \geq p_2$

وفي حالة $p_1 = p_2$ أي أن لها نفس القيم فيمكن استبدالها بقيمة مشتركة ولنرمز بـ P_k وبذلك تكون صيغة الخطأ المعياري أي الصيغة (112) بـ

$$\sigma_{p_1 - p_2} = \sqrt{\frac{p_k Q_k}{n_1} + \frac{p_k Q_k}{n_2}}$$

وبهذا سوف يكون الخطأ المعياري للعسينة S_{p1-p2} كما يلي:

$$S_{p_1 - p_2} = \sqrt{p_k Q_k \left(\frac{1}{n_1} + \frac{1}{n_2} \right)} \quad \text{...(113)}$$

حيث أن

$$P_k = \frac{p_1 + p_2}{n_1 + n_2}$$

وبهذا سوف تكون إحصاءه الاختبار

$$Z = \frac{(p_1 - p_2) - (p_{10} - p_{20})}{S_{p_1 - p_2}} \quad \text{.................................(114)}$$

مثال (13)

سحبت عينتان مستقلتان حجم كل منها 100 شخص من مجتمعين متماثلين في جميع الظروف إلا التدخين، فكان عدد المصابين بأحد أمراض الصدر في العينة المسحوبة من مجتمع المدخنين هو 60 شخصاً بينما كان اختبار الفرض القائل بأن نسبة الإصابة بالمرض في المجتمعين واحدة في مقابل الفرضية البديلة بأن نسبة المدخنين أكبر منها بين غير المدخنين وذلك عند مستوى معنوية $\alpha=0.01$.

الحل:

$$H_1: p_1 > p_2 \qquad \text{مقابل} \qquad H_0: p_1 = p_2 \quad \text{العدم}$$

حيث p_1 هي نسبة الإصابة بالمرض بين المدخنين، p_2 هي نسبة الإصابة بين غير المدخنين ومن بيانات العينتين نجد أن الفرضية البديلة هي باتجاه واحد، ولذلك سوف يكون الاختبار من جانب واحد فقط. ونستخرج ما يلي:

$$p_1 = \frac{60}{100} = 0.6 \qquad\qquad p_2 = \frac{40}{100} = 0.4$$

وبافتراض صحة فرضية العدم نحسب ما يلي:

$$p_k = \frac{60 + 40}{100} = 0.5$$

$$S_{p_1 - p_2} = \sqrt{(0.5)(0.5)\left(\frac{1}{100} = \frac{1}{100}\right)}$$

$$= \sqrt{\frac{0.5}{100}} = 0.07$$

وبافتراض أن فرضية العدم صحيحة H_0 $p_1 - p_2 = 0$

$$Z = \frac{p_{10} - p_{20} - (p_1 - p_2)}{S_{p_1 - p_2}} = \frac{0.60 - 0.40}{0.70} = 2.85$$

وحيث أن $n_1 = 100$ و $n_2 = 100$ فيتوجـب اسـتخدام جـداول المنحنـى الطبيعـي المعيـاري لإجـراء الاختبار. وحيث أن قيمة Z المحسوبة $Z = 2.85$ تقطع في منطقـة الـرفض، فإننـا نـرفض فرضية العـدم القائلة بتساوي نسبة المصابين بهذا المرض في المجتمعين بقبـول الفرضية البديلـة وهـي أن نسـبتهم في مجتمع المدخنين هم أكثر منهم في مجتمع غير المدخنين وعند مستوى معنوية $\alpha = 0.01$. الشكل الـذي يعبر عن ذلك هو كما يلي:

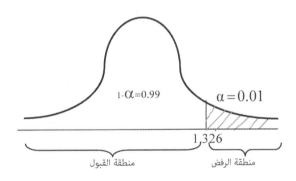

شكل رقم (11-14)

مثال (14)

سحبت عينتين عشوائيتين من العمال، الأولى وحجمها $n_1 = 1600$ عامـل مـن المنطقـة A وحجـم الثانية $n_2 = 1400$ عامل من المنطقة B. فإذا كان عدد العاطلين في العينة الأولى هو 120 وعـدد العـاطلين في الثانية هو 84 أوجد أن كانت نسبة العاطلين في كـلا المنطقتين مختلفـة عنـد بعضها عنـد مسـتوى معنوية $\alpha = 0.05$.

الحل:

البديلة $H_1: p_1 \neq p_2$ مقابل   العدم $H_0: p_1 = p_2$

ولا سيما أن قبول H_1 يكون في حالتين أكبر أو أقل، ولذلك يكون الاختبار من جانبين وسنجد أن قيمة $Z_{\frac{\alpha}{2}} = Z_{0.025} = 1.96$، وبتطبيق الصيغة (114) نحصل على ما يلي

$$Z = \frac{p_{10} - p_{20} - (p_1 - p_2)}{S_{p_1 - p_2}}$$

$$\sigma_{p_1 - p_2} = \sqrt{P_k q_k \left(\frac{1}{n_1} + \frac{1}{n_2} \right)}$$

$$p_k = \frac{120 + 84}{1600 + 1400} = 0.068$$

$$q_k = 1 - p_k = 1 - 0.068 = 0.932$$

$$S_{p_1 - P_2} = \sqrt{(0.068)(0.932)\left(\frac{1}{1600} + \frac{1}{1400} \right)} = 0.0092$$

$$\text{p}_1 = \frac{120}{1600} = 0.075 \quad , \quad \text{P}_2 = \frac{84}{1400} = 0.060$$

$$Z = \frac{(0.075 - 0.060) - 0}{0.0092} = 1.63$$

وبما أن قيمة Z المحسوبة (1.63) أقل من قيمة $Z_{0.025}$ الجدولية فتبعاً لذلك نقبل H_0، ونستدل على عدم وجود فرق جوهري بين نسبة العاطلين في كلا المنطقتين.

11.11 تطبيقات لاختبار الفرضيات في عملية اتخاذ القرار

مما تقدم يتضح أهمية الفرضية البديلة وفرضية العدم في تحديد الموقف بالنسبة لمتخذ القرار بخصوص مشكلة معينة مطلوب معالجتها واتخاذ القرار لاختيار الحل المناسب لها، وفيما يلي حالات تطبيقية مختلفة توضح هذه الفكرة:

1- تخضع أوزان عبوات مساحيق الغسيل لتوزيع طبيعي، انحرافه المعياري 7 غم، فإذا كان الوسط الحسابي لعينة حجمها 25 عليه هو $(\overline{x} = 208)$ غم. والمطلوب اختبار فرضية العدم.

الحل:

البديلة $H_1: \mu_1 \neq 200$ مقابل العدم $H_0: \mu = 200$

بما أن الفرضية لا تحدد أن μ هو أكبر أو أقل من 200، فإذن الاختبار هو ذو جـانبين. وبتطبيـق إحصاءه الاختبار الآتية:

$$Z = \frac{x - \mu}{\sigma/\sqrt{n}} = \frac{208 - 200}{7/\sqrt{25}} = \frac{8 * 5}{7} 5.5$$

وبما أن قيم Z الجدولية وعند مستوى معنوية $\alpha_{/2 = 0.025}$ تساوي 1.96. وبما أن 5.5 > 1.96 ، أي أن قيمة Z المستخرجة أكبر من الجدولية، أي أن قيمة Z تقع في المنطقة الحرجـة ولهـذا فـإن عـلى متخـذ القرار رفض H_0 وقبول الفرضية البديلة أي أن $\mu \neq 200$.

2- تخضع أعداد ثمر التفاح على شجرته في بستان كبير لتوزيع طبيعي وسطه 150 تفاحـة، بـدأ صاحب المزرعة استعمال نوع جديد من السماد وأراد أن نختبر مـا إذا زاد الإنتـاج تبعـاً لذلك. لـذلك سحب عينة من 64 شجرة تفاح، فوجد أن الوسط الحسابي لأعداد ثمر التفاح في العينة 156 وبـانحراف معياري 12 تفاحة. هل تشير هذه البيانات إلى الزيادة في الإنتاج على مستوى دلالة $\alpha = 0.05$؟

الحل:

إذا لم يكن هناك زيادة في إنتاج الأشجار التي تم تسميدها فهذا يعني أن معدل عدد ثمر التفاح يكون $\mu = 15$ ، أما إذا كان هناك زيادة في الإنتاج فهذا يعني أن المعدل سيكون أكثر من 150.

فالمطلوب في هذه الحالة هو ا ختبار

العدم $H_0: \mu = 150$ مقابل $H_1: \mu > 150$

ويجري متخذ القرار الاختبار التالي:

$$Z = \frac{\bar{x} - \mu}{\sigma/\sqrt{n}} = \frac{156 - 150}{12/\sqrt{64}}$$

$$Z = \frac{6}{12} * 8 = 4$$

وبما أن قيمة(Z= 1.645) الجدولية، وإذا ما تم مقارنتها مع Z المحتسبة فإن:

$$4 > 1.645$$

أي أن قيمة Z تقع في المنطقة الحرجة لذلك فإن متخذ القرار سوف يرفض H_0 ويقبل الفرضية البديلة والتي تؤكد على أن السماد قد يساعد على زيادة معدل إنتاج ثمرة التفاح أي أن:

$$(\mu > 150)$$

3- نسبة مستعملي حزام الأمان لقائدي المركبات (قبل تشريع إلزام الاستعمال) هي (0.8). درست عينة عشوائية حجمها 200 من قائدي المركبات بعد صدور تشريع الالتزام فوجد أن 170 منهم يستعملون الحزام، اختبر على مستوى دلالة (α=0.05) ما إذا كان التشريع قد زاد نسبة المستعملين لحزام الأمان.

الحل: نستخرج نسبة الملتزمين بحزام الأمان في العينة المسحوبة

$$p = \frac{170}{200} = 0.85$$

البديلة $H_1: p > 0.80$ مقابل العدم $H_0: p=0.80$

ويتم تطبيق إحصاءه الاختبار الآتية:

$$Z = \frac{\bar{p} - p0}{\sqrt{\frac{PQ}{n}}} = \frac{0.85 - 0.80}{\sqrt{\frac{(0.8)(0.2)}{200}}} = \frac{0.05}{0.028} = 1.8$$

وعند مقارنة قيمة Z المستخرجة مع القيمة الجدولية لمستوى معنوية α=0.05 فيكون من الواضح أن (Z0.05=1.645) وعند المقارنة.

$$1.8 > 1.645$$

ولذلك نرفض فرضية العدم ونقبل الفرضية البديلة. وبالتالي فإن صدور التشريع بالزامية استعمال حزام الأمان قد زاد من نسبة المستعملين له.

4- سحبت عينة عشوائية حجمها 100 من درجات الطالبات الناجحات في امتحان الثانوية العامة فأعطت وسطاً حسابياً قدره $(\overline{X}_1 = 68.5)$ وانحرافاً معيارياً $(S_1=10)$. بينما سحبت عينة عشوائية أخرى من درجات الذكور الناجحين في امتحان الثانوية العامة فأعدت وسطاً حسابياً $(\overline{X}_2 = 66.9)$ وانحرافاً معيارياً $S_2=12$.

المطلوب اختبار هل يوجد فرق معنوي بين المتوسطين $\overline{X}_1$ و $\overline{X}_2$

الحل: اختبار الفرضية

العدم $H_0: \mu_1 = \mu_2$ مقابل البديلة $H_1: \mu_1 \neq \mu_2$

ويتضمن إحصاءه الاختبار

$$Z = \frac{(\bar{x}_1 - \bar{x}_2) - 0}{\sqrt{\frac{S_1^2}{n_1} + \frac{S_2^2}{n_2}}} = \frac{68.5 - 66.9}{\sqrt{\frac{(10)^2}{100} + \frac{(12)^2}{150}}} = 1.14$$

وبما أن الفرضية البديلة لم تحدد أي من μ_1 هل هو أكبر من μ_2 أم أصغر منه. فذلك يكون الاختبار ذو جانبين

الملحق D_1

$$Z\frac{\alpha}{2} = Z_{0.025} = -1.96$$

الملحق D_2

$$Z\frac{\alpha}{2} = Z_{0.975} = -1.96$$

وبمقارنة Z المحتسبة مع Z الجدولية نرى أن Z المستخرجة هي أكبر من Z المحتسبة من الصيغة أعلاه ولذلك لا يرفض متخذ القرار فرضية العدم، إذن لا يوجد دلالة بأن معدل الطالبات يختلف عن معدل الطلاب.

5- أخذت عينة عشوائية حجمها (9) من أوزان الأطفال الذكور حديثي الولادة في أحد المستشفيات فأعطت $\overline{X}_1 = 3.1$ و $S_1=1.1$ (بالكغم) وأخذت عينة عشوائية حجمها (14) من أوزان حديثات الولادة في نفس المستشفى فأعطت

$\bar{x}_2 = 2.8$ ، S2=1.3 (بالكغم). على فرض أن كلا من أوزان الذكور وأوزان الإناث يخضع للتوزيع الطبيعي المطلوب هل يوجد فرق معنوي بين متوسط أوزان الذكور حديثي الولادة ومتوسط أوزان الإناث حديثات الولادة أي هل أن المتوسط للذكور أكبر منه للإناث.

الحل: في البداية يتم وضع ما يلي:

$H_1: \mu_1 > \mu_2$ مقابل $H_0: \mu_1 = \mu_2$ العدم

تستخدم إحصاءه الاختبار الآتية

$$T = \frac{\bar{x}_1 - +\bar{x}_2}{S_p\sqrt{\frac{1}{n_1} + \frac{1}{n_2}}}$$

$$S_p = \frac{8*(1.1)^2 + 14*(1.3)^2}{9+12-2} = \frac{32.46}{22} = 1.475$$

$$S_p = \sqrt{1.475} = 1.21$$

$$t = \frac{3.1-2.8}{1.21\sqrt{\frac{1}{9}+\frac{1}{15}}} = \frac{0.3}{1.21\sqrt{1.778}} = \frac{0.3}{0.51}$$

$= 0.59$

ويتم استخراج t الجدولية لمستوى معنوية $\alpha=0.05$ ولدرجة حرية (n_1+n_2-2) أي 9+15-2 ، $t_{0.05}$ أي تكون 22=1.717 ، $T_{0.05}$، وبمقارنة t الجدولية والمحتسبة من خلال الصيغة أعلى نجد (t جدولية > t محتسبة) فإن على أساس ذلك يقبل متخذ القرار فرضية العدم، ومعنى هذا لا توجد دلالة أن الفرق بين أوزان الأطفال الذكور حديثي الولادة وأوزان الإناث حديثيات الولادة.[1]

بالإضافة إلى ما تقدم من حالات توضح أهمية اختيار الفرضيات الإحصائية في عملية اتخاذ القرار، فإن الأسئلة والتمارين التالية تصب في نفس الاتجاه.

---

[1] الملحق (E) .

أسئلة وتمارين الفصل الحادي عشر

س1: بين ما هو المقصود بالعبارات الآتية:
أ- اختبار ذو طرفين ب- اختبار ذو طرف واحد

س2: ما هو الفرق بين الخطأ من النوع الأول والخطأ من النوع الثاني؟

س3: أعلن مصنع لإنتاج المصابيح الكهربائية أن متوسط عمر المصباح 2000 ساعة على الأقل سحبت عينة عشوائية من (64) وحده فكان $\bar{x} = 1900$ ، $\sigma = 270$ المطلوب اختبار صحة الادعاء ومستوى معنوية α=0.05.

س4: سحبت عينة عشوائية من (100) مفردة من إنتاج إحدى آلات فوجد بها (6) وحدات معيبة. المطلوب اختبار الفرض القائل بأن نسبة المعيب من إنتاج هذه الآلة 4% على الأكثر في مقابل الفرضية البديلة بأن النسبة أكبر من 4%، وبمستوى معنوية α=0.05.

س5: فيما يلي أطوال سبعة طلاب (7) وتسعة طالبات (9)، تم اختياره عشوائياً من بين طلبة وطالبات إحدى الكليات وكانت الأطوال معينة(بالسم).
الطلبة: 171، 165، 168، 168، 169 ، 182، 163.
الطالبات: 161، 165، 162، 169، 166، 169، 170، 172، 169
فهل تؤيد هذه البيانات الفرض القائل بأن الطلبة أكثر طولاً من الطالبات وعند مستوى معنوية α=0.05 ، α=0.01.

س6: اختبر فرضية أن متوسط سرعة النساء هي مساوية لمتوسط سرعة الرجال عند التسابق لمسافة معينة، حيث كان متوسط سرعة النساء $\bar{x}_1 = 6.41$ دقيقة ومتوسط سرعة الرجال $\bar{x}_1 = 6.32$ وحجوم العينات والانحراف المعياري للمجتمع على التوالي.
$n_1 = 80$, $n_2 = 100$, $\sigma_1 = 1.3$, $\sigma_2 = 1.1$

س7: ماهية أهمية اختبار الفرضيات الإحصائية لعملية اتخاذ القرار.

12

الفصل الثاني عشر

تصميم استمارة الاستبيان

الفصل الثاني عشر
تصميم استمارة الاستبيان

1.12 مقدمة نظرية في تصميم استمارة الاستبيان وأهميتها لاتخاذ القرار

عندما نتكلم عن علم الإحصاء لا نعني بذلك البيانات الإحصائية فقط، وإنما نقصد بها الطريقة الإحصائية، وهي الطريقة التي تمكن متخذ القرار من جمع الحقائق عن الظواهر المختلفة في صورة قياسية رقمية وعرضها بيانياً ووضعها في جداول تلخيصية بطريقة تسهل تحليلها بهدف معرفة اتجاهات هذه الظواهر وعلاقات بعضها البعض تمهيداً لعملية اتخاذ القرار بصددها.

وامتدت الطريقة الإحصائية وانتشرت استخداماتها لتشمل وتعم علوم الفلك والوراثة والأحياء وعلم النفس والعلوم الاقتصادية ودوائر الأعمال المالية والصناعية والتجارية كما امتدت إلى العلوم الاجتماعية والسياسية وبشكل عام ممكن أن نلخص الخطوات الأساسية للطريقة الإحصائية وكما يلي:

1- جمع البيانات.
2- تصنيف البيانات.
3- التمثيل البياني لمتغيرات المشكلة.
4- تحليل البيانات واستنباط المؤشرات الكمية.
5- اتخاذ القرار

هذا وبعد تحديد أبعاد المشكلة لا بد وأن يتأكد متخذ القرار من أن البيانات المراد جمعها ضرورية بدرجة تبرر التكلفة اللازمة للحصول عليها وأن هذه البيانات متوفرة وممكن الحصول عليها. فقد تكون متوفرة ولكنها سرية مثلاً، كذلك لا بد من الإلمام بالمحاولات السابقة لدراسة المشاكل المماثلة وأخذ التجربة منها وذلك بهدف تجنب أو تذليل العقبات أو الصعوبات التي تعرضت لها هذه المحاولات (السابقة).

2.12 الخطوات الأساسية للطريقة الإحصائية:

أولاً: جمع البيانات

عندما تبدأ بالمراحل الأولى للطريقة الإحصائية ولا سيما بجمع البيانات فهناك ثلاث مصادر أساسية لجمع البيانات سبق الإشارة إلى ذلك في الفصل الأول وهما ما يلي:

أولاً- المصادر المباشرة: وتشمل الوثائق والمطبوعات والنشرات الإحصائية التي تصدرها الحكومات والهيئات في البلاد المختلفة وكذلك الهيئات الدولية مثل هيئة الأمم المتحدة ومنظماتها المختلفة.

ثانياً- الإنترنت، حيث أصبح العصر الحالي يعرف بعصر المعلومات وذلك لما لهذا المصدر من أهمية في توفير المعلومات بالنسبة لمتخذ القرار وبالتالي دعم ما يسمى بالحكومة الإلكترونية في القطاعات المختلفة مثل الاقتصاد والصحة والتعليم وغير ذلك كما هو واضح في الشكل (12-1). ومن الجدير بالذكر هنا أن استخدام الإنترنت في الحصول على البيانات الإحصائية في الدول العربية متفاوتة بشكل واضح كما هو واضح في الشكل رقم (12-2) والشكل (12-3).

ثالثاً- المصادر الميدانية: وهنا يقوم متخذ القرار أو الباحث بجمع البيانات عن طريق الاتصال بمفردات المجتمع المبحوث مباشرة وذلك عن طريق الأسئلة أو عن طريق المشاهدة المباشرة. ويقوم متخذ القرار أو الباحث: بجمع بياناته في استمارة إحصائية تصمم خصيصاً لهذا الغرض. ويختلف تصميم الاستمارة عادة حسب نوع البيانات المطلوبة وطبيعة المجتمع والمستوى العلمي للأفراد الذين تجمع منهن البيانات.

وتوجد هناك اعتبارات معينة يجب مراعاتها عند تصميم هذه الاستمارات بالشكل الذي يزيد من مصداقية البيانات وكذلك يعزز من فاعلية عملية اتخاذ القرار وكما يلي:

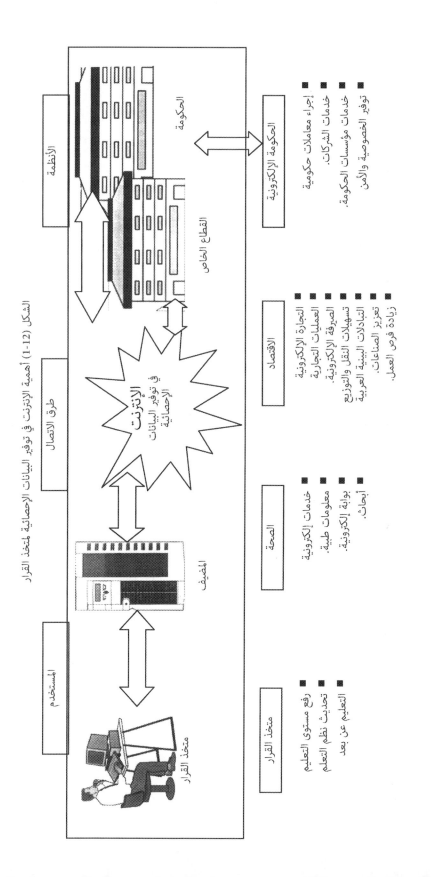

الشكل (1-12) أهمية الإنترنت في توفير البيانات الإحصائية لمتخذ القرار

المستخدم
طرق الاتصال
الأنظمة
متخذ القرار
الإنترنت
في توفير البيانات
الإحصائية
القطاع الخاص
الحكومة
متخذ القرار
الصحة
الاقتصاد
الحكومة الإلكترونية
رفع مستوى التعليم
تحديث نظم التعلم
التعليم عن بعد
خدمات إلكترونية
معلومات طبية.
بوابة إلكترونية.
أبحاث.
التجارة الإلكترونية
العمليات التجارية
الصيرفة الإلكترونية.
تسهيلات النقل والتوزيع
التبادلات البينية العربية
تعزيز الصناعات.
زيادة فرص العمل.
إجراء معاملات حكومية
خدمات الشركات.
خدمات مؤسسات الحكومة.
توفير الخصوصية والأمن

شكل رقم (12-2) الدائرة التي توضح استعمال الإنترنت في الدول العربية

(توزيع مستخدمي الإنترنت في الوطن العربي عام 20000

التعداد الإجمالي 2.044.000)

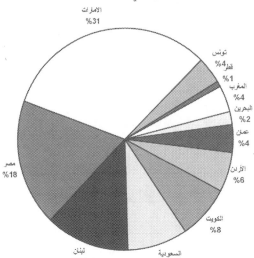

%2

شكل (12-3) المدرج التكراري الذي يوضح نسبة مستعملي الإنترنت في بعض الدول العربية

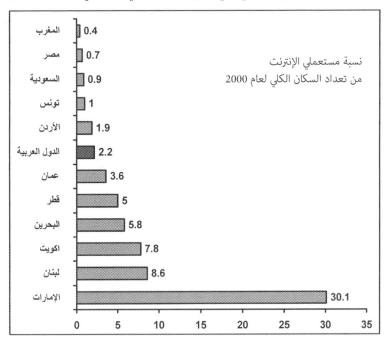

نسبة مستعملي الإنترنت
من تعداد السكان الكلي لعام 2000

1- يجب أن تحتوي الاستمارة على أقل عدد ممكن من الأسئلة حتى لا تستغرق وقتا طويلاً للإجابة عليها من قبل المبحوثين، فكلما طالت قوائم الأسئلة كلما ازداد ملل معطي البيانات مما يدفعه إلى التسرع وعدم الدقة في الإجابة، وكذلك لا ينبغي أن يكون عدد الأسئلة أقل من العدد اللازم حتى تكون وافية للاستمارة تجميع المعلومات المراد جمعها.

2- يجب أن تكون الأسئلة واضحة وسهلة ولا تحتمل الاجتهاد في أكثر مـن معنـى، وأن يراعـى فيهـا التسلسل المنطقي فنفضل الأسئلة التي يمكن الإجابة عليها بكلمة واحدة مثل، نعم أو كلا، أو أن توضح جميع الإجابات المحتملة في الاستمارة ويطلب اختبار إحداها بوضع علامة أمامهـا. فمـثلاً عند السؤال عن الحالة الاجتماعية مثلاً يختار المبحوث أحد الإجابات

أ-   دون سن الزواج (18 سنة للذكور، 16 سنة للإناث).

ب- لم يتزوج أبداً.

ج- متزوج.

د- مطلق.

ه- أرمل

ولا توجد غير هذه الحالات الخمسة الممكنة لأي فرد

3- يجب أن لا تتطلب الأسئلة عمليات حسابية معقدة أو أن تستلزم التفكير العميـق (الـذي يولـد الهروب من الإجابة الصحيحة) أو الاعتماد على الذاكرة القديمة. فلا نسأل المبحوث ماذا جرى له في مـثلاً 1972/7/2 في دائـرة العمـل. بـل يكفـي أن نسـأله عـن تـاريخ المـيلاد وتاريخ التحاقه بالعمل......الخ.

4- يجب توضيح التعاريف والوحدات المستخدمة في القياس فعند السـؤال عـن دخل الأسرة مـثلاً. يجب توضيح المقصود بالدخل. هل الدخل النقدي فقط؟ أم يشمل علـى الـدخل العينـي؟ وتوضيح الفترة التي يتكون فيها هذا الدخل (شهر، سنة...الخ) والوحدات النقديـة المستخدمة، وكذلك التوضيح ما هو المقصود

413

بالأسرة، فهل المقصود الزوج والزوجة والأولاد. أم أن هناك تعريفاً متيناً مصطلحاً عليه للأسرة، مثل، كل مجموعة من الأشخاص تربطهم أو لا تربطهم صلة قرابة ويشتركون في المسكن والمأكل. لأن اختلاف التعاريف والوحدات المستخدمة يجعل البيانات غير سليمة ولا يمكن الاعتماد عليها.

5- يجب تجنب الأسئلة التي توحي بإجابات معينة حتى لا تكون الإجابات متحيزة.

6- يجب وبشكل غير ظاهر أو (معلن) تكرار بعض الأسئلة وبأسلوب آخر بحيث نتأكد من الإجابة الصحيحة لبعض الأسئلة المهمة التي قد لا تكون الإجابة عنها صحيحة من قبل المبحوث.

7- يجب أن تضع بعض الأسئلة والتي تكون اعتيادياً بعيدة عن موضوع الاستمارة وتعتبر كمتنفس للمبحوث ولسحبه إلى إعطاء الإجابة الصحيحة.

8- أن نؤكد في مكان ظاهر من الاستمارة المحافظة على سرية جميع البيانات وأنها لن تستخدم في غير الغرض العلمي الإحصائي الذي جمعت من أجله.

وبالإضافة إلى ما تقدم فإن على متخذ القرار من أجل أن يحصل مصداقية في الإجابة ينبغي عليه تجربة الاستمارة عن طريق ما يعرف بالبحوث التجريبية للتأكد من صلاحيتها ولتعديلها إذا اقتضى الأمر لذلك.

هذا ويلزمنا التعرف على أنواع الاستمارات الإحصائية وتنقسم الاستمارات الإحصائية تبعاً لطريقة استيفائها إلى قسمين:

1- استمارة الباحث، وهو الذي يقوم الباحث بملئها بنفسه وفي هذه الحالة يتاح للباحث فرصة لشرح الأسئلة للمبحوثين ومناقشتهم، ويمكنه أيضا جمع بعض البيانات عن طريق المشاهدة والملاحظة، ويفضل هذا النوع من الاستمارات في البلدان المتخلفة حيث تكثر نسبة غير المسلحين بالقراءة والكتابة من بين المبحوثين ويعيب على استمارة الباحث أنها قد تخضع لما يعرف بخطأ التحيز حيث قد يؤثر الباحث بدون قصد في إجابات المبحوثين هذا بالإضافة إلى كثرة التكاليف التي يتطلبها اختبار وتدريب العدد الكبير اللازم.

2- صحيفة الاستبيان: وهي التي يقوم المبحوث بملئها بنفسه وتسلم إليه إما شخصياً عن طريق الباحث أو ترسل إليه بالبريد على أن يعيدها إلى الجهة المسؤولة عن البحث فور انتهائها من إدراج المعلومات جميعها. وفي هذه الحالة يرفق عادة مع الاستمارة نشرة صغيرة يتم بها شرح كاف، للأسئلة وكيفية الإجابة عنها وكذلك يبين أهمية وحث المبحوثين (المجتمع أو أفراد العينة المعنيين بالأمر) على التعاون وتدوين البيانات المطلوبة ويستحسن أيضا أن يرفق مع الاستمارة مظروف يحمل عنوان الجهة القائمة بالبحث وملصق به طابع بريدي لإعادة الاستمارة بعد ملئها حتى لا يتكلف المبحوث أية أعباء مالية من جراء إملاءه الاستمارة. وكذلك صحيفة الاستبيان تحتوي على عيوب أهمها هو عدم تجاوب الكثير من المبحوثين بالإضافة إلى اقتصارها على الملمين بالقراءة والكتابة .

وبعد الانتهاء من إعداد الاستمارة الإحصائية وبعد أن يتم جمع البيانات يصار إلى تشذيب هذه البيانات وتنظيمها وإعدادها على هيئة جداول أو بيانات غير مبوبة وهو ما يعرف بتصنيف البيانات وهذا ما سوف نتعرف عليه في الفقرة أدناه.

ثانياً: تصنيف البيانات

إذ أن بعد الانتهاء من جمع البيانات ومراجعتها نجد أن لدينا مجموعة كبيرة من الحقائق غير المنظمة في الاستمارات الإحصائية يتعذر علينا استيعابها أو استخلاص أية نتائج منها وهي على هذه الصورة الأولية، لذلك يجب تنظيم هذه البيانات بطريقة تسهل على متخذ القرار عملية دراستها والاستفادة منها، ويتم بذلك تصنيفها أي تقسيمها إلى مجموعات متجانسة ووضعها في صورة جداول تلخيصية ويتوقف هذا التقسيم على طبيعية البيانات وعلى الغرض الذي تسعى إليه من عمل البحث. وهنا يمكن التأكيد أنه لا توجد طريقة موحدة لعمل هذه الجداول إلا أن هناك قواعد عامة جداً يجب مراعاتها عند تصميم الجداول وهي:

1- أن يكون عنوان الجدول واضحاً ومختصراً ومحدداً لما يحتويه من معلومات.

2- أن تكون عناوين الأعمدة والصفوف مختصرة وغير غامضة.

3- إن ترتيب البيانات بالجدول وفقا لتسلسلها الزمني أو حسب أهميتها من الناحية الوصفية.
4- يفضل ترقيم الأعمدة أو الصفوف لتسهيل الإشارة إلى بيانات الجدول.
5- أن توضح وحدات القياس المستخدمة بدقة.
6- أن يوضح المصدر الذي استقيت منه بيانات الجدول.

ثالثاً: التمثيل البياني

يتم الاستفادة من العرض البياني في إظهار البيانات العددية وتتبع التغيرات فيها بطريقة تجذب الانتباه وتسهل على متخذ القرار قراءتها وتتسم بالبساطة والسهولة في كل جوانبها، كما تفيد أيضاً في توضيح كثير من العلاقات بين المتغيرات التي ندرسها، وهناك اختلاف بالوسائل التي نستخدمها تبعاً لنوع البيانات الإحصائية والحقائق المراد إبرازها. [1]

رابعاً: تحليل البيانات:

الإحصاء كأداة للبحث والدراسة العلمية المنظمة يعتمد على التعبير الرقمي للظواهر بهدف الكشف عن المعالم التي تحكم تلك الظواهر أو توضيح العلاقة بينها، وعلى هذا الأساس إن أي عمل الإحصائي لا يقتصر على جمع البيانات بل يتعدى ذلك إلى تحليلها للتعبير عن مدلولات ا لظاهرة تعبيراً علمياً يستفاد منه في كافة مجالات اتخاذ القرارات التخطيطية والعلمية وغيرها وعلى سبيل المثال لا الحصر.

يستعمل الإحصاء في إنجاز الدراسات الكمية عن المجتمعات وظاهرة الفقر وحوادث المركبات وفي النماذج الانتخابية والأمور التربوية وقضايا الصحة العامة كالعلاقة بين التدخين وأنواع متعددة من الأمراض والعلاقة بين ضغط الدم والعمر والوزن.

---

(1) ولمزيد من المعلومات راجع الفصل الثاني من هذا الكتاب.

إن معظم الباحثين وأصحاب القرار يعتمدون بشكل قوي على دراسة العينات ليحصلوا على البيانات الإحصائية التي تتعلق بنشاطات الإنسان والأحوال المتعلقة به، وأن كثيراً من الطرق الإحصائية قد تم استعمالها وتستعمل في الوقت الحاضر لجمع وتحليل وعرض البيانات. كما يلعب التحليل الإحصائية دوراً هاماً في كثير من حقول النشاط الإنساني وهو مفيد جداً في تبادل المعلومات والوصول إلى الاستنتاجات والاستدلالات من البيانات ومن ثم في الإرشاد إلى التخطيط المنطقي واتخاذ القرارات.

ويمكن مراجعة فصول هذا الكتاب التي أعدت بشكل مركز لغرض تحليل البيانات والاستفادة منه وتوظيفه في اتخاذ القرارات الإدارية معتمدين الأساليب الإحصائية العلمية في ذلك.

وكذلك سيتم ذكر مثال لبعض الاستمارات الإحصائية لكي يستفاد منها بعض من يرغبون بالاستفادة من هذا الكتاب.

خامساً: اتخاذ القرار

إن الهدف النهائي من جميع البيانات وتصنيفها والتمثيل البياني لها وتحليلها هو توفير المؤشرات الإحصائية أو الكمية اللازمة لمتخذ القرار عن المشكلة المدروسة من أجل اتخاذ القرار بصددها ومعالجتها، حيث لا يمكن في الواقع العملي لمنظمات الأعمال الإنتاجية والخدمية تصوير عملية اتخاذ قرار ناجحة ووجود حلول ناجحة لأية مشكلة دون توفر البيانات والمؤشرات الكمية والإحصائية المنظمة والتي تتمتع بدرجة عالية من المصداقية والدقة.

3.12 حالات تطبيقية مختلفة لتصميم استمارة الاستبيان اللازمة لاتخاذ القرار

فيما يلي حالات تطبيقية تتعلق بمشاكل مستمدة من الواقع العملي وذلك مثل:

أولاً: دراسة حالة التغيب في المصانع.

ثانياً: دراسة مشكلة العاملين كثيري الغياب.

حيث توضح هذه الاستمارات مجاميع مختلفة من أسئلة مقسمة إلى:

1. بيانات اجتماعية.

2. بيانات عملية وإدارية.

3. بيانات طبية.

4. بيانات أمنية وغير ذلك.

ويتم توزيع هذه الاستمارات على أفراد العينة التي يتم تحديدها واختيارها طبقاً لما ورد في الفصول السابقة من قواعد وأسس علمية، ومنها تبدأ المرحلة الأولى من المراحل أو الخطوات الأساسية للطريقة الإحصائية والتي تنتهي بالحصول على المؤشرات الإحصائية والكمية اللازمة لعملية اتخاذ القرار.

استمارة خاصة لدراسة حالة التغيب في المصانع
دراسة مشكلة التغيب في المصانع

(أولا) بيانات اجتماعية

1- اسم المصنع   2- الدائرة   3- القسم

4- اسم العامل(الرباعي)   5- رقم العامل   6- تاريخ الميلاد

7- نوع العمل الذي يقوم به: أ- فني   ب- عادي

8- تاريخ الالتحاق بالعمل الحالي   9- متوسط دخله من العمل شهرياً

الراتب الاسمي   دخل آخر من العمل

المجموع (المرتب)

10- الحالة الاجتماعية   (أ) أعزب   (ب) متزوج بلا أولاد

(جـ) متزوج وله أولاد عدد اثنان   (د) متزوج وله ثلاثة أولاد أو اكثر

(هـ) مطلق بلا أولاد   (ح) أرمل   (ز) أرمل وله أولاد

11- مكان مسقط الرأس   (المحافظة)   (القضاء)   (الناحية)

(المحلة)   (الزقاق)   (رقم الدار)

12- وجبات العمال التي يعمل فيها على مدار السنة

(1) صباحية   (2) بعد الظهر فقط   (3) مسائية فقط

(4) صباحية وبعد الظهر   (5) صباحية ومسائية   (6) بعد الظهر ومسائية

(7) بعد كال الوجبات

13- الحالة التعليمية:

(1) أمي   (2) تعليم أولي   (3) تعليم ابتدائي

(4) تعليم ثانوي   (5) تعليم فني   (6) تعليم إعدادي

14- آخر مهنة سابقة:

(1) هل متصلة بالعمل الحالي   (2) غير متصل بالعمل الحالي

419

(3) لا توجد مهنة سابقة

15- وسيلة المواصلات إلى العمل

(1) قطار   (2) ترام   (3) باص عام   (4) باص المعمل

(5) دراجة   (6) مشياً   (7) اكثر من وسيلة.

16- زمن التي تستغرقه المواصلات بالدقيقة ذهاباً فقط

(1) 14 دقيقة   (2) من 15-29 دقيقة   (3) من 30-44 دقيق

(4) من 45-59 دقيقة (5) من 60 فأكثر

17- حالة الإقامة لدى العامل

(1) غير متزوج ومقيم بمفرده   (2) غير متزوج ومقيم بمسكن مشترك

(3) يقيم مع أسرته في مسكن مستقل

(4) يقيم مع أسرته في مسكن مشترك

(5) له زوجة وأولاد خارج المحافظة التي يقع فيها المعمل وحالياً يقيم بمفرده.

18- هل هناك مشاكل أو متاعب متعلقة بالسكن

(1) لا توجد مشاكل   (2) مسكن غير صحي   (3) السكن ضيق

(4) السكن مزدحم   (5) السكن مشترك   (6) أخرى

(ثانياً): بيانات عملية وإدارية

19- ما هي المعلومات التي كنت تعرفها عن العمل قبل التحاقك به

(1) لا معلومات   (2) معلومات بسيطة   (3) معلومات كافية

20- ما هو التدريب المهني الذي تلقيته

(1) لا تدريب   (2) تدريب بسيط   (3) تدريب على مستوى عال

21- هل هناك أجزاء من العمل صعبة وفيمن تتركز قيم الصعوبة

(1) لا يوجد (2) صعوبة بسبب الآلة

(3) صعوبة بسبب طبيعة المادة المنتجة

22- هل هناك مضايقات في العمل:

(1) لا يوجد (2) مضايقة من ظروف العمل الداخلية

(3) مضايقات من العلاقات السلوكية

(4) مضايقات من ظروف العمل والعلاقات السلوكية.

23- هل تشتغل بالقطعة وهل تخضع لتفتيش فني

(1) لا يشتغل بالقطعة ولا يخضع للتفتيش الفني.

(2) لا يشتغل بالقطعة ويخضع للتفتيش الفني.

(3) يشتغل بالقطعة ولا يخضع للتفتيش الفني.

(4) لا يشتغل بالقطعة ولا يخضع للتفتيش الفني.

24- ما هي مسئوليتك عن الآلات والأجهزة

(1) لا يعمل على آلات أو أجهزة.

(2) يعمل على آلة بلا مسؤولية.

(3) يعمل على آلة بمسئولية.

25- ما هي المواد التي تقوم بمناولتها

(1) خامات (2) زيوت وشحوم (3) قطع غيار وأجزاء

(4)بضاعة تحت الصنع (5) بضاعة جاهزة (6) لا مناولات

26- ما هي المظاهر غير المريحة في العمل ذاته أو في المحيط الذي يؤديه العمل

(1) الضوضاء (2) الاهتزازات (3) الازدحام في هاتين المكائن

(4) ظروف سامة (5) أبخرة قابلة للالتهاب (6) أشياء متساقطة

(7) روائح كريهة من الكيمياويات (8) أخرى

27- ما مدى تعرض العامل لهذه المظاهر

(1) نادراً (2) معظم الوقت (3) باستمرار

28- ما درجة التركيز البصري اللازم في هذا العمل

(1) بسيطة (2) كبيرة

29- ما رأيك في الإضاءة المتوفرة في العمل

(1) ضعيفة (2) قوية (3) تحدث انعكاسات

421

(ثالثاً): بيانات طبية

30- هل تشكو من مرض صدري

(1) لا شكوى (2) تدري (3) عرض صدري آخر

31- هل تشكو من آلام في الجهاز الهضمي

(1) المعدة (2) الأمعاء (3) الكبد (4) القولون

(5) أخرى (6) لا شكوى

32- هل تشكو من آلام أو مرض في العيون؟ وإذا كانت هناك آلام أو مرض فهل هذا نتيجة العمل الحالي؟

(1) لا شكوى (2) آلام أو مرض نتيجة العمل الحالي

(3) آلام أو مرض ليست نتيجة العمل الحالي

33- هل تشكو من آلام روماتيزمية

(1) لا شكوى (2) آلام في مكان واحد (3) آلام في أكثر من مكان

34- ما مكان آلام الروماتيزم

(1) الرقبة (2) الظهر (3) الكتفين (4) الكوعان (5) الرسغان

(6) الكف (7) أصابع اليد (8) مفصل الفخذ (9) الركبتان

(10) الساعد (11) القدمان (12) أصابع القدمين (13) العضلات

35- ما وقت آلام الروماتيزم

(1) قبل ميعاد التحاقك بالعمل اليومي.

(2) أثناء العمل.

(3) ميعاد التحاقك بالعمل اليومي.

36- متى تزيد آلام الروماتيزم

(1) في دورة العمل الصباحية (2) في دورة العمل بعد الظهر

(3) في دورة العمل المسائية (4) أثناء النوم

(5) في أوقات غير ثابتة

هل تشكو من ألم أو مرض في أحد الأجزاء الآتية

37- أمراض جراحة

(1) لا شكوى   (2) شكوى قديمة وشفيت بعملية

(3) شكوى قديمة وشفيت بدون عملية   (4) شكوى حالية

38- الجهاز البولي

(1) لا شكوى (2) شكوى

39- الكلى

(1) لا شكوى (2) شكوى

40- الجهاز التناسلي

(1) لا شكوى (2) شكوى

41- الحنجرة

(1) لا شكوى (2) شكوى

42- الأسنان

(1) لا شكوى (2) شكوى

43- أمراض نفسية

(1) لا يوجد (2) يوجد

44- أمراض عصبية

(1) لا يوجد (2) يوجد

45- أعراض مهنية

(1) لا يوجد (2) يوجد

46- ضغط الدم

(1) لا يوجد (2) يوجد

47- القلب

(1) سليم   (2) صمامات   (3) شرايين   (4) هبوط

48- الدم

423

(1) لا يوجد فقر دم (2) يوجد فقر دم

49- أمراض الغدد الصماء

(1) لا يوجد (2) يوجد

50- أمراض البول السكري

(1) لا يوجد (2) يوجد

51- أمراض جلدية

(1) لا يوجد (2) يوجد

52- أمراض أخرى

(1) لا يوجد (2) يوجد

53- هل تسببت الأمراض في تغيير نوع عملك

(1) نعم (2) لا

54- هل تناولت علاجاً وما تأثيره

(1) لم يتناول (2) تناول وتم الشفاء

(3) يتناول منذ أقل من شهر ولم تظهر النتيجة

(4) يتناول من أكثر من شهر ولم تظهر النتيجة

وهذه النتائج تعرض على طبيب المصنع وبيان رأيه في حالة

55- ما حالة العامل الصحية

(1) سليمة تماماً (2) حالة بالغة لعم

(3) متوسط (4) ضعيفة

56- آلام وأمراض المختلفة

(1) لا يوجد (2) توجد آلام أو أمراض طارئة

(3) توجد آلام أو أمراض مزمنة

اسم السيد الباحث — اسم الطبيب

توقيعه — توقيعه

التاريخ — التاريخ

استمارة خاصة
دراسة مشكلة العاملين كثيري الغياب (بسبب الإصابة)

أولاً: بيانات عامة

اسم المصنع   الوحدة   القسم

اسم العامل   رقم العامل

ثانياً: بيانات عن الإصابة

1. نوع الإصابة:

   جرح كسر   كدمات   حروق

2. مكان الإصابة

   الأرجل   الذراعات الجسم   الرأس

3. سبب الإصابة

4. ما عدد المرات التي أصيب فيها العامل أثناء العمل خلال العام السابق.

5. هل الإصابات من نوع واحد أو أكثر

6. عدد أيام التغيب في كل مرة حدثت فيها الإصابة.

7. ما هي وجبات العمل التي يعمل فيها.

8. أي وجبات للعمل معرضة فيها للإصابة أكثر.

9. ما مقدار تأثير الإصابة على كفاءة العمل.

ثالثاً: بيانات عن طبيعة العمل

10. طبيعة العمل: على آلة   يدوي

11. مكان العمل

12. نوع الآلة

13. مصدر الحركة في الآلة

14. الإضاءة   كافية   غير كافية

15. درجة التركيز البصري اللازم في العمل

16. ما هي مضايقات العمل.

17. ما المظاهر الغير مريحة في العمل ذاته أو في المحيط الذي يؤدي فيه العمل.

18. المواد التي يقوم العامل بمناولتها.

رابعاً: وسائل الأمن

19. ما هي مصادر الخطر الذي يمكن أن يتعرض له العامل أثناء تأدته عمله.

20. هل توجد وسائل أمن كافية في الماكينة أو في مكان العمل.ط

21. هل يمكن زيادة وسائل الأمن.

22. هل يحتاج العمل إلى ملابس ومهمات خاصة للوقاية.

23. هل تصرف هذه المهمات والملابس إلى العامل.

24. هل يستخدم العامل هذه المهمات والملابس أم لا.

25. هل يقوم المصنع بإقامة دورات لإرشاد العامل وتوعيته لحماية نفسية من الإصابة أثناء تأديته عمله.

26. هل هناك وسائل إسعاف سريعة بالمصنع.

الملاحظات

426

أولاً:   المراجع العلمية للكتاب

ثانياً:   الملاحق

428

أولاً: المراجع العلمية للكتاب

1. المصادر العربية

1- عبدالحميد البلداوي، الإحصاء للعلوم الإدارية والتطبيقية، دار الشروق، 1997.

2- عبدالحميد البلداوي، الطرق الإحصائية التطبيقية للمعاينة، جامعة السابع من إبريل، ليبيا، 1995.

3- الجهاز المركزي للإحصاء –المجموعة الإحصائية السنوية، أعداد مختلفة، بغداد.

4- د. فاروق عبدالعظيم أحمد وآخرون، مقدمة في طرق البحث الإحصائي وتحليل الظواهر، دار المطبوعات الجامعية 1982.

5- د. جلال الصيّاد والأستاذ عادل سمرة، مبادئ الإحصاء، تهامة، جدة، المملكة العربية السعودية، 1991.

6- أ.د محمد صبحي أبو صالح، الطرق الإحصائية –دار اليازوري العلمية للنشر والتوزيع 2001.

7- د. عدنان كريم "الإحصاء للاقتصاد والإدارة" دار وائل للنشر، عمان 2000.

8- زيارة، فريد فهمي "المبادئ والأصول – للإدارة والأعمال" مطبعة الشعب-اربد 2004.

9- القادري، ناجح رشيد وآخرون "مناهج البحث الاجتماعي" دار صفاء للنشر والتوزيع-عمان 2004.

10- قنديلجي، عامر "البحث العلمي واستخدام مصادر المعلومات التقليدية والإلكترونية" اليازوري-عمان 2002.

11- الفضل، مؤيد عبد الحسين "نظريات اتخاذ القرار-منهج كمي" دار المناهج، عمان 2004.

2. المصادر الأجنبية

Reference

1- James, T. Mclave and P. George benson, A first Course in Business Statistics, Dellen publishing company, 1980.

2- John, E. Hanke and Arthur G. Reitsch. Understanding Business statistics. Irwin 1991.

3- Wills, R.E. and chervany, N.L. Statistics analysis and modeling for management decision-making.

4- Huff, D. how to lie with statistics. New York: Norton 1954.

5- Lapin, L.L. Sttistics for modern business decision. New York: Harcourt Brace Jovanorich 1973.

6- Neter, J. wasserman, w. and white more, G.A. Fundamental statistics for business and economics 4th ed. Boston: Allyn and Bacon, 1973.

7- Mendenhall, w. and Reinmuth, J.E. Sttistics for many emend and economics 2d ed north scituate, Mass; Duxbury, 1974.

8- Parzen, E. Modern probability theory and its applications. New York: Wiely, 1960.

9- Feller, w., An Introduction to probability theory and It's applications, 2nd ed. Vol I and II, wiley, now York 1967

10- Mik. Wisniewski "Quntitative Methods for Decision Makers" Prentice Hall, New Jersy 2003.

ثانياً: الملاحق

A

الجدول I. (احتمالات ذات الحدين)p

n	x	0.1	0.2	0.25	0.3	0.4	0.5	0.6	0.7	0.75	0.8	0.9
1	0	0.900	0.800	0.750	0.700	0.600	0.500	0.400	0.300	0.250	0.200	0.100
	1	0.100	0.200	0.250	0.300	0.400	0.500	0.600	0.700	0.750	0.800	0.900
2	0	0.810	0.640	0.563	0.490	0.360	0.250	0.160	0.090	0.063	0.040	0.010
	1	0.180	0.320	0.375	0.420	0.480	0.500	0.480	0.420	0.375	0.320	0.180
	2	0.010	0.040	0.063	0.090	0.160	0.250	0.360	0.490	0.563	0.640	0.810
3	0	0.729	0.512	0.422	0.343	0.216	0.125	0.064	0.027	0.016	0.008	0.001
	1	0.243	0.384	0.422	0.441	0.432	0.375	0.288	0.189	0.141	0.096	0.027
	2	0.027	0.096	0.141	0.189	0.288	0.375	0.432	0.441	0.422	0.384	0.243
	3	0.001	0.008	0.016	0.027	0.064	0.125	0.216	0.343	0.422	0.512	0.729
4	0	0.656	0.410	0.316	0.240	0.130	0.063	0.026	0.008	0.004	0.002	0.000
	1	0.292	0.410	0.422	0.412	0.346	0.250	0.154	0.076	0.047	0.026	0.004
	2	0.049	0.154	0.211	0.265	0.346	0.375	0.346	0.265	0.211	0.154	0.049
	3	0.004	0.026	0.047	0.076	0.154	0.250	0.346	0.412	0.422	0.410	0.292
	4	0.000	0.002	0.004	0.008	0.026	0.063	0.130	0.240	0.316	0.410	0.656
5	0	0.590	0.328	0.237	0.168	0.078	0.031	0.010	0.002	0.001	0.000	0.000
	1	0.328	0.410	0.396	0.360	0.259	0.156	0.077	0.028	0.015	0.006	0.000
	2	0.073	0.205	0.264	0.309	0.346	0.312	0.230	0.132	0.088	0.051	0.008
		0.008	0.051	0.088	0.132	0.230	0.312	0.346	0.309	0264	0.205	0.073
	4	0.000	0.006	0.015	0.028	0.077	0.156	0.259	0.360	0.396	0.410	0.328
	5	0.000	0.000	0.001	0.002	0.010	0.031	0.078	0.168	0.237	0.328	0.590
6	0	0.5 31	0.262	0.178	0.1 18	0.047	0.016	0.004	0.001	0.000	0.000	0.000
	1	0.354	0.393	0.356	0.303	0.187	0.094	0.037	0.010	0.004	0.002	0.000
	2	0.098	0.246	0.297	0 324	0.311	0.234	0.138	0.060	0.033	0.015	0.001
	3	0.015	0.082	0.132	0.185	0276	0.313	0.276	0.185	0.132	0.082	0.015
	4	0.001	0.015	0.033	0.060	0.138	0.234	0.311	0.324	0.297	0.246	0.098
	5	0.000	0.0)2	0.004	0.010	0.037	0.094	0.187	0.303	0.356	0.393	0.354
	6	0.000	0.000	0.000	0.00 1	0.044	0.016	0.047	0.118	0.178	0.262	0.531
7	0	0.478	0.210	0.133	0.082	0.028	0.008	0.002	0.000	0.000	0.000	0.000
	1	0.372	0.367	0.311	0.247	0.131	0.055	0.017	0.004	0.001	0.000	0.000
	2	0.124	0.275	0.311	0.318	0.261	0.164	0.077	0.025	0.012	0.004	0.000
	3	0.023	0.1 15	0.173	0.227	0.290	0.273	0.194	0.097	0.058	0.029	0.003
	4	0.003	0.029	0.058	0.097	0.194	0.273	0.290	0.227	0.173	0.115	0.023
	5	0.000	0.004	0.012	0.025	0.077	0.164	0.261	0.318	0.311	0.275	0.124
	6	0.000	0.000	0.001	0.004	0.017	0.055	0.131	0.247	0.311	0.367	0.372
	7	0.000	0.000	0.000	0.000	0.002	0.008	0.028	0.082	0.133	0.210	0.478

تابع الجدول (.I)

n	x	0.1	0.2	0.25	0.3	0.4	0.5	0.6	0, 7	O.75	0.8	0.9
8	0	0.430	0.168	0.100	0.058	0.017	0.004	0.001	0.000	0.000	0.000	0.000
	1	0.383	0.336	0.267	0.198	0.090	0.031	0.008	0.001	0.000	0.000	0.000
	2	0.149	0.294	0.31 1	0.296	0.209	0.109	0.041	0.010	0.004	0.001	0.000
	3	0.033	0.147	0.208	0.254	0.279	0.219	0.124	0.047	0.023	0.009	0.000
	4	0.005	0.046	0.087	0.136	0.232	0.273	0.232	0.136	0.087	0.046	0.005
	5	0.000	0.009	0.023	0.047	0.124	0 2 19	0.279	0.254	0.208	0.147	0.033
	6	0.000	0.001	0.004	0.010	0.04 I	0.109	0.209	0.296	0.31 I	0.294	0,1-19
	7	0.000	0.000	0.000	0.001	0.008	0.031	0.090	0.198	0.267	0.336	0.383
	8	0.000	0.000	0.000	0.000	0.001	0.004	0.017	0.058	0.100	0.168	0.430
9	0	0.387	0.134	0.075	0.040	0.010	0.002	0.000	0.000	0.000	0.000	0.000
	I	0.387	0.302	0.225	0.156	0.060	0.018	0.0)4	0.000	0.000	0.000	0.0010
	2	0.172	0.302	0.300	0.267	0. I61	0.070	0.02 I	0.0)4	0.001	0.000	0.000
	3	0.045	0.176	0.234	0.267	0.251	0.164	0.074	0.021	0.009	0.003	0.000
	4	0.007	0.066	0.1 17	0.172	0.251	0.246	0.167	0.074	0.039	0.017	0.001
	5	0.001	0.017	0.039	0.074	0.167	0.246	0.251	0.172	0.117	0.066	0.007
	6	0.000	0.0)3	0.009	0.021	0.074	0.164	0.251	0.267	0.234	0.176	0.045
	7	0.000	0.00)	0.001	0.004	0.021	0.070	0.161	0.267	0.300	0.302	0.194
	8	0.000	0.000	0.0080	0.000	0.004	0.018	0.060	0.156	0.225	0.302	0.387
	9	0.000	0.000	0.000	0.000	0.000	0.002	0.010	0.040	0.075	0.134	0.387
10	0	0.349	0.107	0.056	0.028	0.006	0.001	0.000	0.000	0.000	0.000	0.000
	1	0.387	0.268	0.188	0.121	0.040	0.010	0.002	0.000	0.000	0.000	0.000
	2	0.194	0.302	0.282	0.233	0.121	0.044	0.011	0.001	0.000	0.000	0.000
	3	0.057	0.201	0.250	0.267	0.215	0.117	0.042	0.009	0.003	0.001	0.000
	4	0.011	0.088	0.146	0.200	0.251	0.205	0.111	0.037	0.016	0.006	0.000
	5	0.001	0.026	0.058	0.103	0.201	0.246	0.201	0.103	0.058	0.026	0.001
	6	0.000	0.006	0.016	0.037	0.111	0.205	0.25 1	0.200	0.146	0.088	0.011
	7	0.000	0.001	0.003	0.009	0.042	0.1 17	0 2 15	0.267	0.250	0.201	0.057
	8	0.000	0.000	0.000	0.001	0.011	0.044	0.121	0.233	0.282	0.302	0.194
	9	0.000	0.000	0.000	0.000	0.002	0.010	0.040	0.121	0.188	0.268	0.387
	10	0.000	0.000	0.000	0.000	0.000	0.001	0.006	0.028	0.056	0.107	0.349
11	0	0.314	0.086	0.042	0.020	0.004	0.000	0.000	0.000	0.000	0.000	0.010
	1	0.384	0.236	0.155	0.093	0.027	0.005	0.001	0.000	0.000	0.000	0.000
	2	0.213	0.295	0.258	0.200	0.089	0.027	0.005	0.001	0.000	0.000	0.000
	3	0.071	0.221	0.258	0.257	0.177	0.081	0.023	0.014	0.001	0.000	0.010
	4	0.016	0.11I	0.172	0.220	0.236	0.16I	0.070	0.017	0.006	0.002	0.001)
	5	0.002	0039	0.080	0.132	0.221	0.226	0.147	0.057	0.027	0.010	0.000
	6	0.000	0.010	0.027	0.057	0.147	0.226	0.221	0.132	0.080	0.039	0.002
	7	0.000	0.002	0.006	0.017	0.070	0.161	0.236	0.220	0.172	0.111	0.016
	8	0.000	0.000	0.001	0.004	0.023	0.081	0.177	0.257	0.258	0.221	0.071
	9	0.000	0.000	0.000	0.001	0.005	0.007	0.089	0.200	0.258	O.295	0.213
	10	0.000	0.000	0.000	0.000	0.00!	0.1805	0.027	0.093	0.155	1.236	0.384
	11	0.000	0.000	0.000	0.000	0.000	0.000	0.004	0.020	0.042	.086	0.314

الجدول (I I): جدول الأعداد العشوائية B

53 74 23 99 67	61 32 28 69 84	94 62 67 86 24	98 33 41 19 95	47 53 53 38 09
63 38 06 86 54	99 00 65 26 94	02 82 90 23 07	79 62 67 80 60	75 91 12 81 19
35 30 58 21 46	06 72 17 10 94	25 21 31 75 96	49 28 24 00 49	55 65 79 78 07
63 43 36 82 69	65 51 18 37 88	61 38 44 12 45	32 92 85 88 65	54 34 81 85 35
98 25 37 55 26	01 91 82 81 46	74 71 12 94 97	24 02 71 37 07	03 92 18 66 75
02 63 21 17 69	71 50 80 89 56	38 15 70 11 48	43 40 45 86 98	00 83 26 91 03
64 55 22 21 82	48 22 28 06 00	61 54 13 43 91	82 78 12 23 29	06 66 24 12 27
85 07 26 13 89	01 10 07 82 04	59 63 69 36 03	69 11 15 83 80	13 29 54 19 28
58 54 16 24 15	51 54 44 82 00	62 61 65 04 69	38 18 65 18 97	85 72 13 49 21
34 85 27 84 87	61 48 64 56 26	90 18 48 13 26	37 70 15 24 57	65 65 80 39 07
03 92 18 27 46	57 99 16 96 56	30 33 72 85 22	84 64 38 56 98	99 01 30 98 64
62 95 30 27 59	37 75 41 66 48	86 97 80 61 45	23 53 04 01 63	45 76 08 64 27
08 45 93 15 22	60 21 75 46 91	98 77 27 85 42	28 88 61 08 84	69 62 03 42 73
07 08 55 18 40	45 44 75 13 90	24 94 96 61 02	57 55 66 83 15	73 42 37 11 61
01 85 89 95 66	51 10 19 34 88	15 84 97 19 75	12 76 39 43 78	65 63 91 08 25
72 84 71 14 35	19 11 58 49 26	50 11 17 17 76	86 31 57 20 18	95 60 78 46 75
88 78 28 16 84	13 52 53 94 53	75 45 69 30 96	73 89 65 70 31	99 17 43 48 76
45 17 75 65 57	28 43 19 72 12	25 12 74 75 67	60 40 60 81 19	24 62 01 61 16
96 76 28 12 54	22 01 11 94 25	71 96 16 16 88	68 64 36 74 45	19 59 50 88 92
43 31 67 72 30	24 02 94 08 63	38 32 36 66 02	69 36 38 25 39	48 03 45 15 22
50 44 66 44 21	66 06 58 05 62	68 15 54 35 02	42 35 48 96 32	14 52 41 52 48
22 66 22 15 86	26 63 74 41 99	58 42 36 72 24	48 37 52 18 51	03 37 18 39 11
96 24 40 14 51	23 22 30 88 57	95 67 47 29 83	94 69 40 06 07	18 16 36 78 86
31 73 91 61 19	60 20 72 93 48	98 57 07 34 69	65 95 39 69 58	56 80 30 19 44
78 60 73 99 84	43 89 94 36 45	56 69 47 07 41	90 22 91 07 12	78 35 34 08 72
84 37 90 61 56	70 10 23 98 05	85 11 34 76 60	76 48 45 34 60	01 64 18 39 96
36 67 10 08 23	98 93 35 08 86	99 29 76 29 81	33 34 91 58 93	63 14 52 32 52
07 28 59 07 48	89 64 58 89 75	83 85 62 27 89	30 14 78 56 27	86 63 59 80 02
10 15 83 87 60	79 24 31 66 56	21 48 24 06 93	91 98 94 05 49	01 47 59 38 00
55 19 68 97 65	03 73 52 16 56	00 53 55 90 27	33 42 29 38 87	22 13 88 83 34
53 81 29 13 39	35 01 20 71 34	62 33 74 82 14	43 73 19 09 03	56 54 29 56 93
51 86 32 68 92	33 98 74 66 99	40 14 71 94 58	45 94 19 38 81	14 44 99 81 07
35 91 70 29 13	80 03 54 07 27	96 94 78 32 66	50 95 52 74 33	13 80 55 62 54
37 71 67 95 13	20 02 44 95 94	64 85 04 05 72	01 32 90 76 14	53 89 74 60 41
93 66 13 83 27	92 79 64 64 72	28 54 96 53 84	48 14 52 98 94	56 07 93 89 30
02 96 08 45 65	13 05 00 41 84	93 07 54 72 59	21 45 57 09 77	19 48 56 27 44
49 83 43 48 35	82 88 33 69 96	72 36 04 19 76	47 45 15 18 60	82 11 08 95 97
84 60 71 62 46	40 80 81 30 37	34 39 23 05 38	25 15 35 71 30	88 12 57 21 77
18 17 30 88 71	44 91 14 88 47	89 23 30 63 15	56 34 20 47 89	99 82 93 24 98
79 69 10 61 78	71 32 76 95 62	87 00 22 58 40	92 54 01 74 25	43 11 71 99 31
75 93 36 57 83	56 20 14 82 11	74 21 97 90 65	96 42 68 63 86	74 54 13 26 94
38 30 92 29 03	06 28 81 39 38	62 25 06 84 63	61 29 08 93 67	04 32 92 08 09
51 29 50 10 34	31 57 75 95 80	51 97 02 74 77	76 15 48 49 44	18 55 63 77 09
21 31 38 86 24	37 79 81 53 74	73 24 16 10 33	52 83 90 94 76	70 47 14 54 36
29 01 23 87 88	58 02 39 37 67	42 10 14 20 92	16 55 23 42 45	54 96 09 11 06
95 33 95 22 00	18 74 72 00 18	38 79 58 69 32	81 76 80 26 92	82 80 84 25 39
90 84 60 79 80	24 36 59 87 38	82 07 53 89 35	96 35 23 79 18	05 98 90 07 35
46 40 62 98 82	54 97 20 56 95	15 74 80 08 32	16 46 70 50 80	67 72 16 42 79
20 31 89 03 43	38 46 82 68 72	32 14 82 99 70	80 60 47 18 97	63 49 30 21 30
71 59 73 05 50	08 22 23 71 77	91 01 93 20 49	82 96 59 26 94	66 39 67 98 60

C

الجدول (III): احتمالات بواسون التراكمية

k	.50	1.0	2 . 0	3 0	4.0	5.0	6.0	7.0	6 0	9.0
0	607	368	.135	.050	016	.007	002	001	.000	000
1	910	.736	406	199	.092	040	017	007	.003	.001
2	986	.920	.677	423	.238	125	062	030	.014	.006
3	999	981	857	647	433	265	151	082	042	021
4	1 000	.996	.947	.815	629	440	.265	173	100	055
5	1 000	999	983	.961	785	616	446	301	191	116
6	1.000	1.000	995	966	.889	762	606	450	313	.207
7	1 000	1 000	.999	988	949	867	.744	599	453	.324
8	1 .000	1 000	1.000	.996	.979	.932	847	.729	593	456
9	1 000	1.000	1 000	.999	.992	968	916	.830	717	587
10	1.000	1.000	1.000	1.000	.997	986	.957	.901	.816	.706
11	1 .000	1.000	1.000	1 .000	.999	.995	.980	.947	.888	.803
12	1.000	1.000	1.000	1.000	1.000	.998	.991	.973	.936	.876
13	1.000	1.000	1.000	1.000	1.000	999	.996	.987	.966	.926
14	1 .000	1 .000	1 .000	1.000	1 .000	1 .000	.999	.994	.983	.959
15	1.000	1.000	1.000	1.000	1 00C	1 000	.999	.998	.992	.978
16	1.000	1 000	1.000	1 .000	1.000	1 000	1 000	.999	.996	.989
17	1.000	1 .000	1 .000	1.000	1.000	1 000	1 000	1 000	998	.995
18	1.000	1 .000	1 .000	1 .000	1 000	1 000	1 000	1 .000	.999	998
19	1 .000	1 000	1 000	1 000	1 000	1 000	1 000	1 .000	1 .000	.999
20	1 000	1 000	1 COO	1 000	1 .000	1 000	1 000	1 000	1 .000	1 000

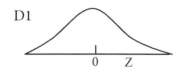

D1

الجدول IV: المساحة تحت المنحنى الطبيعي

Second decimal place in z

0   Z

z	0.00	0.01	0.02	0.03	0.04	0.05	0.06	0.07	0.08	0.09
0.0	0.500	0.5040	0.5080	0.5120	0.5160	0.5199	0.5239	0.5279	0.5319	0.5359
0.1	0.5398	0.5438	0.5478	0.5517	0.5557	0.5596	0.5636	0.5675	0.5714	0.5753
0.2	0.5793	0.5832	0.5871	0.5910	0.5948	0.5987	0.6026	0.6064	0.6103	0.6141
0.3	0.6179	0.6217	0.6255	0.6293	0.6331	0.6368	0.6406	0.6443	0.6480	0.6517
0.4	0.6554	0.6591	0.6628	0.6664	0.6701	0.6736	0.6772	0.6808	0.68-14	0.6879
0.5	0.6915	0.6950	4.6985	0.7019	0.7054	0.7088	0.7123	0.7157	0.7190	0.7224
0.6	0.7257	0.7291	0.7324	0.7357	0.7389	0.7422	0.7454	0.7486	0.7517	0.7549
0.7	0.7580	0.7611	0.7642	0.7673	0.7704	0.7734	0.7764	0.7794	0.7823	0.785⁵
0.8	0.7881	0.7910	0.7939	0.7967	0.7995	0.8023	0.8051	0.8078	0.8106	0.8133
0.9	0.8159	0.8186	0.8212	0.8238	08264	0.8289	0.8315	0.8340	0.8365	0.8389
1.0	0.8413	0.8438	0.8461	0.8485	0.8508	0.8531	0.8554	0.8577	0.8599	0.8621
1.1	0.8643	0.8665	0.8686	0.8708	0.8729	08749	0.8770	0.8790	0.8810	0.3830
1.2	0.8849	0.8869	0.8888	0.8907	0.8925	0.8944	0.8962	0.8980	0.8997	0.9015
1.3	0.9032	0.9049	0.9066	0.9082	0.9099	0.9115	0.9131	0.9147	0.9162	0.9177
1.4	0.9192	0.9207	0.9222	0.9236	0.9251	0.9265	0.9279	0.9292	0.9306	0.9319
1.5	0.9332	0.9345	0.9357	0.9370	0.9382	0.9394	0.9406	0.9415	0.9429	0.9441
1.6	0.9452	0.9463	0.9474	0.9484	0.9495	0.9505	0.9515	0.9525	0.9535	0.9545
1.7	0.9554	0.9564	0.9573	0.9582	0.9591	.9599	0.9608	0.9616	0.9625	0.9633
1.8	0.9611	0.9649	0.9656	0.9664	0.9671	0.9678	0.9686	0.9693	0.9699	0.9706
19	0.9713	0.9719	0.9726	0.9732	0.9738	0.9744	0.9750	0.9756	0.9761	0.9767
2.0	0.9772	0.9778	0.9783	0.9788	0.9793	0.9798	0.9803	0.9808	0.9812	0.9817
2.1	0.9821	0.9826	0.9830	0.9834	0.9838	0.9842	0.9846	0.9850	0.9854	0.9857
2.2	0.9861	0.9864	0.9868	0.9871	0.9875	0.9878	0.9881	0.9884	0.9887	0.9890
2.3	0.9893	0.9896	0.9898	0.9901	0.9904	0.9906	0.9909	0.9911	0.9913	0.9916
2.4	0.9918	0.9920	0.9922	0.9925	0.9927	0.9929	0.9931	0.9932	0.9934	0.9936
2.5	0.9938	0.9940	0.9941	0.9943	0.9945	0.9946	0.9948	0.9949	00.9	0.9952
2.6	0.9953	0.9955	0.9956	0.9957	0.9959	0.9960	0.9961	0.9962	0.9963	0.9964
2.7	0.9965	0.9966	0.9967	0.9968	0.9969	0.9970	0.9971	0.9972	0.9973	0.9974
2.8	0.9974	0.9975	0.9976	0.9977	0.9977	0.9978	0.9979	0.9979	0.9980	0.9981
2.9	0.9981	0.9982	0.9982	0.9983	0.9984	0.9984	0.9985	0.9985	0.9986	0.9986
3.0	0.9987	0.9987	0.9987	0.9988	0.9988	0.9989	0.9989	0.9989	0.9990	0.9990
3.1	0.9990	0.9991	0.9991	0.9991	0.9992	0.9992	0.9992	0.9992	0.9993	0.9993
3.2	0.9993	0.9993	0.9994	0.9994	0.9994	0.9994	0.9994	.9995	0.9995	0.9995
3.3	0.9995	0.9995	0.9995	0.9996	0.9996	0.9996	0.9996	0.9996	0.9996	0.9997
3.4	0.9997	0.9997	0.9997	0.9997	0.9997	0.9997	0.9997	0.9997	0.9997	0.9998
3.5	0.9998	0.9998	0.9998	0.9998	0.9998	0.9998	0.9998	0.9998	0.9998	0.9998
3.6	0.9998	0.9998	0.9999	0.9999	0.9999	0.9999	0.9999	0 9999	0.9999	0.9999
3.7	0.9999	0 9999	0.9999	0.9999	0.9999	0.9999	0.9999	0 9999	0.9999	0.9999
3.8	0.9999	0.9999	0.9999	0.9999	0.9999	0.9999	0.9999	0.9999	0.9999	0.9999
3.9	1.0000+									

ملاحظة: المساحة إلى يمين Z=3.90 هي تقريباً صفر.

D2

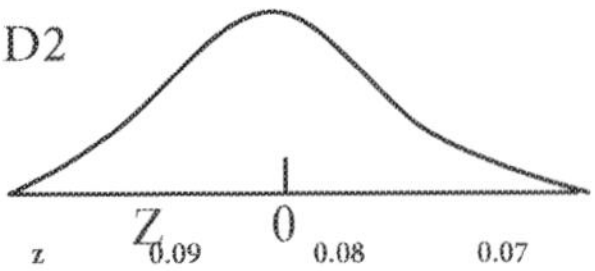

الجدول (IV): المساحة تحت المنحنى الطبيعي المعياري

second decimal place in Z

z	0.09	0.08	0.07	0.06	0.05	0.04	0,03	0.02	0.01	0.00
- 3.9										0.0000
- 3..8	0.0011	0.0001	0.0001	0.0001	0.0001	0.0001	0.000	0.0001	0.0001	0.0001
-3.7	0.000 l	0.0001	0.0001	0.000 1	0.000 1	0.0001	0.0001	0.0001	0.0101	0.0001
-3,6	0.0001	0.0001	0.0001	0.0001	0.0001	0.0001	0.0001	0.0001	0.0002	0.0002
-3. 5	1.0002	0.0002	0.0002	0.0002	0.0002	0.0002	0.0002	0.0002	0.0002	0.0002
-3 4	0.0002	0.0003	0.0003	0.0003	0.0003	0.0003	0.0003	0.0003	0.0003	0.0003
-3.3	0.0003	0.0004	0.0004	0.0004	0.0004	0.0004	0.0004	0.0005	0.0005	0.0005
-3.2	0.0005	0.0005	0.0005	0.0006	0.0006	0.0006	0.0006	0.0006	0.0007	0.0007
-3.1	0.0007	0.0007	0.0008	0.0008	0.0008	0.0008	0.0009	0.0009	0.0009	0.0010
-3.0	0.0010	0.0010	0.0011	0.0011	0.0011	0.0012	0.0012	0.0013	0.0013	0.0013
-2.9	0.0014	0.0014	0.0015	0.0015	0.0016	0.0016	0.0017	0.0018	0.0018	0.0019
-2.8	0.0019	0.0020	0.0021	0.0021	0.0022	0.0023	0.0023	0.0024	0.0025	0.0026
-2.7	0.0026	0.0027	0.0028	0.0029	0.0030	0.0031	0.0032	0.0033	0.0034	0.0035
-2.6	0.0036	0.0037	0.0038	0.0039	0.0040	0.0041	0.0043	0.0044	0.0045	0.0047
-2.5	0.0048	0.0049	0.0051	0.0052	0.0054	0.0055	0.0057	0.0059	0.0060	0.0062
--2.4	0.0064	0.0066	0.0068	0.0069	0.0071	0.0173	0.0075	0.0078	0.0080	0.0082
-2.3	0.0184	0.0087	0.0089	0.0091	0.0094	0.0096	0.0099	0.0102	0.0104	0.0107
-2.2	0.0110	0.0113	0.0116	0.0119	0.0122	0.0125	0.0129	0.0132	0.0136	0.0139
-2.1	0.0143	0.0146	0.0150	0.0154	0.0158	0.0162	0.0166	0.0170	0.0174	0.0179
-2.0	0.0183	0.0188	0.0192	0,0197	0.0202	0.0207	0.0212	0.0217	0.0222	0.0228
-1.9	0.0233	0.0239	0.0244	0.0250	0.0256	0.0262	0.0268	0.0274	0.0281	0.0287
-1.8	0.0294	0.0301	0.0307	0.0314	0.0322	0.0329	0.0336	0.0344	0.0351	0.0359
-1.7	0.0367	0.0375	0.0384	0.0392	0.0495	0.0409	0.04 18	0.0427	0.0436	0.0446
-1.6	0.0455	0.0465	0.0475	0.0485	0.11'395	0.0505	0.0516	0.0526	0.0537	0.0548
-1.5	0.0559	0.0571	0.0.582	0.0594	0.0606	0.0618	0.0630	0.0643	0.0655	0.0668
-1.4	0.0681	0.0694	0.0708	0.0721	0.0735	0.0749	0.0764	0.0776	0.0793	0.0808
-1.3	0.0823	0.0838	0.0853	0.0869	0.0885	0.0901	0.0918	0.0934	0.0951	0.0968
-1.2	0.0985	0.1003	0.1020	0.1038	0.1056	0.1075	0.1093	0.1112	0.1131	0.1151
-1.1	0.1170	0.1190	0.1210	0.1230	0.1251	0.1271	0.1292	0.1314	0.1335	0.1357
- :0,	0.1379	0.1401	0.1423	0.1446	0.1469	0.1492	0.1515	0.1539	0.1502	0.1587
-0.9	0.1611	0.1635	0.1660	0.1685	0.1711	0.1736	0.1762	0.1788	0.1814	0.1841
--0.8	0.1867	0.1894	0.1922	0.1949	0.1977	0.2005	0.2033	02061	0.2090	0.2119
-0.7	0.2148	0.2177	0.2206	0.2236	0.2266	0.2296	0.2327	0.2358	0.2389	0.2420
-0.6	0.2451	0.2483	0.2514	0.2546	0.2578	0.2611	0.2643	0.2676	0.2709	0.2743
-0.5	0.2776	0.2810	0.2843	0.2877	0.2912	0.2946	0.2981	0.3015	0.3050	0.3085
-0.4	0.3121	0.3156	0.3192	0.3228	0.3264	0.3300	0.3336	0.3372	0.3409	0.3446
-0.3	0.3483	0.3520	0.3557	0.3594	0.3632	0.3669	0.3707	0.3745	0.3783	0.3821
-0.2	0.3859	0.3897	0.3936	0.3974	0.4013	0.4052	0.4090	0.4129	0.4168	0.4207
-0.1	0.4247	0.4286	0.4325	0.4364	0.4404	0.44-33	0.4483	0.45^{22}	0.4562	0.4602
-0.0	0.4641	0.4681	0.4721	0.4701	0.4801	0.4840	0.4880	0.4920	0.4960	0.5000

ملاحظة:المساحة إلى يسار Z= 3.90 هي 1 تقريباً

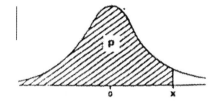

دالة التوزيع الطبيعي الذي يعطي احتمال
المتغير العشوائي الموزع طبقا ملحق (0.1) N

	.00	.01	.02	.03	.04	05	06	07	.08	.09
0.0	.50000	.50399	.50798	.51197	.51595	.51994	.52397	.52790	.53109	.53506
0.1	.53903	.54380	.54776	.55172	.55567	.55962	.56356	.56749	•57142	.57535
0.2	.57926	.58317	.58706	.59095	.59843	.59071	.60257	.60642	.61026	.61409
0.3	.61791	.62172	.62552	.62930	.63307	.63683	.64058	.64431	.6480)	.65173
0.4	.65542	.65910	.66276	.66640	.67003	.67364	.67724	.60002	.G8419	.60793
0.5	.69146	.69497	.69847	.70194	.70540	.70884	.71226	.71566	.71904	.72240
0.6	.72575	.72907	.73237	.73565	.73891	.74215	.74537	.74057	.75175	.75490
0.7	.75004	.76115	.76424	.76730	.77035	.77337	.77637	.77935	.78230	.78524
0.8	.78814	.79103	.79389	.79673	.79955	.80234	.00511	.60785	.81057	.01327
0.9	.81594	.81859	.02121	.02381	.62639	.02894	.03147	.03390	.03646	.83091
1.0	.81134	.04375	.04914	.84849	.05003	.95314	.69599	.05769	.05993	.86214
1.1	.06433	.06650	.09964	.07076	.87286	.07493	.07699	.97900	.00100	.00296
1.2	.08493	.80606	.08077	.89065	.89251	.99135	.9961:	09796	.89973	.90147
1.3	.90320	.90490	.90656	.90024	.90988	.91149	.91309	.91466	.91921	.91774
1.4	.91924	.92073	.92220	.92364	.92507	.92647	.92705	.92922	.93056	.93189
1.5	.93319	.93448	.93574	.93699	.93822	.93943	.94062	.94179	.94295	.9440fl
1.6	.94520	.94930	.94738	.94845	.94950	.95053	.95151	.99954	.95352	.99449
1.7	.95543	.45637	.95720	.95810	.99907	.95994	.96000	.96164	.9624E	.96327
1.8	.99407	.96105	.99999	.96930	.96712	.96704	.96059	.96916	.96995	.97061
1.9	.97129	.97193	.97257	.97320	.9730	.9:441	.97500	.99958	.97615	.97670
2.0	.97725	.97779	.9 7831	.97092	.97912	.97982	.98030	.99077	.961994	.991E0
2.1	.99214	.98300	.98341	.90341	.98382	.98422	.98461	9900	.99537	.90974
22									.99970	90999
7.3									.99131	.99159
2.4	.99100					.99799	.	.99324	.99243	.99191
7.5	.999379	.99199	.99413	.99410	.99440.	.97461	.99477	.99492	.99506	.99920
2.6	.99531	.99547		.9,573	.97585	.99599	.99609	.99621	.99632	.99941
2.7	.99653	.99664	.99674	.99683	.99993	.99792	.99711	.99720	.99729	.99736.
26	.99744	.99752	.99760	.99767	.99774	.99791	.99709	.99799	.99801	.99907
29	.99813	.99619	.99925	.99911	.99936	.99841	.99046	.99951	.99956	.99961
30	.9986S	.99069	.99074	.99070	99087	.99096	.99809	.99993	.99996	.99900
3.1	.99903	.99906	.99910	.99913	.99916	.99919	.99921	.99924	.99926	.99929
3.2	.99931	.99934	.99936	.99939	.99940	.99912	.99944	.99946	.99948	.99950
33	.99952	.99953	.99955	.99957	.99950	.99990	.99961	.99962	.99964	.99965
34	.99966	.99968	.99969	.99970	.09171	.99972	.99973	.99974	.99975	.99076
3.5	.99977	.99978	.99978	-99979	.99999	.99991	.91901	.99902	.99903	.99983
3.6	.99984	.99905	.99985	.99906	.99906	.9990:	.79905	09PS	.99908	.91799
3.7	.99909	.99990	.99990	.99990	.99991	.29991	.9999:	.91992	.99992	.91992
3.6	99993	.99993	.99993	.99994	.99004	.99994	.99991	.99995	.99995	.9999'
39	99995	.49995	.99996	.99996	.99996	.99996	.99999	.99796	.99997	.99997

E

437

قيم t الجدولية عند عدد من معامل

الثقة C ولدرجات حرية α

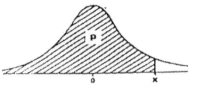

n	0.9	0.95	0 915	0.99	0 995
1	1.020	0.114	12.706	31.821	63.657
2	1.920	2.920	4.703	$0.^102$	0.925
3	1.010	2.353	1.1132	$4.^{2}11$	5.841
4	1.013	2.132	2.776	3.241	4.604
5	1.476	2.010	2.011	3.365	4.032
6	1.440	1.943	2.447	1.113	1.2c
7	1.115	1.89^5	2.365	2.9^00	1.490
8	1.397	1.000	2.306	2.096	3.355
9	1.103	1.833	2. 262	2.021	1.250
10	1.372	1.012	2.220	2.764	3.169
11	1.303	1.79G	2.201	2.710	3.106
12	1.356	1.702	2.179	2.6131	3.055
13	1.350	1.771	2.160	2.650	3.012
14	1.345	1.761	2.145	2.624	2.977
15	1.341	1.253	2.131	2.602	2.947
16	1.337	1.746	2.120	2.583	2.921
17	1.33-3	1.740	2.110	2.567	2.898
18	1.330	1.734	2.101	2.502	2.878
19	1.328	1.729	2.093	2.539	2.861
20	1.325	1.725	2.006	2.328	2.045
21	1.323	1.721	2.000	2.518	2.031
22	1.321	1.717	2.07 1	2.500	2.019
23	1.311	1.721	7.061	2.000	2.907
24	1.319	1.711	7.064	2.492	2.797
25	1.301	1.708	2.060	2.405	2.787
26	1.315	1.706	2.056	2.479	2.779
27	1.314	1.703	2.052	2 473	2.771
28	1.311	1.701	2.0413	2.467	2.703

E

N	0.9	0.95	0.975	0.99	0.995
29	1.311	1.699	2.041	2.462	2.756
30	1.310	1.697	2.042	2.451	2.750
31	1.309	1.696	2.040	2.453	2.744
32	1.309	1.694	2.037	2.449	2.738
33	1.308	1.692	2.035	2.445	2.733
34	1.307	1.691	2.032	2.441	2.728
35	1.306	1.690	2.030	2.438	2.724
36	1.306	1.688	2.028	2.434	2.719
37	1.305	1.687	2.026	2.431	2.715
38	1.304	1.686	2.024	2.429	2.712
39	1.304	1.685	2.023	2.426	2.708
40	1.303	1.684	2.021	2.423	2.704
41	1.301	1.679	2.014	2.412	2.690
42	1.299	1.676	2.009	2.403	2.678
43	1.297	1.673	2.004	2.396	2.668
44	1.296	1.671	2.000	2.390	2.660
45	1.295	1.669	1.997	2.305	2.654
46	1.294	1.667	1.994	2.381	2.648
47	1.293	1.665	1.932	2.371	2.643
48	1.292	1.664	1.990	2.37.1	2.639
49	1.292	1.663	1.988	2.211	2.635
50	1.291	1.662	1.987	2.368	2.632
51	1.291	1.661	1.905	2.366	2.629
52	1.290	1.660	1.984	2.364	2.626
53	1.288	1.657	1.979	2.357	2.616
54	1.287	1.655	1.976	2.351	2.609
55	1.206	1.o53	1.972	2.345	2.b01
56	1.102	1.6115	1.060	2.326	2.576

صيغة متقدمة لعرض البيانات من خلال المضلع التكراري

Matrix of transit traffic for the city of Bydogoszcz

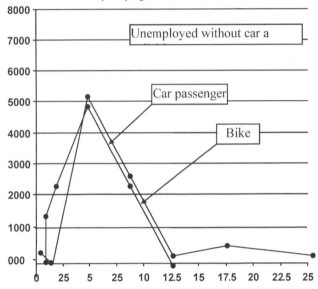

صيغة متقدمة لعرض البيانات من خلال المدرج التكراري

Distribution of the travel length for working people with a car available for different transport mode.

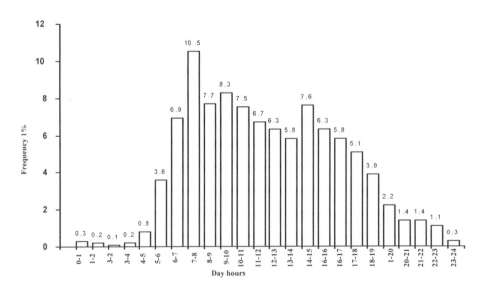

440

صيغة متقدمة لأعمدة بيانية تعرض التوجه
التنموي والاجتماعي في أحد البلدان

النسبة السكانية

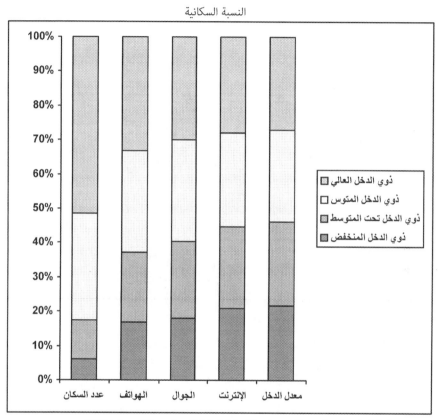

المصدر: من تقنية المعلومات والاتصالات: وظائف وتطوير الفجوة الرقمية (المكتب العربي الإقليمي، تموز 2002).

صيغة متقدمة لعرض أعمدة بيانية، يتم من خلاله بيان الوضع الاقتصادي والمالي وكذلك عوائد قطاع الاتصالات بالمليارات لأحد البلدان

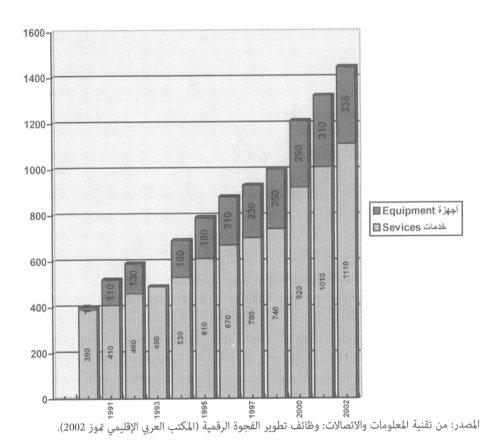

المصدر: من تقنية المعلومات والاتصالات: وظائف تطوير الفجوة الرقمية (المكتب العربي الإقليمي تموز 2002).

442

الدكتور مؤيد الفضل

- من مواليد 1951 – العراق
- دكتوراه إدارة أعمال (بحوث عمليات) – جامعة بوزنان – بولندا 1985.
- عمل في جامعة صلاح الدين وجامعة القادسية وجامعة الكوفة في العراق وجامعة جرش في الأردن كعضو هيئة تدريسية ورئيس لقسم إدارة الأعمال. حالياً عضو هيئة تدريسية في جامعة الإسراء الخاصة في الأردن.
- ناقش واشرف على العديد من أطاريح الماجستير ورسائل الدكتوراه، وقام بتدريس مادة بحوث العمليات والأساليب الكمية في برامج الدراسات العليا والأولية.
- شارك في العديد من المؤتمرات العلمية التي عقدت في العراق وخارجه ولديه العديد من البحوث العلمية المنشورة في مجلات عراقية وعربية وعالمية.
- أصدر العديد من الكتب في مجال المنهج الكمي لإدارة الأعمال.

الدكتور حامد الشمرتي

- من مواليد 1952 – العراق
- دكتوراه إحصاء رياضي - قسم الإحصاء الرياضي - جامعة دلهي - الهند 1989.
- عضو هيئة تدريسية على ملاك قسم الإحصاء – الجامعة المستنصرية – العراق.
- عمل في وزارة التعليم العالي والبحث العلمي – العراق – جهاز الإشراف والتقويم.
- ناقش واشرف على العديد من أطاريح الدكتوراه ورسائل الماجستير في موضوعي (الإحصاء، وبحوث العمليات) وكذلك كلف بتدريس المواد (بحوث العمليات، الإحصاء، الرياضات) ولجميع مراحل الدراسات العليا والأولية.
- شارك في مؤتمرات علمية التي عقدت في العراق وخارجه ولديه العديد من البحوث العلمية المنشورة في مجلات عراقية وعربية وعالمية.
- حصل على الدرجة العلمية (الإستاذية) من مجلس جامعة بغداد – العراق.
- حالياً أستاذ الإحصاء وبحوث العمليات في جامعة حضرموت – المكلا – اليمن.

443